体育竞赛指南

周 旭 主编

人民体育出版社

图书在版编目（CIP）数据

体育竞赛指南／周旭主编．–北京：人民体育出版社，2014
ISBN 978-7-5009-4636-6

Ⅰ.①体… Ⅱ.①周… Ⅲ.①运动竞赛–指南 Ⅳ.①G808.2-62

中国版本图书馆 CIP 数据核字（2014）第 050963 号

*

人民体育出版社出版发行
三河兴达印务有限公司印刷
新 华 书 店 经 销

*

787×1092 16 开本 29 印张 550 千字
2014 年 7 月第 1 版 2014 年 7 月第 1 次印刷
印数：1— 4,000 册

*

ISBN 978-7-5009-4636-6
定价：58.00 元

社址：北京市东城区体育馆路 8 号（天坛公园东门）
电话：67151482（发行部）　　邮编：100061
传真：67151483　　　　　　　邮购：67118491
网址：www.sportspublish.com
（购买本社图书，如遇有缺损页可与发行部联系）

《体育竞赛指南》编委会

主 任：周　旭

副主任：朱　兰　顾雷锋　成裕阳

委　员：邓伟先　陈小平　陈小航　卢　青

　　　　朱晓军　张晃新　林　峰

主　编：周　旭

副主编：成裕阳　朱晓军　林　峰

前　言

体育源于人类生产劳动。随着经济发展和社会进步，体育在现代社会中的地位越来越重要，作用越来越突出。体育竞赛是实现体育价值和功能的重要载体。在体育比赛中，运动员展示出的顽强拼搏、永不言弃的体育精神体现了人类社会的目标追求与价值导向。高水平体育赛事在激发爱国热情、凝聚人心、扩大影响力方面有着重要的作用。

近年来，特别是北京奥运会以后，无论是高水平综合性运动会还是单项体育赛事越来越受到青睐。针对高水平体育赛事的申办竞争也越来越激烈，一方面是体育事业和体育产业发展的迫切需求，另一方面也是因为体育赛事能在一定程度上推动举办地经济、社会发展，提高城市管理水平和市民素质，提高其知名度和美誉度。因此，随着体育赛事，特别是高水平体育赛事的申办和承办的常态化，迫切需要规范化、标准化的申办和筹办工作。实现申办和筹办赛事的规范化和标准化，则需要在借鉴国际通行做法的基础上，总结赛事申办和承办的经验，形成全面系统的体育赛事申办和承办的规范标准，从而指导赛事申办和承办的实践工作。这不仅仅是我国体育赛事发展的现实需要，也符合理论来源于实践，又用于指导实践的规律。

近年来，江苏省以科学发展观为统领，大力推进"两个率先"，经济社会全面发展，当前又开始了全面建成更高水平小康社会、开启基本实现现代化的新征程。江苏省的体育事业也在持续发展，体育竞赛蓬勃开展。连续多年成为举办全国以上体育赛事最多的省份，同时也是全国唯一一个承办过国家体育总局主办的全运会、城运会和体育大会三大综合性运动会的省份。2010年江苏南京又代表中国获得2014年第2届夏季青年奥林匹克运动会的举办权，成为中国继北京之后的第二个奥林匹克城市。2013年南京还举办了第2届亚洲青年运动会。江苏的体育竞赛为中国特色的体育竞赛事业积累了宝贵经验。

为了总结赛事申办和承办的经验，指导赛事申办和承办的实践工作，江苏省体育界的同仁们对此进行了长期不懈的求索，并迈出了可喜的步伐。为对多年来体育竞赛工作中积累的经验进行总结和提炼，我们以课题的形式，组织专家历时近三年，编撰形成了《体育竞赛指南》。《体育竞赛指南》兼有工具书的实用性和教科书的严谨性，全面系统地阐述了体育赛事申办和组织筹备工作，对体育竞赛实践具有很强的针对性和指导性。我们相信这本凝聚着江苏体育竞赛团队集体智慧和经验的《体育竞赛指南》的出版一定能够为体育赛事组织管理的规范化、专业化、国际化、精细化提供有力的支撑，也为实现我国体育赛事承办经验的共享和建设体育强国做出积极贡献。

科学研究无止境，对体育竞赛理论与实践的探索是一条没有尽头的旅途。这里仅仅是开始，我们的团队将以此为起点，倍加努力，继续开拓。

《体育竞赛指南》编写组

2014 年 1 月

目 录

第一章 体育竞赛的起源及发展 …………………………………………（1）

第一节 体育竞赛的起源 ……………………………………………（1）
一、古希腊时期的体育竞赛 ……………………………………（2）
二、古代奥林匹克运动会 ………………………………………（2）

第二节 世界体育竞赛的历史沿革 …………………………………（3）
一、古代体育竞赛的盛衰 ………………………………………（3）
二、近代体育竞赛的发端和发展 ………………………………（4）
三、现代体育竞赛的发展 ………………………………………（7）

第三节 我国体育竞赛的主要历史沿革 ……………………………（17）
一、我国古代的体育竞赛 ………………………………………（18）
二、我国近代的体育竞赛 ………………………………………（19）
三、我国现代的体育竞赛 ………………………………………（23）

第二章 体育竞赛的分类和功能 ………………………………………（26）

第一节 体育竞赛的分类 ……………………………………………（26）
一、按竞赛规模分类 ……………………………………………（26）
二、按参赛对象特点分类 ………………………………………（27）
三、按比赛性质任务分类 ………………………………………（27）
四、按赛事市场化程度分类 ……………………………………（27）

第二节 体育竞赛的功能 ……………………………………………（27）
一、经济功能 ……………………………………………………（28）
二、政治功能 ……………………………………………………（30）
三、文化功能 ……………………………………………………（31）
四、社会功能 ……………………………………………………（33）
五、促进体育事业的发展 ………………………………………（35）

第三章　体育竞赛的申办与组织 （36）

第一节　体育竞赛的申办 （36）
一、征询申办 （36）
二、购置申办 （37）
三、竞争申办 （37）
四、竞争申办的准备工作 （41）

第二节　体育竞赛的组织 （43）
一、国际综合性运动会的组织机构及职能 （43）
二、国内综合性运动会的组织机构及职能 （54）
三、国内单项赛事的组织机构及职能 （62）

第三节　体育竞赛的评估 （63）
一、体育竞赛评估的定义 （64）
二、体育竞赛评估的意义 （64）
三、体育竞赛评估的内容 （65）
四、体育竞赛评估的主体 （70）

第四章　体育竞赛的编排 （71）

第一节　体育竞赛的项目分类与编排原则 （71）
一、竞赛项目分类 （71）
二、竞赛编排的共性原则 （72）

第二节　体育竞赛编排的基本程序 （75）
一、竞赛编排工作基本过程 （75）
二、竞赛编排的工作程序 （76）

第三节　测量类项目竞赛编排 （82）
一、田径竞赛编排 （82）
二、游泳竞赛编排 （94）

第四节　评分类项目竞赛编排 （98）
一、体操项目竞赛编排 （98）
二、武术套路竞赛编排 （101）

第五节　对阵类项目竞赛编排 （105）
一、篮球竞赛编排 （105）

二、乒乓球竞赛编排 ……………………………………………… (113)

　第六节　格斗类项目竞赛编排 …………………………………… (118)
　　一、跆拳道竞赛编排工作任务 …………………………………… (118)
　　二、跆拳道竞赛编排原则 ………………………………………… (119)
　　三、跆拳道竞赛编排方法 ………………………………………… (119)

第五章　裁判员的组织与管理 ………………………………………… (122)
　第一节　裁判员概述 ……………………………………………… (122)
　　一、裁判的涵义 …………………………………………………… (122)
　　二、裁判员的涵义 ………………………………………………… (123)
　　三、裁判员在体育竞赛中的地位与作用 ………………………… (123)
　　四、裁判员应具备的基本素质 …………………………………… (125)
　　五、裁判员的权利与义务 ………………………………………… (126)
　　六、裁判员的职责与分工 ………………………………………… (127)
　　七、裁判员的发展趋势 …………………………………………… (128)

　第二节　裁判员等级申报及选派 ………………………………… (129)
　　一、裁判员技术等级的申报与审批 ……………………………… (129)
　　二、裁判员的注册 ………………………………………………… (132)
　　三、裁判员的选派 ………………………………………………… (132)
　　四、裁判员的晋级 ………………………………………………… (133)

　第三节　裁判员管理与考核 ……………………………………… (134)
　　一、裁判员的管理 ………………………………………………… (134)
　　二、裁判员的考核 ………………………………………………… (138)
　　三、裁判员的奖惩 ………………………………………………… (140)

第六章　体育竞赛成绩信息处理 ……………………………………… (147)
　第一节　奥运会技术保障服务体系 ……………………………… (147)
　　一、竞赛成绩服务 ………………………………………………… (148)
　　二、信息服务 ……………………………………………………… (148)
　　三、通信服务 ……………………………………………………… (152)
　　四、其他技术服务 ………………………………………………… (153)
　　五、技术支持服务 ………………………………………………… (154)

        六、场馆技术管理服务 ……………………………………… (155)
    第二节　比赛成绩信息处理 …………………………………………… (155)
        一、比赛成绩信息类别 …………………………………… (155)
        二、比赛成绩信息服务规范 ……………………………… (156)
        三、比赛成绩信息处理系统 ……………………………… (157)
        四、比赛成绩信息服务团队 ……………………………… (159)

第七章　体育竞赛的场地与场馆运行 ……………………………… (164)
    第一节　体育竞赛场地 ………………………………………………… (164)
        一、全国运动会竞赛项目 ………………………………… (164)
        二、冬季奥运会竞赛项目 ………………………………… (213)
        三、其他体育竞赛项目 …………………………………… (222)
    第二节　场馆运行 ……………………………………………………… (245)
        一、场馆的概念 …………………………………………… (246)
        二、场馆运行 ……………………………………………… (247)
        三、场馆运行的区域及其划分 …………………………… (252)
        四、场馆运行相关计划 …………………………………… (255)
        五、应急预案 ……………………………………………… (270)

第八章　体育竞赛的新闻宣传工作 ………………………………… (274)
    第一节　竞赛新闻宣传工作的功能、阶段、目标和内容 ………… (274)
        一、竞赛新闻宣传工作的主要功能 ……………………… (274)
        二、竞赛新闻宣传工作的阶段 …………………………… (275)
        三、竞赛新闻宣传工作的主要目标 ……………………… (276)
        四、竞赛新闻宣传工作的主要内容 ……………………… (276)
    第二节　竞赛新闻宣传工作组织机构、职责与人员 ……………… (277)
        一、组织机构的基本框架 ………………………………… (277)
        二、各处室主要职责 ……………………………………… (278)
        三、各处室人员构成 ……………………………………… (281)
    第三节　竞赛新闻宣传工作的保障与接口关系 …………………… (282)
        一、经费预算 ……………………………………………… (283)
        二、办公条件及设备 ……………………………………… (284)

三、接口关系 …………………………………………………… (284)

第四节　体育竞赛新闻媒体的分类与服务内容 ……………… (286)

　　一、媒体的分类 ………………………………………………… (286)

　　二、媒体运行各功能区的设立及内容 ………………………… (287)

　　三、媒体服务的主要内容 ……………………………………… (288)

第五节　竞赛新闻宣传工作重点的注意事项 ………………… (289)

　　一、组织者的角色认定与执行 ………………………………… (289)

　　二、超编记者、临时报到记者的接待 ………………………… (290)

　　三、赛时新闻宣传工作注意事项 ……………………………… (290)

　　四、适时举办体育文化活动 …………………………………… (290)

　　五、单项体育赛事特点和新闻宣传工作 ……………………… (291)

第九章　大型体育赛事的志愿服务工作 ……………………… (293)

第一节　大型体育赛事志愿者与志愿服务 …………………… (293)

　　一、大型体育赛事志愿者的涵义及其特征 …………………… (293)

　　二、大型体育赛事志愿服务的发展历程 ……………………… (295)

　　三、大型体育赛事志愿服务的重要作用 ……………………… (299)

　　四、大型体育赛事对志愿服务的要求 ………………………… (301)

　　五、大型体育赛事志愿服务的分类 …………………………… (303)

第二节　大型体育赛事志愿者项目的设计 …………………… (305)

　　一、职位开发 …………………………………………………… (305)

　　二、招募方法 …………………………………………………… (305)

　　三、面试 ………………………………………………………… (308)

　　四、培训 ………………………………………………………… (309)

　　五、认可志愿者 ………………………………………………… (312)

　　六、志愿者管理 ………………………………………………… (313)

第三节　大型体育赛事志愿服务的内容 ……………………… (314)

　　一、赛前志愿服务 ……………………………………………… (314)

　　二、赛中志愿服务 ……………………………………………… (316)

　　三、赛后志愿服务 ……………………………………………… (317)

第四节　大型体育赛事志愿服务的保障与激励 ……………… (318)

　　一、志愿服务保障与激励的分类 ……………………………… (318)

二、志愿服务保障与激励的措施 ……………………………… (319)

第五节　大型体育赛事志愿服务实例 ……………………………… (322)

案例一：北京奥运会志愿服务 ……………………………… (322)
　　一、志愿者招募 ……………………………………………… (323)
　　二、志愿者培训 ……………………………………………… (324)
　　三、志愿者上岗 ……………………………………………… (324)
　　四、志愿者的激励与表彰 …………………………………… (326)

案例二：广州亚运会志愿服务 ……………………………… (327)
　　一、志愿者筛选 ……………………………………………… (328)
　　二、志愿者培训 ……………………………………………… (328)
　　三、志愿者管理 ……………………………………………… (330)
　　四、志愿者考核与表彰 ……………………………………… (330)
　　五、广州亚运会部分志愿者工作流程 ……………………… (331)

案例三：江苏十运会志愿服务 ……………………………… (333)
　　一、志愿者招募 ……………………………………………… (333)
　　二、志愿者培训 ……………………………………………… (333)
　　三、志愿者管理 ……………………………………………… (334)
　　四、志愿者评估与表彰 ……………………………………… (335)
　　五、十运会部分志愿者工作流程 …………………………… (335)

第十章　体育展示 …………………………………………………… (339)

第一节　体育展示概述 ……………………………………………… (339)
　　一、体育展示的定义 ………………………………………… (339)
　　二、体育展示的发展 ………………………………………… (342)
　　三、体育展示的作用 ………………………………………… (344)

第二节　体育展示团队 ……………………………………………… (348)
　　一、团队人员组建 …………………………………………… (348)
　　二、团队成员职责 …………………………………………… (348)
　　三、团队成员的专业素质 …………………………………… (352)

第三节　体育展示工作 ……………………………………………… (353)
　　一、主要工作内容 …………………………………………… (353)
　　二、工作方法与技巧 ………………………………………… (356)

三、工作的原则、组织和程序 …………………………………… (358)
　　四、体育展示案例分析 …………………………………………… (360)
　　五、场内体育展示工作要点 ……………………………………… (364)
　第四节　体育展示设备 ……………………………………………… (365)
　　一、技术设备 ……………………………………………………… (366)
　　二、场馆设施 ……………………………………………………… (366)
　　三、其他保障条件 ………………………………………………… (366)

第十一章　体育赛事的保障 ……………………………………………… (368)
　第一节　体育赛事的接待服务 ……………………………………… (368)
　　一、住宿服务 ……………………………………………………… (369)
　　二、交通服务 ……………………………………………………… (371)
　　三、餐饮服务 ……………………………………………………… (372)
　第二节　体育赛事的安全保卫和观众服务 ………………………… (375)
　　一、制订安全保卫总体计划和方案 ……………………………… (375)
　　二、观众服务 ……………………………………………………… (377)
　第三节　医疗卫生和反兴奋剂工作 ………………………………… (383)
　　一、体育赛事的医疗卫生保障 …………………………………… (383)
　　二、体育赛事活动中的反兴奋剂工作 …………………………… (385)
　第四节　体育赛事的其他保障工作 ………………………………… (386)
　　一、供电供水保障 ………………………………………………… (386)
　　二、通信服务保障工作 …………………………………………… (390)

第十二章　体育赛事的市场开发 ………………………………………… (393)
　第一节　体育赛事市场开发概况 …………………………………… (393)
　　一、奥运会市场开发 ……………………………………………… (393)
　　二、全运会市场开发 ……………………………………………… (397)
　　三、足球世界杯市场开发 ………………………………………… (401)
　第二节　体育赛事市场开发资源 …………………………………… (402)
　　一、市场开发资源总体概述 ……………………………………… (402)
　　二、市场开发资源详细目录 ……………………………………… (404)
　　三、不同类型赛事资源开发重点内容 …………………………… (405)

第三节　体育赛事市场开发主要步骤 (411)
　　一、机构组建与部门设置 (411)
　　二、整合资源明确定位 (412)
　　三、确定目标制订方案 (413)
　　四、加强宣传营造声势 (414)
　　五、组织招商落实方案 (415)
　　六、落实回报维权工作 (416)
　　七、评估效果总结工作 (417)

第四节　体育赛事市场开发重点任务 (418)
　　一、整合资源包装产品 (418)
　　二、赞助招商计划 (419)
　　三、特许经营 (419)
　　四、电视转播权开发 (421)
　　五、门票销售 (424)
　　六、社会捐赠 (425)
　　七、主题活动 (425)

第五节　体育赛事市场开发保障措施 (426)
　　一、完善运作体制机制 (426)
　　二、提高专业运作水平 (429)
　　三、加大新闻宣传力度 (432)
　　四、规范市场开发行为 (432)

第六节　体育赛事市场开发的思考 (433)
　　一、赛事举办前统筹规划办赛与市场开发有机统一 (433)
　　二、赛事筹备切实提高市场开发水平 (435)
　　三、赛事结束注重培育赛事和项目文化 (437)

案例一：斯坦科维奇洲际篮球冠军杯赛 (438)

案例二：第10届全国运动会 (441)

后记 (449)

第一章　体育竞赛的起源及发展

当今社会，体育已经成为一种世界通用语言，通过参与各种体育运动，不同民族、不同种族、不同肤色、不同信仰的国家和地区的人们可以在一起平等交流与切磋。随着社会的发展，体育已成为社会的一个重要组成部分。而体育竞赛已经成为推动体育运动不断完善、提高和发展的重要手段。

体育理论研究表明，体育竞赛是人类生产和社会发展的产物，它萌芽于原始社会，逐步发展于人类文明社会。公元前776年，伴随着古代人类战争，古代奥运会的产生，由此开创了人类体育竞赛历史的新篇章。随着人类社会的发展和进步，体育竞赛发展迅速，其内容和形式不断改进和演变，并在世界各地广泛传播。

第一节　体育竞赛的起源

体育竞赛最早可追溯到原始社会。早在距今5万年左右的旧石器时代晚期，原始人类就已经有了体育和技能对抗活动，这是人类体育竞赛的萌芽。随着社会生产力的发展，人类思维水平和对自然界的认知能力的提高以及精神文化需求的增长，原始人类对抗行为的方式日益丰富，从而出现了原始的劳动教育、舞蹈、游戏，也便开始有了以分胜负为特点的原始体育竞赛。这种竞赛成为当时培养劳动技能和军事技能的重要方式。体育竞赛的产生标志着原始对抗行为由野蛮向文明过渡的一个飞跃。在原始社会后期，原始宗教、巫术和战争的发展为体育竞赛的发展提供了更加有利的社会背景。人类社会早期的"祭礼赛会"，也称之为"最早的运动会"就是在这种背景之下产生的，这类竞赛活动的目的在于祭祀祖先、缅怀英雄、供奉神祇、驱灾祛病、祈求丰收、军事训练和提高社会成员的凝聚力，所起的社会文化作用复杂多样而有效，因而逐步促进体育竞赛向更高层次发展。然而，此时的祭礼赛会只是宗教活动的组成部分，体育竞赛尚未形成独立的社会现象，其本身的价

值也并未被人们认识。

一、古希腊时期的体育竞赛

公元前 11—公元前 9 世纪的古希腊荷马时期的体育竞赛在世界体育史上具有极其重要的位置，虽然十分简单，但在竞赛方面已具雏形，对体育竞赛的发展具有深远的影响。古希腊荷马时期，处于从原始社会向奴隶社会过渡阶段，社会生产力极不发达，物质财富十分匮乏。只有身强力壮、武艺高强的人才能通过武力获得所需要的一切，而竞技则是体现一个人能力的最佳形式。因此，荷马时期体育竞赛的主要形式是葬礼竞技和宴乐竞技，主要竞赛项目是战车赛、摔跤、赛跑、角斗、掷石饼、射箭、标枪、投石、跳高和拳击等。该时期的体育竞赛，既是原始社会体育竞赛的继承和发展，又是繁盛的古希腊体育的前奏，闻名于世的古希腊奴隶制体育竞赛的某些特点已开始形成。荷马时期的体育竞赛有以下几个特点：一是古希腊人喜爱体育竞赛，荷马时期就有了葬礼竞技和宴乐竞技，但未形成独立的体系；二是荷马时期的体育竞赛方法简单，无固定的场地和日期，无明确的规则，采用习惯的方法评定胜负；三是由于战争频繁，与军事相关的竞赛项目，成为体育竞赛的主要内容；四是由于社会的等级性，体育竞赛也带有等级的烙印，参加竞赛者多为社会地位较高者，奴隶根本无权参加竞赛；五是由于原始社会末期男子占据社会统治地位，妇女由于地位低下而不能参加竞赛，甚至被当成竞赛优胜者的奖品。

二、古代奥林匹克运动会

奥林匹克运动会起源于古希腊，与古希腊的社会情况有着密切的关系。公元前 9—公元前 8 世纪，希腊氏族社会逐步瓦解，城邦制的奴隶社会逐渐形成，各个城邦各自为政，无统一君主，城邦之间战争不断。为了应付战争，各城邦都积极训练士兵。斯巴达城邦儿童从 7 岁起就由国家抚养，并从事体育、军事训练，过着军事化的生活。战争需要士兵，士兵需要强壮身体，而体育是培养能征善战士兵的有力手段。战争促进了希腊体育运动的开展，古奥运会的比赛项目也带有明显的军事烙印。连续不断的战事使人民感到厌恶，普遍渴望能有一个赖以休养生息的和平环境。后来斯巴达王和伊利斯王签订

了"神圣休战月"条约,于是为准备兵源的军事训练和体育竞技逐渐变为和平与友谊的运动会。据文字记载,第1届古代奥运会于公元前776年举行,当时只有192.27米跑这一项比赛,多利亚人克洛斯在比赛中取得冠军,成为国际奥林匹克运动会荣获第一个项目第一个桂冠的人。后来,古希腊运动会的规模逐渐扩大,并成为显示民族精神的盛会。比赛的优胜者获得月桂、野橄榄和棕榈编织的花环等。

第二节　世界体育竞赛的历史沿革

世界体育竞赛的历史发展,首先要说到古代奥运会的起源盛衰的三个历史时期;其次,近代体育竞赛从教会统治下的衰落中恢复过来,14—18世纪,在欧洲三次大规模思想文化运动的影响下出现了近代体育思想,渐渐地竞赛活动吸引了越来越多的人投身其中,英、美两国对世界近现代体育竞赛的发展产生了深远的影响,很多竞赛项目在这时产生,英国还出现了近代体育竞赛的组织形式——"俱乐部"。现代体育竞赛的发展本节从现代奥运会、青奥会、亚洲运动会、世界杯足球赛及其他体育竞赛这5个方面展开,重点论述了青奥会目标、特点、项目、文化等方面的内容。

一、古代体育竞赛的盛衰

随着人类社会的发展,古希腊的古代奥林匹克运动会逐步兴起,其竞赛规模之大、影响力之深远和延续时间之长,在人类体育运动历史上是罕见的。随着古希腊奴隶社会进入了鼎盛时期,古代奥林匹克运动会的盛况也大大超出了竞技比赛的范围,成为希腊宗教、政治、经济和文化的重要组成部分,推动了政治、经济、贸易和文化的发展,形成了希腊全国最盛大的节日。伴随着古希腊内部战争分歧、社会矛盾加剧和竞技的异化,公元前2世纪,罗马征服了希腊,闻名于世的古代奥运会走向全面衰落。

古奥运会从公元前776年起,到公元394年止,经历了1170年,共举行了293届,都是在古希腊奥林匹亚运动场举行。按其起源、盛衰,大致分为三个时期:

①公元前776年至公元前388年,这一时期各城邦之间虽有纷争,但希腊

是一个独立的国家，政治、经济、文化都较发达，是运动会的黄金时期。特别是公元前490年，希腊雅典在马拉松河谷大败波斯军之后，民情奋发，国威大振，兴建了许多运动设施、庙宇等，参赛者遍及希腊各个城邦，奥运会盛极一时，成为希腊最盛大的节日。

②公元前388年至公元前146年，开始衰落。由于斯巴达和雅典长期的伯罗奔尼撒战争（公元前431年至公元前404年），希腊国力大减，马其顿逐渐吞并了希腊。马其顿君王菲利普还亲自参加了赛马。随后亚历山大帝虽自己不喜爱体育活动，但仍积极支持，为其增添设施。不过，这一时期古奥运会精神已大为减色，并开始出现职业运动员。

③公元前146年至公元394年，古奥运会由衰落走向毁灭。罗马帝国统治希腊后，起初仍举行运动会，但奥林匹亚已不是唯一竞赛地了。如公元前80年第175届奥运会，就把优秀竞技者召集在罗马比赛，而奥林匹亚只举行了少年赛。这时职业运动员已开始大量出现，奥运会成了职业选手的比赛，希腊人对之失去了兴趣。公元2世纪后，基督教统治了包括希腊在内的整个欧洲，倡导禁欲主义，主张灵肉分开，反对体育运动，使欧洲处于一个黑暗时代，奥运会也随之更趋衰落，直至名存实亡。公元393年罗马皇帝狄奥多西一世宣布基督教为国教，认为古奥运会有违基督教教旨，是异教徒活动，翌年宣布废止古奥运会。后来，拜占庭人与歌德人在阿尔菲斯河发生激战，使奥林匹亚各项设施毁失殆尽。公元426年狄奥多西二世烧毁了奥林匹亚建筑物的残余部分。公元511、522年接连发生的两次强烈地震，使奥林匹亚遭到了彻底毁灭。就这样顺延了一千余年的古奥运会不复存在了，繁荣的奥林匹亚变成了一片废墟。

二、近代体育竞赛的发端和发展

近代体育竞赛由于欧洲封建社会早期和中期，基督教对社会的全面统治，呈现出全面衰退的状态。14—18世纪，伴随欧洲三次大规模思想文化运动，产生了近代体育思想的萌芽和发展。近代体育竞赛兴起于英国和美国。近代英国体育竞赛以"俱乐部"为组织形式，经常得到政府和知名人士的经费资助。俱乐部制定并统一规则，广泛组织比赛，推动体育竞赛发展到比较规范的程度。随着英国的殖民扩张，体育竞赛传到了世界各地，对世界近代体育竞赛的发展产生了深远的影响。美国在19世纪中叶出现了运动协会和俱乐部，推动体育竞赛向规范化方向发展。1880年后，美国大学普遍开展体育

竞赛，修建大型体育场馆，大学的运动竞赛水平越来越高，中学也深受影响，从而使体育竞赛逐渐成为美国文化的重要组成部分。19世纪后期，美国足球、棒球、垒球比赛盛行。在世界范围内近代体育的传播中，美国基督教青年会起到十分重要的作用。青年会发明了篮球、排球等项目，在大学和中学广泛开展比赛并推向社会，随后又逐步推广到世界各地。

（一）近代体育竞赛的发端

1. 基督封建文化统治下的体育竞赛

欧洲封建社会的早期和中期（公元5—15世纪），基督教统治了全社会。教会为保持其教义的神圣和专制，将一切古代文明加以诋毁，在这近千年的历史中，体育竞赛呈现出全面衰退的状态。欧洲黑暗的封建社会，禁欲主义渗透到社会的各个领域，人们不仅放弃了体育竞赛，而且还以身体的衰落和憔悴为美德。为了达到禁欲主义的最高境界，教会号召人们摧残身体以便完美灵魂，教会反对竞赛集会，规定参加竞赛和表演的教徒不准参加圣餐仪式、竞赛参加者和角斗士不放弃自己的职业便不能受洗礼。在禁欲主义的束缚下，除骑士教育中保留了某些体育竞赛项目外，整个社会的体育竞赛水平是低落的，呈现出一种全面衰退的状态。

2. 近代新体育思想影响下的体育竞赛

14—18世纪，欧洲出现了文艺复兴、宗教改革、启蒙运动三次大规模的思想文化运动。由于受三大思想文化运动的影响，随之出现了新的体育思想（即近代体育思想）。文艺复兴运动中发掘和整理了古希腊体育的丰富遗产，为近代体育思想和实践提供了可以借鉴的模式，促进了近代体育思想的萌芽。宗教改革和启蒙运动使近代体育思想的萌芽得到了更大发展从而形成了较完善的体系，为体育竞赛的发展奠定了理论基础。从文艺复兴到启蒙运动的400年间，在西方各国相继出现了许多有地区代表性的体育运动，其中最具影响的是德国、瑞典体操和英国的户外运动及游戏，它们构成了近代西方体育的三大基石。随着近代体育思想的发展，一些具有竞赛意义的体育项目开始在学校和民间出现。15世纪维多里诺的新式学校"快乐之家"中，学生参加了击剑、射箭、赛跑、角力、游泳和球类游戏等竞赛活动。网球、足球、射箭比赛在民众中逐渐开展。在罗马的狂欢节上，有赛跑、赛马等竞赛活动。新兴资产阶级也普遍喜爱体育竞赛，由他们组织的城市之间的竞赛活动吸引了

越来越多的人投身其中。

（二）近代体育竞赛的兴起

1. 近代英国的体育竞赛

英国人自古就喜爱带有竞赛和娱乐性质的户外体育运动，资本主义的自由竞赛和繁荣的经济使近代英国人更加热衷于体育竞赛与娱乐活动。优美的自然环境、温暖的气候、和平的生活和较短的工作时间是英国人从事这类活动得天独厚的条件。英国近代体育竞赛的组织形式是"俱乐部"。早在中世纪晚期，英国就出现了各种业余运动俱乐部。到了近代，俱乐部组织非常广泛，经常得到政府和知名人士的经费支持。俱乐部制定并逐渐统一规则，组织比赛，推动了体育竞赛的广泛开展。19世纪初，体育竞赛引进学校，并使其成为学校体育主要内容的是拉格比公学校长阿诺德。他重视体育竞赛的教育作用，通过让学生自己管理和组织比赛，培养学生勇敢、团结、竞争、自治、公正和守纪等品质。拉格比公学有学生自治的俱乐部和运动队，定期组织校内和校际比赛。英国各学校纷纷效仿，使英国学校体育生动活泼、别具一格。英国近代体育竞赛和娱乐项目的内容较为丰富，主要有足球、橄榄球、网球、高尔夫球、保龄球、帆船、田径（赛跑、竞走、跳远等）、游泳、滑冰、摔跤、拳击、击剑、曲棍球、板球、地滚球、水球等。英国近代体育竞赛大多有组织、有规则，已经发展到了比较规范化的程度。由于英国当时有强大的国力和军事力量，随着它在世界各地的殖民扩张，这些竞赛项目也传到了世界各地，对世界近现代体育竞赛的发展产生了深远的影响。

2. 近代美国的体育竞赛

美国于1783年独立后，经过资产阶级革命成为一个后起而又发达的资本主义国家。大量的英国、德国、荷兰等地的移民，把欧洲大陆的科学文化和体育竞赛带进了美国，使美国具备了成为世界体育先进国家的最初条件，并使近代体育竞赛有了较大发展。1840年以前，美国就开展了丰富多彩的体育竞赛。但大多是自发组织进行的，并没有统一的竞赛规则。为了组织竞赛和统一规则，19世纪中叶出现了运动协会和俱乐部等组织。这些组织的建立，推动了各种体育竞赛向规范化方向发展。由于体育竞赛能使人身心得到较好的锻炼，为此，在学校受到人们的普遍欢迎，大学生在业余时间经常进行各

类体育项目的竞赛游戏。19世纪中叶出现了大学的校际比赛，主要项目是划船、棒球。1880年以后，大学开展的体育竞赛较为普遍，各种形式的比赛也迅速增多。为了比赛需要，大学修建了大型体育场馆，大学生的运动竞赛水平越来越高，吸引了大量观众。之后，各类中学也深受其影响，从而使体育竞赛逐渐成为美国文化的重要组成部分。19世纪后期，美国盛行球类比赛。为了弥补足球、棒球、垒球比赛季节之间的时间空白，美国麻省春田青年会体育干事奈·斯密斯受少儿投桃游戏的启发，于1891年发明了篮球运动。1892年，奈·斯密斯又制定出了不准带球跑、不准用脚踢球等简单的规则，从而使篮球运动步入正轨。美国的大学和中学首先开展了这项运动，之后很快推向了社会。1895年，美国麻省霍利约克城青年会体育干事威廉·摩根综合了网球和手球项目的特点，创造出了一项比篮球运动温和、运动量适中的球类游戏——排球。在北美乃至世界范围内近代体育的传播中，美国基督教青年会起到非常重要的作用。基督教青年会十分重视文化教育和体育活动，篮球、排球等项目就是由青年会发明并推广到世界各地的。在许多殖民地和半殖民地国家，青年会是近代体育竞赛的传播者和组织者。20世纪初在亚洲兴起的远东运动会，就直接得益于美国基督教青年会的推动。

三、现代体育竞赛的发展

体育是社会发展的产物，与社会经济、政治、文化、教育和人的发展息息相关。西方的工业革命极大地促进了社会经济的迅猛发展。现代体育运动蓬勃发展，体育竞赛也迅速兴起，社会影响不断扩大。各国政府高度重视体育竞赛的广泛开展，使其成为时尚而具有丰富价值内涵和文化教育意义的社会文化活动。

（一）现代奥林匹克运动会

1875—1881年，德国库蒂乌斯人在奥林匹克遗址发掘了出土文物，引起了全世界的兴趣和关注。为此，当时的法国教育家皮埃尔·德·顾拜旦认为，恢复古希腊奥运会的传统，对促进国际体育运动的发展有着十分重大的意义。在他的倡导与积极奔走下，1894年6月，在巴黎举行了首次国际体育大会。国际体育大会决定把世界性的综合体育运动会叫作奥林匹克运动会，并于

1896年4月在希腊首都雅典举行第1届现代奥运会，以后4年1次，轮流在各会员国举行。现代奥林匹克运动会的兴起，是体育竞赛史上的一个重要里程碑，它标志着体育竞赛进入了一个崭新的时代。

1. 国际奥委会及其职能和权力

国际奥林匹克运动委员会简称国际奥委会，是一个国际性的、非政府、非营利的体育组织，是领导奥林匹克运动和决定一切有关问题的机构。总部设在瑞士洛桑。1981年瑞士联邦政府承认国际奥委会法人地位。

现代奥运会受到古代奥运会的深刻影响，但它不是祭神的竞赛活动，而是真正的国际性的体育竞赛，并有其专门的体育组织机构，按照一定的规定和要求运作。奥林匹克运动的经济基础是奥林匹克象征的商业权利。奥林匹克宪章规定，奥运会完全属于国际奥委会，国际奥委会拥有其一切权利。奥林匹克象征是国际奥委会的无形资产，包括奥林匹克运动会、奥林匹克五环标志、奥林匹克旗、奥林匹克格言、奥林匹克徽记、奥林匹克会歌、奥林匹克圣火和奥林匹克火炬。国际奥委会具有奥林匹克象征的经营权，各国奥委会拥有本国奥委会象征的经营权，并在本国范围内进行商务开发。奥林匹克象征的使用权因奥林匹克周期是4年为1个周期，国际奥委会可以销售连续几个周期的电视转播权。

奥林匹克旗帜为长方形、白底无边、中间有联的五个彩色圆环。其含义是象征着五大洲的团结以及全世界的运动员以公正、坦率的比赛在奥林匹克运动会相见。在奥运会的开幕式上，由主办国最著名的运动员代表全体运动员宣誓；之后裁判员也要进行宣誓。奥运会的奖牌分金、银、铜三种，分别授予前三名运动员。从1932年开始，国际奥委会规定，夏季奥运会的时间不得超过16天，冬季奥运会不得超过12天（1988年第15届起改为16天）。自1992年以后，夏季奥运会和冬季奥运会相间举行。

2. 现代奥运会竞赛项目的设置及发展

第1届现代奥运会举行时，国际单项体育组织还很少，奥运会项目还没有严格规定，基本上由东道国决定。因此，开始几届奥运会不仅一些项目变化较大，而且大项也不稳定，还曾列一些在世界范围内开展得不是很广泛的项目，如马球、拉考斯球、汽船、壁球等。随着国际单项体育组织的先后建立，奥运会项目逐渐趋向稳定。

为了使奥运会在项目的设置上符合世界体育运动的发展，国际奥委会规定，每一届夏季奥运会至少应包括 15 个大项才能举行。1963 年，国际奥委会确定了这些夏季奥运会大项的比赛顺序是：田径、游泳、摔跤、体操、举重、曲棍球、马术、击剑、赛艇、拳击、射击、现代五项、帆船、篮球、皮划艇、自行车、足球、排球、射箭、手球、柔道 21 项。1972 年到 1984 年，奥运会大项一直固定为 21 项。第 24 届奥运会则有历史性的突破，增加了乒乓球、网球两个大项，使奥运会的大项达到 23 项，之后，奥运会比赛项目又适时增加了一些大项。

2012 年伦敦奥运会有 26 个大项，即田径、赛艇、羽毛球、棒球、篮球、拳击、皮划艇、自行车、击剑、足球、体操、举重、手球、曲棍球、柔道、摔跤、游泳（含跳水、花样游泳、水球）、现代五项、网球、乒乓球、射击、射箭、排球（含沙滩排球）、帆船、跆拳道和铁人三项；冬季奥运会有 7 大项，即冬季两项、有舵雪橇、冰壶、冰球、无舵雪橇、滑冰、滑雪。近年来，国际奥委会仍在调整奥运会比赛项目，其主要目的是：一方面限制奥运会的比赛项目规模，另一方面也是为了使世界上开展最广泛的体育项目进入奥运会。

（二）青年奥林匹克运动会

青年奥林匹克运动会，简称为青年奥运会、青奥会。它是一项专为 14~18 岁年轻人设立的体育竞赛，将文化教育与体育竞赛并重。青奥会每 4 年举办 1 届。夏季青奥会最长 12 天。2001 年，时任国际奥委会主席雅克·罗格提出了举办青奥会的设想。国际奥委会在 2007 年 7 月 5 日于危地马拉城举行的第 119 次国际奥委会全会上一致同意创办青年奥运会。首届夏季青年奥林匹克运动会于 2010 年 8 月在新加坡举行。

1. 青奥会目标

（1）将全世界的青年运动员们都集合起来，并为他们而欢庆。
（2）用一种独特而有力的方式来推广奥林匹克精神。
（3）以一种创新的形式激发关于奥林匹克精神和社会挑战的教育与讨论。
（4）在节日般融洽欢快的气氛中分享世界各地的文化。
（5）向世界各地的不同青年团体推广奥林匹克精神。
（6）在年轻人之间提升体育运动意识和参与感。
（7）在奥林匹克发展运动中成为一个创新的平台。

2. 青奥会的特点

（1）城市申办和举办：国际奥委会要求一个国家和某一个城市申办与举办青奥会。举办城市需要用现有的体育和文化教育设施，尽量不要新建设施，尽可能减少对城市市民生活的干扰。

（2）重视文化教育交流：国际奥委会特别强调文化教育生活和体育竞技同样重要，并完美融合。青奥会应回归奥林匹克精神，呈现出独特的魅力。因此，要求参加青奥会的运动员从开幕式到闭幕式都要参加体育竞赛和文化教育计划规定的活动，而不应离开青奥会。

（3）树立奥林匹克精神：青奥会设想是基于青少年，为了青少年，在青少年中广泛传播"卓越、友谊、尊重"的奥林匹克理念，使之成为青少年的共同理想；树立健康向上的青少年榜样，鼓励和引导青少年积极参与体育运动，在参与、互动、共享氛围中快乐地成长。

（4）凸显改革和创新：在城市举办文化教育活动、适应青少年的竞赛项目和规则等方面，其宗旨是突出世界青少年之间的交流和合作。

3. 青奥会项目

（1）夏季青奥会项目：新加坡第 1 届青奥会共设 26 个大项：游泳（跳水、游泳）、射箭、田径、羽毛球、篮球（三对三）、拳击、划艇、自行车（小轮车、山地自行车）、马术（障碍）、击剑、足球、体操、手球、曲棍球、柔道、现代五项、划船、帆板、射击、乒乓球、跆拳道、网球、铁人三项、排球、举重、摔跤（女子自由式摔跤、男子古典式摔跤）26 个大项。由于 2016 年里约热内卢奥运会增设了高尔夫和橄榄球两个大项。为此，国际奥委会同意南京青奥会增设高尔夫和橄榄球两个大项。这样，南京青奥会设 28 个大项，222 个小项，参赛运动员 3808 人。

（2）冬季青奥会项目：冬季青奥会的运动员将有 1000 人左右，年龄在 14~18 岁之间，所设项目包括花样滑冰、滑雪、冰球、冬季两项、冰壶、雪橇等 7 个大项，与 2010 年在加拿大温哥华举行的冬奥会设项一样。

4. 青奥会文化

青奥会除了体育竞赛，也注重在运动会举办期间的文化和教育活动，包括关于奥运价值观的教育互动和论坛，讨论如何通过健康的生活方式和反对使用毒品，使青年人成为真正的具有体育精神的人。互动活动将由著名冠军和来自教育、体育、文化界的国际专家，以自己丰富的经验直接指导年轻运动员们如何处理相关的社会问题等。这些活动还将通过网聊和博客与外界互动。

文化活动将结合奥运象征仪式（火炬接力、奏国歌、升国旗等）传播奥运精神和强调奥运价值观。此外，还将通过多文化的城市艺术、街道音乐庆祝活动和放映电影等形式，为青奥会锦上添花。

国际奥委会还将通过电子数字平台等最新的传播媒介，在青奥会召开前后，开展全世界青年人之间的交流与沟通，把全世界的注意力吸引到青奥会上。

历届举办地

夏季青年奥运会

第 1 届　新加坡（Singapore）2010 年 8 月 14 日—8 月 26 日。

第 2 届　中　国　南京（Nanjing）2014 年 8 月 16 日—8 月 28 日。

冬季青年奥运会。

第 1 届　奥地利　因斯布鲁克（Innsbruck）2012 年 1 月 13 日—1 月 22 日。

第 2 届　挪　威　利勒哈默尔（Lillehammer）2016 年 2 月 26 日—3 月 6 日。

（三）亚洲运动会

亚洲运动会，简称亚运会，是亚洲地区水平最高、规模最大的综合性运动会，每 4 年举办 1 次，由亚洲奥林匹克理事会的成员国轮流主办，至今已举办了 16 届。其中，我国的北京和广州分别于 1990 年与 2010 年举办了第 11 届亚运会及第 16 届亚运会。

亚运会的前身是远东运动会，是以中国、日本、菲律宾三国为主的亚洲局部地区的综合性运动会。该运动会的组织机构是"远东奥林匹克协会"（1913 年成立），后改称"远东体育协会"。远东运动会于 1913 年 2 月在菲律宾马尼拉开幕，以后轮流在中、日、菲三国的大城市主办，设有田径、游泳、篮球、排球、足球、棒球、网球 7 个项目。远东运动会从 1913 年到 1934 年共举办了 10 届。

1949 年 2 月，在印度新德里正式成立了亚洲运动联合会（简称亚运联），决定在两届奥运会之间，每 4 年举办 1 届亚运会，亚运会由此诞生。1951 年 3 月，第 1 届亚运会在印度首都新德里举行，当时只有 489 人参加。到 1978 年第 8 届时，参加人数已超过了 4000 人。目前，亚洲运动员已成为世界体坛上一支不可忽视的力量，而中国更是世界的体育大国和亚洲的体育霸主。1982年12月5日，在第9届亚运会闭幕之日宣布成立了亚洲奥林匹克理事会，取代了亚运联。亚奥理事会是对亚洲体育运动全面负责的唯一组织。随着亚运会竞赛项目逐渐增多，每届组织机构的策划筹备、操作实施等工作的组织与管理日趋规范，提高了其在世界上的地位和影响。

亚运会的比赛项目不像奥林匹克运动会那样有严格的规定，除田径、游泳、足球、篮球等广为开展的项目每届都必须列入外，主办国可根据自身的条件和运动技术水平适当增减，一般不少于11个项目。如第3届亚洲运动会在日本举行，日本增加了自己的强项乒乓球、排球、网球等；第4届在印度尼西亚举办时，印度尼西亚增加了该国擅长的羽毛球；第10届南朝鲜列入了跆拳道；第11届我国则取消了跆拳道，增加了武术等项目。当然，比赛项目的增减与变换都必须得到亚奥理事会的同意和批准，东道国无权随意安排。亚洲运动会迄今已举行了16届，比赛项目也经历了从少到多的发展过程，从第1届的6项逐渐增至第16届的42项。迄今为止，共有9个国家主办过亚洲运动会：其中泰国4次，日本、印度、中国、韩国各2次，菲律宾、印度尼西亚、伊朗、卡塔尔各1次。

中国的亚运历程

1951年，第1届亚洲运动会在印度新德里举行时，中华全国体育总会应邀参观了大会。1973年9月18日，亚洲运动会联合会执委会在曼谷会议上确认中华全国体育总会为该联合会会员。同年11月16日，亚洲运动会联合会理事会在德黑兰会议上批准了执委会9月18日的决定。自1974年第7届始，中国派队参加了历届亚洲运动会的比赛。

在已举行过的16届亚洲运动会中，亚洲的老牌体育强国日本前8届金牌数一直都稳居首位。1974年第7届亚洲运动会，中国首次征战，金牌数列第三。1978年，中国金牌数升至第二位。在1982年第9届亚洲运动会上，中国终于打破了日本长期独霸亚洲体坛的局面，金牌数跃居第一。从那以后，中国的竞技运动总体水平稳步提高，在历届亚洲运动会上都名列金牌榜首，成为名符其实的亚洲第一体育强国。

1990年，北京成功地举办了第11届亚洲运动会。来自亚洲37个国家和地区的4655名运动员参加了27个大项（308个小项）的角逐，中国获得183枚金牌，几乎相当于第2名韩国（54枚）和第三名日本（38枚）金牌数总和的两倍。该届亚运会也创造了优异的成绩——破4项世界纪录、平1项世界

纪录、破42项亚洲纪录、破98项亚洲运动会纪录。

第12届亚洲运动会于1994年10月2日至16日在日本广岛举行。来自亚洲42个国家和地区的4676名运动员参加了34个大项337个小项的比赛。共有32个代表团获得奖牌，其中20个代表团获得到金牌。与上届相比，中国的金牌数虽下滑到125枚，但仍排名第一，在亚洲稳居王座。日本占有东道主优势，以64枚金牌获得第2名。韩国以63枚金牌，1枚金牌之差获得第3名。本届亚运会在游泳、射击、举重等运动项目上，44次破25项世界纪录，平1项世界纪录。此外，还133次刷新亚洲纪录，245次改写亚运会纪录。

第13届亚洲运动会于1998年12月6日至20日在泰国首都曼谷举行。来自41个国家和地区的7000多名运动员参加了36个项目的比赛。在本届运动会奖牌榜上列前3名的国家是：中国（129枚金牌、77银牌、68铜牌）、韩国（65枚金牌、47枚银牌、52枚铜牌）和日本（52枚金牌、61枚银牌、68枚铜牌）。

第14届亚洲运动会于2002年9月29日到10月14日在韩国釜山举行。中国获得了150块金牌，共308块奖牌。

第15届亚洲运动会于2006年12月1日到15日在卡塔尔首都多哈举行。中国以165枚金牌、88块银牌、63块铜牌共316块奖牌连续第7次高居亚运会荣誉榜榜首的位置，创下了历来第二好成绩，仅次于1990年北京亚运会的183枚金牌。

第16届亚洲运动会于2010年11月12日到27日在中国广州举行。本届运动会，中国获得了199枚金牌，再次打破亚运会历史纪录。

（四）世界杯足球赛

国际足联世界杯足球锦标赛是世界最高荣誉、最高规格、最高水平的足球比赛，每4年举办1次，任何国际足联（FIFA）会员国（地区）都可以派出代表队报名参加。

"世界杯"是1928年FIFA为获胜者特制的奖品，是由巴黎著名首饰技师弗列尔铸造的。其模特是希腊传说中的胜利女神尼凯，她身着古罗马束腰长袍，双臂伸直，手中捧一只大杯。雕像由纯金铸成，重1800克，高30厘米，立在大理石底座上。此杯为流动奖品，谁得了冠军，可把金杯保存4年，到下一届杯赛前交还给国际足联，以便颁发给新的世界冠军。此外有一个附加规定是：谁3次获得世界杯冠军，谁将永远得到此杯。

表 1-2-1　历届世界杯足球赛冠军得主和举办国

届数	年份	举办地	参赛球队数	冠军	亚军	季军	殿军
1	1930 年	乌拉圭	13	乌拉圭	阿根廷	美国	南斯拉夫
2	1934 年	意大利	16	意大利	捷克	德国	奥地利
3	1938 年	法国	15	意大利	匈牙利	巴西	瑞典
4	1950 年	巴西	13	乌拉圭	巴西	瑞典	西班牙
5	1954 年	瑞士	16	西德	匈牙利	奥地利	乌拉圭
6	1958 年	瑞典	16	巴西	瑞典	法国	西德
7	1962 年	智利	16	巴西	捷克	智利	南斯拉夫
8	1966 年	英国	16	英格兰	西德	葡萄牙	苏联
9	1970 年	墨西哥	16	巴西	意大利	西德	乌拉圭
10	1974 年	西德	16	西德	荷兰	波兰	巴西
11	1978 年	阿根廷	16	阿根廷	荷兰	巴西	意大利
12	1982 年	西班牙	24	意大利	西德	波兰	法国
13	1986 年	墨西哥	24	阿根廷	西德	法国	比利时
14	1990 年	意大利	24	西德	阿根廷	意大利	英格兰
15	1994 年	美国	24	巴西	意大利	瑞典	保加利亚
16	1998 年	法国	32	法国	巴西	克罗地亚	荷兰
17	2002 年	韩国-日本	32	巴西	德国	土耳其	韩国
18	2006 年	德国	32	意大利	法国	德国	葡萄牙
19	2010 年	南非	32	西班牙	荷兰	德国	乌拉圭
20	2014 年	巴西					
21	2018 年	俄罗斯					
22	2022 年	卡塔尔					

1970 年，第 9 届世界杯赛时，乌拉圭、意大利、巴西都已获得过两次冠军。因此都有永远占有此杯的机会，结果是巴西队捷足先得，占有了此杯。

为此，国际足联还得准备一个新奖杯，以发给下届冠军。1971 年 5 月，国际足联举行新杯审议会，经过对 53 种方案评议后，决定采用意大利人加扎尼亚的设计方案——两个力士双手高擎地球的设计方案。这个造型象征着世界第一运动的威力和规模。新杯定名为"大力神杯"。该杯高 36.8 厘米，重 6.175 公斤，其中 4.97 公斤的主体由纯金铸造，底座由两层孔雀石构成，珍贵无

比。1974年第10届世界杯赛，德国队作为冠军第一次领取了新杯。国际足联规定新杯为流动奖品，不论哪个队获得多少冠军，也不能永久占有此杯。在大力神杯的底座下面有能容纳镌刻17个冠军队名字的铭牌——可以持续使用到2038年。大力神杯是现今足球世界杯的奖杯，是足球界的最高荣誉的象征。

世界杯赛程分为预选赛和决赛两个阶段。世界杯预选赛阶段分为6大赛区进行，分别是欧洲、南美洲、亚洲、非洲、北美洲和大洋洲赛区，每个赛区需要按照本赛区的实际情况制订预选赛规则，而各个已报名参加世界杯的FIFA会员国（地区）代表队，则需要在所在赛区进行预选赛，争夺进入世界杯决赛阶段的名额。

世界杯决赛阶段目前的名额是32个，决赛阶段主办国可以直接获得决赛阶段名额，除主办国外，其他名额由国际足联根据各个预选赛赛区的足球水平进行分配，不同的预选赛赛区会有不同数量的决赛阶段名额。

世界杯决赛阶段的主办国（地区）必须是FIFA会员国（地区），而且会员国（地区）需要向国际足联提出申请（可以两个会员联合申请承办），然后通过全体FIFA会员国（地区）投票选出。

决赛阶段32支球队通过抽签被分成8个小组，每个小组4支球队，进行分组积分赛，各个小组的前两名共16支球队将获得出线资格，进入复赛；进入复赛后，16支球队按照既定的规则确定赛程，不再抽签，然后进行单场淘汰赛，直至决出冠军。

19届比赛中巴西5次、意大利4次、德国3次、阿根廷2次、乌拉圭2次、英格兰1次、西班牙1次、法国1次获得冠军。

（五）其他体育竞赛

除了综合性国际体育组织定期举办国际综合性运动会之外，各国际单项体育组织也定期组织本项目的锦标赛、世界杯等形式的世界性大赛。有些项目的单项竞赛，在全世界的影响也很大。同时，各国际单项体育组织还举行形式多样的系列比赛、冠军赛、大奖赛、积分赛、邀请赛等规格较高的比赛。各洲地区性体育组织与国际性体育组织一样，也组织举办定期的单项体育竞赛。下面主要通过国际影响较大的足球、网球、田径、游泳、体操和拳击项目简要介绍世界、洲际和国家的单项运动组织及其主办的体育竞赛。

表 1-2-2　部分国际单项运动组织

名称	成立时间	总部	主要体育竞赛
国际足球联合会	1904 年	瑞士苏黎世	奥运会、世界杯、世界青年锦标赛、女足锦标赛等
国际网球联合会	1912 年	英国伦敦	奥运会、戴维斯杯（男子国际网球锦标赛）、联合会杯（女子国际网球团体赛）等
国际业余田径联合会	1912 年	摩纳哥蒙特卡洛	奥运会、世界锦标赛、世界室内锦标赛、世界青年锦标赛、国际田径大奖赛系列赛等
国际篮球联合会	1932 年	瑞士尼庸	奥运会、世界锦标赛、世界男子青年锦标赛、世界少年锦标赛、大洲锦标赛、钻石杯赛、斯坦科维奇杯赛
国际排球联合会	1947 年	巴黎	奥运会、世界锦标赛、世界杯赛、世界青年锦标赛、世界少年锦标赛、世界男排联赛、世界女排大奖赛
国际业余游泳联合会	1908 年	美国依阿华	奥运会（游泳、跳水、水球、花样游泳）、世界锦标赛、世界杯赛
国际体操联合会	1881 年	瑞士穆蒂埃	奥运会（体操、艺术体操、蹦床）、世界锦标赛、技巧世界杯赛等

表 1-2-3 部分亚洲单项运动组织

名称	成立时间	总部	主要体育竞赛
亚洲足球联合会	1954 年	马来西亚吉隆坡	亚运会、亚洲杯、亚洲青年锦标赛、世界杯预赛等
亚洲网球联合会	1970 年	中国香港	亚运会、亚洲锦标赛、亚洲杯（团体赛）、亚洲青少年赛等
亚洲业余田径联合会	1973 年	菲律宾马尼拉	亚运会、亚洲锦标赛等
亚洲业余游泳联合会	1978 年	孟加拉达卡	亚运会、亚洲锦标赛等
亚洲体操联盟	1964 年	日本东京	亚运会、亚洲锦标赛、亚洲青年锦标赛等

表 1-2-4 中国部分单项运动组织

名称	成立时间	总部	主要体育竞赛
中国足球协会	1955 年	北京	全运会、俱乐部联赛、足协杯赛等
中国网球协会	1953 年	北京	全运会、锦标赛、冠军赛、上海喜力网球公开赛等
中国田径协会	1954 年	北京	全运会、锦标赛、冠军赛、北京国际马拉松邀请赛等
中国游泳协会	1956 年	北京	全运会、锦标赛、冠军赛
中国体操协会	1954 年	北京	全运会、锦标赛、冠军赛等
中国拳击协会	1987 年	北京	全运会、锦标赛、冠军赛等

第三节 我国体育竞赛的主要历史沿革

我国体育竞赛经历了古代体育竞赛、近代体育竞赛和现代体育竞赛 3 个阶段。我国古代体育竞赛与社会的发展兴衰密切相关，伴随着我国几千年古

老文化的发展而演变。我国近代早期比较正规的体育竞赛是由教会学校和基督教青年会首先开展起来的，其主要目的是西方国家利用体育进行文化侵略，但在客观上也促进了中国近代早期体育竞赛的开展；中国共产党在建立革命根据地后又组织了各种规模的体育竞赛；旧中国举办的各届全运会虽然在很多方面不完善，却也逐步朝着规范化的方向发展；此外，旧中国参加国际体育竞赛虽然有着诸多阻碍，但在有些项目上还是取得了一定的成绩，从而进一步推进了我国体育竞赛的发展。

一、我国古代的体育竞赛

我国古代体育竞赛的发展与社会的兴衰有着千丝万缕的联系，伴随着我国几千年古老文化的发展而演变。由于受我国传统养生、娱乐思想的影响，古代的身体运动大多与强身健体、道德礼仪教育、延年益寿有关，纯粹的竞赛形式不是很多。在我国夏、商、周到春秋时期，历时1600年的奴隶社会中，由于奴隶主阶级的需要和频繁的战乱，刺激了军事武艺的发展和对军队身体训练的重视，为此，一些与军事有关的体育项目，如射、御、角力、拳搏、奔跑、跳跃等都很盛行。在春秋战国时期，由于生产力的发展，战争和奴隶暴动的推动，社会的阶级关系发生了很大的变化，使得这一时期的体育活动有所发展。如孔子的《论语》中就有"志于道、据于德、行于仁、游于艺"的说法。其中，"游于艺"中的"艺"是指"六艺"，即"礼、乐、射、御、书、数"。"乐、射、御"都包含有体育的因素，具有强身健体的作用。孙武的《孙子兵法》中就有不少有关身体技能和训练的内容。在汉代，由于政治宽简，人民得以休养生息，出现了政治巩固经济文化发展的文景之治，加之为了加强军备，这些都促进了汉代体育在先秦体育的基础上获得了较大的发展，尤其是以训练士兵为主的军事体育，如骑射、刀术等武艺及蹴鞠等都有了很大发展。到了隋唐五代时期，特别是隋唐时，体育的发展出现了空前的繁荣景象。体育运动项目繁多，技艺高超，仅球类运动就有马球、蹴鞠、步打球、十五柱球、踏球、抛球等。如隋炀帝召集全国体育、杂技、乐舞能手综合表演的"角抵大戏"、"经月而罢"，相当于现在的全运会。据记载，唐代就有中国与日本围棋手的比赛。由于推行武举制度，大大鼓舞了民间练武之风，对体育竞赛的发展起到了促进作用。民间的体育活动，如拔河、秋

千、竞渡、滑雪、滑冰、登高、郊游、棋艺等都非常盛行。北宋时期由于沿袭了武举制，加上王安石变法，提倡富国强兵，对体育竞赛的发展起到了促进作用。明清时，中国武术的发展出现一个高峰期，民间涌现出许多武艺高强的名人壮士。鸦片战争后，大量鸦片的输入，毒害了广大人民的身体，加上清政府为了维护其统治，实行"禁民习武"，致使民族体质日衰，从而体育竞赛也一蹶不振。

二、我国近代的体育竞赛

我国是世界四大文明古国之一，有着悠久灿烂的历史文化。中国在古代就有丰富多彩的体育竞赛，但是1840年的鸦片战争，使中国由一个闭关锁国的封建社会逐步沦为半殖民地半封建社会。伴随着帝国主义的入侵和西方文化的输入，中国近代体育竞赛的内容和形式与古代相比发生了巨大的变化，主要表现为西方各种运动项目和体育竞赛开始传入中国并逐渐占据统治地位。我国传统的体育竞赛项目则处于次要地位，转入了民间发展。

（一）近代早期的体育竞赛

中国近代早期比较正规的体育竞赛首先是由教会学校和基督教青年会开展起来的。

19世纪后半叶和20世纪初，美、英等国在中国开办了教会学校，并组织了运动队和体育竞赛。1800年以后，教会学校组织了较多的以田径、球类为主的校际运动会。在中国近代早期的大型运动会上，教会学校成绩最好，并成为参加国内、国际体育竞赛的主力。20世纪初，基督教青年会在中国近代体育竞赛史上占有一定地位，他们积极开展和推动篮球、排球等体育运动项目。在修建早期体育场地的同时，还组织开展了中国早期的体育竞赛。如上海青年会1910年发起和组织的"全国学校区分队第一次体育同盟会"，第1~7届远东运动会的筹备、比赛等一切工作都由青年会的外国体育干事所把持，直到1924年中国人自己的体育组织"中华全国体育协进会"成立，这种现象才告结束。教会学校和基督教青年会的体育竞赛，其主要目的是利用体育进行文化侵略，但在客观上促进了中国近代早期体育竞赛的开展。

（二）革命根据地组织的体育竞赛

1927年以后，中国共产党在全国建立了许多革命根据地，在艰苦的条件下，革命根据地组织了各种规模的体育竞赛。

1. 中华苏维埃共和国第一次运动大会

1933年5月30日—6月3日在江西瑞金叶坪大练兵场组织召开了中央苏区最大的一次运动会——中华苏维埃共和国第一次运动大会。运动大会设篮球、排球、足球、乒乓球、网球和田径等项目，180多名运动员参赛。闭幕式前，全体运动员组成混合队进行了篮球和足球表演赛。

2. 延安"九一"扩大运动会

1942年9月1—6日在延安组织召开了抗日战争时期革命根据地最大的一次运动会——延安"九一"扩大运动会。党中央和边区政府十分重视这次运动会，许多负责同志直接参加大会领导工作，具体工作由延安体育会负责。比赛项目有田径、篮球、排球、游泳、武装爬山、武装爬障碍、射击和投手榴弹，还有网球、足球、棒球、马术、赛马、跳水、武装渡河、举重、双杠、单杠、木马、垫上运动、团体操、舞蹈、武术等表演项目。比赛分男子、女子、少年3个组别，共有1300多名运动员参加。

（三）旧中国举办的全运会

旧中国全运会从1910年到1948年共举行7届。具体情况见表1-3-1。总体来说，旧中国的全运会运动技术水平和运动成绩提高很慢，组织管理工作水平较低，但也朝着逐步规范化方向发展。

第一章 体育竞赛的起源及发展

表 1-3-1 旧中国举办的全运会基本情况

全运会届次	时间	地点	项目设置	参赛人数	基本情况
第1届	1910年	南京	田径、网球、排球、篮球	140人	上海青年会干事爱克斯主持，裁判及工作人员主要由外国人担任，比赛术语是英语
第2届	1914年	北京	田径、网球、排球、篮球、棒球	96人	北京体育竞进会，北京基督教青年会干事侯格兰德发起主办
第3届	1924年	武昌	田径、网球、排球、篮球、棒球	360人	中华业余运动联合会组织，摆脱了外国人控制，是中国人自己举办运动会的开始，增设了女子表演项目，田径赛中的"英尺"制改为"米"制，首次出现团体操表演
第4届	1930年	杭州	男子田径、全能（五项、十项）、游泳、足球、篮球、排球、网球、棒球；女子田径、篮球、排球、网球	1630人	由"中华全国体育协进会"主办，首次以省市为单位参赛，竞争激烈，成绩有所提高，大会全部工作由中国人承担
第5届	1933年	南京	男子田径、全能（五项、十项）、游泳、足球、篮球、排球、网球、棒球、垒球、国术；女子田径、篮球、排球、网球、垒球、国术	2248人	由全运会筹委会主办，出现了一批较好的运动成绩
第6届	1935年	上海	男子田径、全能（五项、十项）、游泳、足球、篮球、排球、网球、棒球、垒球、国术；女子田径、篮球、排球、网球、垒球、国术	2235人	在远东规模之冠的江湾体育场举行，参赛办法、比赛规则和录取方法趋于规范化
第7届	1948年	上海	男子田径、游泳、足球、国术、篮球、排球、网球、棒球、垒球；女子田径、游泳、网球、排球、篮球、垒球、国术	2700人	经费困难，组织混乱，许多项目运动成绩低于前4届

21

（四）旧中国参加的国际体育竞赛

旧中国一共组团参加了 10 届远东运动会和 3 届奥运会。从 1913 年到 1934 年，中国共参加了 10 届远东运动会，总成绩以 1915 年在上海举行的第 2 届最好，获得游泳、足球、排球 3 项冠军，并获大会总锦标。

1896 年在希腊雅典举行了第 1 届奥林匹克运动会。会前，中国曾收到邀请的通知，通知书是由法国驻华使节递送的。但是，腐败无能的清政府，当时竟不知体育运动为何物，对邀请采取了置之不理的态度。

1913 年，在菲律宾体育协会会长、美国人勃朗的倡议下，中国与菲律宾、日本共同发起成立了远东体育协会。1920 年，国际奥委会正式承认了远东体育协会。从此，中国与国际奥委会发生了直接联系。1922 年，中国当时的外交部长王正廷先生，被选任为国际奥委会委员。1924 年 8 月中国的第一个全国性体育组织——中华全国体育协进会在南京正式成立，会上选举了王正廷为主席董事，张伯苓为会长。1928 年，第 9 届奥运会在荷兰阿姆斯特丹举行，中华体育协进会派代表宋如海一人前往参观。宋如海是武昌基督教青年会干事，来往旅费均由基督教青年会支付。1931 年，国际奥委会正式接纳中华全国体育协进会为正式成员。1932 年在美国洛杉矶举行的第 10 届奥运会上，我国首次派出短跑选手刘长春参加了比赛，教练是宋君复，领队是中华体育协进会干事沈嗣良。即使是这样寥寥 3 个人的代表团，仍受到了我国华侨的热烈欢迎。他们举行了盛大的宴会，向刘长春赠送了金质奖章。

1936 年旧中国虽然派出 93 人组成的体育代表团参加了在德国柏林举行的第 11 届奥运会的田径、足球、篮球、游泳、举重、自行车等项的比赛。结果，除了撑杆跳高运动员符保卢成绩是 3.8 米，进入复赛外，其余都在预赛中落选，每天只好当"高级观众"。

1948 年国民党政府为了遮人耳目，粉饰太平，临时拼凑了一个 34 人组成的体育代表团，参加了在英国伦敦举办的第 14 届奥运会的田径、篮球、足球、游泳、自行车等项的比赛，其成绩之差不言而喻。代表团出征前政府只给每人发西装上衣一件，领带一条，不少运动员由于穷得买不起白色长裤，只好找亲朋好友借；借不到的运动员连开幕式也不能参加。代表团抵达伦敦之日，外汇即将用完，要不是华侨的资助，运动员们差点流落伦敦街头。

三、我国现代的体育竞赛

1949年10月，新中国的诞生为我国体育竞赛的发展开辟了新的广阔的道路。为了洗刷"东亚病夫"的耻辱、打破"零"的纪录，迅速提高我国的国际地位，党和政府把发展体育运动、培养竞技人才，作为促进社会主义体育事业发展的重要环节。1952年国家体育运动委员会正式成立。体育竞赛从过去以学校为主体向全民参与和高水平竞技发展。中华人民共和国成立六十多年来，我国的体育竞赛次数不断增加、质量不断提高、规模不断扩大，在一穷二白的底子上开基立业到取得举世瞩目的辉煌业绩，走过了一条并不平坦的发展道路。

（一）国内体育竞赛

新中国的体育竞赛是从解放初期轰轰烈烈的全民性体育竞赛活动中开始的。为改变落后的竞赛条件，从1950年至1957年，国家大力兴建体育场馆、兴办体育院校，推行"运动员、裁判员技术等级制度""运动竞赛制度"，建立优秀运动员训练体系，有力地推动了体育竞赛的发展。这一时期我国举办了首届全军运动会和全国工人运动会。

1958年至1965年间，体育竞赛曾因全国反右斗争的扩大化，大跃进的盲目、狂热，以及三年自然灾害而遭受挫折，竞赛活动一度出现高指标和浮夸风。1960年底，国家体委在"调整、巩固、充实、提高"方针指导下，及时采取了措施，适当压缩竞赛规模，确保重点发展，举办了国内大规模的体育竞赛——第1届和第2届全国运动会，并围绕两届全运会（1959年和1965年）掀起两次体育竞赛的高潮。

1966年至1976年的"文革"动乱，使体育事业遭到严重破坏，体育竞赛一度陷入瘫痪，竞技水平急剧下降。十年中单项年度竞赛活动几乎全部停顿。1971年后，我国体育竞赛出现了转机，举行了国家五项球类运动会和首届全国中学生运动会。1975年举行了第3届全运会，竞技运动成绩有一定回升。1979年举办了第4届全运会。

1977年后，我国的体育竞赛经过拨乱反正得到了蓬勃发展，不仅很快恢复了"文革"前的竞赛体系，而且扩大了竞赛活动范围和规模，提高了竞赛活动的层次，有力地促进了体育运动水平的提高和群众体育的普及。

20世纪80年代之后，在改革开放的大好形势下，我国的体育竞赛活动逐步达到高潮。这一时期诞生了全国大学生运动会、全国少数民族运动会、青少年运动会、全国残疾人运动会、全国城市运动会、全国农民运动会、全国体育大会等大型周期性综合性运动会。1983年和1987年举办了第5、第6届全运会。之后，我国在北京、上海、广东分别成功举办了第7、第8、第9届全运会。从第10届全运会开始，国务院改变了全运会由北京、上海、广东轮流举办的惯例，采用申办的方式确定全运会承办地。通过申办竞争，江苏获得了举办十运会的资格并于2005年成功举办。第11届全运会于2009年在山东省举行。第12届全运会于2013年在辽宁省举行。

我国组织举办的各类体育竞赛，既有国际比赛，也有国内比赛；既有综合性运动会，也有单项体育竞赛；既有成年人体育比赛，也有辅助性体育竞赛和青少年体育竞赛。各类体育竞赛的项目设置不尽相同，既有奥运会项目，也有我国传统体育运动项目（即非奥运会项目）。此外，我国还举办了多届城市运动会、全国工人运动会、全军运动会、全国农民运动会、全国青少年运动会、全国大学生运动会、全国中学生运动会、全国少数民族运动会、全国残疾人运动会和全国体育大会等综合性运动会，以及每年举办的全国性职业俱乐部联赛、大奖赛、系列赛和各运动项目的锦标赛、冠军赛等比赛，有力地促进了我国体育竞赛的健康发展。

（二）组织承办的国际体育竞赛

在改革开放之前，我国也曾举办过一些国际单项体育竞赛。改革开放以来，我国的社会主义现代化建设取得了举世瞩目的成就，我国的经济、政治、科教、文化等发展迅猛，综合国力不断提升、国际地位日益提高。国运兴，则体育兴。我国的体育事业也获得了长足的进步，竞技运动水平不断提高。国际体育组织对中国的关注程度不断增强。在我国举办的各类单项体育竞赛日益增多，先后承办了田径、体操、跳水、游泳、乒乓球、羽毛球、举重、射击、篮球、排球、足球等亚洲和国际重大比赛。在国际体育组织的直接指导下，我国体育竞赛部门和承办单位共同策划，通力协作，精心组织，取得了较好的办赛效果。特别是近年来，不少国际体育竞赛，通过政府主导、市场运作的方式，获得圆满成功，取得了社会效益和经济效益双丰收。赛事组

织承办过程中展现出的高水平、高效率，得到了国际社会的广泛认可和充分肯定。

在承办大量单项国际重大体育竞赛的同时，我国也承办了许多国际综合性运动会。1990年，我国运用现代管理方法，在北京成功举办了规模空前的第11届亚运会，这是中国承办重大国际综合性运动竞赛史上的一次重大突破，充分展示了我国举办国际大型综合性运动会的能力。北京亚运会之后，我国又先后承办了东亚运动会、世界大学生运动会、世界特奥会等国际大型综合性运动会，这不仅为我国承办更高水平的国际综合性运动会积累了经验，而且充分展示了我国的国际形象，进一步提升了我国的国际地位。在此基础上，我国首都北京参加了2000年第27届奥运会申办，但没有成功。随后，2001年又参加了2008年第29届奥运会的申办，并于2001年7月13日成功获得了第29届奥运会承办权，实现了中华民族百年梦圆。第29届北京奥运会设立了三大理念：绿色奥运、科技奥运、人文奥运。举行了28个大项，38个分项的比赛，产生302枚金牌（其中，中国获得51枚）。除大部分比赛在北京举行外，帆船比赛在青岛举行，马术比赛在香港举行，部分足球预赛在天津、上海、沈阳和秦皇岛举行。北京奥运会共使用37个比赛场馆，其中，新建场馆11个，改扩建场馆11个，临时场馆9个，京外比赛场馆6个。世界204个参赛国家及地区的运动员、教练员和官员参加了北京奥运会、残奥会，实现了"有特色、高水平"的办赛目标和"新北京、新奥运"的战略构想，为我国和世界留下了独特的奥运遗产，并印上了独具的中国特色。时任国际奥委会主席罗格称中国举办了一届"无与伦比"的奥运会。

第二章 体育竞赛的分类和功能

体育竞赛是各种体育运动项目比赛的总称，是指在裁判员的主持下，按统一的规则要求，组织和实施的运动员个体或运动队之间的竞技较量。根据竞赛的规模、参赛对象的特点、比赛性质任务、赛事的市场化程度等不同标准，可以对体育竞赛进行分类。在现代社会中，体育竞赛被赋予了更加丰富和深厚的内涵，使其在现代社会经济、政治、文化等方面发挥着越来越大的影响。

第一节 体育竞赛的分类

当今社会，体育竞赛已经成为社会文化的重要组成部分，特别是高水平的体育竞赛越来越得到世人的喜爱，在社会发展中发挥着越来越重要的作用。为了便于对体育竞赛的深入探讨和研究，有必要对体育竞赛进行分类。依据不同的标准，可以将体育赛事进行以下的分类：

一、按竞赛规模分类

按照竞赛的规模对体育竞赛进行分类是最常见的分类方法。根据规模的不同，可将体育竞赛分为综合性赛事和单项赛事。举办项目多、规模大、规格高的综合性赛事往往会产生显著的经济效益和社会效益，但一些高规格、高水平的单项赛事影响力也非常大，会产生很好的综合效益。

1. **大型综合性赛事（综合性运动会）**

指比赛项目多、规模大且能影响举办城市和社区经济社会发展，并在较大范围和广大媒体范围产生影响的综合性运动会。如全运会、亚运会、奥运会。大型综合性赛事表现为:赛事的规模大，比赛项目多，运动水平高；参与和出席的人数众多；媒体覆盖面大、关注度高；公共财经参与度高；组织工

作复杂；市场吸引力大、目标广大；对举办城市和社区产生显著的社会、经济和综合效益；对社会、文化、政治、经济、旅游和城市设施建设等诸多方面产生深远影响。

2. 单项赛事

指只有单一项目的比赛。如田径比赛、跳水比赛。有些高规格的单项赛事，其影响力也非常大。如世界杯足球赛、世界田径锦标赛等，在举办城市和社区也产生很大影响，能够引起众多媒体关注和产生较好社会和经济效益。

二、按参赛对象特点分类

根据参赛对象的特点，可分为残疾人体育竞赛、农民体育竞赛、大学生体育竞赛、中学生体育竞赛、少数民族体育竞赛、军事体育竞赛等。

三、按比赛性质任务分类

按比赛性质任务可分为锦标赛、杯赛、积分赛、分站赛、对抗赛、邀请赛、选拔赛、等级赛、友谊赛、表演赛和达标赛等。

四、按赛事市场化程度分类

职业化体育赛事和非职业化体育赛事。职业化体育赛事，如NBA篮球赛、F1赛车比赛及世界汽车拉力锦标赛、四大满贯网球公开赛、欧洲国家职业足球联赛、中超联赛等。这类体育赛事周期长、水平高，拥有稳定的观赏群体。因此，这类体育赛事举办地城市或地区的经济实力较强，赛事的市场开发程度都很高。人们对该项体育赛事的观赏和参与认同度高。非职业化体育赛事，如体操、柔道、摔跤、举重等比赛的商业化、市场化程度较低，观赏和参与人群不多。

第二节　体育竞赛的功能

体育竞赛是参赛者竞技能力和综合素质的较量，通常都以取得优胜为参赛目标。运动员在体育竞赛中都将会最大限度地调动和发挥机体的潜能及发挥技战术水平，以取得比赛的胜利，因而，竞赛的过程十分激烈。体育竞赛，特别是高水平的体育竞赛往往具有很高的观赏价值，它通过提供特殊的具有观赏价值的产品来充分展示其独特的政治功能、经济功能、文化功能、社会功能和促进体育事业发展的重要作用。

一、经济功能

体育竞赛的经济功能是由体育与经济的相互促进作用所决定的。一场精彩的体育比赛可以吸引成千上万的观众，并可直接获取门票收入。一些大型运动会，除可带动旅游、商业、交通、电信和新闻出版等行业发展外，还可以通过出售电视转播权、发行彩票、邮票、纪念币、收纳广告费、印刷宣传品等途径，从中得到相当可观的经济效益。特别是奥林匹克运动会表现出鲜明的商业化倾向。正如国际奥委会已故前主席萨马兰奇说的："商业化是使体育运动适应现代社会的一个最有力的因素。"在奥运会期间，世界各国财团都在利用其影响，进行巨额投资，从事商业性活动。有关这方面的成功尝试，当首推1984年在美国洛杉矶举行的第23届奥运会。这届首次由民间主办的奥运会，在金融界人士彼得·尤伯罗斯的领导下，一改以往奥运会亏损的局面，从中获得2.5亿美元的盈利。1984年美国洛杉矶奥运会开创了奥运经济运作的新模式，反映出奥运会在社会、文化、环保等方面所具有的潜力价值，也带来了巨大的经济效益。1984年美国洛杉矶奥运会在世界奥运史上书写了全新的一笔，即把奥运作为产业经营，于是诞生了奥运经济。在这方面，美国人尤伯罗斯先行一步，用经营的理念将奥运产业化，并且开创了真正意义上的奥运产业赚钱的先河。他奇迹般地将奥运会办成了一桩赢利2.36亿美元的"大买卖"，这还不包括美国各行各业在奥运会期间获得的丰厚利润。在洛杉矶奥运会市场开发理念的启发下，国际奥委会于1985年2月提出了"奥林匹克全球合作伙伴赞助商计划"（TOP计划）。TOP计划的实施，为奥运会带来了更为稳定的经济支持。自1985年第一期TOP计划实施以来，直到2008年为止的六期TOP计划，国际奥委会共获得24亿多美元，有力地支持了这期间举办的奥运会。

1988年汉城奥运会，是举办国家对外开放战略的全面展示。韩国以奥运会为契机，超越了农耕文化的水平，跨入到新兴的工业化国家的行列，向世界展示了一个自强不息新的民族文化形象。汉城从1981年获得举办权到1988年正式举办，一共创造了33.6万人的就业机会，共带来了27亿美元的国民收

入,这届奥运会本身赢利达 4.7 亿美元。

1992 年巴塞罗那奥运会被认为是奥运史上的成功典范。它的成功不仅在于奥运会本身,更重要的是通过筹办和举办奥运会,给城市的持续发展注入了动力和活力,新兴产业和支柱产业得到了发展,提高了城市吸引力和知名度,城市功能进一步增强,生态环境得到改善,并带来了长期的积极影响。巴塞罗那奥运会把奥运规划融入城市改造规划、城市基础设施建设,其规划体现了深厚的文化特点。虽然奥运会本身只赢利 0.4 亿美元,但奥运会给巴塞罗那带来了 260 亿美元的经济效益,使 2 万余人获得经常性就业机会,使巴塞罗那由一个中等城市一跃而成为欧洲第 7 大都市。

1996 年亚特兰大奥运会通过商业化运作,没花政府 1 分钱就建造起 5 亿美元的体育基本设施交付市民使用,并为亚特兰大市和佐治亚州创造了 51 亿美元的经济效益。

2000 年的悉尼奥运会为澳大利亚赢得了良好的声誉。悉尼通过筹办奥运会,极大地推动了城市建设,改善了生态环境,促进了交通、旅游、房地产等相关行业的发展,从而大大提升了悉尼城市的知名度,提高了其在世界上的地位。此次奥运会,澳大利亚共支出 9.65 亿美元、收入 13.9 亿美元,赢利 4.25 亿美元 (约合 35 亿人民币)。

2002 年到 2008 年,北京奥运会在经济总量的产出方面为北京城市经济的贡献超过 30000 亿元人民币。奥运会所带来的经济冲击(投资、消费、出口、政府债务等)能够创造更多的劳动力和产出需求,从而促进国内就业和国民收入在数量上的增加。北京奥运会为中国经济,特别是北京市经济的发展注入新的活力,有力促进了北京金融、交通、旅游、餐饮、住宿等产业的发展。

除了综合性运动会以外,单项体育竞赛对经济发展的推动作用也不可小视。在美国职业篮球比赛的商业价值对于国家经济框架的构成已产生较大的影响,同时篮球运动在整个经济舞台中所占的份额也迅速增长。1984 年,美国 NBA 的总收入为 1.92 亿美元,到了 1995 年 NBA 的总收入达到 130 亿美元以上。4 年一次的世界杯足球赛,不仅是全世界亿万球迷们狂欢的节日,其所具有的经济价值,也足以让世人赞叹不已。每届世界杯对于举办国来说,不仅可以获得直接经济效果,而且还能刺激本国经济的复苏。对于 2006 年世界杯,虽然德国没能最后夺冠,但是很多人戏称"德国经济是世界杯冠军"。100 万外国球迷的涌入,带来近 30 亿美元的直接收入,电视转播费用 13 亿美元,门票销售收入 10 亿美元,21 家世界杯赞助商直接贡献近 30 亿美元,此外,体育用品业、建筑行业、餐饮业、传媒业、酒店业、家电业、零售业都从世界杯中分出属于各自的利益之羹，这些行业的收入超过 150 亿美元，而其中有超过 60% 属于德国人；更重要的是，德国世界杯为德国增加近 10 万个新的就业岗位；在世界杯之后，还有 20 亿美元左右的"后续性收入"。欧洲足球五大职业联赛通过广告和资助、门票经营、电视转播费、球员转会收入以及以足球产品为中心的商务开发，创造出了巨大的足球财富。据了解，其中，最富有的曼联足球俱乐部在一个赛季比赛日的收入竟然高达 1.01 亿欧元。

体育竞赛不仅具有很强的影响力、吸引力和观赏性，而且产业关联度强，可以为体育产业发展不断开拓新的市场空间，培育新的消费群体，探索新的发展模式。体育竞赛的发展，一方面可以使更多的体育运动项目进入职业体育市场，从而加速各类职业体育组织（如职业体育俱乐部）的形成，同时提高体育无形资产的市场价值和市场开发度，如电视转播权、广告冠名权、俱乐部标志的特许使用权等；另一方面作为体育产业重要组成部分的竞赛表演业的发展，还可以直接影响和带动体育彩票、体育旅游、体育用品、体育传媒等相关产业，甚至城市建设、环境保护、交通通讯等的发展。

二、政治功能

体育的政治色彩淡，但体育的政治功能强。体育所具有的多元功能往往是通过竞赛来体现。体育竞赛作为体育事业的重要组成部分，历来与政治紧密相连，并以特殊的方式为政治服务。美国学者约翰·米尔顿·霍伯曼在《体育与政治意识》一书中指出："体育与政治意识的关系是长期明显存在的。"东、西方学者认为：体育与政治，特别是体育竞赛与政治是密切相关的，体育竞赛不可能脱离政治。例如：1952 年赫尔辛基奥运会出现苏、美两大阵营的政治对抗以来，曾不断出现各种政治事件，其中最为突出的有在 1972 年慕尼黑奥运会的枪杀事件，1980 年在莫斯科奥运会美国等 16 个国家抵制不参加，1984 年洛杉矶奥运会又遭到苏联和东欧国家的抵制等等。东京是日本政治、经济、文化中心，也是国际上引人注目的现代化大都市。1964 年，东京成功地举办了第 17 届奥运会，扩大了日本战后的国际影响，也重塑了日本在奥林匹克大家庭的形象。1988 年汉城奥运会帮助许多韩国品牌走向世界，使全世界消费者重新看待韩国品牌。在 1988 年之前，全世界的消费者对汉城、对韩国的理解还是停留在战争的阴影之中，对那个地方会出现国际品牌是不

信任的。但是汉城奥运会带来了全世界的媒体，大家都亲眼看到了汉城的发达，重新改变了对汉城、对韩国的印象。韩国的品牌在1988年之前，不被世界认可，而1988年之后，全世界都改变了对韩国的看法，韩国品牌也走向了世界。又如，我国的"乒乓外交"曾为打开中美建交的大门，促进中日关系的正常化做出重要贡献，被称为"小球转动地球"。金牌从一个侧面展现国家的综合实力。通过参加体育比赛表现实力，扩大影响，提高国际声誉，振奋民族精神。例如：苏联十月革命成功35年以后，第一次参加奥运会就与美国平分秋色，显示了社会主义国家的力量。1972年美国在奥运会的决赛中输给了苏联，引起了美国公众的普遍不满。我国体育健儿多年在奥运会赛场上频频传出捷报，从"零"的突破到北京奥运会金牌总数51枚，从中国女排的"五连冠"到中国乒乓球队囊括"世界乒乓球锦标赛"所有比赛项目的金牌，使中国人扬眉吐气。因此，体育具有为国争光、提高民族威望、振奋民族精神、为外交斗争服务、促进民族团结的政治功能。有人甚至这样说："体育竞赛是和平时期的战争。"

三、文化功能

体育竞赛还具有文化功能。举办大型运动会实际上是承办地展示当地文化的一次绝佳机会。无论是汉城奥运会主题歌《手拉手》还是2008年北京奥运会提出的"人文奥运"的口号，每一届奥运会都毫不例外地向全世界展示了承办国深厚的文化传统。举办奥运会的主要目的并不仅仅在于推出一个灿烂辉煌的盛大竞赛，吸引无数人的目光，成为世界关注的焦点，而是要通过奥运会将对人类社会至关重要的社会价值，如和平、友谊、团结、奋进、诚实、公平等理念播撒到亿万人心中，进而促进人类发展、社会进步和世界和平。因此，前国际奥委会主席罗格十分明确地指出，奥运会是一个"教育工具"。

如何让奥运会这一"教育工具"充分发挥作用，是奥运会组织者在筹办奥运会时需要认真对待的问题。近几届奥运会的组织者在奥林匹克文化教育方面都做了大量的工作，力求使奥运会对本国民众、特别是青少年的教育取得实实在在的效果。这就是强调参与，让青少年在各种活动中亲身体验奥林匹克精神。

悉尼奥运会的组织者针对300多万澳大利亚中小学生制定了"国家奥林匹克教育计划"，将奥运知识纳入从学龄前3岁幼儿到12岁的中小学生的学习生活。

长野冬奥会推出了"一个国家一个学校"的奥林匹克教育计划，让76所

中小学分别选择世界上不同的国家，学习这些国家的文化特色、风土人情及了解奥运会和残疾人奥运会代表团的状况。

2004年的雅典奥运会更是将奥林匹克教育办得别具一格。这届奥运会的教育计划由雅典奥组委和希腊教育部合作实施。希腊人不仅编写用于奥林匹克教育的各种书籍，为不同年龄阶段的学生提供读物，并且为教师的指导提供参考，还设计了体育、文化、志愿者等主题活动，吸引大家来参与，从而将奥林匹克教育演化为全国青少年动脑、动手、出力流汗的活动体验。希腊全国的中小学校对这些参与性活动表现出了极大的热情，他们或单独行动，或联合实施，最终，全国有87%的学校及73%的学生参与了奥林匹克教育活动。奥林匹克运动的名言是"重在参与"。希腊和其他举办城市的经验告诉我们，奥林匹克教育也是"重在参与"，让人们在参与各种活动的过程中体验奥林匹克运动所提倡的各种人文价值。

2008年北京奥运会提出了"人文奥运"的理念。北京奥运会的会徽、吉祥物和主题口号，无不体现博大精深的中华文明和世界文明的融合。特别是北京奥运会开幕式更是精彩绝伦，向世界充分宣传和展示了中华民族五千多年的文明史，开幕式上的画卷、文字、戏曲、丝路、礼乐等都是中国文明元素最集中的展现。特别是由巨大LED屏幕组成的画卷，浮现出两千多年前丝绸之路的商队和地图，再现郑和下西洋的盛况。一轴长卷中国画表达出东方美学独特的时空观念与哲学精神，表现出中国历史文化的起源和发展，将中华民族五千年的文明，展现于笔端画卷，凝结成人间瑰宝。活字印刷表演，变换出不同字体的"和"字，表现了中国汉字的演化过程，也表达了孔子的人文理念"和为贵"。一把一千多年前的古琴，名为"太古遗音"。演员们独特的身体语言，蕴涵了中国水墨画的意趣和韵味。孔子的"三千弟子"手持竹简，吟诵着《论语》中的名句——"四海之内，皆兄弟也"。四大发明、汉字和戏曲，充分表达了中国人民热爱和平的美好心愿。青春的画卷，在无垠的星光中向着未来延展，无垠的星光，浪漫的旋律，古老的画卷在新时代延展，寓意今天的生活更加幸福和谐。太极的表演体现了传统与未来的交融，表现了人与自然和谐相处，达到天人合一的境界。奥运开幕式上，最大、最沉、最新高科技的直径18米、重16吨的液晶星球模型，仅设计、制造和安装这颗多媒体"地球"就用了一年多时间。天空中的星球，变幻着色彩和图案，众多演员在"地球"上行走，似乎脱离了地心引力，充满梦幻色彩；体育竞赛在"地球"上诠释着"更快、更高、更强"的奥林匹克精神。同一个

世界，同一个梦想。主题曲"我和你，心连心，同住地球村。为梦想，千里行，相会在北京……"英国伦敦女歌手莎拉·布莱曼和中国歌手刘欢深情地唱起北京第 29 届奥林匹克运动会主题歌《我和你》。这不仅体现了中外融合的"国际化"，也使北京奥运会和伦敦奥运会携手。体育场上展现出 2008 张世界各地儿童的笑脸，体育场上方的投影屏上也呈现出孩子们笑盈盈的脸庞。情真意切的主题歌和不同肤色儿童的笑脸，形象生动地诠释了北京奥运会"同一个世界、同一个梦想"的主题。

四、社会功能

体育竞赛还具有强大的社会功能。体育竞赛的举办能够有效提升承办地的城市建设水平和环境质量。

日本政府和体育界，对东京承办奥运会非常重视，耗费近 30 亿美元巨款，扩建了城市，改进了交通网点，兴建了体育场馆和其他设施。东京奥运会的成功举办对日本的影响很大，当时它正处于经济的恢复阶段，奥运会使其经济进入一个高速发展期。新干线的建成和北海道的发展为日本经济发展创造了条件，它也正是通过奥运会向世界宣布日本已经由一个落后的资本主义国家开始成为一个发达国家。

江苏省政府研究室、省体育局和南京市政府研究室组成联合调查组，对十运会的影响情况进行了调研。调查组认为，十运会举办前后的 3~5 年，十运会的拉动效应可使江苏 GDP 增长每年加快 1 个百分点以上，每年新增就业岗位 50 万个左右，南京等主要城市现代化水平将提前 5~10 年。在举办十运会的过程中，省会城市南京和其他各省辖市及部分县（市、区）都投资于城市基础设施建设。与此同时，十运会的举办，促使高新技术在交通、环保、场馆建设、住宿安全、管理等多方面的广泛应用，成为促进江苏产业结构重组和高速升级的良机。全省各地都以承办十运会为契机，大力开展环境综合整治，全力做好城市的美化、绿化、净化、亮化等工作，对比赛场馆周边、交通要道、重要商业街区、宾馆饭店、旅游景点、城市出入口进行环境整治；深入开展交通秩序整治，大力提升城乡文明水平。对于完善江苏省的城市服务功能，增强区域竞争优势，起到了十分积极的作用。伴随盛会而来的巨大的人流、物流、信息流，对体育产业、房地产业、旅游业、交通运输业、商贸餐饮的拉动作用非常明显，对信息服务、金融保险、会展经济等新兴服务

业也起到了极大的促进作用。

北京奥运会使用37个比赛场馆和59个训练场馆,在北京的比赛场馆达32个。北京首都国际机场在2008年以前进行了大规模的扩建,增加1条跑道、1座候机楼、55个标准停机位,使年客运能力达到4800万人次。此外,频繁出入的旅客也使北京郊区的南苑机场和天津滨海机场同样受益。在道路交通方面,北京增加93公里的五环路、35公里的城市快速路联络线和105公里的城市主要道路。轨道交通线增加到7条,总里程达190多公里。公交系统有650条运营线路,年客运量达45亿人次,此外还有222条长途汽车路线通往郊区。形成了一个以市区为中心,辐射城市边缘及居民小区、布局合理、方便快捷的公交网络。北京提出了绿色奥运的理念,提倡进行环境保护,将晴好天气作为重要指标对环境情况进行考核,将重污染企业首钢进行搬迁,促进了人和自然环境的和谐相处。

除大型综合性运动会以外,高水平单项体育竞赛的社会作用也不容忽视。2002年第14届世界女篮锦标赛在江苏5个城市共9个赛区举行。各赛区地方政府均十分重视比赛的筹备工作,苏州市投入2亿元建成了新体育馆。常州市政府投入1700万对体育馆进行改造,又投入2500万元修建体育公园,并美化了周边环境。淮安市政府不光投入1000多万元改造体育馆,在馆外还投入2000万元修建了全民健身广场等大众体育设施。在加快场馆建设的同时,各地还以承办比赛为契机,对城市景观进行了改造。2002年以后,江苏又先后承办了第7届世界青年女子垒球锦标赛、世界杯跳水比赛、国际田联竞走挑战赛、世界健美操锦标赛、第2届斯坦科维奇杯世界男子篮球比赛、钻石杯篮球赛、环太湖国际自行车赛、扬州"鉴真"国际半程马拉松赛等大型国际比赛。这些比赛,都对江苏社会事业的发展产生了巨大的推动作用。

同时,体育比赛对加深比赛双方的了解,增进世界人民之间的友谊,消除隔阂,化解不安定因素,培养人们健康的生活方式和生活习惯,提高全社会的文明程度,推动和谐社会建设,都具有重要的促进作用。

在德国世界杯足球赛开幕式上,时任联合国秘书长安南和国际足联主席布拉特发表联合致辞,祝贺世界杯足球赛开幕,并呼吁球员和球迷通过足球弥合社会、文化和宗教分歧,促进世界和平与发展。安南和布拉特表示,足球是全球通用的语言,有助于促进个人发展和成长,培养团队协作和公平竞争精神,并可以弥合社会、文化和宗教分歧。因此,联合国也借助足球帮助实现千年发展的目标。他们呼吁世界各地的球员和球迷利用足球来促进世界的和平与发展

事业。联合国秘书长和国际足联主席为世界杯足球赛开幕联合致辞尚属首次。

在我国的城市和农村，随着社会经济的迅速发展，人们的生活逐渐富裕，对文化体育的需求日益突出。通过举办形式多样的体育竞赛，引导广大人民群众积极参与和观赏体育比赛，不仅可以丰富城乡居民的文化生活，陶冶情操，消除赌博、封建迷信等恶习，而且还可以培养健康和积极向上的生活方式，提高生活质量，为构建社会主义和谐社会服务。

五、促进体育事业的发展

竞技体育是以体育竞赛为主要特征，以创造优异运动成绩、夺取比赛优胜为主要目标的社会体育活动。运动训练的目的是提高运动员的竞技能力和运动成绩，而运动训练的成效则是通过体育竞赛得以检验和展现，并促进运动水平的不断提高。体育竞赛的内容、特点和要求决定了运动员竞技能力的发展方向与目标。体育竞赛的内容、特点和要求主要表现在竞赛的规则与规程上。任何一个运动项目竞赛规则与规程的每一次修改和调整都会引起该项目运动训练的指导思想的调整及改变，导致运动训练理念的发展与更新。

高水平的体育竞赛，可以充分激发广大人民群众对体育的兴趣以及参与体育活动的热情。乒乓球运动之所以在我国如此普及，可以说很大程度上归因于我国的乒乓球运动员在各级各类高水平国际大赛中处于领先位置。乒乓球也因此被全社会誉为"国球"。体育竞赛本身也是全民健身活动组织的主要形式。以竞赛作为群体活动的组织形式，可以增加活动的趣味性和吸引力，调动更大范围人群的参与积极性。我国通过举办非奥运会项目的全国体育大会，不仅推动了非奥运会项目的普及和发展，还在承办地和全国掀起了全民健身的热潮。每一届全运会和省运会期间，召开的群众体育先进表彰大会和安排的全民健身展示活动，都有效地推动了全民健身运动的开展和普及，促进了竞技体育和群众体育的协调发展。所以说，体育竞赛也是推进群众体育向社会化、生活化方向发展的重要手段。

竞赛表演业作为我国体育产业的重要内容，是体育产业的核心，是我国体育产业中最具活力和辐射力的部分，是国民经济新的增长点。体育竞赛表演业是体育产业发展的重要驱动力。体育竞赛还能促进体育设施、体育场馆、体育科研、体育宣传、体育教育和体育外事等方面的发展。体育竞赛还能吸引和促进社会各方面参与体育、关心体育和支持体育。

第三章　体育竞赛的申办与组织

由于体育赛事对社会经济、政治、文化、旅游等众多的领域会产生积极的影响和带来显著的社会效益、经济效益与综合效益。伴随着高水平的体育赛事往往会带来城市产业的发展和知名度、美誉度的极大提升。为此，现代体育赛事，无论是综合性运动会，还是单项体育赛事，往往都需要通过申办的方式来确定承办地。体育赛事申办成功后，又将转入体育赛事的组织运行，即通过对体育赛事组织者所拥有的人、财、物等资源进行合理、有效的组合和安排，从而高效有序地完成体育赛事组织工作计划和任务，达到顺利圆满完成体育赛事的目标的过程。体育赛事的组织运行至关重要，它将直接关系到体育赛事的成功与否。

第一节　体育竞赛的申办

现代体育赛事，无论是综合性运动会，如奥运会、青奥会、亚运会、全运会，还是单项体育赛事，如世界杯足球赛、篮球世锦赛等，一般都需要通过申办的方式来确定承办城市。由于国际高水平综合性运动会和单项赛事对承办地经济社会发展产生的巨大拉动效应，世界各国对体育赛事的申办竞争日益激烈，成为国际体育界一道亮丽的风景。

体育赛事的申办方式大体可分为三类：征询申办、购置申办和竞争申办。

一、征询申办

这类体育赛事的申办，通常是在国际和国内体育组织对某一地区已有明确的意向或者体育赛事承办方情况发生了变化的情况下，所采取的申办方法。如2002年日韩世界杯足球赛，日本是在当时的国际足联主席阿维兰热先生的征询下，才有了申办的想法。2008年四川汶川大地震，国家体育总局田径运

动管理中心将本来由四川承办的全国田径大奖赛转向江苏，征询由苏州申办全国田径大奖赛。

二、购置申办

这类体育赛事的申办，通常必须通过出资购置承办权。而承办权的属性则又分为一次性、多次性和长期性三种形式。一次性，如 2004 年 F1 摩托艇世界锦标赛（中国站）等，这是属于一种流动性的体育赛事；多次性，如 F1 赛车赛上海站比赛（2004—2010 年）和上海大师杯网球赛（2005—2007 年）等，都有约定的期限；长期性，如上海喜力网球公开赛和北京中国网球公开赛等，便在某一地区和城市形成了一个长期固定的传统体育赛事。

三、竞争申办

相当于投标竞争，即申办方按照赛事主办权拥有方的要求投递申办书（标书），由主办权拥有方组织专家对投标者进行评估和有关组织进行投票表决，确定承办方。高规格的大型综合性体育赛事资源丰富，是各方关注的焦点。当今国际体育大赛的申办，无一不是通过激烈竞争而获得，例如奥运会的申办、世界杯足球赛的申办等。竞争申办也成为我国体育赛事发展的一大趋势，以江苏成功申办 2005 年第 10 届全运会为标志，我国大型综合性体育赛事全面进入竞争申办阶段。

申办体育赛事，赛事主办权拥有者对申办方有一系列软硬件的要求。在满足这些要求的前提下，主办权拥有者一般会通过招标的方式确定承办方。例如奥运会的承办权申办。奥运会的申办是体育赛事申办活动中竞争最为激烈的，其申办的过程也具有代表性。

（一）奥运会申办城市必备的基本条件

根据国际奥委会执委会向各申办城市颁布的《申办冬季奥运会和夏季奥运会的报告调查表》中所规定的条件，奥运会申办城市的基本条件包括以下几个方面：

1. 社会政治稳定

社会政治稳定是申办的重要条件。具体体现在：国家执行民主制度和开放政策，政治体制稳定。奉行和平共处的外交方针，与其他国家之间关系融洽。世界上建交、有关系往来的国家覆盖面大。经济发展好，市场繁荣，社会秩序井然有序，人民安居乐业。执政党积极支持，在野党通力合作。民意调查反映，社会名流和国民热情参与，申办奥运支持率高。奥运会申办能够成为一个举国一致的行动。

2. 体育设施齐备

这是申办的一个关键条件。申办城市的体育设施，尤其是将来举办奥运会时的竞赛场馆，要适当相对集中，而且所处的地理位置、地质条件、气象气温都符合国际奥委会的要求。具体讲，就是要建一个最现代化的奥林匹克体育中心。这个中心必须建有包括一座现代化的能容纳相当观众的奥林匹克主运动场以及与之配套的风格各异的其他比赛场馆、训练场馆和辅助运动场地。场馆的主体结构是现代化的，设备器材是最先进的，体育设施要世界一流。同时，市政当局还要制订一个奥运会后奥林匹克体育中心进一步利用与开发的可行性规划。所有将来准备举行奥运会竞赛的体育设施，须经各国际单项体育联合会派代表分别进行实地考察，并以书面形式确认各自项目的设施，方视为合格。

3. 安全有保障

安全工作是保证奥运会顺利举行的一个重要方面。申办城市要拥有一批装备现代化、训练有素的安保人员。城市建有最先进的安保基础设施，安保当局要制订天衣无缝的能够准确实施安全保卫的行动计划。对恐怖活动有强有力的防范手段，且有以往该城市反恐怖活动的成功经验；场馆观众有周密的安全疏散办法，经过多次成功的演习证明行之有效；整个城市有整体的治安制度，民众有较强的治安意识。在奥运会期间城市的一些不良社会现象，能控制在最小的限度。能为奥运会提供全面严谨的安全工作和安全环境。

4. 交通便利和通信设备先进

国际奥委会对申办城市的交通和通信条件，视同与体育设施同等重要。

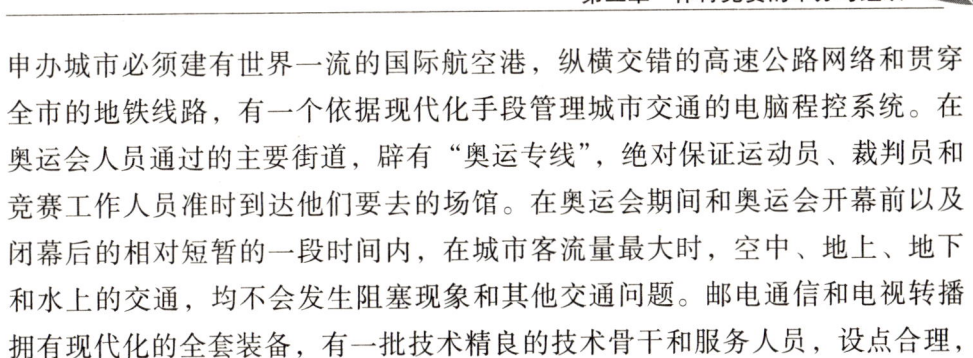

申办城市必须建有世界一流的国际航空港，纵横交错的高速公路网络和贯穿全市的地铁线路，有一个依据现代化手段管理城市交通的电脑程控系统。在奥运会人员通过的主要街道，辟有"奥运专线"，绝对保证运动员、裁判员和竞赛工作人员准时到达他们要去的场馆。在奥运会期间和奥运会开幕前以及闭幕后的相对短暂的一段时间内，在城市客流量最大时，空中、地上、地下和水上的交通，均不会发生阻塞现象和其他交通问题。邮电通信和电视转播拥有现代化的全套装备，有一批技术精良的技术骨干和服务人员，设点合理，项目齐全，服务周到，保障奥运会期间的通信快速、准确、畅通。电视转播能有最佳的转播时间和达到最满意的收看效果。

5. 文化艺术发达

申办城市文化艺术发达体现在古典传统的文化艺术得到继承和发扬，民族的文化艺术得到保护和发展，近现代的文化艺术争奇斗妍。申办城市有世界著名的古迹和世界一流的历史博物馆，有世界级的文化艺术瑰宝，拥有世界水平的艺术家和艺术作品。文化艺术的各个领域欣欣向荣，文学、美术、电影、绘画、工艺、戏曲等千姿百态，充分展示主办国和举办城市最灿烂的文化艺术特色与最辉煌的文化艺术成就。

6. 城市的开放与现代化

申办城市坚持对外开放政策，扩大国际间的交往，与世界许多国家的著名都市建有友好往来关系。市政建设的现代化程度和市民的精神文明程度比较高。公共卫生、环境保护、市容绿化、园林建造都让人耳目一新。有最好的医院、最先进的医疗设备、最好的医务人员，能够执行奥运会所有与会人员的医疗和保健任务。文化娱乐设备先进，形式多样。旅游业兴旺发达。没有种族歧视。没有罢工、罢课、群团殴斗。城市奥运会气氛浓，市民奥运意识强，处处给人一种现代化国际大都市的印象。能为参加奥运会的所有人员，在各方面提供最优质的服务。

7. 经济有保证

国民经济持续增长，国家货币储蓄稳定，城市失业率低，国家有一定的经济实力和较强的综合国力。市场经济繁荣，财政税收持续增长，货币回笼通畅。此外，申办成功后通过发行彩票和纪念邮票，出售会徽、吉祥物专利

和电视转播权,接受国际国内大公司大企业的赞助,也将筹集到一批不少的资金,根据国际奥委会执委会关于"由城市本身,地方的、地区的或全国的公共集体,国家或其他第三方提供"的原则,经济上能有一定的承受力。

8. 城市美化和环境保护良好

绿化美化国土,沐浴妆扮市容,最大限度地减轻大气层的污染,积极有效地治理水质的污源。环境保护部门建有现代化的环境监控站,能有效地促进申办城市环境保护政策的实施,能为奥运会的成功举办创造一个美丽、清洁、舒适的竞赛环境和生活环境。

9. 有举办大型国际比赛的经验

主办城市曾成功地举办过国际和国内的重大体育比赛,体育设施和组织工作获得有关国际单项体育组织的认可与肯定,在有关国际单项体育组织和世界体坛中有一定的影响。具有组织大型国际比赛的实践经验,拥有一批能策划、组织、实施大型国际比赛的专家和技术人员,有足够的能力、技术、场馆、设备和人才,把奥运会组织好。

10. 具有对体育赞助的潜在能力

申办国国际形象好,在国际事务中有较高的威望,国际地位高;申办城市的政策宽松、条件优厚,投资环境好,外国大公司的代办机构多;电视转播的设施先进,竞赛时间安排适合电视台的要求,节目安排具有很大的吸引力,开幕式的时代感与民族风格强;组织策划者出类拔萃,筹备方案不同凡响。这些都具有为奥运会招徕体育赞助的巨大潜力。

(二) 奥运会主办城市的遴选程序

《奥林匹克宪章》第 37 条明确规定:"遴选主办城市是国际奥委会的独特权利。"奥运会主办城市的遴选程序如下:

1. 申办城市提出申请

由于奥运会筹备工作需要很长时间才能完成,国际奥委会在奥运会举行的前 8 年即开始招标,并规定了明确的截止日期,申办城市须在此日期前以

正式的书面形式向国际奥委会提出申请。为了确保申办的合法性，申请报告必须经本国奥委会的批准，并由该国政府签署表示支持。如果同一国家有两个或两个以上的城市申办，首先应由该国奥委会从中选定一个。

2. 国际奥委会和有关国际单项体育组织的考核

在接到申办城市的申请后，国际奥委会和奥运会项目的各国际单项体育组织，即向申办城市发出各种调查表格和问卷，所提问题非常具体而且详尽，涉及到主办奥运会的方方面面。申办城市要将这些问题的回答进行汇总，装订成长达数百页的申办报告。这个申办报告，实际上就是一个非常详细的主办奥运会的计划。在国际奥委会开会表决前6个月送交国际奥委会。然后，国际奥委会派出调查小组赴各申办城市进行实地考察。在国际奥委会召开表决会议前两个月，调查小组将考察结果以书面报告形式呈交国际奥委会。

3. 国际奥委会确定主办城市

奥运会举办城市的确定权完全由国际奥委会掌握。具体的形式是在奥运会举办前7年召开的国际奥委会全会上，由全体委员秘密投票表决。表决中，只要某个申办城市获得半数以上选票，即被确定为举办城市。在有几个城市申办的情况下，采用多轮投票方法，每一轮投票淘汰票数最少的一个城市。如果两个城市得票数同样少，则增加一次专为这两个城市的投票，从中淘汰一个。由于国际奥委会委员的个人投票，不代表其国家或国家奥委会的意见，且系秘密进行，受很多不可控因素影响，一个城市申办奥运会能否成功，结果难以预料。

4. 签订正式协议

举办城市确定后，该城市即与国际奥委会签订正式协议——《举办城市合同》，承担具有法律约束力的责任，保证组委会将遵照《奥林匹克宪章》，不折不扣地履行协议中的各项条款。这样，申办程序才最后画上圆满句号。

四、竞争申办的准备工作

竞争申办的准备工作是一项十分关键和必不可少的前期工作，准备工作的情况将直接影响到赛事申办的成功率。

（一）把握必要的信息

1. 赛事拥有者以及赛事的基本情况

（1）详细了解赛事资源及其特点。不同类型的体育赛事，归属不同的赛事拥有者。如奥运会的所有权属于国际奥委会，世界杯足球赛的所有权属于国际足联；而美国 NBA 篮球赛则属于篮球职业联盟。

（2）不同的赛事拥有者对申办城市的要求。必须清晰地分析该项赛事的拥有者对申办城市的预期希望及考察标准；要清楚知道其对赛事本身的发展上有哪些近期目标和长期规划；估算其对申办该赛事的心理预期，以及在审查申办城市时有些什么特殊的要求；甚至在该赛事历年的申办上有哪些成文或不成文的规矩等等，这些问题的答案在申办工作开始之前都应该了解清楚。因为这些都是正确制订申办策略的依据，也有助于得到该项赛事拥有者的认同和赞赏，使得申办工作在开始阶段就能够抢跑领先。

2. 了解申办对手的基本情况

对竞争对手基本情况的了解和把握，是为了在申办的竞争中能握有较为充分的主动权。了解竞争对手的基本情况，是为了能够分析竞争对手可能采取的申办策略和手段。通过了解竞争对手，从而制订对策。能否了解申办对手的基本情况，也是决定申办赛事成功与否的重要因素之一。

3. 充分了解本方的自身情况

对自身情况的了解则是申办工作必须做的一件事情。只有正确认识到自身的承办条件、竞争申办的能力以及产生效益的空间大小，摆正自己的位置，最大限度地激发竞争潜力，才能不陷入被动态势。

（二）竞争申办的策略制定

1. 确定申办的目的与基调

谈判通常都是围绕承办的条件与方式展开，而这些问题又直接关系到双方分获的权益。在竞争申办中，申办者与赛事拥有者双方都希望追求利益的最大化，因此，必须考虑如下几个方面的问题：①政治上的需要；②社会的

某一特种需求；③经济利益的大小。

为此，竞争申办之前，必须首先确定自己的申办目的，然后根据申办目的再确定申办工作的基调。

2. 密切观察形势，积极应对变化

申办过程是一个不断变化的动态过程。在这个过程中，信息更新速度快，形势瞬息万变，竞争对手也会时刻调整战术和策略，希望运用突袭方式，出奇制胜。

3. 组织高效的专门机构，制定周密的计划

体育赛事的申办是一项复杂的系统工作，涉及面广，覆盖范围大，影响深远，申办工作的效率，显得尤其重要。如果没有一套有效的组织机构和完备周密的工作计划，就无法在申办过程中有效地应对突然发生的形势变化。

第二节 体育竞赛的组织

体育赛事的组织是指对体育赛事所拥有的人、财、物等资源进行有效的组合和安排，从而高效有序地完成体育赛事组织工作计划和任务，达到顺利圆满完成体育赛事的目标的过程。无论是举办大型体育赛事，还是举办小型体育赛事，也不论是综合性体育赛事，还是单项体育赛事，体育赛事的组织工作至关重要，它关系到体育赛事的成功与否。

不同类别和性质的体育赛事，其组织机构也不相同。建立组织机构是存在于计划和实施阶段之间的一项任务，组织机构能够划分和指导资源的使用，完成赛事组织任务。

一、国际综合性运动会的组织机构及职能

国际综合性运动会组织机构及职能既有普遍性特点，又根据主办国国情的具体情况不同而呈现其特殊性。下面将亚特兰大奥运会、悉尼奥运会、雅典奥运会、北京奥运会、南京青奥会的组织机构及职能来对国际综合性运动会组织机构进行阐述。

（一）亚特兰大、悉尼、雅典奥运会组织机构

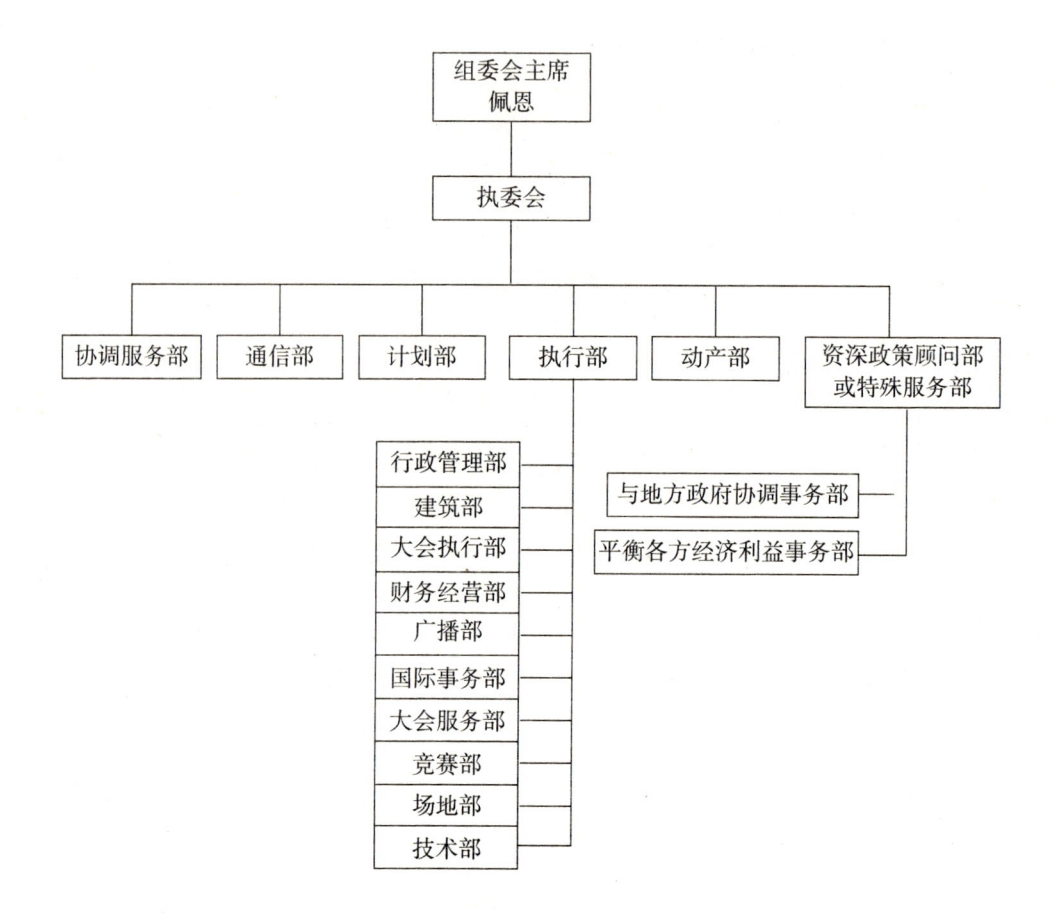

```
                    组委会主席
                      佩恩
                        │
                      执委会
                        │
   ┌────────┬────────┬────────┼────────┬────────────┐
协调服务部  通信部   计划部   执行部   动产部   资深政策顾问部
                               │               或特殊服务部
                    ┌──────────┤
                    │行政管理部│       ┌─与地方政府协调事务部
                    │ 建筑部  │       │
                    │大会执行部├───────┤
                    │财务经营部│       └─平衡各方经济利益事务部
                    │ 广播部  │
                    │国际事务部│
                    │大会服务部│
                    │ 竞赛部  │
                    │ 场地部  │
                    │ 技术部  │
                    └─────────┘
```

图 3-2-1　亚特兰大奥运会组委会机构

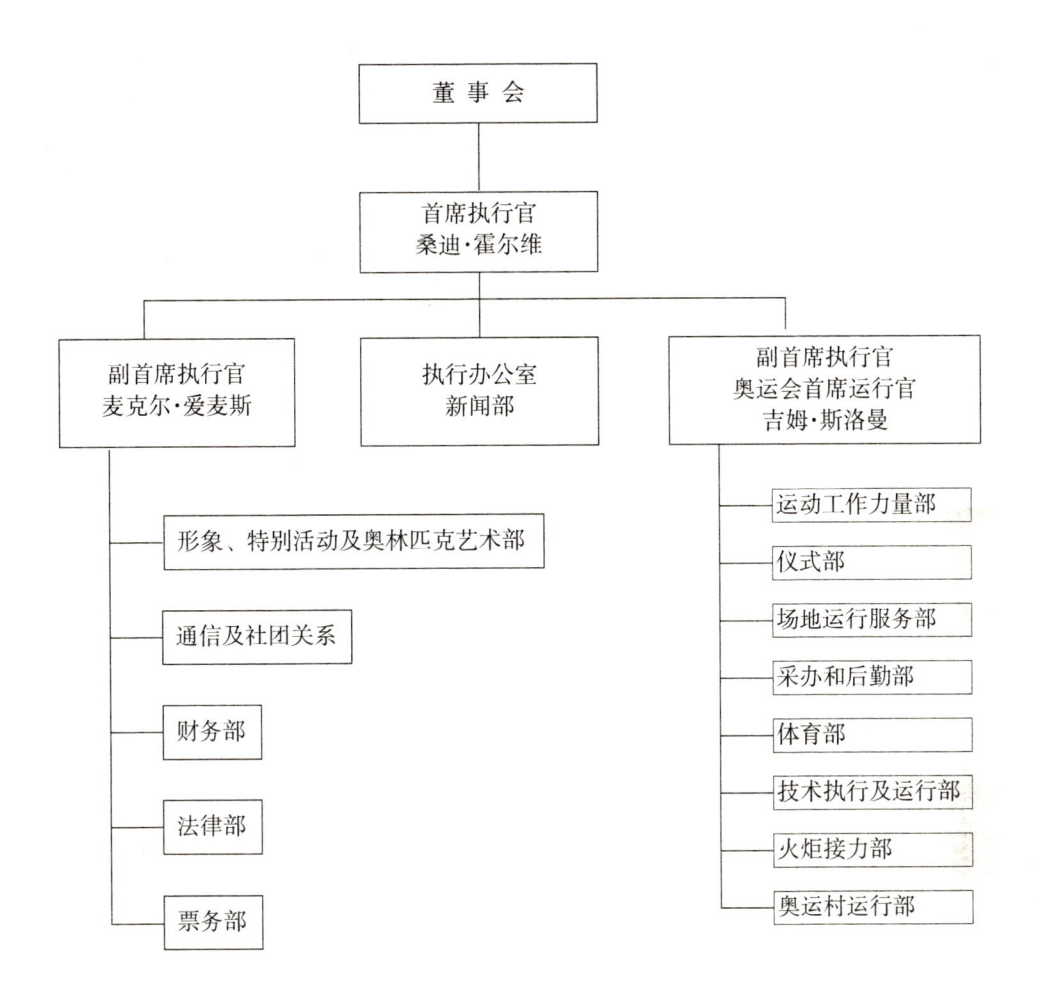

```
                    ┌─────────┐
                    │ 董 事 会 │
                    └────┬────┘
                         │
                　┌──────┴──────┐
                　│  首席执行官  │
                　│  桑迪·霍尔维 │
                　└──────┬──────┘
        ┌────────────────┼────────────────┐
   ┌────┴────┐     ┌─────┴─────┐    ┌─────┴──────┐
   │副首席执行官│     │ 执行办公室 │    │  副首席执行官 │
   │麦克尔·爱麦斯│     │  新闻部   │    │奥运会首席运行官│
   └────┬────┘     └───────────┘    │ 吉姆·斯洛曼  │
        │                            └─────┬──────┘
        │                                  │
        ├─ 形象、特别活动及奥林匹克艺术部      ├─ 运动工作力量部
        │                                  │
        ├─ 通信及社团关系                    ├─ 仪式部
        │                                  │
        ├─ 财务部                           ├─ 场地运行服务部
        │                                  │
        ├─ 法律部                           ├─ 采办和后勤部
        │                                  │
        └─ 票务部                           ├─ 体育部
                                           │
                                           ├─ 技术执行及运行部
                                           │
                                           ├─ 火炬接力部
                                           │
                                           └─ 奥运村运行部
```

图 3-2-2　悉尼奥运会组委会组织机构

图 3-2-3 雅典奥运会组委会组织机构图

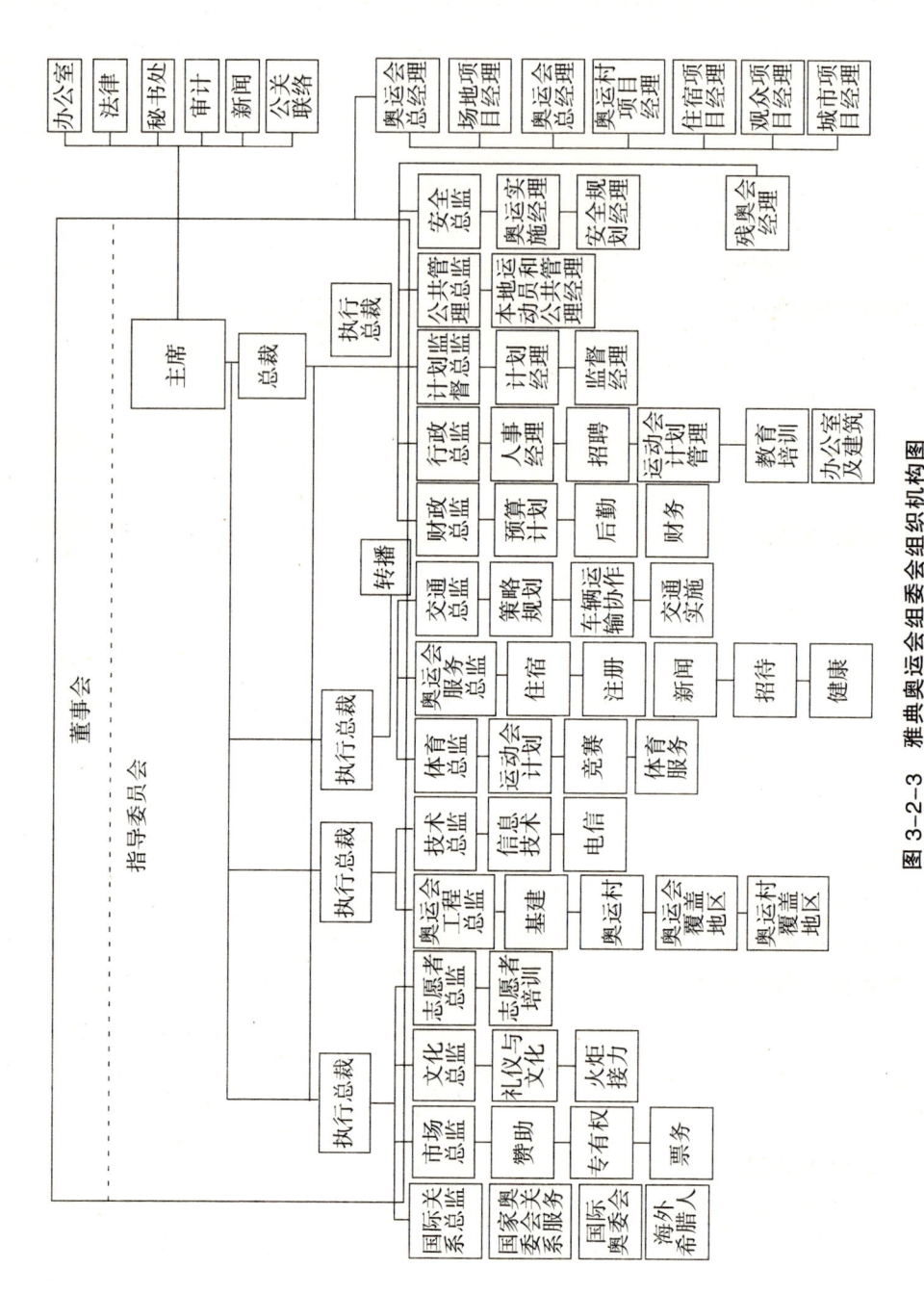

(引自国家体育总局信息所编《近三届奥运会组委会机构设置、运行及对我国组委会的建议》，2001 年)

（二）北京奥运会组织机构及职能

北京奥运会组委会由秘书行政部、总体策划部、国际联络部、体育部、新闻宣传部、工程和环境部、市场开发部、技术部、法律事务部、运动会服务部、监察审计部、人事部、财务部等二十多个部和信息中心组成。

北京奥组委采取以组委会（执委会）职能制为主，配合以专门职能机构。北京奥组委内设职能部门分别为：

秘书行政部：负责组委会与政府部门和京外赛场城市的协调联络工作，负责组委会内部的行政管理，负责北京奥运会城市运行的协调工作。

总体策划部：负责北京奥运会和北京残奥会总体工作计划的编制、调整和项目管理工作，负责为组委会提供决策服务，负责组织、协调组委会风险管理工作。

国际联络部：负责与国际奥委会、各国家和地区奥委会及奥林匹克大家庭成员的联络与协调工作，并提供相关服务。

体育部：负责北京奥运会和北京残奥会竞赛项目的组织工作。

新闻宣传部：负责新闻发布、记者接待和社会宣传工作，负责组委会网站内容建设和奥林匹克教育工作。

工程和环境部：负责场馆和相关设施建设及环境保护活动的综合协调主管部门。

市场开发部：负责为北京奥运会筹集资金，实施北京奥运会的市场开发活动，包括赞助计划、特许经营计划和票务计划，负责国际奥委会的市场开发计划在中国奥委会辖区的实施。

技术部：负责为北京奥运会和北京残奥会提供竞赛成绩、信息、通信及其他必要的技术服务与保障。

法律事务部：负责组委会合同和法律事务管理及奥林匹克知识产权保护工作。

运动会服务部：负责北京奥运会和北京残奥会住宿、交通、注册、餐饮、观众服务和奥运村及场馆运行工作。

监察审计部：北京奥运会组委会监督委员会的办事机构，负责对组委会资金、物资的使用管理进行监督，对工作人员履行职责、廉洁自律情况进行监督。

人事部：负责组委会机构设置和人力资源管理，负责组委会工作人员和志愿者的招募、培训及各项管理工作。

财务部：负责编制和管理组委会总预算、年度预算和会计核算工作，实施北京奥运会财务风险管理、物流管理和物资采购工作。

文化活动部：负责奥林匹克青年营和各项仪式活动以及奥林匹克文化活动的组织与实施工作，负责北京奥运会形象与景观的设计和管理工作。

安保部：负责北京奥运会和北京残奥会期间的安全保卫及维护公共秩序工作。

媒体运行部：负责主新闻中心、国际广播电视中心和场馆媒体中心的规划与运行工作，为注册媒体人员提供工作设施和各项服务。

场馆管理部：负责协调、推进、落实场馆化管理和赛时场馆运行的职能部门。奥运会筹备阶段，牵头管理、统筹协调各竞赛场馆和非竞赛场馆的场馆化推进工作。奥运会举办期间，协助主运行中心负责各场馆团队的管理运行工作。同时，负责协调各部门完成场馆从奥运会到残奥会期间场馆运行协调工作。

物流中心：物流中心是为奥运会、残奥会及相关活动提供物资和服务的后勤保障部门。其主要职责是：负责组织制订奥运会的总体物资需求计划，负责奥运会所需各类物资的采购、仓储、配送、追踪、管理、回收和处置。

残奥会部：负责协调制订北京残奥会筹备工作规划、工作方案；协调、督促各部门残奥会筹备工作的进展和落实；负责与国际残奥委会、国际单项残疾人体育联合会和国内残疾人组织的沟通、联系及协调；对各项残奥会专项特殊工作提出指导性意见；协助残奥会相关的各项培训、推广、宣传工作。

交通部：负责北京奥运会和北京残奥会奥林匹克大家庭成员交通服务与交通运行管理工作。

火炬接力中心：负责北京奥运会火炬接力的计划和运行实施，包括传递城市联络、路线编制、火炬手运行、仪式庆典、宣传与媒体、形象与景观、市场开发与品牌保护、安保法律、后勤保障和路上运行。

注册中心：负责北京奥运会和残奥会奥林匹克大家庭成员、残奥大家庭成员及工作人员的注册工作。

开闭幕式工作部：负责制订实施开闭幕式工作计划和组织运行政策；组建奥运会开闭幕式工作团队，保证创意、制作、排练和最终实施的顺畅结合。

北京奥林匹克转播公司：北京奥林匹克转播有限公司（BOB）是经国家有

关部门批准成立的中外合作企业，由北京奥组委和国际奥委会奥林匹克广播服务公司（OBS）共同出资组建，它的任务是在2008年北京奥运会和残奥会期间作为主转播机构为全世界广播电视媒体提供奥运会广播电视公共信号，建设、运营国际广播中心和其他场馆的转播设施，并提供与报道相关的其他服务。

北京奥运新闻中心：北京奥运新闻中心是北京奥组委与北京市政府对外发布新闻的重要窗口，也是沟通北京与境内外媒体的桥梁。它的主要职责是：为境内外媒体记者采访北京及北京奥运会筹备情况实施"一站式服务"；受理外国记者临时来华采访北京奥运会及其筹备情况的申请；每周三下午3时举办例行新闻发布会（国家法定节假日除外），不定期举办新闻通气会、吹风会；提供北京奥运会筹备情况信息及各类宣传品；定期举办记者参观采访活动和联谊活动。

北京市人民政府"2008"工程建设指挥部办公室：北京市人民政府"2008"工程建设指挥部（以下简称市"2008"工程指挥部）是在市政府领导下，负责统一指挥、综合协调奥运场馆及相关配套工程建设的临时机构。市"2008"工程指挥部办公室为指挥部的办事机构，承担指挥部的日常工作。主要职责如下。

（1）负责编制北京地区奥运场馆及相关配套工程（包括奥运场馆、附属工程及相关市政基础设施，下同）建设总体进度计划，组织指导并审定有关区、县政府和各项目业主单位编制建设进度综合计划与建设进度详细网络计划，检查并向市委、市政府报告计划的执行落实情况。

（2）负责组织北京地区奥运场馆及相关配套工程建设的各项前期工作，协调并督促落实项目立项可研、规划设计、征地拆迁、土地一级开发及开工等各环节的工作，协调市政府各有关部门依法对工程建设实行集中审批，保证工程按期开工。

（3）负责北京地区奥运场馆及相关配套工程建设总调度工作，协调解决工程建设过程中出现的问题，确保工程建设安全、质量、工期、功能和成本的协调统一。

（4）负责协调北京地区奥运场馆及相关配套工程周边环境整治工作。

（5）负责北京地区奥运场馆及相关配套工程建设信息的收集、整理、统计和管理工作，组织指导有关单位做好工程建设的档案管理工作。

（6）负责监督管理北京地区奥运场馆及相关配套工程项目业主与政府签

订的各项合同的依法实施，对违反合同的行为进行纠正。

（7）负责组织监督检查国家有关安全、质量、消防、环保等方面的强制性标准在奥运场馆及相关配套工程建设中的实施，监督并保证国际奥委会及国际单项体育组织规定的技术标准和质量要求的落实，组织协调奥运会比赛期间工程建设方面的安全工作，加强文明施工的管理。

（8）负责管理市政府部分奥运专项资金，并对使用情况进行监督。

（9）负责组织监督项目法人和有关部门开展北京地区奥运场馆及相关配套工程建设的招投标工作，落实阳光工程的各项要求。

（10）负责北京地区奥运场馆及相关配套工程建设的对外宣传和社会协调工作，加强与奥组委和国家有关部门的联系。

（11）负责承办市委、市政府和奥组委交办的其他工作事项。

根据上述职责，市"2008"工程指挥部办公室设10个职能部：秘书行政部、工程计划和重点项目建设部、比赛场馆建设部、训练场馆建设部、市政设施建设部、安全质量部、技术部、财务预算部、监察部（审计室）、宣传部。

青岛奥帆委：第29届奥林匹克运动会组织委员会帆船委员会（青岛）为独立的事业法人，是承办第29届奥运会帆船比赛的组织领导机构，其主要职责任务是全面负责第29届奥运会帆船比赛的筹备和举办工作。奥帆委是北京奥组委的分支机构，接受北京奥组委和青岛市政府的双重领导，同时接受国家体育总局水上运动管理中心的指导。

奥运安保指挥中心国际警务联络部：经第29届奥运会安全保卫协调小组批准，第29届奥运会安全保卫指挥中心正式成立国际警务联络部。

国际警务联络部代表第29届奥运会安全保卫指挥中心就北京奥运安保工作和各国（地区）警务部门开展国际交流与合作，重点是学习借鉴往届奥运会主办国家和城市以及其他大型国际赛事的安保知识与经验，加强奥运安保情报信息的国际合作，同各国安保机构建立并拓展情报信息沟通渠道，建立安保情报信息国际合作机制，为奥运会安全风险因素评估和安保措施的有效实施提供及时、充分、准确的支持。国际警务联络部将重点围绕大型活动安保、打击跨国犯罪以及防范恐怖活动等领域加强与国际安保组织、奥运会举办国安保机构、邻国警方开展信息交流与务实合作，努力建立经常、稳固、高效的工作机制；与各国驻华使馆警务联络官、安全官及奥运安保联络官、国际刑警组织等方面建立协调联络机制。

从以上三届奥运会和北京奥运会组委会组织结构设置来看,组委会一般下设15~20个部门,这些部门主要包括总体策划部、体育部、市场开发部、文化部、人力资源部、信息技术部、场馆建设部、接待服务部、交通运输部、财务部、计划监督部、联络协调部、安全保卫部、运动会执行部等。组委会一般并不是在成立之初就建立所有的部门,而是根据奥运会筹备工作的进程先成立比较重要的部门,先启动重要的工作之后再建立其他部门。一般先期成立的部门主要有办公室、场馆规划建设部、联络或公共关系部、人力资源管理部及市场开发部等。

(三) 南京青奥会组织机构及其职能

1. 南京青奥会组织机构,如图3-2-4所示。

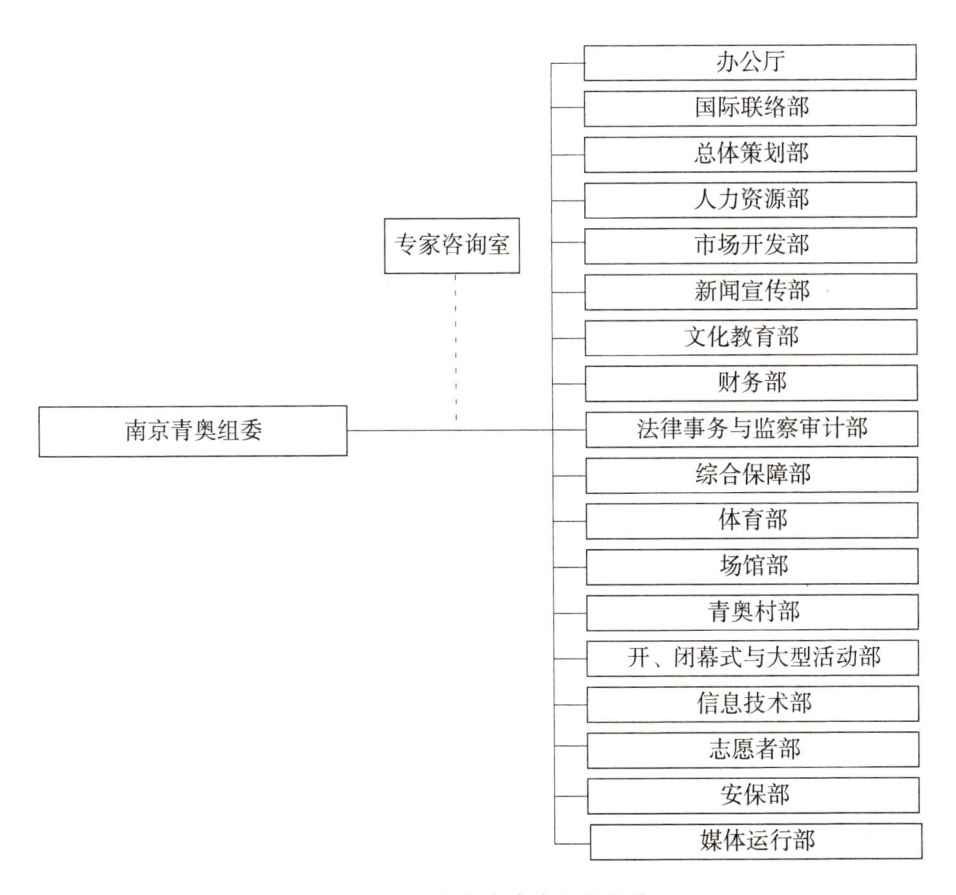

图3-2-4 南京青奥会组织机构

2. 南京青奥会各机构职能

办公厅：处理内部事务的工作部门，负责协调南京青奥组委各工作部门及代表南京青奥组委与国家、省、市各级政府及工作部门进行联系，以满足南京青奥会筹备和组织工作的要求。各级政府的青奥会工作领导小组作为政府领导和协调机构，负责处理涉及南京青奥会的各项工作，并帮助南京青奥组委与政府相关部门做好沟通与协调。

国际联络部：负责与国际奥委会、国家/地区奥委会、其他国际客户之间的联系交流，为他们提供相关服务，管理青奥会礼宾等事务，并为南京青奥组委和所有客户提供语言服务。南京青奥会的官方语言为中文、英文和法文，在赛时期间还将适当增加相关语种的语言服务。

总体策划部：负责青奥会计划、运行整合及有关项目管理工作的部门。在青奥会各类计划的编制、执行、控制和管理等各个方面与各工作部门加强沟通及协调，确保青奥会各项任务按照总体计划和进度的安排顺利推进。

人力资源部：负责编制、调配、任免、招聘、奖惩、培训、考核、福利等工作的主管部门。根据各部门的用人需求和计划，选拔、招募符合条件的工作人员；根据各部门的业务需要，组织工作人员培训；建设一支团结协作、充满活力的工作人员队伍；培育包容、协同、尽责、和谐的文化氛围。

市场开发部：与国际奥委会、中国奥委会保持密切合作，开发和管理南京青奥会品牌，并为青奥会提供资金、物资和服务支持，并为赞助企业提供与青奥会相关的市场营销平台。

新闻宣传部：负责主管南京青奥组委涉及宣传推广的各项事务，并及时启动、展开公共关系工作，扩大南京青奥会的社会知名度和影响力。

文化教育部：负责在青奥会会前、会中、会后推广和实施文化教育计划。遵循《奥林匹克宪章》并依据《青年奥林匹克运动会赛事手册》《南京2014年夏季青奥会申办报告》和《主办城市合同》，制订"南京青奥会文化教育计划"。文化教育计划由4个分计划组成：城市文化计划、奥林匹克教育计划、赛会期间12天的文化教育计划以及新媒体转播计划。

财务部：负责青奥会财务与采购工作的职能部门。主要任务是确保青奥组委履行其财务职能与职责，帮助协调、建立预算和财务体系，构建会计核算和资产管理体系，代表南京青奥组委向国际奥委会进行财务报告。组织和协调南京青奥会预算编制与执行、日常财务控制、采购和资产管理等工作。

确保南京青奥组委财务与采购工作符合国际奥委会和地方法律法规的要求。根据主办城市合同的要求，在财务方面予以具体落实。

法律事务与监察审计部：通过有效的法律监督与服务，在奥林匹克法律框架和中国法律制度的共同约束下，保证青奥会的各项工作平稳推进。对以南京青奥组委名义签署的任何法律文件进行程序性和合法性审查，并提出审查意见；法律文件的具体业务内容的审查由南京青奥组委各职能部门负责；负责与南京青奥会相关的起诉与应诉事宜；与国际奥委会和相关的法律事务机构合作，提供奥林匹克法律咨询与服务；做好南京青奥组委内部的监察和审计工作。

综合保障部：负责青奥会综合保障的工作部门。负责协调并做好南京青奥会各个阶段的综合保障工作，承担基础设施、环境保护、住宿、城市运行、清洁与垃圾、食物与饮料、医疗服务、反兴奋剂、交通、物流、赛事服务等各项运动会的保障工作。与国家、省和市政府各有关部门通力合作，通过各级政府的青奥会工作领导小组来具体协调与落实上述各项职能，全力保障南京青奥会筹办工作的高效、有序运行。

体育部：负责体育工作的部门。主管与体育职能相关的工作，负责与国际奥委会、国际单项体育联合会、中国奥委会及中国各级体育部门密切合作，确保青奥会所有体育赛事的举行。

场馆部：负责体育场馆开发与管理的部门。配合国际奥委会、国际单项体育组织对所有比赛和训练场馆进行确认。监督所有场馆的设计和施工，确保场馆保质按时完成。做好场馆团队组建和场馆运行管理工作。

青奥村部：负责青奥村管理、运行的主管部门。指导建设单位按照国际奥委会对青奥村的要求做好规划、选址、设计、建设和交付及恢复交还等各项工作。

开、闭幕式与大型活动部：负责青奥会开闭幕式、各类仪式、城市庆祝活动和火炬传递等大型活动的工作部门。它将和国际联络部、体育部、场馆部、综合保障部等部门合作，确保上述各类仪式与活动的成功。

信息技术部：主管信息技术保障的工作部门。负责技术保障服务的规划、实施和运行，内容涵盖了青奥会所要求的各个层面的信息技术服务，包括各类技术基础软硬件设施、信息服务、新媒体通信服务、无线电频率协调管理、赛事成绩服务以及其他技术系统的支持配合等。信息技术部将保障"智慧青奥"项目的实施。

志愿者部：招聘、培训、管理和考核志愿者的工作部门。将与南京市青

年联合会、南京市志愿者协会等当地志愿者社团密切合作，通过广泛招募、严格选拔、系统培训、高效管理，确保志愿者有亲和的形象、娴熟的技能、饱满的热情，保证青奥会的顺利举行。同时，促进志愿者自身的成长，让他们通过参与青奥组会成为具备奥林匹克精神与价值的人。借鉴北京、新加坡等城市的经验，结合南京的实际，赛会期间南京青奥组委将动员各方面人员参与，届时志愿者人数将达到2万多人。

安保部：鉴于安保工作的特殊性，南京青奥会的安保工作将由南京青奥组委安保部和南京市公安局共同负责。安保部将配合南京市公安局在反恐、安保等方面加强联系与协调，努力实现"平安南京、平安青奥"的目标。同时，牵头负责注册工作，与南京青奥组委各部门及各级政府主管部门合作为参与青奥会的国际奥委会、国际单项体育联合会、国家/地区奥委会、媒体以及青奥会工作人员等各类参与者做好注册工作。

媒体运行部：负责媒体运行和服务工作的部门。其职责是在赛事运行阶段为前来采访青奥会的国内外新闻媒体和新媒体的转播和采访提供优质服务。

二、国内综合性运动会的组织机构及职能

我国综合性运动会无论是全运会还是全国体育大会一般采用职能组织结构形式，设立组织委员会（简称组委会）。组委会一般内设办公室、竞赛、新闻宣传、人力资源、大型活动、市场开发、安全保卫、行政接待、志愿者、场馆建设、信息技术、综合保障、医疗卫生等职能部门。组委会还按比赛项目设立若干个单项竞赛委员会，负责各单项体育赛事的筹备工作。单项竞赛委员会接受组委会领导并在组委会职能部门指导下开展工作。

（一）组织委员会

组委会是整个赛事组织筹备工作的最高领导机构。一般由主席、副主席及委员若干人组成。在组织大型综合性运动会时，必须有相当级别的政府官员担任主席或副主席，以增强组织工作的权威性。组委会的职能：①审议通过组委会或竞委会的人员组成；②审议批准各职能机构的设置及主要负责人名单；③审议批准竞赛组织的各项实施方案；④审议批准大会经费的使用原则、范围及大会预算、决算方案；⑤决定竞赛组织过程中的重大问题。

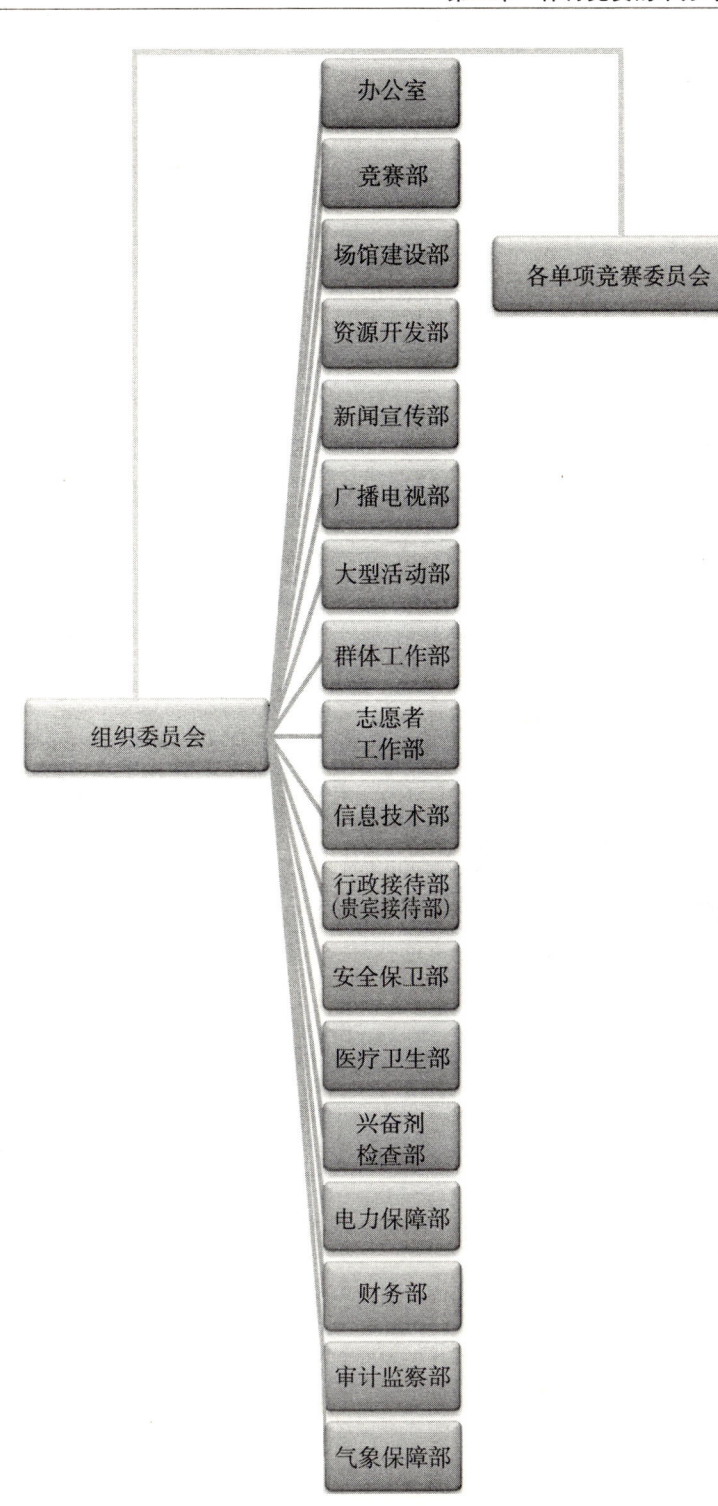

```
                    ┌─ 办公室
                    ├─ 竞赛部
                    ├─ 场馆建设部 ──── 各单项竞赛委员会
                    ├─ 资源开发部
                    ├─ 新闻宣传部
                    ├─ 广播电视部
                    ├─ 大型活动部
                    ├─ 群体工作部
          组织委员会 ─┼─ 志愿者工作部
                    ├─ 信息技术部
                    ├─ 行政接待部（贵宾接待部）
                    ├─ 安全保卫部
                    ├─ 医疗卫生部
                    ├─ 兴奋剂检查部
                    ├─ 电力保障部
                    ├─ 财务部
                    ├─ 审计监察部
                    └─ 气象保障部
```

图 3-2-5　我国第 10 届全运会组织机构

第十届全国运动会组委会各部门及工作职责

办公室：制订组委会总体工作计划、工作总结及大事记；承办组委会会务工作，整理会议纪要，催办并检查落实会议议定事项；负责组委会各类文件、简报和信息的草拟、审核、文印，来往公文的收发、处理、归档、保管，负责印章管理；协调、汇总各部门有关工作情况，联系并安排领导活动，草拟领导重要讲话；拟定组委会内部机构设置、工作职责及人员调配方案，负责人员调配、补贴核发、组委会人员资格审查和总结评比、奖励工作；负责管理网站信息工作；负责法律咨询及服务；负责票务工作；负责组委会后勤服务工作，负责礼品、纪念品制作计划及办公用品的采购、发放、管理工作；负责开、闭幕式仪式和其他重要活动的组织实施；联系并发布大会期间的气象资料；负责江苏体育成就展筹办工作。

竞赛部：负责竞赛工作的组织与实施，根据竞赛规程总则及各单项竞赛规程印发补充通知，编印竞赛情况简报及有关资料；安排各项目竞赛日期、地点、赛程，制订比赛总日程表和训练场地安排表，编印竞赛总秩序册、单项秩序册；负责拟定（或招标申办确定）各项竞赛承办地点，经组（筹）委会研究审核报国家体育总局审定；负责与国家体育总局及项目中心联系，明确各项目竞赛场地设备及比赛器材规格的要求，协同有关部门编制计划和落实，并负责检查验收；负责拟定项目竞委会机构设置和工作职责，会同人事部门审核各项竞委会人员配置方案，指导各项目竞委会竞赛工作的组织与实施；负责制作各项竞赛奖杯、奖章、奖状和证书，制订各项颁奖计划和实施方案并会同有关部门组织实施；会同国家体育总局有关部门做好技术官员、仲裁委员、裁判员和竞赛工作人员的聘请，组织裁判员和竞赛工作人员培训并会同有关部门制作、配发工作服装；会同国家体育总局有关部门对各项目参赛运动员进行资格审查和报名注册工作；汇总、核定各项目比赛成绩，发布成绩公报，编印总成绩册，审理创、超纪录成绩并办理审批事宜；配合国家体育总局科教司及各项目中心进行调研；配合大型活动部做好开幕式入场式和闭幕式颁奖工作，做好大型活动的礼仪工作。

场馆建设部：负责场馆建设全过程的统筹计划工作，协调场馆的新建、改造、出新的各项工作；负责审定省级场馆建设的功能、选址及建设内容和规模；负责制订省级场馆及配套设施的建设方案、经费概算和竣工验收；参

与审核其他项目的设计和施工图纸，提出具体意见；协调解决外部建设条件和规费减免等问题；督促检查场馆和配套设施的建设工程进度、质量、体育工艺标准的质量管理、经费落实及使用情况。督促办赛单位按期保质地完成场馆的建设、改造任务，并做好比赛场馆有关资料的收集、整理、归档等工作；督促各建设单位建立和落实工程招投标制、工程质量责任制、安全生产责任制、项目法人责任制和财务制度等规章制度；负责各项目工程进度总体计划和重要单体项目进度计划的协调，加强场馆建设项目的工期控制和投资控制；协同竞赛部按标准、规范对比赛场馆进行检查、监督和试运转；负责对省级场馆特殊设备的增补、采购，配合有关部门做好比赛、训练设备、器材的购置、拆装、检修和管理。

资源开发部：统筹规划资源开发工作，制定相关政策及实施方案；整体推介资源，提升资源的市场价值；负责赞助招商、特许经营、门票销售、社会捐助、电视转播权以及其他商业资源开发等经营业务；负责资源开发的统一管理，协调各方关系，维护组（筹）委会和资源开发有限公司、中介机构、赞助商以及代理商的合法权益；负责十运会资源开发有限公司的运行和管理。完成组委会下达的筹资任务。

新闻宣传部：负责新闻报道的计划制订，组织实施重大活动的报道，严格执行新闻稿送审制度；负责新闻发布与管理；负责主新闻中心的筹建与管理，负责国内、外记者的接待和管理，组织好新闻作品（含摄影）的评选；组织会徽、吉祥物、会歌、宣传画、主题口号的征集、评选工作；配合组（筹）委会有关部门做好资源开发、场馆建设、青年志愿者的招募以及各项办赛、参赛的新闻宣传工作，负责社会宣传活动方案的制订并组织实施；编印发行特辑、宣传图片，组织大型纪念画册的摄影、采访和编印工作；组织创办"十运快报"；筹办体育美术展、体育摄影展、集邮展，组织体育知识竞赛及征文等活动；组织实施迎十运的群众性精神文明创建活动，开展"体育道德风尚奖"评选和"十佳运动员"的评选工作。

广播电视部：配合新闻宣传部组织好广播电视的新闻宣传工作；负责提供各项赛事的公共广播电视信号；协助组委会有关部门做好电视公益广告的宣传、策划工作；负责筹建广播电视中心，为新闻中心大厅提供各赛区的电视信号，保障电视转播信号的畅通；做好省广电总台等单位进口、租借有关设备的协调工作；负责转播技术人员的组织、培训、管理，负责转播车工作人员的报名、接待和管理工作；协同大型活动部组织好开、闭幕式电视屏幕

和代表团入场解说词的编写工作；负责开、闭幕式现场直播；负责提供广播电视记者发稿的线路及协调解决相关技术问题；协助资源开发部做好电视转播权拍卖的组织协调和开发工作；协助有关单位做好前期和后期的电影、电视、音像制品的摄制与发行等工作。

大型活动部：制订开、闭幕式总体计划和实施方案；制订开、闭幕式经费预算；组织开幕式大型文体表演的策划、创编、训练、彩排和演出；组织闭幕式文体表演的策划、排练、演出；协同办公室做好开、闭幕式程序的有关安排、落实工作；做好闭幕式的颁奖工作。

群体工作部：协助国家体育总局做好全国群众体育先进集体、先进个人的评选工作；负责全国群众体育先进表彰大会的会务、联络和组织工作；负责拟定火炬传递活动及采火、点火相关工作方案并组织实施；受国家体育总局委托，负责中国全民健身博览会组织策划、活动组织和成就展资料收集、设计、布展等工作；负责全民健身新项目展示策划组织，全国国民体质监测车展示和群众体育先进典型现场准备工作；负责开幕式全民健身展演的策划和组织实施工作；负责群众体育先进代表观摩江苏群众体育先进典型现场准备、观摩活动组织工作。

志愿者工作部：负责志愿者的招募、培训、调配、表彰；根据组委会各部门、各竞委会的需要，合理派遣志愿者；配合新闻宣传部组织开展社会宣传工作；负责重大活动、重要比赛项目场馆的文明观众、文明啦啦队的组织工作；组织志愿者机动队伍，配合有关部门完成应急任务。

信息技术部：全面负责电子信息系统规划设计和建设运行的组织管理工作；负责拟定电子信息系统总体方案和各子系统方案，并组织实施；组织电子信息系统的网络建设、软件开发、系统集成、联合调试等工作；负责电子信息系统与场馆建设之间的技术协调；负责电子计时记分系统的有关技术协调工作；负责竞赛电子计算机系统的建设任务；负责组委会办公电子系统的网络和办公自动化服务系统的建设；按照电子信息系统总体方案，与有关部门共同完成系统建设任务，做好组委会电子指挥系统、注册登记、综合成绩处理、多媒体查询、各竞赛项目的成绩处理等工作；负责十运会期间电子信息系统的指挥、调度和操作运行；选定、配置和管理电子信息系统的设备；负责常规通信指挥系统的设计和实施；培训、组织、管理电子信息系统有关技术人员；负责组织做好有关电子信息系统设备、器材的购买、租赁和技术把关等工作；配合做好官方网站有关技术方面的工作。

行政接待部（贵宾接待部）：负责代表团团部、内宾、外宾和组委会人员的食宿安排；做好运动员、教练员、裁判员、工作人员、新闻记者的住房安排和观摩团队的接待安排工作；负责贵宾及外宾接待工作，制订贵宾接待计划和礼仪规格；制订日程安排方案并组织实施；负责各代表团联络员的接待和安排；协调各市接待联络工作；负责对各赛区行政接待工作进行检查、督促和指导；负责组委会车辆的征集和运行、驾驶员的征集调配与管理；负责协调解决减免相关路桥费、停车费及制作十运会专用车牌、制订车辆运行路线等问题；负责内、外宾及与会人员离会、返程的交通票务工作及机场、车站的迎送组织工作。

安全保卫部：制订安全保卫总体方案以及开、闭幕式和场馆、住地安全保卫、交通、警卫、消防、突发安全事故处置等具体工作方案，并组织实施；督促、指导各级公安机关和赛区安全保卫机构，制定各项安全保卫工作方案；负责各项重大活动的安全保卫工作，并督促、指导各赛区所在地公安机关维护社会治安，加强对社会的治安管理和巡逻防控；负责对各赛区安全保卫工作进行检查、督促和指导；比赛场馆建设期间，按照治安、消防、交通等方面的安全要求，及时组织有关部门进行验收，并负责对各场馆设施安全进行检查；加强交通管理，维护交通秩序，确保交通畅通。制定开、闭幕式及重大活动和比赛期间的运行线路指挥及疏导方案，对使用的所有车辆进行安全检查，并负责对安全保卫人员和司机进行技能培训与安全教育；负责场馆、住地及活动涉及场所的消防安全监督工作；负责重要贵宾的警卫工作；负责所有证件的设计、制作、审核、发放和管理工作。

医疗卫生部：制订十运会医疗救护、医疗保健、卫生监督、传染病控制和参赛运动员性别检查的工作方案；负责大型活动、比赛训练场馆和组委会负责接待的驻地宾馆、饭店等的医疗救护、卫生监督及保健工作；负责国内外贵宾的医疗保健工作；负责对参加女子项目决赛有关运动员的性别检查工作；负责食品、饮用水、公共场所的卫生监督保障和传染病控制工作；负责医疗救护和卫生保障车辆的管理与维护工作；指导、检查、督促全省有关市做好本市赛区及驻地的医疗救护、食品卫生、饮用水卫生、公共场所卫生、环境卫生、疾病预防控制和除害防病工作；负责十运会期间突发公共事件的应急卫生救援工作。

兴奋剂检查部：负责制订兴奋剂检查工作计划并组织实施；负责组织、培训兴奋剂检查工作人员；负责制定、发布兴奋剂检查的有关规定；负责购置兴奋剂检查血检仪器及相关器材、准备有关文书、文件，确保及时到位；负责制订兴奋剂检查计划、挑选受检运动员，并组织实施具体样品收集、传送工作；负责运动员治疗用药豁免的管理；负责各单项竞委会兴奋剂检查站建设的检查、指导和验收工作；负责十运会期间兴奋剂检查样品的检测，及时准确地提供检测报告；负责兴奋剂违规行为的调查及听证工作；负责兴奋剂检查工作的评估和总结。

电力保障部：负责组织制订并实施电力保障总体工作方案，检查、指导落实各赛区电力保障工作；负责组织场馆外部电网的安全检查，对相关变电站、输配电线路进行定期巡视，及时发现、消除运行障碍，明确场馆外部电网安全责任单位；代表组委会建立安全用电责任体系，与场馆、临时工程施工单位签订《安全用电责任书》，进行用电安全的检查、指导；负责对场馆安全用电进行监督、指导，对场馆方用电安全隐患整改情况进行监督，并向组委会领导报告；负责开、闭幕式和其他大型活动供电保障与电力调度。

财务部：负责十运会及各单项竞委会经费预、决算编制和预算执行工作；负责制订有关财务管理制度和开支标准；负责做好会计核算和会计档案管理、会计人员业务培训以及会计报告制度工作；负责组织收入和资金调配工作；负责财产、物资的管理工作；负责设备、器材的政府采购和相关购置工作；十运会后会同有关部门做好物资、资产的清理和处置工作；负责外币管理和督办按章纳税等事宜；按规定定期接受审计，并及时完整地提供有关财务资料。

审计监察部：依照国家、省和组委会的相关规定，负责对财务收支和筹资等经济活动进行全过程跟踪审计监督，独立行使内部审计职权；对场馆建设资金的使用与管理情况进行审计，负责对省投资新建和改造的体育场馆项目实施竣工决算审计等；根据廉政法规条例和规章要求进行党风廉政建设，对组会成员及各部门工作人员遵纪守法情况进行检查监督，受理个人或单位对上述人员的举报，并进行核查，提出处理意见；制订各阶段审计、监察的工作计划，做到全程跟踪、全面服务，完善制度、教育在先，有重点、有计划地做好保障工作。

气象保障部：负责全省十运会期间天气预报服务工作；负责拟定大型活动人工消雨方案并组织实施；负责编印气象服务指南，以及气象服务网站等建设工作。

（二）单项竞赛委员会

单项竞赛委员会是承办单项比赛的职能主体，是综合性运动会组织委员会领导下，接受组委会各职能部门指导的独立运行机构。它的主要任务是根据竞赛项目划分，在一个或若干个场馆内组织项目竞赛，落实本项目竞赛组织工作和相关运行与服务保障工作，并配合有关部门做好本项目比赛的竞赛策划、安全保卫、宣传教育、生活接待、急救医疗和性别、兴奋剂检查等工作，以确保单项竞赛组织工作顺利进行。单项竞赛委员会由主任、副主任、委员组成，一般下设与组织委员会对口的职能部门（大型活动部除外）。另外，单项竞赛委员会，还要设仲裁委员会，并为各参赛队配备联络员。单项竞委会主要工作任务：①认真贯彻落实组委会的整体工作部署，建立健全工作机构，以严密的竞赛组织，严肃的赛风赛纪，严格的裁判管理，严谨的工作作风，细致高效、规范有序地开展工作，把运动会办成富有特色、平安高效、各方满意的体育盛会；②全面周到、科学安排本项目竞赛日程，保证比赛顺利进行；③确保本项目竞赛器材、设施符合竞赛规则、规程要求，并制定相应应急预案；④保证竞赛信息系统运转正常，工作方便快捷、准确无误；⑤组织召开好本项目竞委会会议，裁判员会议，代表队领队、教练员联席会议；⑥做好本项目比赛的后勤保障工作，制订并落实好车辆配备、食宿安排详细工作计划；⑦制订细密的安保工作方案和应急预案，安保措施扎实有效，确保与会人员和竞赛器材设备与场馆环境的安全；⑧为观众提供良好的赛事服务；⑨做好媒体宣传和电视转播的服务与保障工作，提高社会关注度，营造良好的舆论环境；⑩根据赛会组委会市场开发部的统一安排，配合做好赛事营销和赞助商的维权回报工作；⑪配合组委会兴奋剂检查部做好本项目兴奋剂检查工作；⑫根据组委会医疗卫生部的要求，制订本项目医疗卫生工作方案并组织实施；⑬根据组委会志愿者工作部的部署，根据本项目赛事的实际需要，做好专业志愿者的培训和服务工作；⑭根据组委会颁奖礼仪工作的统一要求，做好本项目比赛的颁奖工作；⑮全面系统做好赛事组织的善后工作。

组织机构成立后，应根据精简高效的原则，并视实际需要分批借调工作人员。工作人员总数不宜过多，要避免机构臃肿、人浮于事的现象。

三、国内单项赛事的组织机构及职能

国内单项体育比赛一般设立单项赛事组委会。组委会一般由赛事的主办和承办单位的领导与相关人员共同组成，统一领导和落实单项体育比赛的各项筹备工作。

单项赛事组委会一般设若干工作机构，工作机构是在单项赛事组委会的直接领导和管理下履行各自的工作职责。单项赛事组委会一般设办公室、竞赛处、场地器材处、信息技术处、新闻宣传处、后勤接待处、安全保卫处、医疗卫生处、兴奋剂检查处、市场开发处、财务审计处、志愿者工作处。具体设多少工作机构要视单项赛事的规格和规模而定。规格高、规模大的赛事一般要多设一些工作机构，反之则可合并一些工作内容，少设一些工作机构，但各块的工作内容要在合并后的工作机构中体现出来。

单项赛事组委会内设机构及其职能

办公室：负责制订比赛整体工作计划和流程，负责赛事会务工作；负责赛会各类文件、简报、信息的草拟，来往公文的发放、处理、归档和印章管理；撰写赛事工作总结等。

竞赛处：编排竞赛日程、活动日程及训练安排计划，确定比赛秩序册和成绩册内容；收集、整理比赛成绩并印发成绩公告，在比赛场馆和运动队驻地设成绩公布栏，每天（每单元、每场次）比赛结束后第一时间内，确认成绩后公布；设计竞赛所用各类表格式样；负责裁判员队伍及辅助裁判员、竞赛联络人员的组织培训与工作安排；及时处理竞赛紧急事件；协助主办单位做好比赛赛风赛纪的监察工作。

场地器材处：按照要求，督促施工单位在规定时间内完成场馆的新建和维修改造工作；协助主办单位对项目竞赛场馆进行综合检查验收；负责符合赛事要求的各类竞赛器材设备的选购及安装调试，并确保正常运行；负责完成比赛场馆周边环境整治，设置必要的指示、提示标识。

信息技术处：做好比赛的信息技术工作，包括检查、监督各比赛场馆基础网络设施建设和各项目信息系统的安装、调试、使用、管理，保证不出现任何纰漏，并做好特殊情况的应急预案；负责对赛事信息技术系统进行试运转、联调，保证比赛期间本项目信息系统的正常运行；对比赛期间意外事件引发信息系统问题进行及时处理。

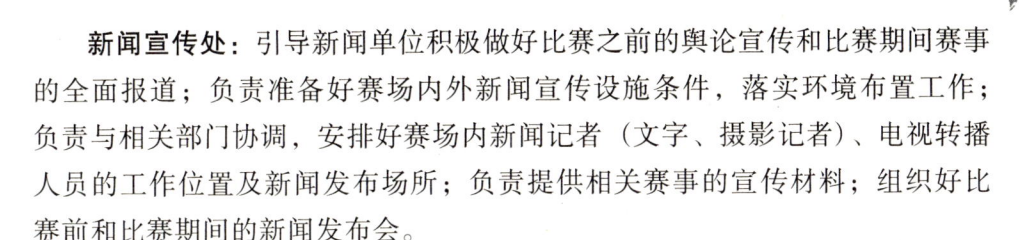

新闻宣传处：引导新闻单位积极做好比赛之前的舆论宣传和比赛期间赛事的全面报道；负责准备好赛场内外新闻宣传设施条件，落实环境布置工作；负责与相关部门协调，安排好赛场内新闻记者（文字、摄影记者）、电视转播人员的工作位置及新闻发布场所；负责提供相关赛事的宣传材料；组织好比赛前和比赛期间的新闻发布会。

后勤接待处：负责做好贵宾、技术官员、运动员、教练员、各项主题活动的参与人员、工作人员及志愿者的迎送、接待、食宿、交通等工作；为离会人员提供（购买）返程机票和送站服务。

安全保卫处：负责参会人员驻地宾馆、酒店的安全保卫工作；负责比赛场馆和训练场馆的安全保卫工作；做好消防、电力、气象、交通保障工作，制订突发事件的应急预案，并做好演练与应急处置工作。

医疗卫生处：成立紧急救护、卫生监督、医疗保健工作应急小组，并组织应急演练；落实就近综合性医疗救护医院；组织相关人员的专业技能培训和上岗培训。

兴奋剂检查处：根据组委会的总体要求，结合项目情况制订兴奋剂检查工作方案；选择符合标准、设施完善的兴奋剂检测中心；选配专人协助做好兴奋剂检查工作；提供信息、交通等方面的保障，确保兴奋剂检查工作顺利进行。

市场开发处：制订市场开发计划，在允许的范围内进行市场开发，为赞助商做好权益兑现和接待服务等工作。

财务审计处：编制筹备组织赛事的经费预算，及时督查预算执行情况；严格执行项目赛事财务管理制度和开支标准有关规定；负责日常经费的使用、管理。

志愿者工作处：按照项目竞赛的需求，选拔、培训一定数量的志愿者，做好项目赛事的志愿服务工作。

规模较小的赛事内设机构可适当少一点，几个相近的职能可合并放在一个处（室）。

第三节　体育竞赛的评估

体育赛事的申办、举办是一个复杂的系统工程。任何赛事的举办都必然伴随着相关者的利益诉求。在经济、社会飞速发展，人们生活水平快速提高，城市与国家的形象诉求不断提升的今天，体育赛事早已跨越了单纯的体育活动的范畴，与经济、社会、文化有着密切的关系，与城市各方面的发展有着千丝万缕的联系。这种关系既有积极的一面，也有消极的一面，因此，对于体育赛事的申办、举办，我们应该有一个评估，这个评估包括赛事举办前的事前评估、举办过程中的赛中评估和赛事举办后的赛后评估。

一、体育竞赛评估的定义

评估或者评价是人们日常生活工作中普遍存在的一类实践性活动。部分哲学界人士认为，人类的认识活动分为两类：一类是认知活动，其目的是求"真"；另一类是评价活动，其目的是求"善"。而且认为评价是更为复杂的认识活动。简单地讲，评估或评价就是评定或判断价值。评价经常被认为是处于认识论和价值论的交点，或者被认为是建立在认识基础上的价值判断，因此，对于同一件事件而言，评价相对于认识要复杂和困难许多。体育赛事评估，顾名思义就是价值客体对体育赛事的评估。由于赛事属于一项特殊的事件，因此体育赛事评估属于项目评估的范畴。我们一般将项目评估分为狭义的项目评估和项目管理评估，前者是在假定管理水平不变，或者不考虑管理对赛事影响条件下的评估；后者则主要是评估赛事运作和管理对赛事价值的影响。我们所称的赛事评估多指狭义的项目评估。赛事尤其是大型体育赛事，如奥运会、青奥会、全运会、省运会等，涉及主体较多，如政府部门、主办方、承办方、赞助商、观众、民众等等。不同的价值主体对赛事有着不同的价值诉求，如社会、经济、文化等方面的需要，不同的需要决定着不同的赛事举办期待。同时，体育赛事尤其大型体育赛事需要的资源众多，这些资源包括市场资源和社会公共资源，比如环境保护、安保系统、新闻传播系统、交通系统等等，决定了赛事评估的复杂性，因此赛事评估要以客观条件为基础，结合各方利益主体需要进行全面的、综合的系统性评价，以确保评估的有效性。

二、体育竞赛评估的意义

体育赛事评估按阶段不同可分为赛前评估、赛中评估和赛后评估。不同阶段的评估有着不同的意义和重要性。

赛前评估有利于赛事的选择，即决定在何时、何地举办何种赛事。因此，

赛前评估是赛事可行性研究的主要内容，也是进行赛事规划的必要前提。在这一阶段，赛事筹划主体要根据自己的条件，结合赛事的特性，进行综合考量，权衡各方利益需要，评估自身条件是否具备举办某一赛事的需要等。

赛中评估是指已经决定举办赛事的前提下，对如何办好赛事的评估，包括推广期、举办期的诊断性评估。赛中评估可作为改进和提升赛事经营管理水平的依据，是赛事筹办与举办过程中动态地反映赛事筹备情况并促使及时改进的有效手段，是确保赛事顺利举办和目标达成的重要环节。

赛后评估是对赛事举办后的综合效益，如经济、社会、文化、体育绩效、赞助效益和赛事举办过程管理的合理性等进行的全面评估，是对赛事整体的总结，也是赛事主办方回报赞助商和社会的客观、公正评价。客观和公正的评价首先要认识客观的事实，在此基础上判断客观事实对主体的意义。

三、体育竞赛评估的内容

体育赛事作为一项具有广泛外部性的事件，其对经济、社会、文化都有着不同程度的影响，尤其是大型体育赛事更是如此。因此，在进行赛事评估，尤其是大型体育赛事评估的过程中就要基于一种宏大的社会系统来权衡与考量赛事的举办，借鉴企业评价的三重底线标准确立体育赛事评价的内容。

1998年英国著名管理顾问公司Sustainability的总裁Elkington首次提出"三重底线"（triple bottom line）的概念，认为企业在追求自身发展的过程中，需要同时满足经济繁荣、环境保护和社会福祉三方面的平衡发展，为社会创造持续发展的价值。三重底线体现了"经济价值、社会价值、生态价值"的多重价值观，强调多重公平与社会责任。体育赛事具有典型的准公共产品性质：一方面在赛事举办的过程中，无论是现场观看还是通过电视转播或网络、报纸、广播等观看或收听赛事都具有非竞争性与非排他性特征，从这一角度来说体育赛事具有较强的公共性；另一方面从外部性来说，体育赛事尤其是大型体育赛事的举办能够提升城市形象，每个市民都能享受赛事带来的节日氛围，且个人的享受不影响他人的享受，体育赛事对群众参与体育活动的示范作用等都具有明显的公共属性。因此，体育赛事的举办既有赛事自身的经济诉求，也有社会关注的公共价值，同时涉及可持续发展的生态价值。因此，在体育赛事评估的过程中，我们要以"经济价值、社会价值、生态价值"三重底线作为评价的基本标准，确立评价的内容指标体系。

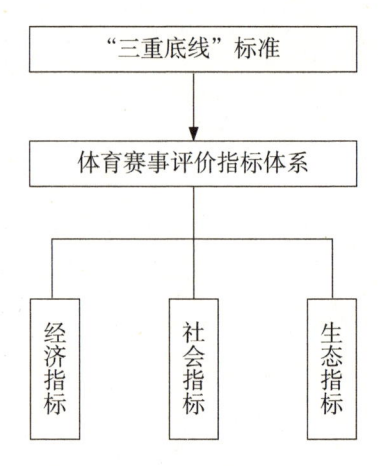

```
        ┌──────────────────┐
        │  "三重底线" 标准  │
        └────────┬─────────┘
                 ▼
        ┌──────────────────┐
        │ 体育赛事评价指标体系 │
        └────────┬─────────┘
         ┌───────┼───────┐
         ▼       ▼       ▼
       经济    社会    生态
       指标    指标    指标
```

图 3-2-7　体育竞赛评估过程

根据三重底线的标准我们确立了"经济指标、社会指标、生态指标"的三重体育赛事评估的一级指标，在此基础上我们确立各指标下的具体指标。

（一）经济指标

1. 给举办地带来的新消费

体育赛事的举办尤其是大型体育赛事的举办，必然会带来大量外来人口到本地来参赛或观赛，自然会给当地带来新的消费，同时赛事的举办还会带来大量的游客，这些游客和相关人员的衣食住行都会产生消费，为本地带来新消费，可以用以下指标来衡量：

①外来游客的消费额。

②赛事组织在本地的支出额。

2. 对宏观经济指标的积极影响

体育赛事所带来的游客进入、产值增加、企业广告投放、销量提升、效益提升等都有可能促进宏观经济的发展，对于这一内容可以通过以下指标进行衡量：

①对 GDP 的贡献率。

②政府税收收入增加量。

③新增就业岗位数。

④居民收入增加额。

3. 对赛事相关产业的拉动

大型体育赛事的举办是一个连续性的时间，会对住宿、餐饮、旅游、体育建筑、体育保险、体育广告、交通运输等行业的发展起到一定的拉动作用，对各相关产业均存在一定的影响。

4. 赛事运作获得收益

赛事举办也涉及直接的投入与产出问题，通过差额指标来评估：赛事收入与成本的差额。

5. 赛事运作的经济风险

大型体育赛事需要高标准的场馆设施、安全保卫等，这需要政府的直接投资，同时源于大型体育赛事的外部性特征，政府也愿意进行投资，在这一过程中就会涉及到政府的财政支出，会存在一定的风险，以政府财政支出指标来衡量：政府财政支出额。

（二）社会指标

1. 对城市知名度和形象的影响

伴随城市营销理念的形成，体育日益成为城市形象塑造与提升的有效手段，体育赛事尤其是大型体育赛事的举办成为诸多城市竞相热捧的对象，体育赛事举办要实现这一诉求就必须有足够的参与国家、运动员，足够的媒体宣传等，可以通过以下指标来衡量：

①参与赛事的国家数量。
②参与报道的媒体数量。
③参与报道的媒体级别。
④各种媒体报道的收视率和受众人数等。

2. 居民的自豪感

体育赛事尤其是大型体育赛事的举办能够大大地增强当地居民的主人翁意识和自豪感，如北京奥运会就激发了全民族的自豪感，居民自豪感是衡量体育赛事社会影响的一个重要指标。

3. 对居民生活质量的影响

体育赛事的举办能够促进当地基础设施的建设，营造城市体育文化氛围，创造更多的交流平台，改善居民生活质量，对于居民生活质量的影响是衡量赛事举办社会影响的重要指标：

①居民获得休闲机会的概率。
②居民增强体育健身意识的概率。
③居民学习新事物、新技能机会的概率。
④居民直接参与赛事及相关活动的概率。

4. 对举办地居民生活的负面影响

赛事的举办带来的并不都是积极的影响，也有可能会带来消极的方面，包括对居民正常生活的影响，赛事举办期间会造成居民正常生活秩序的扰乱，如北京奥运会期间进行了车辆的单双日限行等，影响了本地居民的正常出行。可以通过以下指标进行评估：

①交通堵塞及拥挤成本。
②噪音污染的损害价值量。
③犯罪及破坏公物行为。
④消费指数的上升程度。

5. 安全隐患及恐怖主义

赛事举办会带来人员的集聚，容易成为恐怖分子袭击的目标，会带来不小的安全隐患，通过下面指标来衡量：安全隐患及恐怖主义事件发生的概率。

（三）生态指标

大型体育赛事所伴随的城市交通等基础设施建设、场馆建设和维修改造，带来一些拆迁，植被迁移等，同时密集的人口还会造成大量的生活垃圾，带来本地资源消耗的急剧上升等，这也是体育赛事评估的重要内容，可以通过以下指标来进行评估：

1. 改善环境

①对居民进行环保宣传的概率。

②进行城市环境治理的概率。

2. 对环境的破坏

①破坏自然环境的面积。

②产生的垃圾量。

③二氧化碳的排放量。

3. 资源的消耗

①水资源消耗量。

②能源消耗量。

表 3-3-1　体育赛事评估指标体系

一级指标	二级指标	三级指标
经济指标	(1) 给举办地带来的新消费	①外来游客的消费额 ②赛事组织在本地的支出额
	(2) 对宏观经济指标的积极影响	①GDP 的贡献率 ②政府税收收入增加量 ③新增就业岗位数 ④居民收入增加额
	(3) 对赛事相关产业的拉动	对赛事相关产业 GDP 的贡献率
	(4) 赛事运作获得收益	赛事收入与成本的差额
	(5) 赛事运作的经济风险	政府财政支出额
社会指标	(1) 对城市知名度和形象的影响	①参与赛事的国家数 ②参与报道的媒体数量 ③参与报道的媒体级别 ④各种媒体报道的收视率和受众人数等
	(2) 居民的自豪感	居民自豪感的价值量

(续表)

一级指标	二级指标	三级指标
社会指标	(3) 对居民生活质量的影响	①居民获得休闲机会的概率 ②居民增强体育健身意识的概率 ③居民学习新事物、新技能机会的概率 ④居民直接参与赛事及相关活动的概率
	(4) 对举办地居民生活的负面影响	①交通堵塞及拥挤成本 ②噪音污染的损害价值量 ③犯罪及破坏公物行为 ④消费指数的上升程度
	(5) 安全隐患及恐怖主义	安全隐患及恐怖主义事件发生的概率
生态指标	(1) 改善环境	①对居民进行环保宣传的概率 ②进行城市环境治理的概率
	(2) 对环境的破坏	①破坏自然环境的面积 ②产生的垃圾量 ③二氧化碳的排放量
	(3) 资源的消耗	①水资源消耗量 ②能源消耗量

依据此指标体系，在赛前侧重可能性，结合城市具备的赛事举办条件、当地群众的赛事感受和接受程度调查等进行赛前评估；在赛后根据客观事实依据各指标进行赛后的反馈性评估，以总结经验和教训，为以后的赛事申办、举办提供参考和借鉴。

四、体育竞赛评估的主体

赛事评估主体是开展赛事评估的重要环节，是赛事评估的执行人员。在开展赛事评估的过程中由于利益主体多元，因此在开展赛事评估的过程中必须充分考虑、了解多元主体的赛事需要，根据主体诉求和赛事举办所需要的条件以及可能达到的效果与出现的问题进行评估，可以由政府相关部门在群众调研、企业调研的基础上进行评估，也可以交由专业的赛事评估机构进行评估，当然级别越高、影响力越大的赛事，其评估越需要系统周密。

第四章 体育竞赛的编排

体育竞赛是竞技体育最根本的特征，是竞技体育的重要表现形式，也是竞技体育行为链的核心环节。可以说，没有体育竞赛就没有竞技体育。当代竞技体育的功能与价值，主要通过体育竞赛这一受到广泛关注的社会行为，对于人类社会经济、政治、教育、文化、科技、环境等方面的促进，对于社会公众的感受、感知、感情产生巨大影响而实现的。

体育竞赛是以比赛项目为内容，以运动规则为尺度，以夺标育人为目的的运动员个体或运动队之间的竞技较量。创造优异的运动成绩，推动专项训练活动科学发展，普及专项运动和提高专项竞技水平，促进人、竞技、社会三者和谐发展等不仅是当代体育竞赛的基本要求，也是组织体育竞赛的根本目的。而要达成这一要求和目的，就必须科学地组织竞赛活动，尤其是合理进行竞赛编排工作。

第一节 体育竞赛的项目分类与编排原则

从组织体育竞赛的视角，把握竞赛项目分类的依据和特点，对众多的竞技运动项目予以科学的分类，并梳理出不同运动项目竞赛中应遵循的编排共性原则，可以使竞赛编排理论内容更加丰富，工作体系更加完整，不仅有利于科学地进行竞赛编排工作，而且将会有力地推动体育竞赛实践的发展。

一、竞赛项目分类

当今体育项目繁多，例如 2008 年北京奥运会设 28 个大项，302 个小项；第 20 届都灵冬奥会设 7 个大项，84 个小项；第 11 届全运会设 33 个大项，43 个分项，362 个小项；第 4 届全国体育大会设 34 个大项；2014 年南京青奥会将设 28 个大项，包括游泳（跳水、游泳）、射箭、田径、羽毛球、篮球（三

对三）、拳击、划艇、自行车（小轮车、山地自行车）、马术（障碍）、击剑、足球、体操、手球、曲棍球、柔道、现代五项、划船、帆板、射击、乒乓球、跆拳道、网球、铁人三项、排球（室内或沙滩排球）、举重、摔跤（女子自由式摔跤、男子古典式摔跤）、高尔夫球和橄榄球项目。

体育项目的分类有多种方法，它是根据分类学原理和不同的分类标准，把繁多的竞技体育项目按照它们的外部表现或本质属性进行归类。根据不同运动项目的比赛特性、比赛形式、计量成绩方法等因素，竞赛项目主要可分为测量类、评分类、对阵类、格斗类和混合类五大类。

测量类竞赛项目有田径、游泳、自行车、举重、射击、射箭、划艇、划船、帆板等。

评分类竞赛项目有体操、艺术体操、跳水、花样游泳、武术套路等。

对阵类竞赛项目有篮球、排球、足球、乒乓球、羽毛球、网球、手球、曲棍球、垒球、棒球、击剑等。

格斗类竞赛项目有跆拳道、拳击、摔跤、柔道、散打等。

混合类竞赛项目有现代五项、铁人三项等。

由于体育项目的竞赛各有自身的特点，且具有一定的差异，因此，组织不同性质项目的比赛，其编排原则、编排重点、编排方法等均有所不同。

二、竞赛编排的共性原则

尽管各项体育竞赛具有各自的特点和要求，在参加对象、参赛人数、比赛要求、运动场馆、赛程安排、组织方法、成绩计算等方面都各不相同，但是，体育竞赛编排工作极为重要。一个合理完善的竞赛秩序，能促使比赛顺利进行；反之，则会直接影响整个竞赛的进程和运动员技术水平的发挥，难以创造优异的成绩。所以，了解并掌握体育竞赛的编排原则，对于举办各类体育竞赛非常重要。竞赛编排应遵循的共性原则如下：

（一）以竞赛规则、规程为重要依据

各项竞赛编排，既要符合该项竞赛规则的规定和精神，切合裁判工作方法的需求，也要以竞赛规程的总体部署和要求为依据，对组织竞赛的内部和外部条件进行全面、充分的分析研究，制订出符合客观实际的竞赛编排工作

方案，合理地利用人力、物力和财力等要素，科学地安排竞赛进程的各个环节，力求使各项工作围绕竞赛规则、竞赛规程的要求有条不紊地开展，以提高竞赛编排工作的整体效应。

（二）坚持公平、公正的竞赛原则

公平、公正是体育竞赛的基本准则，也是竞赛编排工作必须坚持的重要原则。"公平"是对运动员而言，公平的根本体现在于保障运动员人人平等和机会均等，避免歧视对待，保证运动员在相同或相似的环境中进行竞赛。"公正"是相对于裁判员而言的，即维护正义和中立，防止徇私舞弊。"公平、公正"是一个相互联系、不可分割的统一整体。尤其在编排运动员的对阵方式、分组、分道等时，必须按照相关项目竞赛规则的有关规定，在有关官员、裁判员或运动员的参与下采用抽签的形式确定，避免暗箱操作和随意调整。

（三）有利于发挥水平和创造佳绩

体育竞赛的目的就是要促使运动员充分发挥技、战术水平，创造优异的运动成绩，使该项目得到进一步的普及和推广。因此，在竞赛编排时一定要合理、科学，尽量保证不同水平运动员的技、战术均能得到较好的发挥，取得个人优异成绩。如在编排竞赛时间时，要考虑季节的特点，尤其是在户外进行竞赛的项目应尽量避免气候对竞赛的影响；要保证运动员有足够的休息时间，以便恢复体力；对阵类竞赛项目，要根据运动员以往的比赛成绩确定种子队（选手）等。

（四）统筹兼顾，全盘考虑

体育竞赛编排工作繁琐复杂，接触面广，考虑事项多。首先，在编排工作开始前，必须进行大量的调查考证，占有丰富的资料数据，如比赛天数、比赛场数、每场比赛时间、裁判员数量与水平、比赛场馆结构与布局、比赛器材数量、运动员人数与水平等；其次，要和相关部门及人员加强联系、协调与配合，落实组织竞赛中的一些关键工作，例如比赛成绩的及时传输、实时公布和报道等,设计竞赛编排工作的基本方案;最后,要明确实施这一基本方案的具体步骤和方法,并制订出切实可行的工作计划,真正做到统筹兼顾,全盘考虑。

(五) 合理使用比赛场馆

比赛场馆是体育竞赛的重要硬件条件,编排前要充分了解可供使用的比赛场馆的数量、条件以及配套设施等情况,同时要掌握比赛天数、每天安排几场比赛、每场比赛需要多少场地、各场开赛具体时间和大约结束时间等方面的重要信息。此外,还要了解大会对比赛之外的活动安排,以便科学地编排竞赛日程,合理使用比赛场馆,提高场馆的使用效率。

(六) 确保竞赛进程的顺利推进

竞赛进程能否顺利推进是衡量竞赛组织工作是否科学、合理的重要指标之一,因此,在各项竞赛编排过程中,尤其要精确地安排比赛开始时间和预计比赛结束时间,保证每单元适宜的比赛项次,容量不可过大或过小,室外比赛还要考虑遇气象条件突然变化(雨、雪等)对比赛进程的影响,以形成合理的总赛程时间。否则,会造成比赛超时或比赛松散的情况出现,进而影响比赛进程及精彩程度。

(七) 均衡布局,协调重点

大型体育比赛的整个组织编排工作是一项精密的系统工程,会涉及到方方面面。在竞赛编排工作中,必须针对比赛项目、参赛人数、比赛规模、比赛要求、比赛条件保障等具体情况,对竞赛编排工作进行整体规划,均衡布局,协调重点,以利于竞赛编排事务的顺利执行。

(八) 有利于观众欣赏比赛

观赏体育竞赛已成为当今广大人民群众休闲、娱乐的重要方式,体育竞赛如果失去了观众将使竞赛活动黯然失色。所以,在编排竞赛时间时要充分

考虑观众的生活作息规律，把精彩的场次、决赛以及受群众欢迎的项目和运动员的比赛，尽量安排在节假日、晚上进行；有利于电视、网络的转播；普及程度较高的项目在竞赛时间上要尽量错开；同场竞技的项目，比赛场地布局要合理等。总之，在竞赛编排时必须争取有更多的观众欣赏比赛，不仅使赛场气氛更加浓郁，比赛更加精彩，而且有利于运动员创造优异的运动成绩。

第二节　体育竞赛编排的基本程序

体育竞赛编排工作有其一定的步骤和程序，不能颠倒。尽管各项竞赛的编排方法不尽相同，但都有工作的基本程序。只有按照这些基本程序并结合比赛项目特有的要求与方法进行编排，才能有条不紊地组织与实施各项具体工作，提高各项竞赛编排的科学性、合理性、准确性、严谨性和有效性。

一、竞赛编排工作基本过程

竞赛编排工作基本过程以田径竞赛编排为例。

田径竞赛编排工作可分成比赛前、比赛中和比赛后三个阶段，其主要工作任务是：比赛前快速、准确地收集、统计、传送和发布所有比赛信息；接受、审查报名，整理各参赛队报名信息，汇编总秩序册；根据各代表队对本单位参赛运动员（包括参赛项目）的最后确认（通常在技术会议上进行最后确认工作），完成竞赛编排，汇编每日秩序册。比赛中临场处理各种比赛成绩，完成后继赛次（在一次田径比赛中，有的径赛项目可能要进行若干赛次的比赛，例如男子100米将安排预赛、次赛、复赛、决赛四个赛次的比赛，而后一赛次就是前一赛次的后继赛次）的录取、编排，汇编次日秩序册和当日成绩册。比赛后完成奖牌、超纪录和团体总分的统计，编制总成绩册。

田径竞赛编排工作基本过程见记录公告工作流程图4-2-1。

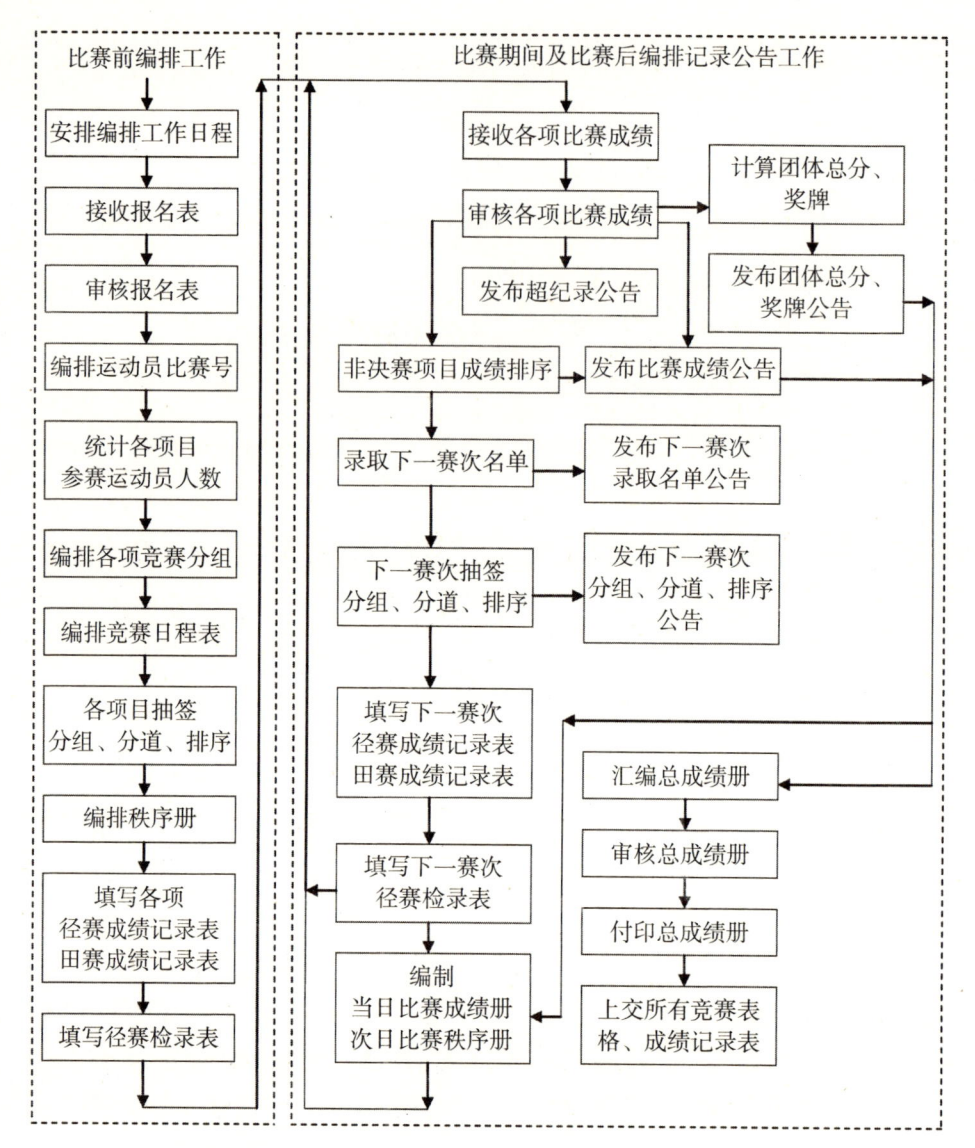

```
┌─────────────────┬──────────────────────────────────────┐
│  比赛前编排工作  │    比赛期间及比赛后编排记录公告工作     │
├─────────────────┼──────────────────────────────────────┤
│ 安排编排工作日程 │  接收各项比赛成绩                     │
│ 接收报名表       │  审核各项比赛成绩 → 计算团体总分、奖牌 │
│ 审核报名表       │  发布超纪录公告   → 发布团体总分、奖牌公告│
│ 编排运动员比赛号 │  非决赛项目成绩排序 → 发布比赛成绩公告  │
│ 统计各项目       │  录取下一赛次名单  → 发布下一赛次录取名单公告│
│ 参赛运动员人数   │  下一赛次抽签      → 发布下一赛次      │
│ 编排各项竞赛分组 │  分组、分道、排序     分组、分道、排序公告│
│ 编排竞赛日程表   │  填写下一赛次                          │
│ 各项目抽签       │  径赛成绩记录表    汇编总成绩册         │
│ 分组、分道、排序 │  田赛成绩记录表    审核总成绩册         │
│ 编排秩序册       │  填写下一赛次      付印总成绩册         │
│ 填写各项         │  径赛检录表        上交所有竞赛表       │
│ 径赛成绩记录表   │  编制              格、成绩记录表       │
│ 田赛成绩记录表   │  当日比赛成绩册                        │
│ 填写径赛检录表   │  次日比赛秩序册                        │
└─────────────────┴──────────────────────────────────────┘
```

图 4-2-1　田径竞赛编排记录公告工作流程图

二、竞赛编排的工作程序

竞赛编排工作程序是指竞赛编排相关工作进行或完成的先后顺序，包括赛前编排、赛中编排和赛后编排三个阶段的工作程序，各阶段编排工作的主要内容各不相同。

（一）赛前编排的工作程序

1. 编排竞赛日程初稿

举办全国田径竞赛，通常由中国田径协会指定专人协助技术代表按照竞赛规程的具体要求和竞赛日程编排原则，提前与大会竞赛委员会有关人员共同商讨，制订竞赛日程初稿并附在竞赛规程后及时发送至各参赛单位。

2. 全面检测计算机编排系统的功能和性能

尽早安排能熟练运用计算机技术的竞赛秘书组裁判员，同信息中心负责人一起，按竞赛规程的每项条款和竞赛编排的具体要求，全面详细地调试、检测计算机编排系统的各项功能和性能。调试时尽可能采用全数据负荷工作方式，一旦发现问题，应强制程序限期修正。

3. 接收运动员报名表

运动员报名信息应在比赛开始前20天送达竞赛秘书组。在接受报名表时，应做好记录，以备查询。接近报名截止时间的几天内，可以向大会竞赛委员会汇报参赛单位的报名情况，必要时可再次通知参赛单位迅速上交报名表。

4. 审核运动员报名表

收到运动员报名表后，竞赛秘书组主裁判或指定的负责人应立即审核报名表。审核的内容有：报名表的填写是否正确和完整；运动员的姓名是否清楚；运动员的报名成绩是否齐全；各项报名是否符合竞赛规程的规定；是否加盖了参赛单位的公章等。如果发现有不符合要求的报名表，应及时与该单位联系，核实报名内容或令其重新申报。

5. 统计各单位参赛人数

统计各单位参赛人数时应包括：运动员人数、领队人数、教练员人数、队医人数、随队官员（工作人员）人数、编外人员人数等，以及各类人数的小计、合计、总计等。

6. 统计各项目参赛运动员人数

统计各个项目的参赛运动员人数是进行比赛编排的基础。由于每个项目的参赛人数是从各单位报名表中分别汇总，统计时要认真细致，不能漏人漏项。统计结束后，一定要进行核对。确定无误后，才能进行随后的相关工作。

7. 接收运动员参赛确认表

参赛确认表应以参赛队为单位填写，第一天参赛运动员的确认在技术会议上完成。以后几天的参赛确认表，由参赛单位分日填写好每名运动员在当天参赛的项目，并分别在比赛的前一天上午10:00交技术信息中心，由技术信息中心转交给竞赛秘书组。

8. 编排各项目竞赛分组

根据各项目参赛运动员的确认人数，按照分组方法和竞赛规程要求，进行各项目、各赛次的竞赛分组。

9. 编排竞赛日程表

分组确定之后，按照竞赛规则有关规定和竞赛日程编排原则确定各项目每个赛次的具体比赛时间，编排最终的竞赛日程表。

竞赛日程表排好后，安排录入、打印清样并排进总秩序册中。

10. 各项目抽签分组、分道、排序

按照分组、分道和排序的方法与要求，采用计算机系统自动编排，并请技术代表或其指定的委托人抽当日所有径赛项目各赛次的组次、各组运动员的道次和田赛及格赛或决赛的比赛顺序。排定后要认真检查，避免出现差错。

11. 编制秩序册有关内容

以上工作完成后，即可进行秩序册的编制。秩序册的主要内容包括：运动员号码对照表（总秩序册）、各单项和全能参赛运动员名单（总秩序册）、各单位人数统计表（总秩序册）、竞赛日程（总秩序册/每日秩序册）、竞赛分组表（每日秩序册）和场地器材布置图（总秩序册/每日秩序册）等。

12. 打印径赛检录表和田赛成绩记录表

每单元比赛项目的分组、分道、排序工作完成后，应立即打印径赛检录表和田赛成绩记录表。

13. 编制比赛所需的其他表格、文件

在田径比赛中，竞赛秘书组需配备计算机和复印机。因此，其他裁判组需要打印、复印的有关表格，由竞赛秘书组帮助完成，以便比赛进程更加顺利。

14. 检查计算机系统的数据

比赛前一天竞赛秘书组裁判员，必须与计算机操作人员一起逐项审核次日比赛的所有数据。如发现错误或遗漏，必须立即完成修改和补充。

15. 督促计算机人员做好数据备份

编排好的比赛数据应至少有 2 个备份。如果有条件，竞赛秘书组最好自己保留一份完整的数据备份。

（二）赛中编排的工作程序

比赛开始后，竞赛秘书组便进入赛中编排记录公告工作过程。此时，竞赛秘书组的几项工作同时开始，因此必须分工明确，各司其职，坚守岗位，善始善终。

1. 接收、审核各项比赛成绩

比赛使用计算机联网自动传送成绩，径赛成绩经竞赛裁判长和相关主裁判员确认，该组的成绩立即生效，可以发布成绩公告。田赛成绩由该项裁判组在现场完成成绩审核，由田赛裁判长、技术官员签字后生效，即可公布。负责该项的竞赛秘书助理（裁判员）从计算机提取成绩后，必须对成绩进行审核。

全能项目成绩接收后，除了审核成绩外，还要与全能裁判组一起核对单项得分和累积分。

成绩审核的重点是：

（1）成绩记录是否有误。

（2）是否有超纪录的成绩，如果发现有超纪录成绩，则立即通知主裁判员和超纪录统计员、团体总分统计员。

（3）没有完成比赛的运动员的判罚标志是否齐全。在成绩记录表中，每一位运动员都应该有记录，不能留下空白。

（4）名次排列是否正确，特别是高度跳跃项目运动员，成绩相同时的名次排列是否符合竞赛规则的有关规定。

（5）部分短跑项目和远度跳跃项目是否填写了风速，远度跳跃项目的每一次试跳都应记录风速。

（6）成绩记录员、该项主裁判员、分管裁判长和技术官员的签字是否齐全等。

2. 发布成绩公告

比赛成绩经审查校对后，立即发布该项成绩公告。

有后继赛次的项目，除了公告每组运动员的成绩外，还应发布该赛次的综合成绩公告。综合成绩应按运动员在该赛次中的比赛成绩排列，并填写录取进入后继赛次的标志。

如果有超纪录成绩，还需单独发布新纪录公告。

成绩公告发布的份数为：成绩公告栏张贴1份、宣告广播1份、技术代表1~2份、赛后控制中心1份（决赛）、发奖组1份（决赛）、主席台5~10份、新闻媒体20~40份、大会有关部门（根据需要）。

如果在这些处所连接终端机，应保证有关人员可以调用。

在竞赛秘书组内部，每项每赛次的成绩公告应分发给：

（1）有关主裁判员：用于后继赛次录取、分组分道、排序。

（2）日程编排协调员：用于编排次日竞赛日程。

（3）秩序册、成绩册汇编员：用于汇编当日成绩册、次日秩序册、总成绩册。

（4）团体总分统计员（决赛）：用于统计团体总分、奖牌数。

3. 录取后继赛次名单和分组、分道、排序

在某一项某一赛次的各组成绩全部接收之后，由第二主裁判员或指定的

裁判员按照竞赛规则和竞赛规程规定录取参加后继赛次的运动员，协助技术代表或其指定人进行分组分道、排序的抽签工作，然后打印、公布后继赛次的参赛名单和径赛检录表、田赛成绩记录表。如系本单元和当天要进行比赛的后继赛次，应尽快地将检录表送交有关裁判组。

4. 编排次日竞赛日程和竞赛分组表

每天要安排专人接收次日的参赛确认表，统计各项人数，调整赛次，编排次日的竞赛日程，协助技术代表或其指定人进行分组分道、排序的抽签工作，编制次日的所有项目竞赛分组表。

5. 接收接力跑项目的棒次表

指定专人在规定时间内从技术信息中心收取各代表队参加接力跑项目的棒次表，并迅速将运动员的参赛信息录入到接力检录表中，打印和分发到有关的裁判组。

6. 汇编次日秩序册和当日成绩册

按次日竞赛日程、次日竞赛分组表、次日比赛场地器材布置图以及当日团体总分和奖牌统计、当日新纪录公告、当日径赛成绩、当日田赛成绩、当日全能成绩的顺序，汇编次日秩序册和当日成绩册，及时交付印刷和分发。

应按照比赛时间的先后顺序排列当日成绩，以方便查询。

次日秩序册必须在当天晚上 22:00 前送交各参赛队，以便各队安排好次日的比赛。

7. 统计团体总分和奖牌数

每项决赛成绩公告后，团体总分统计员进行总分和奖牌数的累加统计。统计结果应与计算机系统统计的数据定期进行核对，及时纠正误差。一般至少每单元核对一次。

团体总分和奖牌统计每天或每单元公布一次。

8. 总成绩册汇总

由于总成绩册的内容较多，应该及早准备，在比赛期间可陆续汇编已经赛完项目的成绩，并给未赛的项目留出空格，定好页码后先进行排版。排满

的一页可以先行印刷，等待装订。

9. 出具比赛成绩证明

当运动员要求大会提供比赛成绩证明时，竞赛秘书组应由专人（一般是主裁判员）查阅成绩公告后，填写正式的比赛成绩证明表，并待裁判长和相关裁判员签字、加盖大会公章后再发给运动员。

（三）赛后编排的工作程序

赛后竞赛秘书组工作主要是两部分：一是总成绩册的最后汇编、审核和整理、分装，上交所有比赛项目的原始成绩记录表。二是进行工作小结，清点、归还所借物品。

总成绩册应在比赛结束后尽快分发到各参赛单位。

第三节 测量类项目竞赛编排

测量类项目的运动成绩可由对高度、远度、重量或通过一定距离所需时间的测量予以确定，如田径、游泳、速度滑冰、滑雪、自行车、划船、举重等运动项目。也包括在没有防守的情况下，以命中某一目标的次数多少而决定比赛成绩的项目，如射箭、射击等。这些运动项目比赛时，既有竞赛编排原理的相似之处，也有竞赛编排方法的具体不同。下面介绍田径、游泳竞赛编排工作。

一、田径竞赛编排

编排记录公告工作是田径比赛的核心工作之一。

国外大型田径运动会一般不设编排记录公告组，编排记录公告工作主要由技术代表、大会竞赛部门以及各裁判组通过计算机系统来完成。在我国，近年来由于计算机硬件条件和软件条件日益成熟，全国性大型田径比赛裁判工作逐渐与国际接轨，传统意义上的编排记录公告工作已由技术代表与竞赛秘书组协作，并通过计算机成绩系统来完成。

大型田径比赛对编排记录公告工作的总体要求是：准确化、快速化、规范化、自动化、网络化。

（一）竞赛日程编排

编排竞赛日程工作可分为两个阶段：赛前竞赛日程编排和临场竞赛日程编排。

举行大型田径比赛，必须根据比赛的等级、规模和目的等，预先编排出包括每天、每个单元比赛项目和赛次的竞赛日程，提前下发给各参赛单位。奥运会田径比赛、世界田径锦标赛的竞赛日程提前两年下发；洲际田径比赛提前一年下发。中国田径协会举办的比赛一般在当年的年初下发全年比赛的全部竞赛规程和竞赛日程。

赛前竞赛日程下发后，教练员、运动员可根据竞赛日程进行训练计划制订、报名项目选择和赛前训练安排等方面的工作。

建议其他各类比赛也应根据实际情况提前下发赛前竞赛日程。

临场竞赛日程是根据各参赛单位到达赛区后对本单位参赛运动员包括参赛项目的最后确认，统计出各项最终参赛人数，对赛前竞赛日程进行必要的修订，并且排列好各个项目及各个赛次具体比赛时间的竞赛日程。全国性比赛一般采取分日确认和分日编排竞赛日程的方式。田径比赛的所有工作进程，包括运动员参赛、裁判员工作、新闻媒体报道等，均应严格按照临场竞赛日程规定的时间进行。

1. 竞赛日程编排原则

编排竞赛日程时，首先要详细了解田径竞赛规则的有关规定，切实掌握规则的精神。其次要全面熟悉本次比赛的竞赛规程，如比赛天数、比赛项目、参赛组别、报名要求、比赛办法、录取计分和奖励方法等。第三要尽可能掌握参赛单位和运动员人数、运动员水平、裁判员队伍组成、场地器材设备及大会特殊要求等信息，从而在编排日程时加以全面考虑，寻求最佳的方案。

编排竞赛日程时，应遵循下列的原则：

（1）大型田径比赛，如果没有特殊原因，应按照最新田径竞赛规则规定，根据各项参赛运动员人数，确定径赛各项的赛次和后继赛次录取方法等。

（2）田赛参赛人数较多，会影响比赛正常进行，妨碍运动员发挥水平，一般来说，参赛人数超过 18 人的田赛项目应举行及格赛。

（3）保证全能各单项比赛之间有足够的间隔时间。编排全能项目竞赛日程时，应保证各单项之间有不少于田径竞赛规则规定的最低时间间隔。如有可能，应尽量延长间隔时间，以利于全能运动员休息。

（4）合理安排每单元的比赛项目。在每个比赛单元中（一个半天或晚上）应合理安排径赛和田赛项目的数量，使径赛和田赛基本上在同一时间结束比赛，避免部分场地形成"冷场"，既有利于增加赛场气氛，也有利于提高观众观赛的兴趣。最后一个单元比赛结束之前，可考虑安排长距离跑项目或适当减少比赛项目，以便闭幕式、宣布团体总分成绩等活动的组织。

（5）各项赛次之间保证运动员有足够的休息。每个项目各赛次之间（如田赛项目的及格赛与决赛，径赛项目的预赛、次赛、复赛与决赛等）应有足够的时间间隔，根据田径竞赛规则的有关规定，在条件许可的情况下，一个赛次的最后一组和下一赛次的第一组或决赛之间的最短时间间隔为：200 米及 200 米以下各项 45 分钟；200 米以上至 1000 米各项 90 分钟；1000 米以上各项不在同一天举行；田赛及格赛和决赛不在同一天举行。

（6）减少兼项冲突。在田径比赛一些项目上运动员兼项较多，编排竞赛日程时应尽量将容易发生运动员兼项的项目分别安排到不同的比赛单元之中，并尽可能地延长时间间隔。这些兼项主要有：100 米 / 200 米、200 米 / 400 米、400 米 / 800 米、800 米 / 1500 米、1500 米 / 5000 米、5000 米 / 10000 米、100 米 / 4×100 米接力、400 米 / 4×400 米接力、100 米 / 跳远、跳远 / 三级跳远、铅球 / 铁饼等。

当前高水平田径运动员的专项划分越来越细，在大型比赛中发生兼项的情况也越来越少。另外，提前下发赛前竞赛日程也使得运动员在报名时避免了兼项情况的发生。

（7）不同组别的同一径赛项目，最好安排在一个单元内连续进行比赛。如男子 100 米比赛后安排女子 100 米、男子 1500 米比赛后安排女子 1500 米等，这样可以有利于场地、器材和裁判员的安排，节省比赛时间。

（8）跨栏跑项目一般应安排在某一比赛单元的第一项或长距离跑比赛之后进行，因为栏架的搬运、摆放、测量要耗费一定的时间。如安排在比赛单元的第一项进行，就可以利用比赛开始前的时间摆放、测量栏架；如安排在长距离跑比赛之后进行，则可以在长距离跑比赛时摆放、测量外道的栏架，使比赛更加紧凑。

（9）决赛项目平均分配到各个比赛单元，并尽可能安排在下午或晚上。一般情况下，下午或晚上的观众较多。将决赛项目安排在下午或晚上，有利于烘托赛场气氛，提高运动员兴奋性，增加比赛的竞争性，提高比赛的观赏性。

在可能情况下，还应把比较精彩的决赛项目排在开、闭幕式或观众较多的单元进行比赛。

（10）避免田赛长投项目同时进行比赛。标枪、铁饼、链球属于长投项目，不要同时安排两个长投项目比赛，以免形成场地上的交叉，增加裁判工作的难度，甚至发生伤害事故。

编排具体的竞赛日程时，上述的一些原则往往会发生冲突。因此，应结合实际情况进行综合考虑，尽量找出最佳的安排方案。

2. 竞赛日程编排方法

赛前竞赛日程和临场竞赛日程的编排方法略有不同。

（1）**赛前竞赛日程编排**

编排赛前竞赛日程时，首先要根据竞赛规程中有关运动员报名人数的规定和其他具体要求，估算各项比赛的赛次，然后参照上述竞赛日程编排原则，安排每日和每个单元的比赛项目及赛次。

赛前竞赛日程要与竞赛规程一起下发到参赛单位，以利于参赛者考虑训练安排、报名兼项等事宜。一般情况下，赛前竞赛日程确定后，每单元的比赛项目不再进行变动。

（2）**临场竞赛日程编排**

临场竞赛日程是在运动员确认参赛后，根据各项目确切的参加人数，对赛前竞赛日程进行调整和修改，并安排每一项、每一赛次、每一组次具体比赛时间的日程表。

编排临场竞赛日程时，以不变动赛前竞赛日程排定的各项决赛的日期、单元为原则，而相应地删减或调整其他的赛次。

确认运动员参赛有一次性确认参赛和分日确认参赛两种方法。不管采用哪种方法，编排临场竞赛日程的程序是相同的。采用一次性确认参赛的方法时，可以将竞赛日程一次性全部编排完毕；而采取分日确认参赛的方法时，则每天都要进行次日竞赛日程的编排。

编排临场竞赛日程的过程如下：

①根据确认后的参赛人数，调整各项比赛的赛次。如果需要取消某一赛

次，则取消非决赛赛次，以保证赛前竞赛日程的稳定性和比赛的连续性，减少对教练员、运动员原先安排的影响，也减少对发奖、电视、新闻、兴奋剂检查等工作部门的影响。

如原预计有57人参加男子100米比赛，根据田径竞赛规则的有关规定，应安排预、次、复、决4个赛次。通过确认后参赛运动员只有56人，则调整为3个赛次，取消次赛，保留预、复、决赛，这3个赛次的日期和单元不变。再如，原预计有20人参加女子跳高比赛，根据规则规定应进行及格赛和决赛，确认后参赛运动员只有14人，则取消及格赛，决赛的日期和单元不变。

②计算径赛项目（包括全能的径赛项目）第一赛次的组数和后继赛次的组数。如100米预赛有56人参加，每组8人，分7组等。

③根据径赛和田赛各项比赛的组数和人数，计算每个赛次的用时。如男子100米预赛有7组，每组预计用时5分钟，共需35分钟；女子跳高决赛有14人，每人用时约8分钟，则共需约1小时52分钟。当前大型田径比赛往往有赛前现场介绍运动员的过程，这样每组的比赛用时应再增加1~2分钟。

④安排径赛各项比赛时间，要注意留出更换起点工作位置的换项时间。一般情况下，径赛项目的换项时间为5分钟。换项时间可根据器材摆放时间和裁判员工作水平等做适当调整。

⑤每个单元先安排全能各单项的比赛时间，然后安排径赛项目的比赛时间，最后安排田赛项目的比赛时间。

⑥如果大会要安排当场颁奖活动，则在安排径赛项目比赛时间时应考虑加入颁奖的时间。一般来说，颁奖仪式在该项决赛结束后30分钟内进行，一项颁奖仪式大约需要5~10分钟。

⑦安排田赛各项及格赛和决赛的比赛时间，要注意各项目比赛场地的合理分布和各项目比赛时间的衔接，以便于观众观看比赛。

如果某项及格赛需分为两组比赛，在场地、设备条件相等的情况下，可安排两组同时比赛。否则应在第一组及格赛后立即开始第二组的比赛。

⑧完成当日或全部竞赛日程编排后，应认真审核、校对，然后交技术代表或组委会审批。并将审批后的临场竞赛日程录入到计算机系统中。

（二）各项分组、分道或排序的编排方法

田径项目分组、分道或排列比赛顺序的原则，一是尽可能使所有运动员

在公平公正的状态下进行比赛；二是尽可能避免高水平运动员过早被淘汰。例如，除全能比赛的分组外，如有可能，其他项目在比赛的所有预赛赛次中要将同一国家或队的运动员和成绩最好的运动员编在不同组内等。因此，必须按照田径竞赛规则的有关规定进行编排分组、分道或排序等工作，以便保证比赛的公正与合理。

赛前确定运动员水平的依据是其提供的报名成绩（其在事先规定的时间段内取得的有效比赛成绩）。有关运动员报名时如何填写报名成绩，以及什么样的成绩才可以作为报名成绩等要求，必须在竞赛规程中明确规定。

临场编排工作的重要要求就是将水平高的运动员平均地分配到各组之中，使得所有高水平运动员通过前面的赛次获得决赛同场较量的机会。

1. 径赛项目的编排

（1）预赛（第一赛次）的编排

根据田径竞赛规则规定，100米、200米、400米、100米栏、110米栏、400米栏、800米和4×100米接力、4×400米接力等项目，参赛人数超过8人的；1500米、3000米和3000米障碍，参赛人数超过15人的；5000米参赛人数超过19人的；10000米参赛人数超过27人的，均应举行两个或两个以上赛次的比赛。

预赛（第一赛次）编排按以下步骤进行：

①将该项参赛运动员按照报名成绩（每名运动员在事先规定的时间段内取得的有效比赛成绩）从高到低进行排序。

②根据跑道的分道数进行蛇形排列分组，方法如下（如女子100米参赛运动员29人，8条分道，分为4组，每组中的号码代表运动员报名成绩的排列顺序）。

A组（7人）	1	8	9	16	17	24	25	
B组（7人）	2	7*	10	15*	18	23	26	
C组（7人）	3	6	11	14	19	22	27	
D组（8人）	4	5	12	13	20	21	28	29

注：其中带有*号标记的是同一单位的运动员

③检查每组中是否有同一单位的运动员。如果发现同一单位的两名或多名运动员分配到了同一组，则尽可能将同单位的运动员调整到不同的组中。

调整时应按"就近就差"的原则，选择同单位中成绩较差的运动员与相邻组别中位置最近的运动员对调。在本例中，7号运动员和15号运动员为同单位运动员，由于15号运动员的报名成绩低于7号运动员，因此将15号运动员同A组同列的16号运动员对调，变为：

```
A组（7人）   1 (*)   8    9    15*   17   24   25
B组（7人）   2       7*   10   16    18   23   26
C组（7人）   3       6    11   14    19   22   27
D组（8人）   4       5    12   13    20   21   28   29
```

如果两名运动员对调后，出现15号运动员与A组1号运动员也是同一单位的情况，则应考虑将15号运动员同C组的14号运动员对调。

④按照随机原则，进行组次抽签，排出各组的比赛顺序（见下表）。

⑤按照随机原则，进行道次抽签，排出各组中每名运动员的比赛道次（见下表）。

道次	一	二	三	四	五	六	七	八
第一组（C组）	15	11	3	27	6	22	19	
第二组（D组）	20	12	5	21	29	28	13	4
第三组（B组）	14	26	23	7	2	10	18	
第四组（A组）	8	17	1	16	24	25	9	

1500米及以上距离的不分道跑项目，分组排列形式及调整同单位运动员方法与短跑项目相同。分好组后，由技术代表或其指定人随机抽签决定起跑位置顺序。

抽签后，立即填入竞赛分组表并录入计算机系统。

（2）后继赛次的编排

①后继赛次的录取顺序。

第一赛次之后，应立即录取参加下一赛次的运动员。按规则所规定的该项录取方法，首先按前一赛次的名次录取运动员，然后再录取按成绩递补的运动员。录取顺序是：

最快的第一名；次快的第一名；第三快的第一名；……

所有组的第一名录取后，再录取最快的第二名；次快的第二名；第三快的第二名；……

所有组的第二名录取后，再录取最快的第三名；次快的第三名；第三快的第三名；……

按各组名次录取完之后，在剩下的运动员中录取按成绩递补的运动员。成绩最快的运动员；成绩次快的运动员；成绩第三快的运动员；……

直至应参加后继赛次的运动员名额全部录取完毕。

如果竞赛规程规定，在第一赛次之后，统一按成绩录取参加后继赛次的运动员，则将所有运动员按前一赛次的比赛成绩由高到低排列，录取成绩列前的运动员。

采用以上两种录取方法，当涉及最后一名按成绩或排位录取进入下一赛次的名额时，终点摄像主裁判员应考虑有关运动员的0.001秒钟的实际时间；如果成绩仍相同，成绩相同的运动员将进入下一赛次；如果实际条件不允许，将通过抽签决定进入下一赛次的运动员。

②后继赛次的蛇形排列分组

100米、400米、4×400米及以下距离的接力项目，按照先名次、后成绩递补的方式排序（与录取顺序相同），然后进行蛇形排列分组。

800米及800米以上距离的项目（含4×800米及以上距离的接力项目），继续按运动员报名成绩进行排序后蛇形分组。如果在前一赛次某运动员的比赛成绩高于他/她自己的报名成绩，则应采用该运动员前一赛次的比赛成绩进行排序。

按照预赛的第③步和第④步，调整同组同单位的运动员，再按照随机原则进行组次抽签，排出各组的比赛顺序。

800米及以下距离的分道跑项目，分3次抽签排定各组运动员的比赛道次：每组排列前4名的运动员或队，抽取第3、4、5、6分道；每组排列第5、第6名的运动员或队，抽取第7、8分道；每组排列最后的两名运动员或队，抽取第1、2分道，见下表。

	抽取3、4、5、6道				抽取7、8道		抽取1、2道	
A组	Q1	Q4	Q5	Q8	Q9	Q12	q1	q4
B组	Q2	Q3	Q6	Q7	Q10	Q11	q2	q3

注：Q1~Q12为按名次录取的运动员，q1~q4为按成绩递补录取的运动员。

1500米及以上距离的不分道跑项目，一次性随机抽签排定起跑位置顺序。抽签后，立即填入竞赛分组表并录入计算机系统。

2. 田赛项目的编排

田赛项目的编排主要是由技术代表抽签决定试跳或试掷的顺序。

(1) 及格赛的编排

当参赛人数较多（一般超过18人）时，需要举行及格赛。一般情况下，及格赛尽量只安排一组。当人数较多，且确有必要时，可用随机方式分为两个组。分组后进行检查，尽量将同单位的运动员调整到不同的组中。

分组后，按照随机方式抽签决定每名运动员的试跳或试掷顺序。

抽取试跳或试掷顺序后应进行检查，如果同一单位运动员处于相邻的位置，尽量将其调整到不相邻的位置上。

抽签后，立即填入竞赛分组表，并录入计算机系统。

(2) 决赛的编排

①无及格赛的直接决赛

无及格赛而直接决赛的田赛项目，按及格赛的编排方法，随机抽签决定每名运动员的试跳或试掷顺序。

②有及格赛的决赛

录取所有达到及格标准的运动员。如果运动员均未达到事先制定的及格标准或达标人数少于规定人数，则应根据运动员在及格赛中的成绩，补齐进入决赛的人数。在排定所有比赛运动员的名次时，如果在及格赛的总排名中最后一个及格名次成绩相同，则应按田径竞赛规则有关规定处理。如果运动员的成绩仍相同，那么成绩相同的运动员将进入决赛。

按及格赛的编排方法，随机抽签决定每名运动员参加决赛的试跳或试掷顺序。

抽签后，立即填写竞赛分组表，并录入计算机系统。

3. 全能项目的编排

除了最后一项外，全能比赛每个单项的分组将由技术代表或全能裁判长安排，如有可能，应将在比赛前规定阶段内单项成绩相近的运动员分在同组。全能比赛最后一项的分组，应将倒数第二项比赛后积分领先的运动员分在一组，并将最差的一组运动员排在最后一组比赛。然后抽签排定道次或起跑位置顺序。全能最后一项比赛的分组、分道或起跑位置排序，可由全能裁判长现场编排，然后将分组、分道或起跑位置排序的编排结果迅速通知竞赛秘书

组和计算机操作员。

全能每一个单项的比赛，均应单独进行抽签，不能采用一次性抽签结果来编排所有单项的比赛。

在当天比赛结束之后，应先删除已失去继续比赛资格的全能运动员名单，再进行第二天比赛项目的分组、分道或排定试跳（掷）顺序。

（三）田径秩序册的编制及其内容

秩序册是体育竞赛的通用文件之一，是体育竞赛管理者、组织者和裁判员的工作依据，也是领队、教练员、运动员参加体育竞赛的重要依据。随着经济社会的快速发展，现代科学技术已广泛运用于大型运动会以及各级各类单项比赛，使竞赛信息处理处于自动化控制程序之中，对比赛信息的处理速度越来越快。在现代大型体育竞赛中，秩序册已经从过去的一本发展到包括总秩序册、每日秩序册以及每日成绩册在内的多本。

1. 编制秩序册的发展特点

当前，国际大赛编制秩序册的发展特点主要体现在以下三个方面：

（1）规范化

1991 年在东京举行的第 3 届世界田径锦标赛的秩序册，以规范细致见长。历时 9 天的比赛，每日一本秩序册，国际 16 开本，内容多而细，依次是：内阁总理大臣简介，国际田联成员名单，组织代表和技术代表名单，组织委员会名单，总竞赛日程，比赛场地示意图，报名标准，参赛运动员名单，报名成绩及分组，比赛成绩、录取名次统计，世界田径锦标赛纪录，前一日获奖牌者名单，当日各项比赛时间安排等。

（2）标准化

1992 年巴塞罗那奥运会田径比赛总秩序册为国际 32 开本，特点是内容制定科学标准、重点突出。如对各个项目如何进行比赛、运动员装备和器材检查时间、器材的品牌型号等都做出了具体的规定。

（3）简洁化

1999 年在塞维利亚举行的第 7 届世界田径锦标赛，每日秩序册规格为国际 32 开本，特点是"开门见山"。围绕竞赛这个主体，在有关领导成员名单之后就是总竞赛日程和比赛场地，马拉松、竞走路线示意图以及历时 9 天的

各项比赛时间安排等内容。

2. 秩序册的内容

田径比赛秩序册一般应包括比赛名称、时间、地点、主办单位与承办单位，竞赛规程和补充规定，竞赛组织机构以及人员名单，竞赛委员会、裁判员名单，各代表团名单，大会总日程表和竞赛日程，竞赛分组名单，竞赛场地平面图，最高纪录等内容。此外，根据竞赛需要，也可将运动员、教练员、裁判员守则及各种评优条例、各部门负责人联系方式等内容安排在秩序册之中。

（1）封面设计

秩序册的封面设计应包括比赛名称、地点、日期以及主办、承办、协办单位等内容。

（2）竞赛规程

竞赛规程是组织和实施田径比赛的纲领性文件，是竞赛组织者和参加者都必须遵循的法规条文。竞赛规程的主要内容包括：主办单位、承办单位、竞赛时间和地点、参加单位、竞赛组别和项目、参加办法、竞赛办法、录取名次、奖励与计分办法、运动员参赛资格、报名和报到、规程解释权的归属等内容。

（3）补充通知

在对竞赛规程中没有提及的内容和受时间、场地等客观因素影响而需要调整竞赛规程的部分内容以及需要进一步明确相关问题时，组委会会下发补充通知，对竞赛规程内容予以补充，并对有关问题加以说明。

（4）组委会机构及人员名单

组委会机构主要包括组织委员会和大会办事机构。根据田径比赛的规模，大会办事机构设置可有所变化。大会办事机构一般分为办公室、竞赛处、后勤接待处、场地器材处以及安保医疗处等。设立组委会和办事机构后，应明确相关人员的名单。

（5）技术代表、技术官员及仲裁委员名单

根据国际田径竞赛规则的相关规定，举办国际田径赛事，由国际田径联合会或有关地区协会任命技术代表、技术官员及仲裁委员担任比赛的裁判工作。国内举办的田径赛事，由中国田径协会指派相应的官员。

（6）裁判员名单

举办大型国际比赛时，有必要设置下列工作人员，但组委会可以根据当地情况，酌情变动。

行政管理官员：竞赛主任、赛事主管、技术主管、比赛展示主管。

竞赛官员：检录裁判长，径赛裁判长，田赛裁判长，全能裁判长，外场裁判长，径赛主裁判员和适当数量的径赛裁判员，田赛主裁判员和适当数量的田赛裁判员，竞走主裁判员和适当数量的助理裁判员与竞走裁判员（必要时须设其他竞走比赛工作人员，如记录员、犯规显示牌操作员等），径赛检查主裁判员和适当数量的检查员，主计时员和适当数量的计时员，发令协调员与适当数量的发令员和召回发令员、助理发令员，主计圈员和适当数量的计圈员，竞赛秘书和适当数量的助理，主比赛场地指挥员和适当数量的比赛场地指挥员，风速测量员，终点摄像主裁判员和适当数量的助理裁判员，（电子）测量裁判员，检录主裁判员和适当数量的检录员。

其他工作人员：宣告员、统计员、广告管理专员、场地测量员、医生、服务员（为运动员、官员和媒体服务）。

(7) **各代表团名单**

包括各代表团领队及教练员、工作人员名单，运动员姓名、注册证号、比赛号码、性别、出生年月、参赛项目、报名成绩等。

(8) **大会活动日程安排**

大会活动日程安排包括裁判员及运动员报到时间、裁判员的实习和联调安排、各代表队的训练时间、比赛时间、大会安排接送车辆的发车和返回时间等。

(9) **竞赛日程**

竞赛日程包括每单元的比赛项目和时间、组别、赛次、人数、组数、录取方法等。

(10) **各项目运动员参赛表**

包括比赛时间、项目、组别、赛次、参赛人数、组数、录取方法、比赛号、姓名、单位等内容。

(11) **各代表团人数统计表**

包括参赛单位、运动员人数、教练员人数、工作人员数、男女总计人数、总人数等。

(12) **纪录、等级**

纪录、等级是秩序册不可或缺的内容。纪录包含所有比赛项目的最高纪录，一般有世界纪录、世界青年纪录、洲际纪录、洲际青年纪录、全国纪录以及全国青年纪录等。等级是指各项目的运动员技术等级标准，分为国际级运动健将、运动健将、一级运动员、二级运动员以及三级运动员。

(13) 竞赛场地平面图

竞赛场地平面图包括场地方位、主席台位置、观众席位置、器材室、检录处、竞赛秘书组、赛后控制中心、兴奋剂检查站、各单项比赛场地布局等。

(14) 各参赛队运动员服装图片

各参赛队运动员服装图片一般置于秩序册的最后部分，以彩色图片来显示不同代表队的队服。

二、游泳竞赛编排

游泳也是测量类项目。与其他运动项目一样，科学合理地进行游泳竞赛编排工作，对控制游泳比赛进程，照顾运动员兼项休息，促进运动员发挥运动技术水平，创造优异运动成绩具有重要的作用和积极的影响。

（一）做好编排前的准备工作

1. 熟悉竞赛规程

重点是参加办法、竞赛办法和对有关规定的理解等。对不清楚的条款和难以理解的问题应及时询问，不得擅自决定。

2. 接收、审核报名表

重点注意有无违反竞赛规程的问题，如多报项目、超报人数、年龄不符、组别不明、证明材料不全等。发现问题，及时解决。

3. 做好各项统计工作

重点统计各项目参赛运动员人数，为分组和编排竞赛日程做好准备。

4. 填写竞赛卡片

根据报名表把参加各项目比赛的运动员姓名、单位和报名成绩等信息，填写在竞赛卡片上，每位选手参加一项比赛就要填写一张卡片。接力赛每队填写一张。填写好卡片经过核对后，按组别、项目分类，按报名成绩的优次顺序排好，以备编排分组时用。

5. 准备各种比赛用表

（1）根据需要准备好各种记录和公布成绩的表格。
（2）准备好各裁判组所需比赛用表，并在赛前转交各裁判组。
（3）布置成绩公告栏。

目前，国内外重大比赛均使用计算机编排系统进行编排与成绩处理。计算机编排的方法是根据竞赛规则的规定，编制编排软件，在赛前根据竞赛规程的精神和实际情况进行比赛参数的设定；在接收、审核报名表之后，将报名表信息导入或输入计算机编排系统；计算机根据预先设定的程序进行编排，竞赛分组、泳道安排和竞赛分组表编制可一次性完成，并打印出来。计算机编排的特点是快捷、准确、规范。

（二）编排竞赛日程

1. 预计竞赛所需时间

主要考虑场地条件、比赛池、泳道数量，根据参加单位预计每项参加人数，计算每项预赛组数，再根据每组比赛的时间，计算出每项比赛的时间。每组比赛需要的时间，包括运动员游完该项距离的时间和裁判员工作的时间。全国性比赛一般100米每组需3~4分钟，400米每组需7~8分钟，800米每组需11~13分钟，1500米每组需19~21分钟。根据裁判员的执裁能力和运动员的技术水平，可适当调整各组所需时间。同时还要预计颁奖时间等。

2. 竞赛日程编排原则

游泳竞赛日程编排原则主要包括：
（1）一般一天安排两场比赛，上午一场，下午或晚上一场。
（2）先安排自由泳项目，因为游泳比赛自由泳项目最多，同时注意长距离、短距离和接力项目要兼顾。
（3）尽量不要把可能有运动员兼项的项目编排在同一场比赛。例如：同一姿势的100米游泳和200米游泳不应安排在同一场比赛；4×100米混合泳接力和蝶泳、仰泳、蛙泳、自由泳短距离项目在时间上不要编排得太靠近等。
（4）每场比赛的各种姿势游泳项目和男子、女子项目应交错安排。
（5）同项目的预、决赛不要排在同一场比赛，间隔时间也不宜太长，上

午场次一般安排预赛项目，下午或晚上场次主要安排决赛项目。

（6）一场比赛中如同时有不同项目的预赛和决赛时，一般应先安排决赛后安排预赛。

3. 竞赛日程编排方法

制作竞赛项目小卡片（男、女用不同颜色区别），在卡片上写明组别或性别、项目、赛次、估计参赛人数、组数及所需时间等内容，见表4-3-1。每一项目的预、决赛各写一张卡片。

表4-3-1　游泳竞赛项目卡片

男子组	100米自由泳	预赛
35人	5组	20分钟

将所有项目（包括各赛次）的卡片写好后，根据编排原则将各比赛项目（卡片）编排到各个场次，然后计算出每场比赛时间。如出现时间过长或过短的情况，即调整卡片至合适时为止。

按照编排好的日期、场次和每场比赛的项目、赛次、时间等抄写（打印）出竞赛日程表。

（三）编排竞赛分组

1. 竞赛分组方法

根据每项比赛报名的人数，确定预赛的组数。将准备好的竞赛卡片按规则要求对运动员进行分组、分道。核对后将运动员的组次、泳道填入各自的卡片，并按组次和泳道的顺序把卡片整理好。根据排好的卡片，编制成竞赛分组表。

2. 分组、分泳道的注意事项

（1）只有一组比赛时，其赛次为决赛。

（2）在两组或两组以上的任何项目预赛中，每组不得少于3名运动员（接力比赛不得少于3队）参赛；不得将不同项目、不同距离、不同性别的运动员混合编组。

（3）没有报名成绩的运动员排在有报名成绩的运动员后面编排，可以用抽签的方法决定其先后次序。

(4) 如有 8 条泳道，一组中成绩最好的运动员或接力队应安排在第 4 泳道，其他则按成绩的优次排序依次安排在第 5、3、6、2、7、1、8 泳道上。若成绩相同，以抽签方法决定排序。

(5) 如果泳池的泳道数是奇数，根据报名成绩同一组成绩最好的运动员或接力队应编排在中间泳道，成绩次好的安排在其左侧泳道，成绩再次好的安排在其右侧泳道。

(6) 如比赛有两组或三组时，报名成绩最好的运动员或接力队应编在最后一组，次好的编在倒数第二组。从最后一组编排到第一组后，再以同样的方法编排每一组的第二名运动员或接力队，依次类推，将所有的运动员或接力队编排完毕（见表 4-3-2）。

表 4-3-2　三组运动员（或队）分组、分泳道排列

组次	1	2	3	4	5	6	7	8
一	21	15	9	3	6	12	18	24
二	20	14	8	2	5	11	17	23
三	19	13	7	1	4	10	16	22

(7) 如参赛运动员超过三组时，报名成绩排序在前的 24 名运动员或接力队按上述方法编到最后的三组中，其余则按照报名成绩排序将一组中成绩最好的运动员或接力队安排在第 4 泳道，其他运动员或接力队分别按成绩的优次顺序安排在第 5、3、6、2、7、1、8 泳道上（方法同前述），编满倒数第四组。如果还未编排完，再编满倒数第五组，依次类推（见表 4-3-3）。

表 4-3-3　五组运动员（或队）分组、分泳道排列

组次	1	2	3	4	5	6	7	8
一	39	37	35	33	34	36	38	40
二	31	29	27	25	26	28	30	32
三	21	15	9	3	6	12	18	24
四	20	14	8	2	5	11	17	23
五	19	13	7	1	4	10	16	22

(8) 如采用分组决赛的项目，则按报名成绩的优次排序安排分组和泳道，即排序第 1~8 名的运动员排在最后一组，第 9~16 名的运动员排在倒数第二组，依次类推，将所有的运动员编排完毕。每组运动员的泳道按 4、5、3、6、2、7、1、8 的顺序编排。

第四节 评分类项目竞赛编排

所谓评分类项目，是指在比赛中裁判员按照专项的特定规则和评分办法等，对参赛运动员所完成的动作质量给予评分的运动项目，如体操、艺术体操、技巧、跳水、花样滑冰、花样游泳、马术、武术套路等项目。下面介绍体操、武术套路的竞赛编排工作。

一、体操项目竞赛编排

体操项目竞赛编排工作比较复杂，比赛种类较多，比赛内容各异，并且要按照一定的轮换顺序进行比赛。

（一）体操项目比赛的种类

大型体操比赛一般分为资格赛（第一种比赛）、个人全能决赛（第二种比赛）、个人单项决赛（第三种比赛）、团体决赛（第四种比赛）。常规比赛顺序为资格赛、团体决赛、个人全能决赛和个人单项决赛。

资格赛是所有参赛队和参赛个人都参加的比赛，通过资格赛决出参加其他三种比赛的资格。

团体决赛是由资格赛中团体成绩排名前六名的队参加，通过比赛决出本次比赛的团体名次。

北京奥运后，体操规则进行了改变，团体赛从6-3-3制（6名报名选手，每个项目3名运动员上场比赛，而且记取全部3人成绩）变成了5-3-3制（5名报名选手，每个项目3名运动员上场比赛，而且记取全部3人成绩）。

个人全能决赛是个人全能实力的比赛，它是由资格赛中全能成绩排名前36名的运动员参加（每个队最多有3名运动员），通过比赛决出比赛的个人全能名次。在参赛人数较少时，也可以由资格赛中全能成绩排名前24名的运动员参加（每个队最多有2名运动员），通过比赛决出比赛的个人全能名次。

个人单项决赛是最受观众青睐的比赛，它是由资格赛中各单项前8名的运动员参加（每个队最多2名运动员），通过比赛决出各个单项比赛的名次。男子单项决赛的项目顺序是自由体操、鞍马、吊环、跳马、双杠、单杠。女

子单项决赛的项目顺序是跳马、高低杠、平衡木、自由体操。

(二) 体操项目比赛的内容

1. 等级运动员的比赛：等级运动员的比赛内容由国家体育总局规定，可分为三级、二级、一级和健将级比赛。

(1) 三级规定动作比赛：男子有跳马、单杠（低）、双杠和技巧四个项目的比赛，女子有跳马、单杠（低）、平衡木和技巧四个项目的比赛。

(2) 二级及以上规定动作的比赛：采用竞技体操正式比赛项目，男子有自由体操、鞍马、吊环、跳马、双杠、单杠六个项目的比赛，女子有跳马、高低杠、平衡木、自由体操四个项目的比赛。

2. 大型体操比赛：目前国内外大型体操比赛只进行自选动作的比赛。

(三) 体操比赛项目轮换表

在体操比赛中，男子按照自由体操、鞍马、吊环、跳马、双杠、单杠的轮换顺序进行，女子按照跳马、高低杠、平衡木、自由体操的轮换顺序进行。为了使参赛队伍能够在公平、合理的条件下竞争，所以要编制出统一的项目轮换表。

根据参赛队伍、裁判组、场地器材等因素，一般体操项目比赛可以分场进行或同场进行。因此，项目轮换表的编制包括男女分场项目轮换表和男女同场比赛项目轮换表两种。

1. 二级以上规定动作的比赛和国际大型比赛项目轮换表

(1) 在参赛队伍多、裁判组及比赛场地有保证时，多采用男女分场轮换的比赛形式编制男女分场轮换表（表4-4-4）。

表4-4-4 男女分场比赛项目轮换

队（组）别	自由体操 跳马	鞍马 高低杠	吊环 轮空	跳马 平衡木	双杠 自由体操	单杠 轮空
一	1	2	3	4	5	6
二	6	1	2	3	4	5
三	5	6	1	2	3	4
四	4	5	6	1	2	3
五	3	4	5	6	1	2
六	2	3	4	5	6	1

以男队为例，编排在第一队（组）的团体队伍或个人第一轮进行自由体操项目的比赛，第二轮进行鞍马项目的比赛，第三轮进行吊环项目的比赛，第四轮进行跳马项目的比赛，第五轮进行双杠项目的比赛，最后一轮进行单杠项目的比赛；编排在第二队（组）的团体队伍或个人第一轮进行鞍马项目的比赛，第二轮进行吊环项目的比赛，第三轮进行跳马项目的比赛，第四轮进行双杠项目的比赛，第五轮进行单杠项目的比赛，最后一轮进行自由体操项目的比赛；以此类推，编排在第六队（组）的团体队伍或个人第一轮进行单杠项目的比赛，第二轮进行自由体操项目的比赛，第三轮进行鞍马项目的比赛，第四轮进行吊环项目的比赛，第五轮进行跳马项目的比赛，最后一轮进行双杠项目的比赛。

以女子为例，编排在第一队（组）的团体队伍或个人第一轮进行跳马项目的比赛，第二轮进行高低杠项目的比赛，第三轮轮空，第四轮进行平衡木项目的比赛，第五轮进行自由体操项目的比赛，最后一轮轮空；编排在第二队（组）的团体队伍或个人第一轮进行高低杠项目的比赛，第二轮轮空，第三轮进行平衡木项目的比赛，第四轮进行自由体操项目的比赛，第五轮轮空，最后一轮进行跳马项目的比赛；以此类推，编排在第六队（组）的团体队伍或个人第一轮轮空，第二轮进行跳马项目的比赛，第三轮进行高低杠项目的比赛，第四轮轮空，第五轮进行平衡木项目的比赛，最后一轮进行自由体操项目的比赛。

一般情况下，重大的国际体操比赛都采用男女分场比赛的形式。

（2）若参赛队不多、裁判人数有限时，可采用同场进行上下半场比赛的形式编制同场比赛项目轮换表（表4-4-5）。

表 4-4-5　男女同场比赛项目轮换

队（组）别	上半场			下半场		
	自由体操	鞍马	吊环	跳马	双杠	单杠
	跳马	高低杠	轮空	平衡木	自由体操	轮空
一	1	2	3	4	5	6
二	3	1	2	6	4	5
三	2	3	1	5	6	4

2. 三级比赛项目轮换表

三级体操运动员只进行规定动作的比赛，通过比赛达到等级大纲的计分标准后，即可申报相应的等级称号。男子有跳马、低单杠、双杠和技巧四个项目规定动作比赛，女子有跳马、低单杠、平衡木和技巧四个项目规定动作的比赛。

（1）在参赛队伍多、裁判组及比赛场地有保证时，多采用男女分场轮换的比赛形式编制男女分场轮换表（表4-4-6）。

表4-4-6　分场比赛项目轮换

队（组）别	自由体操 跳马	双杠 低单杠	跳马 平衡木	单杠 自由体操
一	1	2	3	4
二	4	1	2	3
三	3	4	1	2
四	2	3	4	1

（2）若参赛队少、裁判人数有限时，可采用同场进行上下半场比赛的形式编制同场比赛项目轮换表（表4-4-7）。

表4-4-7　同场比赛项目轮换

队（组）别	上半场		下半场	
	自由体操 跳马	双杠 低单杠	跳马 平衡木	单杠 自由体操
一	1	2	3	4
二	2	1	4	3

二、武术套路竞赛编排

在进行武术套路竞赛编排时，重点要遵循相关的竞赛编排原则，掌握竞赛分组方法，科学确定运动员上场比赛的顺序，以及编排好武术套路竞赛日程等。

（一）武术套路竞赛编排的原则

1. 合理使用比赛场地

基层或规模较小的比赛，一般只设一块比赛场地，国际、全国大型武术套路比赛，通常要设两块场地。比赛场地的使用方法要合理，合理的场地使用方法来源于对赛会所提供的场地条件加以认真分析和具体测算，设计出不同的方案进行比较和筛选，以及对确定的最佳方案的实施。

2. 有利于运动员比赛和发挥技术水平

同组别项目的参赛运动员应集中在一场赛完，这样既可以保证同组别运动员参赛时间的一致性，也可以保证与其他项目比赛间隔时间的均等，以体现运动员利益均等、机会均等的原则。

运动员不能重场比赛。所谓重场是指某运动员在一场中被安排了两个项目的比赛，这就要求编排人员应准确地了解竞赛规程中有关参赛选项的规定。如果在一场中同时安排刀术和剑术的比赛，或枪术和棍术的比赛，就不会造成重场。因为某一运动员在长器械和短器械中只能选赛一项。但如果某一场比赛在安排枪术的同时又安排长拳或剑术，就会有一部分运动员重场，因为肯定有部分运动员选赛这些项目，这样就违反了运动员利益均等、机会均等的原则。所以，安排竞赛项目时要特别注意避免此类情况出现。

3. 有利于裁判员执裁

裁判员不能重场执裁。编排时应参照裁判员的分工情况进行设计，保证裁判工作正常运转。目前，在全国性比赛中要求裁判员"全能型"，已基本不会出现裁判员重场执裁的现象，在某一比赛场地上执裁，自上场后便"一竿子到底"，不论何种项目比赛无须更换裁判组。但因工作需要或基层比赛，如裁判员水平差或裁判员数量少等原因，裁判组就要分场执裁或兼裁其他项目。例如拳术组裁判员不仅要评判男子长拳比赛，还要兼裁另一场地的女子长拳比赛。因此，两块场地就不能同时出现男、女长拳的比赛，其他各项亦然，要以不同场次比赛避开的办法，来避免出现重场现象。

如果分项裁判，因项目更换需要换组执裁，则换组次数要尽量减到最少，以一次为限。因此，在安排各场比赛项目时就要兼顾考虑。

4. 安排好总赛程时间

每单元、每场次要安排适宜的项次，容量不可过大或过小，以形成合理的总赛程时间，否则会造成超时或比赛松散等现象出现。

5. 有利于观众观赛

武术套路比赛具有极高的观赏价值，在比赛编排时应给予足够的重视。以全国比赛为例，安排各场比赛项目时，在不影响运动员比赛和裁判员执裁的前

提下，可以考虑两个场地比赛项目不要雷同，并将拳术（长拳、南拳、太极拳）、器械（刀术、枪术、剑术、棍术）安排在上午和下午比赛，把其他拳术和器械项目安排在晚上比赛。集体项目比赛需要较大的场地，一般安排在整个赛会的最后。为了便于观众观赏，应把两个场地合二为一，在场地中央进行比赛。

（二）武术套路比赛的分组和各组运动员上场顺序

竞赛分组的基本含义是把参赛队员依性别、项目的不同分别组成不同的项目组，以利于相同项目集中比赛。由于武术套路比赛是个人依次上场演练，由裁判员进行评判，所以存在着运动员上场比赛的先后顺序问题。在竞赛编排中要充分体现利益均等、机会均等的原则，必须采用随机抽签方法来排定运动员上场比赛的顺序，避免编排人员硬性指派，真正使运动员在上场顺序的确定上有同等的选择机会和权力。

1. 武术套路比赛的分组方法

是否体现利益均等、机会均等原则，是评价武术套路比赛分组方法是否科学的重要依据。实践证明，采用"大组分组法"较合理。所谓"大组分组法"，是严格地按照竞赛规程关于录取名次的办法和规定，把在一起录取名次的同类项目的所有运动员组编在一起，形成若干不同的竞赛组别，即构成若干"抽签单位"，为下一步抽签排定上场顺序做好准备。其分组步骤和方法如下：

第一步，按"大组分组法"分组。大型武术套路比赛设6大项，每大项内又含若干项目（也称"小项"）供运动员选赛，录取名次是依"小项"进行的，所以分组要与"小项"紧密相扣。如此，包括对练须分成14个组别，男、女共28个组别。

第二步，以随机理论为依据，采用抽签方法将各个"大组"分别一次性抽签排定各组内运动员的上场顺序。

具体操作方法：通常采用白板扑克牌进行。如男子长拳比赛有50人，在50张牌上分别写出1至50号，将牌洗乱后扣放于托盘中。编排人员按名单顺序一人唱名、一人翻牌唱号（临场抽签由运动员本人翻牌），并把抽得的号位标于该运动员名单下，抽签全部完成之后，按确定的号位顺序将运动员名单排序，然后按顺序把50名运动员分成若干小组，每组10~15人，以（一）（二）……组号标示，这就是该项目组正式上场的顺序。

把大组分成若干小组的目的,是为了给裁判员检录和运动员提前做好准备活动提供时间保证,而实际比赛中仍按1至50号的顺序依次进行。这种先分成大组,再在大组的基础上抽签排定顺序并分成若干小组的方法,对参加相同项目比赛的每名运动员来说,机会都是均等的。

2. 关于"第一出场者"的处理

由于武术套路比赛各种主、客观因素的影响,运动员一般不愿意第一个上场比赛。因此,在采用组委会监督、编排组代抽这一方法的同时,还须考虑可能出现的各队第一出场者人数或项次数不均等的情况。对这种不均等现象进行处理,是为了达到各队利益均等的目的。处理办法是在抽签之前先进行测算(参赛男女队数量不等,须分别进行),用总竞赛组数除以总队数,如男子共有14个组别,除以总队数7,平均每队第一出场者应为2名。不能整除的仍采用抽签随机确定,即有个别队第一出场者达到3名。为使各组在抽签排位的同时兼顾此项工作,并达到准确无误一次成功,应由编排人员设计一张表格,随抽签工作同步记录并做统计。如某队已达到均数,但又抽到1号牌,马上提醒把1号牌放下另抽一张,以避免该队第一出场者的次数超出。

由于其他拳、械项目的构成特点,须先着手进行这两组的顺序排定(两次抽签),然后再进行其他各项目组的抽签。因为其他拳、械项目组所含选赛拳种和器械项目多,运动员选赛的面较宽,具体到某拳种或器械未必各队都有参赛者,故调整的可能性就小。为尽量使各队第一出场者人数均等,其他拳、械项目组先进行两次抽签确定好顺序后,再依次进行拳术、短器械等项目组的抽签。如果在抽签中出现第一出场者人数不均等的情况,可随时进行调整。集体项目第一出场的队通过单独抽签随机确定。

(三) 武术套路竞赛日程编排

竞赛日程是整个赛会运动员、裁判员共同遵守的时间表和比赛内容表。

1. 掌握和确定有关事项

编排人员在编排前要确切了解和掌握以下情况,才能进行竞赛日程的设计:
①日期和时间。如比赛共几天,每天安排几场比赛,各场比赛开始时间等。
②内容和数量。如比赛项目和组别,总的组数以及各组人数等。

③裁判组设置和分工。如裁判员人数、裁判组是否兼项执裁及如何兼项执裁等。

④场地数量。如比赛同时设几个场地等。

2. 竞赛日程的设计方法

掌握以上情况后，方可进行竞赛日程的编排设计。设计应根据现有条件，力求达到最佳。所谓"最佳"即应达到如下标准：

①合理使用场地。大型比赛通常设两个场地，可男、女项目分开或拳术与器械分开，各使用一块场地进行比赛。由于大型比赛设项多，拳术与器械项目数量不等，因此男、女项目分开各使用一块比赛场地的办法较适宜。

②突出竞赛原则。场地使用方法确定之后，就要仔细考虑"纵"和"横"的关系。"纵"是指每天上午、下午、晚上三场比赛在两个场地上安排的内容要合理。"横"是指每天各场比赛两个场地项目安排与裁判组的安排不能有冲突。

③兼顾各项目特点。一般可将长拳、器械比赛安排在上午和下午，其他拳械项目比赛安排在晚上，因为后者内容丰富，项次也多，晚场时间容量较大。集体项目应安排在整个赛会的最后进行比赛。

第五节　对阵类项目竞赛编排

对阵类项目主要包括球类、击剑项目。其中球类项目又可以分为同场对抗、隔网对抗两类。同场对抗类主要有篮球、足球、手球、曲棍球、水球、冰球等项目，这些项目的参赛运动员必须突破对方的防守命中特定目标而力求取胜。隔网对抗类主要有乒乓球、羽毛球、网球、排球、沙滩排球、藤球和毽球等项目，这些项目均按局（盘）进行比赛，一方得分达到规定数目时即为获胜。对阵类项目比赛中通常有多种赛制形式，采用不同的赛制其竞赛编排方法也不同。以下介绍篮球、乒乓球竞赛编排工作。

一、篮球竞赛编排

篮球竞赛是篮球运动的基本形式，篮球运动的魅力能在竞赛中得以最充分地体现。目前，根据篮球竞赛的性质和目的可分为职业与非职业两类比赛，竞赛方法有赛会制和赛季制两种。有效的竞赛组织与编排是保证篮球竞赛活动顺利进行和圆满完成的重要条件。

（一）篮球竞赛组织原则

1. 公平竞争原则

篮球竞赛规程等条款的制定，必须注意使参赛的任何一方都处于平等的地位，在机会均等下进行竞赛。如参赛人数、比赛顺序、休息时间等都要机会均等，这是竞赛结果合理性的保证。

2. 竞赛合理性原则

竞赛制度的选择与组织编排应与篮球项目特点相适应，只有进行科学的抽签及编排等技术操作，才能使比赛规范化、合理化。

3. 推进技、战术发展原则

篮球竞赛过程要为运动员发挥技、战术水平提供条件，促进技、战术水平的提高与发展。

4. 保障运动安全原则

篮球竞赛组织与实施，要有利于促进篮球运动的健康发展和运动员的安全保障，禁止伤害行为发生与不合规设施存在而有损运动员的身体健康。

5. 竞赛结果客观性原则

竞赛的结果或参赛成绩的排序，应基本符合参赛者的运动水平，保证运动水平高的参赛者获得最后的优胜，这是体育竞赛的正常结果，也是普遍的规律。

（二）篮球竞赛编排方法

篮球竞赛编排的目的，是为了使参赛队能够在公平、合理的条件下竞争。采用适当的竞赛方法是创造公平竞争良好条件的前提，也是客观反映参赛队竞技水平的重要保证。篮球竞赛中通常采用淘汰制、循环制和混合制三种赛制。

1. 淘汰制

淘汰制是在比赛中以胜进负退来确定比赛名次的一种方法。失败一次即失去继续比赛资格的为单淘汰制，失败两次便失去继续比赛资格的为双淘汰制，和同一对手以三战二胜、五战三胜或七战四胜的形式进行淘汰的为多场淘汰制。

（1）单淘汰制的编排方法

先根据报名参赛的队数，对照 $2^n \geq N$ 的关系式来编排，N=参赛队数，n=大于 1 的正整数。

比赛场数=N-1，比赛轮数=n，号码位置数=2^n。

首先列出单淘汰的轮次表（图 4-5-1），8 个队参加比赛（2^3=8）；比赛场数=8-1，共打 7 场比赛；比赛轮数 n=3，进行 3 轮比赛。然后由参赛队抽签，确定参赛队在比赛中的号码位置。

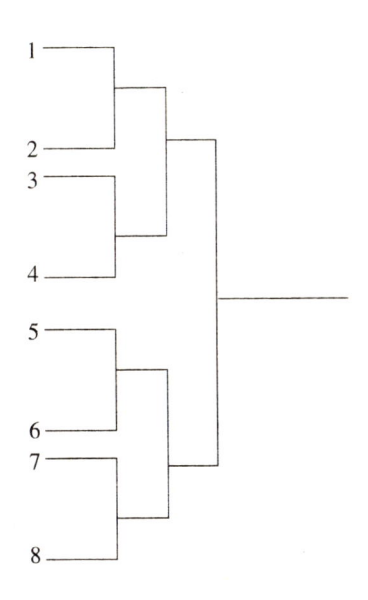

图 4-5-1 单淘汰制编排示意

这种赛制可以节省时间，但它除第 1 名和第 2 名外，不能合理地确定其他各队的名次，另外实力较差的球队往往在比赛初期就被淘汰，因而学习锻炼的机会较少，所以单淘汰制在参加比赛的队数多而比赛时间短的情况下采用。

（2）双淘汰制的编排方法

双淘汰制的比赛方法，是为了使在第一轮中失败的队能够有机会继续参

加比赛,甚至参加到最后争夺第一名的比赛,以减少单淘汰制中产生的偶然性结果。双淘汰的编排,第一轮与单淘汰编排相同;从第二轮起,把失败的队再编排比赛,只有第二次失败的队才被淘汰(图 4-5-2)。

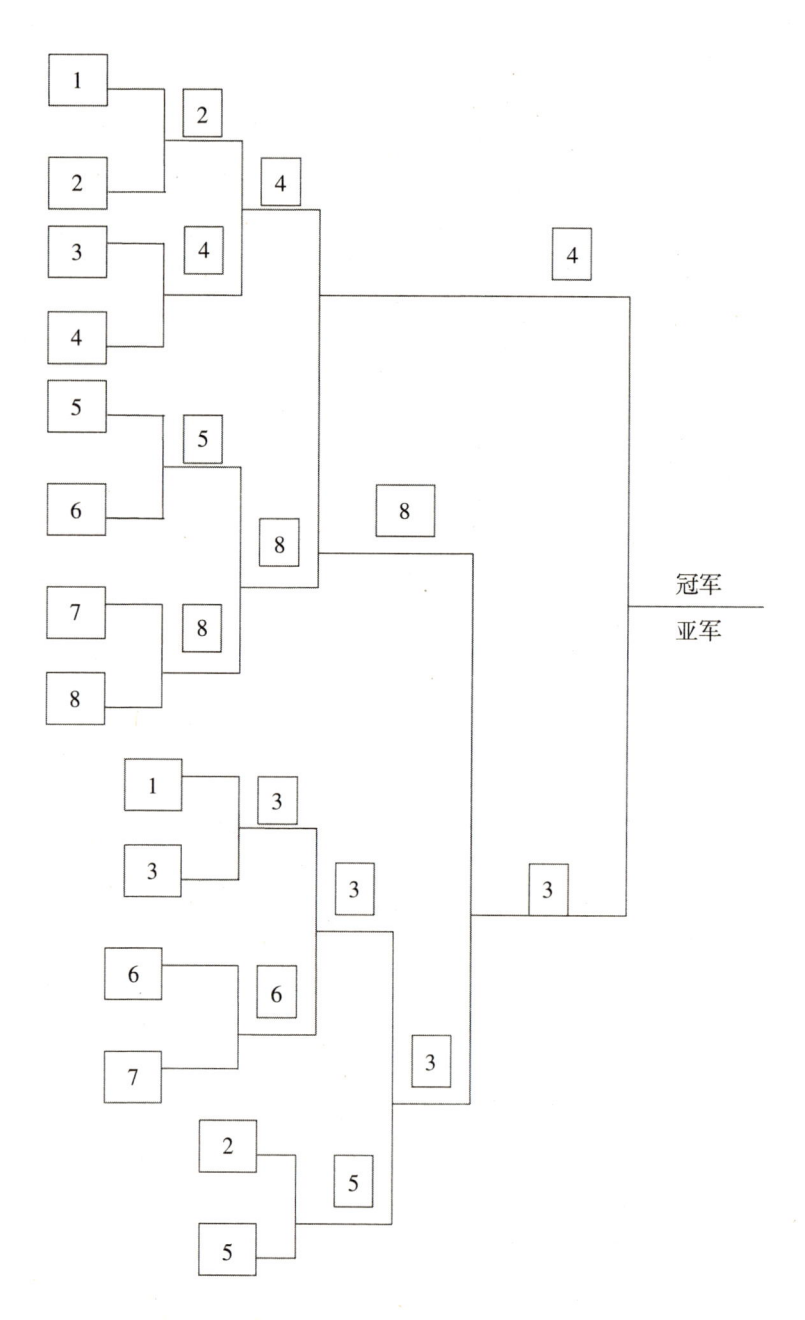

图 4-5-2 双淘汰制编排示意

(3) **多场淘汰制的编排方法**

通常是在比赛水平比较高，双方实力相当，或者是在一次篮球比赛的后阶段中采用的方法。它的编排方法与单淘汰相同。

2. 循环制

循环制是参加比赛的各队在整个比赛或同一小组比赛中，彼此都有相遇比赛的机会，这种赛制能合理地确定名次，比赛队也有较多的学习机会。

(1) **循环制的编排方法**

单循环制比赛场数=N（N—1）/2，（N=参赛队数）。

单循环制比赛轮数：若参赛队数为单数，则比赛轮数等于队数（轮数=N）；若参赛队数为双数，则比赛轮数为队数减1（轮数=N-1）。双循环比赛的总场数和总轮数比单循环增加一倍。无论参加比赛的队数是单数还是双数，都按照双数编排，如果参加比赛队数是单数，则在队数后面加"0"号。将成双的号数一分为二，前一半号数自上而下写于左边，后一半号数自下而上写于右边，然后左右两两对应相连，就是第一轮比赛的编排，凡与0号相遇的队就是轮空。第一轮排定后，后面几轮的排法是以第一轮的1号位置固定不动，其他号码以逆时针方向轮转一个位置，依次类推，就组成整个比赛的轮次表。表4-5-1是7个队单循环比赛的轮次表。将整个比赛的轮次再重复一遍，便是双循环的轮次表。

表4-5-1　7个队单循环比赛轮次

第一轮	第二轮	第三轮	第四轮	第五轮	第六轮	第七轮
1-0	1-7	1-6	1-5	1-4	1-3	1-2
2-7	0-6	7-5	6-4	5-3	4-2	3-0
3-6	2-5	0-4	7-3	6-2	5-0	4-7
4-5	3-4	2-3	0-2	7-0	6-7	5-6

在编排中，如果比赛队数是单数，要注意一个问题，即抽到N—1号的队，从第四轮起都将和前一轮轮空的队比赛。如表4-5-1中的6号就是这种情况，显然，这对该队不太公平。

为解决单数队循环中的不合理问题，即将原来第一轮次中的0号移到右边最下的位置，其他几个号码分别上移一个位置。然后，以0号位置固定不动，其他号码每一轮以逆时针方向轮转一个位置，以避免劳逸不均的情况，如表 4-5-2 所示。

表 4-5-2　7 个队单循环比赛（改进）轮次

第一轮	第二轮	第三轮	第四轮	第五轮	第六轮	第七轮
1-7	7-6	6-5	5-4	4-3	3-2	2-1
2-6	1-5	7-4	6-3	5-2	4-1	3-7
3-5	2-4	1-3	7-2	6-2	5-7	4-6
4-0	3-0	2-0	1-0	7-0	6-0	5-0

（2）循环制的号码位置排定

比赛轮次排定后，各队进行抽签，抽签后将号码代入轮次表中，再把各轮次的比赛编成比赛日程表。

在进行分组循环比赛时，首先要把分组的办法确定下来。通常采用的分组办法有三种：第一种是蛇行排列的方法，例如有 16 个队参加比赛分 4 组时，排法如表 4-5-3 所示。第二种是确定种子队，先由种子队抽签定组别与组号，再由非种子队抽组别和组号签。第三种是全部参赛队一起先抽分组签，然后再抽号位签，最后将各队按号码分别代入相应的各组比赛轮次表中去。

表 4-5-3　蛇行排列

第一组	第二组	第三组	第四组
1	2	3	4
8	7	6	5
9	10	11	12
16	15	14	13

因采用循环制所需的比赛时间较长，所以，不适用于短期和经费有限的比赛。

3. 混合制

混合制是把一次竞赛分为两个阶段，把淘汰制和循环制结合起来运用的编排方法。目前，多采用先（分组）循环后淘汰的混合制。在进行第二阶段淘汰时又可根据情况采用交叉赛、同名次决赛和佩奇制等赛制决出名次。以下是几种常用的方法：

（1）交叉赛

交叉赛是把第一阶段 A、B 两组的前两名进行交叉比赛，然后胜队与胜队

进行决赛，再胜者为冠军，负者为亚军；负队与负队决第 3 名和第 4 名（图 4-5-3）。

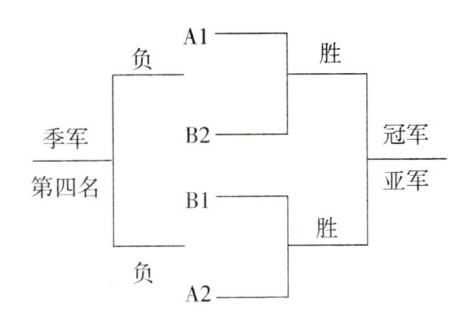

图 4-5-3　交叉赛编排示意

（2）**同名次决赛**

同名次决赛是把第一阶段比赛所产生的各组同名次的队编在一起比赛。例如，第一阶段分 A、B 两组进行单循环比赛，第二阶段每组的第 1 名进行决赛，胜者为冠军，负者为亚军；每组的第 2 名决第 3 名和第 4 名，依次类推。

（3）**佩奇制（PAGE 制）**

佩奇制是将第一阶段循环赛所产生的前 4 名或两组循环赛产生的前 2 名按单淘汰制编排方法进行比赛，决出比赛名次，如图 4-5-4。

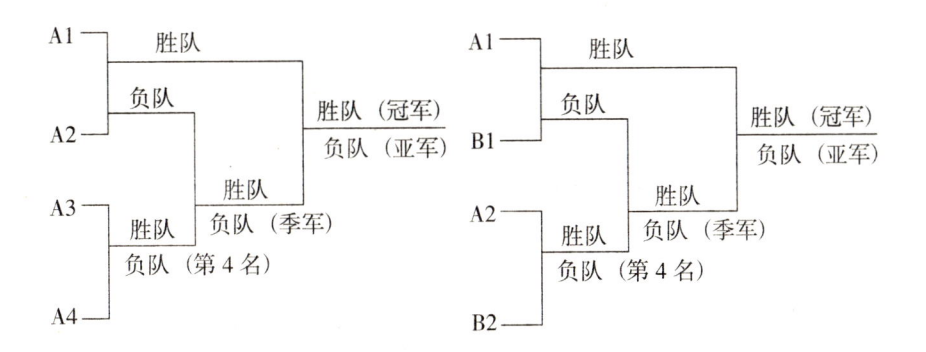

图 4-5-4　佩奇制编排示意

无论采用哪种方法，参赛队抽签后，都要将各队队名填到轮次表中，编出竞赛日程表，如表 4-5-4。编排竞赛日程表时，要考虑场地、时间等因素，尽量使各队机会均等。

表 4-5-4　××××比赛竞赛日程

日期	轮次	场序	组别	比赛队	比赛时间	比赛地点	转播频道
×月×日	一	1	A				
		2	.				
		.	.				

（三）篮球比赛名次排列

1. 如比赛采用淘汰赛、同名次赛、交叉赛等，均以相互间比赛的胜负来决定名次。

2. 若采用循环赛，则以下列方法决定名次：

（1）按积分多少确定名次，积分多者名次列前。比赛中以每队胜一场得 2 分、负一场得 1 分、弃权得 0 分来累计积分。

（2）如遇两队积分相同，则按两队相互间比赛的胜负决定名次，即胜队名次列前。

（3）如遇 3 队或 3 个以上的队积分相同，则按积分相同队之间的比赛胜负场次决定名次，胜场多者名次列前。如胜负场数也相同，则按积分相同队之间的得失分率决定名次（得失分率=总得分/总失分），得失分率高者名次列前。也可用积分相同队之间的净胜分决定名次（净胜分=总得分-总失分），净胜分多者名次列前。如仍相同，则按他们在全组内所有比赛的得失分率排列名次。

从表 4-5-5 可以看出：C 队和 F 队两队积分相同，但 C 队胜 F 队，所以 C 队名次列前，为第 1 名。A 队、B 队、D 队各积 7 分，且相互之间胜负场数也相同，须计算 A 队、B 队、D 队之间的得失分率：

A 队得失分率=（87+71）/（73+79）=1.039

B 队得失分率=（73+79）/（87+73）=0.95

D 队得失分率=（79+73）/（71+79）=1.013

根据得失分率高者名次列前的原则，A 队为第 3 名，D 队为第 4 名，B 队为第 5 名。

也可用计算净胜分的方法来确定名次：

A 队=（87+71）-（73+79）=158-152=6

B 队=（73+79）-（87+73）=152-160=-8

D 队 =（79+73）-（71+79）=152-150=2

净胜分多者名次列前，结果与上述方法相同。

表 4-5-5　篮球比赛成绩登记（名次排列举例）

	A	B	C	D	E	F	积分	相互间 胜场数	相互间 负场数	相互间 得失分率	名次
A		87:732	82:891	71:781	92:782	82:911	7	1	1	1.039	3
B	73:871		67:961	79:732	92:672	62:891	7	1	1	0.95	5
C	88:822	96:672		75:622	87:922	85:702	9				1
d	79:712	73:791	62:751		95:912	66:881	7	1	1	1.013	4
E	78:921	67:921	92:872	91:951		92:931	6				6
F	91:822	89:622	70:851	88:662	93:922		9				2

二、乒乓球竞赛编排

乒乓球竞赛的编排工作任务，是将各个项目所要进行的全部比赛，在一定的时间内，科学合理地安排在一定数量的球台上，按一定的秩序进行比赛，也就是确定全部比赛的日期、时间和台号。编排工作首先由负责编排的裁判人员根据各方面的情况和条件，在一定的前提下进行全面设计，即制订竞赛编排方案。

竞赛编排方案影响着运动队、裁判组以及大会各部门工作人员和观众的活动，也影响着比赛场馆、交通、住宿和其他各项保障工作。编排工作的最

终效果将由各方面的人员以及工作来综合检验。因此，编排工作十分重要，不能仅仅理解为简单地安排比赛日期、时间和台号。

乒乓球竞赛编排工作的基本要求是：保持合理的比赛强度，努力契合观众的兴趣和要求；科学合理地使用比赛场地，注意安排好各个比赛项目的决赛场次；符合竞赛规程的规定，尽量节约比赛时间和经费开支；有利于比赛打出风格、打出水平。

乒乓球常用的竞赛组织方法有淘汰赛（单淘汰赛、单淘汰附加赛和双淘汰赛）、循环赛（单循环赛、分组循环赛和双循环赛）和混合赛（循环赛、淘汰赛、佩寄制等混合进行）。以下着重介绍单淘汰赛和单循环赛。

（一）淘汰赛

1. 概述

淘汰赛是将所有参赛者编排成一定的比赛秩序，由相邻的两名参赛者进行比赛，败者被淘汰，失去继续比赛的资格；而胜者进入下一轮比赛，继续以相同的方式进行比赛，直至剩下一名未被淘汰的参赛者，即冠军。

淘汰赛具有对抗性强（非胜即败，残酷型比赛方法）、容量大（能够安排大量的选手参加比赛）、吸引力高（比赛逐步走向高潮）等优点，但同时也存在着胜一场赢一片、名次必然分布在两个不同半区以及不完整性等缺陷。要使淘汰赛具有更强的生命力，就需要克服这些缺陷，通过以下方法可在一定程序上弥补其不足。

（1）采用设"种子"选手的办法。根据一定的原则设定若干种子选手，让其均匀地分布在各个区域。采用设种子选手的方法，首先遇到的问题是根据什么来确定种子选手？种子选手序号又根据什么来决定？合理地设种子选手并不容易，但可以遵循一些相关的原则。如小比赛的成绩服从大比赛的成绩，远期比赛成绩服从近期比赛成绩，低水平比赛成绩服从高水平比赛成绩，团体赛中的单打成绩服从单打项目中的成绩等。

（2）采用"抽签"的办法，以机遇对机遇，减弱淘汰赛的较强机遇性。在种子选手合理分开、同单位选手合理分开的前提下，采用随机抽签的方法让每名参赛运动员获得均等的机会，保证比赛的公平性和合理性。

（3）采用设"轮空"位置的办法，弥补淘汰赛的不完整性。淘汰赛第一轮的位置数应选择工的幂。比赛常用的位置数是：$2^3=8$，$2^4=16$，$2^5=32$，$2^6=64$，$2^7=128$。

如果位置数多于已接纳的报名人数，第一轮应设置足够的轮空位置以补足位置数目。没有运动员的位置称为"轮空"位置。采用设轮空位置的方法，可以在一定程度上克服淘汰赛的不完整性。假设有 30 名运动员参赛，可以设 2 个轮空位置，使整个"参赛人数"成为 32 名。有关轮空位置的确定方法可以查阅《乒乓球竞赛规则》。

2. 单淘汰赛轮数的计算

在单淘汰赛的秩序表内，参加同一项目的所有运动员（队），除轮空外普遍出场比赛一次，称为一轮。轮数是控制比赛负荷和估算比赛时间的重要因素之一。单淘汰赛的轮数等于比赛选用的号码位置数（2 的乘方）的指数，即 2^n 的 n。例如：8 个队参加单淘汰赛，选用 8 个号码位置，则 $8=2^3$，即 3 轮。

3. 单淘汰赛场数的计算

每两个运动员（队）比赛一次（轮空除外），称为一场。组织单淘汰赛时，要计算比赛时间和场地的需求，须以场数为依据。

单淘汰赛总场数=参赛人（队）数-1。例如：8 个队参加单淘汰赛，选用 8 个号码位置，则总场数=8-1=7。

4. 单淘汰赛的抽签

淘汰赛的抽签就是将参赛的运动队或运动员"对号入座"。根据竞赛规程所规定的办法和基本要求，结合实际报名情况，排定参赛队或运动员在比赛秩序表中的位置。

抽签的基本原则是保证种子选手按种子序号合理分开并最后相遇；同单位的选手按技术序号顺序合理分开并最后相遇。

为了保证抽签工作的规范和合理，在实施抽签前要做好充分的准备工作，其步骤是：

（1）汇总报名信息。

（2）确定合适的号码位置数以及轮空数。

（3）确定种子选手数量及名单。

（4）拟定抽签方案。

（5）准备抽签用具。

（6）进行抽签实习。

抽签的步骤是：

第一步，将1号种子选手直接进入1号位，2号种子选手进入下半区的底部。

第二步，确定3、4号种子选手的号码位置，这两名种子选手分别抽入上半区的底部和下半区的顶部。

第三步，确定第5~8名、9~16名等种子选手的号码位置。

第四步，将其他选手按"先进区、后定位"的程序，分别抽入各个号码位置。

5. 单淘汰赛的编排

根据竞赛规程规定的要求和比赛方法，按照抽签的结果，将各项比赛科学地编排成一个总的比赛秩序，也就是将全部比赛的日期、时间、场地、台号等编排成秩序表，以确保比赛有计划、有秩序地进行。抽签结束后，编排的步骤大致如下：

（1）计算本次比赛的轮数、总场数和各轮场数。

（2）确定编排方案。

（3）编排各场比赛的日期、时间、台号。

（4）复核编排结果。

（5）编印比赛秩序册。

（二）循环赛

1. 概述

循环赛就是参加比赛的所有选手（或队）相互之间都直接轮流比赛，最后按照其在循环比赛中得分的多少排定名次的竞赛方法。循环赛具有产生名次较合理、利于交流经验、相互学习等优点，但也存在着不足的方面，一是比赛秩序的不均等性，二是名次计算的复杂性，三是应用范围的局限性。

2. 单循环赛的轮次计算

参加比赛的运动员（或队）均出场一次（含轮空），称为一轮。比赛轮次的计算方法如下：

当 n 为偶数时，轮次=n-1。例如 8 人参加单循环赛，则轮次数=8-1=7。

当 n 为奇数时，轮次=n。例如 7 人参加单循环赛，则轮次数=7。

注：n 代表参赛人数（或队数）。

计算比赛轮次的主要目的在于计算比赛所需的总时间。如某次乒乓球比赛，每队每天比赛一场，共 6 个队参加，经计算需要比赛 5 轮，则比赛的总时间要 2 天（每天安排上午、下午和晚上三轮）。

3. 单循环赛的场次计算

比赛场次数=［n×（n-1）］÷2。

例如：8 个队参加单循环赛，则比赛场数为［8×（8-1）］÷2=28 场。

计算比赛场次的目的在于计算比赛所需的场数、每个场地的负担量以及需要的裁判员数量等，这也是进行编排工作的基本依据之一。

4. 单循环赛的编排

单循环赛比赛顺序的确定，一般采用轮转法，不同项目的比赛可采用各自不同的轮转方法。

编排单循环赛竞赛日程的步骤大致如下：

（1）计算本次比赛所需的场地数量和时间，排定比赛顺序和轮次。

（2）设计完整的编排方案。

（3）编排各场比赛的日期、时间、台号。

（4）复核编排结果。

（5）编印比赛秩序册。

5. 单循环赛名次的计算

《乒乓球竞赛规则》中规定，循环小组里每一成员应与组内的所有其他成员进行比赛，胜一场得 2 分，负一场得 1 分，弃权得 0 分，小组名次应根据所获得的场次分数来决定。

如果同小组的两个或更多的成员得分数相同，有关的名次应按他们相互之间比赛的成绩决定。首先计算他们之间获得的场次分数，再根据需要计算个人比赛场次（团体赛时）、局和分的胜负比率，直至算出比赛名次为止。

在任何阶段已经决定出一个或更多小组成员的名次后，而其他小组成员仍然得分相同，为决定相同分数成员的名次，根据以上程序继续计算时，应

将已决定出名次的小组成员的比赛成绩删除。

如果仍不能决定某些队（人）的名次时，这些队（人）的名次将通过抽签来确定。

第六节　格斗类项目竞赛编排

格斗类项目主要包括跆拳道、拳击、柔道、摔跤和散打等项目，在基层单位中很少开展。格斗类项目比赛中，参赛运动员可以通过取得绝对胜利而结束比赛；如果在没有出现绝对胜利的情况时，则仍需按命中得分的情况判别胜负。下面主要介绍跆拳道竞赛编排工作。

跆拳道竞赛编排工作，一般分为两个部分。第一部分是赛前的比赛日程编排工作，即根据比赛的规模和类别，提前编排出每日、每单元的比赛日程，向各参赛单位公布，以便报名和安排训练；第二部分是比赛期间的临场编排记录公告工作。

目前，在国内举行的跆拳道锦标赛、冠军赛中，编排记录公告基本上采用计算机进行工作。在亚运会、全运会的跆拳道比赛中，应用了计算机联网系统参与工作。由于采用了计算机系统，加快了各项竞赛信息的传递速度和准确程度，满足了新闻媒介和公众对了解竞赛成绩的准、快等要求。

一、跆拳道竞赛编排工作任务

跆拳道竞赛编排总体工作任务是确保比赛安全、顺利、圆满地进行，其具体工作任务包括以下方面：

（1）根据竞赛规程的有关规定编排竞赛日程。

（2）收集各种竞赛信息，接收、审查报名单，整理参赛运动员情况统计表，汇编秩序册。

（3）根据最后的参赛确认结果，完成赛次的编排、分组，抽签排定赛程或顺序等，汇编每日秩序单、出场顺序单。

（4）临场处理赛中成绩，完成成绩处理、记录、统计等工作。

（5）发布成绩公告，汇编成绩册。

（6）完成各队金、银、铜牌和总分的统计工作。

（7）准备各种竞赛用表，做好其他准备工作。

二、跆拳道竞赛编排原则

进行跆拳道竞赛编排工作时，必须全面遵循和贯彻编排原则，重点把握以下几点：

（1）掌握竞赛规则和规程的精神，细致安排竞赛日程和场次。

（2）不论参赛人数多少，同一级别的所有比赛应在同一天内结束。

（3）安排比赛场次要有利于运动员体力恢复、竞赛进程控制和比赛精彩程度的提高。

（4）认真学习规则和规程，了解比赛天数、每天比赛时间、参赛单位、参赛人数、组别、级别、场次安排、录取办法、场地器材等情况。如为每年一度的传统比赛，应了解前几届比赛的编排情况，这对提高编排质量具有非常重要的参考价值。

三、跆拳道竞赛编排方法

（一）竞赛日程编排

竞赛日程有多种编排方法，目前在全国性比赛中一般采用单败淘汰赛的编制方法。首先根据各参赛单位和参加人数、竞赛组别等，按竞赛规程规定的比赛天数、单元、时间进行编排。其次按组别、级别等做好汇总表，经检查无误后，再开始编排每单元各级别运动员的比赛顺序，并做好以下工作：

（1）审查报名单，检查各队参赛人数、级别、运动员年龄等是否符合竞赛规程的有关规定。

（2）根据编排原则排出竞赛日程初稿，反复审核与完善。

（3）抽签前校对各级别运动员名单，防止出错和遗漏等，然后按组别、级别进行电脑抽签或人工抽签。

（4）编排比赛场次，打印复印。

（5）应给颁奖仪式留出时间，一般来说，颁奖仪式应在该项决赛结束后的30分钟内进行。

（6）竞赛日程编排完成后，应交技术代表、组委会和裁判长审核，经审核后向各参赛单位下发。

（二）单败淘汰赛编排步骤

（1）根据报名人数确定比赛的总场次和总时间。

总场次=总人数–总级别。

总时间=男子比赛总时间+女子比赛总时间。

男子比赛总时间=男子比赛总场次×（2分钟×3局+2分钟）。

女子比赛总时间=女子比赛总场次×（2分钟×3局+2分钟）。

（2）根据比赛的总场次和总时间确定单元比赛场次。

（3）抽签、画表格、编排比赛场次，要求准备好抽签用品并画对阵表，确定选手位号，最外层签号之和=2n+1（n代表轮次，2和1是常数）。

（4）打（复）印对阵表和综合秩序单,发送到各参赛运动队。

（5）编印竞赛表格。赛前复印好各种竞赛表格，主要有比赛记录表、优势判定卡、裁判员选派单、裁判员合议记录表、录像审议记录表、申诉表及申诉判定表等。

（6）比赛开始。根据胜负确定下一轮比赛对手，及时产生下一轮对阵表，通知检录处做好下一轮比赛的准备工作等。

（7）比赛结束。在使用电子计时记分器的情况下，根据成绩处理系统统计各级别运动员比赛名次、各单位奖牌以及团体总分等。未使用此系统则根据竞赛规则要求，尽快统计出各级别运动员比赛名次、团体总分等，确保颁奖等工作顺利进行。

参考文献：

[1] 中国田径协会审定. 田径竞赛规则（2010-2011）[M]. 北京：人民体育出版社，2010：10.

[2] 李文辉，成裕阳，邰崇禧，等. 田径赛事的组织与裁判 [M]. 南京：南京师范大学出版社，2007.12

[3] 编写组. 运动竞赛学 [M]. 北京：北京体育大学出版社，1994.

[4] 单锡文. 武术套路竞赛日程编排方法研究 [J]. 体育与科学，2002（6）：50-53.

[5] 谢玉辉，唐成.跆拳道竞赛规则的修改对比赛产生的影响［J］.成都体育学院学报，2006（6）：87-89.

[6] 彭雄辉，吴秋芬.体育竞赛规则与裁判法［M］.长沙：国际科技大学出版社，2009：10.

[7] 张孝平.体育竞赛组织编排（修订版）［M］.北京：北京体育大学出版社，2008：7.

[8] 王亚琼.运动竞赛学［M］.北京：北京师范大学出版社，2009：8.

[9] 中国游泳协会审定.游泳竞赛规则2010-2014［M］.北京：人民体育出版社，2010：4.

[10] 中国乒乓球协会编译.乒乓球竞赛规则（2011）［M］.北京：人民体育出版社，2011：5.

[11] 周建军.怎样打乒乓球［M］.苏州：苏州大学出版社，2012：10.

第五章　裁判员的组织与管理

要举办体育竞赛，就离不开裁判工作，更离不开担任这一工作的裁判员。裁判员是体育竞赛的组织者，是竞赛规则的执行者，是运动员竞赛行为的裁决者，是保证体育竞赛顺利进行的重要基础和保证体育竞赛公平公正的重要因素。卓越有效的裁判工作与圆满成功的竞赛活动，二者相辅相成、相互依存，相互影响，相互促进，缺一不可。

随着现代经济社会、科学技术和竞技体育诸多方面的快速发展，运动竞赛项目增加，比赛次数增多，比赛规模扩大，运动技术水平日趋提高，竞争越加激烈，不仅推动着竞赛规则不断修改、日益完善以及竞赛裁判工作逐步走向规范化、现代化和科学化，而且对裁判员提出了新的、更高的要求。在这样的背景下，必须根据合理程序，建立明确目标，依靠法规制度，加大对裁判员的组织与管理工作，推动裁判员队伍的建设与发展，以适应体育竞赛裁判工作的需要。

第一节　裁判员概述

作为一名合格的裁判员，既要准确理解竞赛规则的条文与精神，精通裁判工作方法，认真执行竞赛组织的有关规定，正确处理比赛中出现的各种问题，保证竞赛的公正性和公平性，也要在理论上加强研究，了解相关概念及其内涵，明确裁判员在体育竞赛中的地位与作用，掌握裁判员基本素质结构，熟悉裁判员应享有的基本权利和应承担的基本义务，认识裁判员发展趋势等，并注重在实际工作中的应用，促进裁判实践活动在理论指导下不断提升质量与水平。

一、裁判的涵义

"裁判"一词有依据事实进行权衡，依照公议、公立条例做出明确的处理

决定之义。"裁"是裁度和裁处的意思，有思考、权衡和取舍等多层含义；"判"是判别和判断的意思，有给予明确的肯定或否定的含义。"裁"是"判"的前提和基础，"判"是"裁"的验证和结果。从法学意义上讲，"裁判"有裁定和判决的双重含义。从体育竞赛的特定角度来讲，"裁判"是指依据体育竞赛活动的组织规程和一定范围内统一的竞赛规则，对体育竞赛活动过程中出现的各种问题做出明确判断和处理决定，从而保证体育竞赛活动得以顺利进行的组织措施和具体手段。

二、裁判员的涵义

"裁判员"是指根据有关的运动项目竞赛规则，对运动员竞赛成绩和竞赛中发生的相关问题进行评判工作的人员。通常认为，裁判员是体育竞赛场上的"法官"，竞赛场上所发生的一切将由裁判员来判决，其为中立者。按裁判员技术等级可分为国际级、国家级、一级、二级和三级裁判员等。在体育竞赛过程中，由于各运动项目的竞赛规则不同，裁判员岗位分工不同，其工作职责也有区别。体育竞赛活动能否顺利进行，每个岗位上的裁判员都起着举足轻重的作用。

三、裁判员在体育竞赛中的地位与作用

裁判员在体育竞赛中发挥着重要的作用，是保证体育竞赛活动顺利实施的不可或缺的重要组成部分。裁判员水平的高低和裁判员工作的好坏，不仅直接关系到体育竞赛活动的顺利进行，影响着运动项目的发展和运动水平的提高，而且是涉及到体育事业能否科学发展的重要方面。

（一）裁判员是体育竞赛的组织者

为了使竞赛工作顺利而有序地进行，裁判员应始终起到竞赛组织者的作用。举办一次赛会或执法一场比赛，裁判员都要参与一系列的具体工作，赛前准时到赛会报到，参加全体裁判员大会，明确分工与职责，进行赛前实习与联调，做好检查场地、器材、灯光等各项准备工作，保证按时比赛。赛中裁判员应根据竞赛规则的有关规定，严格检查运动员的装备和物品，带领运

动员准时到达赛场，公正执裁，控制比赛进程，为运动员创造优异的成绩提供条件，以最佳的工作状态完成比赛任务。

（二）裁判员是竞赛规则的执行者

为了实现体育竞赛的目标，保证竞赛活动圆满成功，裁判员必须遵循"严肃认真、公正准确、谦虚谨慎、团结协作"的原则，才能使裁判工作达到严格化、规范化、程序化和科学化。严肃认真是裁判员优化工作态度的前提，公正准确是裁判员准确理解和合理运用竞赛规则的体现，谦虚谨慎是裁判员不断进取和努力提高执裁水平的保证，团结协作是全面提升整体裁判工作质量的需要。例如：在一些直接对抗的球类项目比赛中，由于上场参赛运动员较多，身体接触明显且频繁，竞争十分激烈，裁判员必须高度集中精力，全神贯注投入执裁工作，运用规则条文和精神及时处理好有疑义的问题，加强配合与协作，保持比赛的精彩性和连续性等。因此，裁判员只有具备认真负责的工作态度和公正无私的职业道德，精通规则条文和裁判方法，准确理解规则条文精神，不断加强学习与进取，善于相互支持与配合，才能成为竞赛规则的执行者，才能保证比赛在公平公正的条件下顺利进行，才能展现出裁判员的体育精神、人格魅力和执裁水平。

（三）裁判员是体育竞赛中的教育者

要促使体育竞赛活动充分发挥教育功能，让广大群众受到启迪与鼓舞，良好的赛风赛纪、裁判员精湛的执裁技能和运动员高尚的道德风貌至关重要。在任何一项体育竞赛中，裁判员必须严格要求自己，处处体现出过硬的道德水准、良好的文化修养和公正的职业操守，在无形中起到教育者的作用，这是当前各级体育组织乃至国际体育组织特别倡导的裁判员形象。我国体育事业的根本任务是发展体育运动、增强人民体质、提高全民族的健康素质、促进社会主义精神文明建设等。为此，在各级各类比赛中，裁判员都应严于律己，注重端正自身的举止言行，努力工作，作风正派，忠于职守，不徇私情，敢于抵制不正之风等，体现裁判员的精神和风采，充分利用体育竞赛这一平台，真正发挥出教育者的作用和影响。

四、裁判员应具备的基本素质

体育竞赛离不开裁判工作，裁判工作质量的高低又与裁判员队伍的素质密切相关。在比赛过程中，如果裁判员业务水平和其他素质低下，就可能出现明显的错判和漏判，从而导致执裁不公、有意偏袒一方等现象发生，这不仅会挫伤运动员的积极性，而且容易引起竞赛纠纷、比赛秩序混乱、赛场管理失控、观众极不满意等局面。因此，全面提升裁判员的素质至关重要。

（一）思想道德素质

裁判员既是体育竞赛的组织者，也是竞赛规则的执行者，裁判员执裁是否公正准确，直接影响着竞赛活动运转以及运动员情绪调整和技术水平发挥等方面。因此，作为一名合格的裁判员，首先必须具备良好的职业道德、认真负责的工作态度、勇于进取的责任意识、秉公执裁的思想品质等。

（二）业务素质

业务素质是一名裁判员参与竞赛活动、提高裁判工作水平必须具备的知识和技能。从某种角度来讲，裁判工作的好坏、执裁水平的高低会影响着比赛的结果与名次的胜负。因此，努力提高业务素质是对裁判员最根本的要求。只有这样，才能保证比赛在公平公正的条件下进行，才能正确处理在比赛中出现的各种问题，尤其是合理解决竞赛规则中未作明确规定的疑难问题。这就要求每一名裁判员都必须努力提高业务素质，精通竞赛规则，深刻理解规则精神，不断改进、完善和创新裁判方法，提高以竞赛规则精神为准绳、以竞赛过程事实为依据处理各种疑难问题的能力。

（三）身体素质

身体素质是一名裁判员胜任执裁工作必须具备的基本条件。随着体育运动的发展，运动员竞技水平不断提高，竞赛中的各种对抗日趋激烈，球类运动项目运动员的攻防转换速度也在明显加快，裁判员要适应现代体育竞赛的

变化，跟上比赛中瞬息万变的节奏，就必须有良好的体能水平。此外，大型体育竞赛一般持续时间较长，正常情况下不会因为天气的因素而改变竞赛日程的安排，有时甚至要在烈日下、风雨中工作，持续地奔跑和紧张的工作很容易产生疲劳。因此，裁判员除要具备吃苦耐劳的精神以外，健康的体魄、良好的体能是执裁工作中得以精神饱满、反应迅速、思维敏捷、判断准确的重要保证。现在，许多运动项目在考核和选拔裁判员时，对身高、年龄等方面尤其是基本体能都有明确的规定，这也是体育运动发展至今对裁判员身体素质提出的新要求。

（四）心理素质

心理素质是指裁判员在执裁过程中表现出的心理特征，体现在裁判员的气质、风度、情绪、胆识和性格等方面。裁判员的心理素质主要表现在临场执裁工作之中，例如：裁判员的哨音或肢体语言令人信服，言谈举止得体大方，观察敏锐全面，判罚果断自信，遇到突发事件沉着冷静和临危不乱，不受赛场上任何因素的影响等，都是裁判员必须具备的心理品质。

（五）文化素质

提高文化素质是每个公民与时俱进、适应社会快速发展的基本要求。作为一名合格的裁判员，更应努力学习科学文化知识，密切关注本项目竞赛规则和裁判方法的发展趋势，不断更新执裁理念，熟练掌握计算机及电子仪器设备的使用方法，努力提高自身的文化修养和实际操作能力，以应对现代大型体育赛事发展的挑战。同时，裁判员还应掌握一门外国语，以适应国际体育赛事日益频繁的需要。

五、裁判员的权利与义务

裁判员的权利与义务，在我国有关的裁判员管理办法的文件中都强调过。裁判员在享有基本权利的同时，必须履行相应的义务，反之亦然，两者呈现对等统一的密切关系。

（一）裁判员应该享有的基本权利

（1）具有被选派参加体育竞赛裁判工作的权利。
（2）参加裁判员主管部门组织的学习和培训活动。
（3）监督相关裁判组织执行各项裁判员制度。
（4）接受体育竞赛主办单位支付的劳动报酬。
（5）对于本项目裁判员队伍中的不良现象有检举权。
（6）对于裁判组织做出的处罚，有向上一级裁判主管部门申诉的权利。

（二）裁判员应当承担的基本义务

（1）自觉养成良好的裁判员职业道德，在竞赛工作中公正执裁。
（2）钻研本项目的竞赛规则和裁判方法。
（3）承担培训和指导下一级裁判员的任务。
（4）承担主管部门下达的裁判任务及担任具体的裁判工作。
（5）配合裁判组织进行有关裁判员执裁情况的调查。

六、裁判员的职责与分工

裁判员的主要职责是遵循竞赛规程的要求，严格执行竞赛规则的有关规定，确保竞赛活动顺利进行。因此，裁判员的责任重大，必须做到分工明确，各尽其责，相互配合，共同协作。裁判员分工应依据竞赛规则和裁判方法进行，不同的岗位分工对应着不同的岗位职责。其中，裁判长是处理竞赛相关技术性事宜的直接负责人，应依据竞赛规则、竞赛规程以及技术代表或组委会做出的有关规定，全面组织竞赛活动，严格控制比赛进程，并对相关比赛问题进行裁决，对竞赛规则未详尽的事宜做出决定，对比赛中的抗议予以裁决，以确保竞赛规则、竞赛规程和技术代表或组委会的决定得到执行。

如田径项目裁判长的职责如下：

（1）应分别任命检录、径赛、田赛、全能比赛和外场（赛跑及竞走）裁判长。径赛裁判长及外场裁判长无权管辖竞走主裁判职责范围内的有关事宜。

（2）裁判长应确保田径规则及相关比赛规程得到执行，并处理发生于比

赛期间规则未作明文规定的问题。在有关裁判员对名次有争议而不能取得一致意见时，径赛裁判长和外场裁判长有权判定比赛的名次。

（3）裁判长应核查所有相关的比赛成绩，处理有争议的问题，监督创纪录的成绩丈量。

（4）相关裁判长应对有关比赛的抗议或异议做出裁决，有权对有不正当行为的运动员提出警告或取消其比赛资格。

（5）相关裁判长可以根据规则，基于自己的观察做出任何行动和决定。只要情况允许，裁判长可以根据任何获得的证据，重新做出决定。

（6）每项比赛完毕，立即填好成绩记录表，由相关裁判长签名后传递竞赛秘书。

（7）全能裁判长对全能比赛的进程具有裁判权，以及对全能赛中各单项比赛的进程具有裁判权。

七、裁判员的发展趋势

随着竞技体育的不断发展和运动技术水平的持续提高，裁判员发展趋势主要表现在以下几个方面：

（一）裁判员的制度化

各级体育组织对裁判员的管理将进一步形成制度化，定期考核以及限名额的任期聘请等制度将更加广泛地实行，考核、审批及选派裁判员等制度将进一步严格和完善，对裁判员队伍的管理力度将不断加强，以适应国内外大型体育赛事裁判工作的需要。

（二）裁判员的国际化

现代竞技体育的高度国际化必将促使裁判员管理向国际化方向发展。当今国际体育赛事频繁，各单项体育协会不断推出新的比赛形式，比赛分类越来越细化，比赛规模也在日益扩大。为了在重大国际比赛中取得优异成绩，许多国家和地区都加快制定体育发展的规划与政策，加强裁判员的规范管理，谋求全球和多边合作，促使裁判员向国际化方向发展。

（三）裁判员的科技化

竞技体育是综合实力的体现。当今世界体坛，各种新的科技成果不断应用于运动员的选材、训练、恢复和竞赛之中，运动成绩明显提高，优秀选手之间运动技术水平的差距逐渐缩小，赛场上运动员的竞争越加激烈。因此，对裁判工作的准确度、比赛场地器材设备的先进程度以及裁判员的全面素质等提出了更高的要求。将先进的信息技术、电子技术和摄像技术等运用在裁判工作之中，已是大势所趋，裁判员的科技化也将成为必然。

（四）裁判员的职业化

高水平竞技运动员的职业化发展趋势，将对裁判员的职业化产生深刻的影响。随着各运动项目逐步放开职业运动员参加世界大赛的限制，竞赛场上的争夺更加激烈、更加精彩，对裁判员执裁水平的要求也越来越高、越来越严格。如今，职业化体育发展较为成熟的欧美国家，职业裁判员在各种竞赛中执裁的现象已很普及，职业裁判员参与更多项目的裁判工作将是裁判员发展的又一趋势。

第二节　裁判员等级申报及选派

裁判员管理最主要的任务是选拔和培养一批德才兼备、技术全面的骨干，建设一支结构合理、具有较高水平的裁判员队伍，以不断适应国内外大型体育赛事发展的要求。科学合理地培养、选调和使用各级裁判员，是体育竞赛工作顺利进行的保证。

一、裁判员技术等级的申报与审批

裁判员技术等级分为国际级、国家级、一级、二级和三级，另可设荣誉裁判员。

掌握和运用本项目竞赛规则和裁判方法，能够胜任裁判工作，经县级体

育行政部门培训并考核合格者，可以申报三级裁判员，由县级体育行政部门审批。

熟悉并能比较准确地运用本项目竞赛规则和裁判方法，具有一定的裁判工作经验；任三级裁判员满两年，并且至少3次在县级体育比赛中担任裁判工作的，可以申报本项目二级裁判员，由地级市体育行政部门审批。

熟练掌握与运用本项目竞赛规则和裁判方法，具有较丰富的临场执裁经验和组织该项目竞赛裁判工作的能力，任二级裁判员满3年，并且曾两次担任省级以上比赛裁判工作或至少两次在地、市级比赛中担任副裁判长以上职务的，可以申报本项目一级裁判员，由各省级体育行政部门审批。

精通并能准确、熟练地运用本项目竞赛规则和裁判方法，具有较高的裁判理论水平和丰富的实践经验，具有组织该项目竞赛裁判工作的能力，具备阅读和正确理解外文规则的能力，任一级裁判员满3年，并且曾两次担任全国性比赛裁判工作或至少两次在省级比赛中担任副裁判长以上职务的，可以申报本项目国家级裁判员，由国务院体育行政部门审批。

至少两次在全国性比赛中任副裁判长以上职务的国家级裁判员，经国务院体育行政部门批准后，方可申报国际级裁判员，由国际单项体育协会审批。

中国人民解放军、全国性行业体育协会和国务院体育行政部门直属体育院校，经国务院体育行政部门授权后，可以审批各项目或部分项目一级以下（含一级）裁判员。直属体育院校批准的裁判员应当报院校所在地省级体育行政部门备案。

国家级裁判员或少数做出过突出贡献的一级裁判员，从事裁判工作20年以上（如有杰出贡献者，在符合其他申报标准的前提下，其申报年限可适当放宽），积极参加该项目竞赛裁判工作，在全国性比赛及国际比赛中未出现明显错判，至少10次在全国性比赛中担任裁判工作，年龄50岁以上，可以由省级体育行政部门推荐，全国性单项体育协会裁委会评议，报国务院体育行政部门批准，授予荣誉裁判员称号。

各级体育行政部门不得跨地域、跨系统审批裁判员。一级以下（含一级）裁判员由于工作调动，可持审批单位证明和本人裁判员证书到所在地相应的体育行政部门更换裁判员证书。国家级裁判员调离所在省份或系统，须报全国性单项体育协会备案。

申报各级裁判员必须严格遵守裁判员技术等级制度的规定。部分全国性单项体育协会根据具体情况，并经国务院体育行政部门批准，可以将本项目

国家级裁判员划分为若干档次，并规定本项目申报各级裁判员的年龄和临场裁判员的最高年龄等。

各级裁判员审批单位必须至少每两年举办一次裁判员晋级考试。通过考试者应当将裁判员等级申报表和本人的裁判员证书一同交审批单位，并申报相应的裁判员技术等级称号。

以江苏省一级裁判员审批授予工作为例，其工作流程见图5-2-1，网上办理规范见附件1。

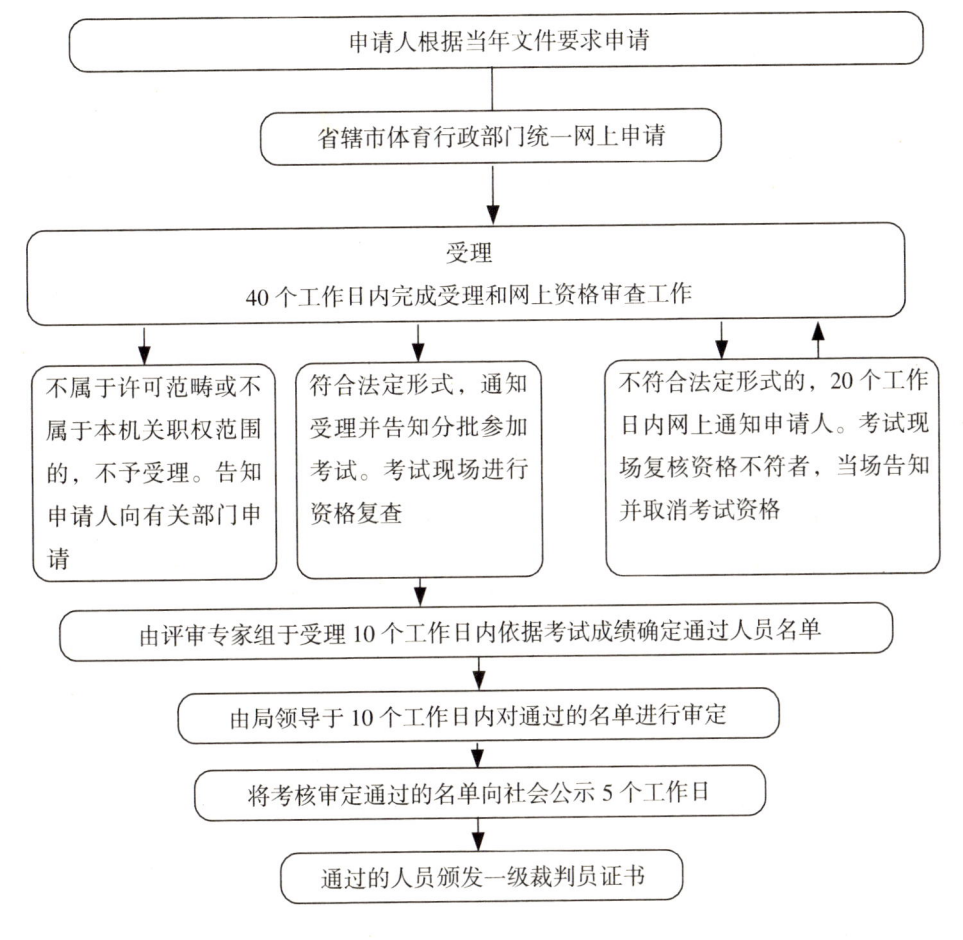

```
申请人根据当年文件要求申请
            ↓
省辖市体育行政部门统一网上申请
            ↓
          受理
40个工作日内完成受理和网上资格审查工作
    ↓         ↓         ↓
不属于许可范   符合法定形    不符合法定形式的，
畴或不属于本   式，通知受    20个工作日内网上
机关职权范围   理并告知分    通知申请人。考试
的，不予受理。 批参加考试。  现场复核资格不符
告知申请人向   考试现场进    者，当场告知并取
有关部门申请   行资格复查    消考试资格
            ↓
由评审专家组于受理10个工作日内依据考试成绩确定通过人员名单
            ↓
由局领导于10个工作日内对通过的名单进行审定
            ↓
将考核审定通过的名单向社会公示5个工作日
            ↓
通过的人员颁发一级裁判员证书
```

图5-2-1 江苏省一级裁判员审批授予工作流程

各级裁判员审批单位至少每两年举办一次裁判员培训活动，并对审批的裁判员进行考核。各级体育比赛的裁判长和副裁判长，应当对参加裁判工作的裁判员进行考核，并在其裁判员证书上签名。

131

二、裁判员的注册

各级裁判员审批部门每两年必须对所批准的裁判员进行注册，荣誉裁判员可以不进行注册。每偶数年的 12 月 1 日至次年 2 月 5 日为各项目裁判员的注册期，全国性单项体育协会报经国务院体育行政部门批准后，可以根据具体情况另行确定裁判员注册日期。

国际级、国家级裁判员应当到全国性单项体育协会注册，每人交纳注册费人民币 50 元。因特殊情况需要提高收费标准的，应当由全国性单项体育协会报国务院体育行政部门批准后施行。

一级裁判员由省级体育行政部门或国务院体育行政部门授权的单位进行注册，并报全国性单项体育协会备案。

二级、三级裁判员由各地（市）、县级体育行政部门进行注册，并报省级体育行政部门备案。

各级裁判员有下列情节，暂停注册一次：受到赛区或审批单位处罚；考核不合格；两年内未担任裁判工作和未参加裁判员学习。

各级裁判员必须持有经过注册的裁判员等级证书方能参加体育竞赛临场执裁工作。连续两次未经审批单位注册的裁判员，其技术等级称号自动取消，裁判员证书失效。江苏省体育竞赛裁判员注册实施细则（试行）参见附件 2。

三、裁判员的选派

体育竞赛的主办单位负责选派和聘请此次比赛的裁判员。

全国性比赛，副裁判长以上职务由国家级以上裁判员担任，临场裁判员技术等级为一级以上；省级比赛，副裁判长以上职务由一级以上裁判员担任，临场裁判员技术等级为二级以上；地（市）、县级比赛，副裁判长以上职务由二级以上裁判员担任，临场裁判员技术等级为三级以上。裁判员选派要求见图 5-2-2。

	全国性比赛	省级比赛	地市级、县级比赛
裁判长副裁判长	国家级以上裁判员	一级以上裁判员	二级以上裁判员
临场裁判员	一级以上裁判员	二级以上裁判员	三级以上裁判员
辅助裁判员	根据实际情况可放宽级别要求，由主办方和承办方协定		

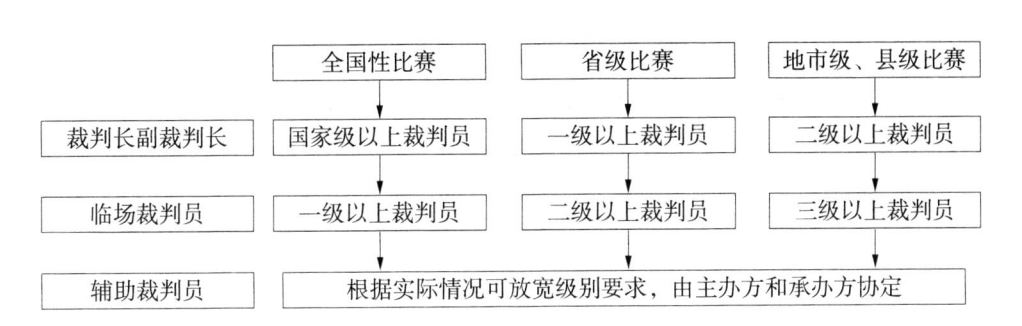

图 5-2-2　各级比赛裁判员选派要求

选派裁判员应当遵循公开、公正的原则。全国单项比赛应就近选派裁判员，其数量不超过此次比赛裁判员总数（不含辅助裁判员）的四分之三，不足部分由承办单位按规定补充。全国综合性运动会裁判员的选派，采取省级体育行政部门推荐、全国性单项体育协会审核、报国务院体育行政部门批准的办法，具体比例不受限制。辅助裁判员的技术等级可以适当放宽，具体要求由主办单位与承办单位商定。

裁判员参加竞赛执法实行回避制度，从裁判员到赛区开始，就要遵守不与外界、特别是运动队联系的规定。条件成熟的项目，可以采用比赛开始前30分钟明确执场裁判员的办法，以保证裁判员公正执裁。

竞赛主办单位应当责成总裁判长于赛前认真审核裁判员证书的注册登记情况。如裁判员未能出示符合规定的裁判员证书，竞赛组委会必须立即停止其裁判工作，所有费用赛区不予承担。

四、裁判员的晋级

我国裁判员分为国际级、国家级、一级、二级和三级共五个技术等级。凡达到相应技术等级裁判员的申报要求，通过有关体育职能部门培训并考核合格者，可审批晋升为相应等级的裁判员。

目前，对裁判员采取分级审批、分级注册、分级管理的模式。

国际级裁判员由国家体育总局根据国际单项体育协会的要求，从现有的国家级裁判员中推荐并参加国际单项体育协会的考核，由国际单项体育协会审批。

从国家体育总局、省（自治区、直辖市）体育局到地级市、县（县级市、区）体育局，则按照职能分工管理裁判员。国家体育总局负责各项目国家级裁判员的考核晋升、日常培训和选派等管理工作，并负责各项目国际级裁判员的培训和选派管理。

省（自治区、直辖市）体育局负责各项目一级裁判员的考核晋升、日常培训和选派等管理工作，并根据国家体育总局的要求，推荐符合晋升国家级裁判员报考条件的一级裁判员，参加由国家体育总局举办的各项目晋升国家级裁判员的培训与考试。

地级市体育局负责各项目二级裁判员的考核晋升、日常培训和选派等管理工作，并根据省（自治区、直辖市）体育局的要求，推荐符合晋升一级裁判员报考条件的二级裁判员，参加由省（自治区、直辖市）体育局举办的各项目晋升一级裁判员的培训与考试。

县（县级市、区）体育局负责各项目三级裁判员的考核晋升、日常培训和选派等管理工作，并根据地级市体育局的要求，推荐符合晋升二级裁判员报考条件的三级裁判员，参加由地级市体育局举办的各项目晋升二级裁判员的培训与考试。

一般低等级裁判员要晋升高一等级裁判员，须在获得低等级裁判员称号后满2~3年，有多次竞赛的执裁工作经验，并参加相应体育行政部门组织的晋级考核。此外，篮球、排球等项目对裁判员报考和晋升还有身高的要求。为做好裁判员等级晋升工作，一般各级体育行政部门在每年年初都要制订相应等级裁判员的培训考核计划。

第三节 裁判员管理与考核

当前，在现代社会的各个领域都十分重视抓好管理工作，管理出效率，管理创水平。裁判员队伍建设与发展亦是如此。尽管我国几乎所有的裁判员并不将竞赛裁判工作作为自己的固定职业或谋生手段，但是对各级裁判员进行科学的组织、管理、培训、考核和奖惩等同样应该成为一项重要的工作。

一、裁判员的管理

裁判员的裁判等级不同，管理其的组织不同，管理模式也有差异。管理

模式是指一个机构综合性的管理范式。例如：国际单项体育组织的技术委员会负责制模式、我国单项体育协会的裁判委员会负责制模式以及对裁判员分级审批、分级注册、分级管理的模式等。

(一) 国际上裁判员的管理

国际上对裁判员的管理，通常由各国际单项体育组织下设的技术委员会负责，其工作主要有：确定国际级裁判员发展规划，制定和执行裁判员管理制度，培训、考核和聘用裁判员等。

当今国际单项体育组织管理裁判员的特点，主要是通过定期考核的办法和严格的考核制度来保证裁判员的质量。采用的方式一般是通过每隔几年组织一次考核来重新确认国际裁判员的资格，一些较严格的项目，不仅每年要组织考核，而且在考核的同时还将限制名额。例如足球项目，国际足联规定每年考核一次，对我国最多可承认7名裁判员为当年度的国际级裁判员，并可以被聘参加国际比赛的裁判工作。这种管理方式废除了国际级裁判员的终身制，促使裁判员不断加强学习和钻研业务，主动吸收新的知识和技术，努力提高执裁能力，从而确保了裁判员队伍的整体水平。

(二) 我国对裁判员的管理

1956年首次公布的《中华人民共和国裁判员等级制度条例（草案）》，标志着我国裁判员管理制度的建立。为了全面管理裁判员，有计划、有目的地培养和发展各级裁判员队伍，确保各级各类竞赛工作顺利开展，促进运动技术水平的提高，我国还陆续出台了一系列裁判员管理制度，主要包括《裁判员技术等级制度》《推荐、申报国际裁判员的条件和办法》《对外国留学生授予运动员、裁判员技术等级称号有关问题的通知》《裁判员守则》和《仲裁委员会条例》等。

国家体育总局于1999年11月22日颁布了《体育竞赛裁判员管理办法（试行）》，其中明确规定：国务院体育行政部门和地方各级人民政府体育行政部门根据裁判员的技术等级与业务水平，对裁判员实行分级审批、分级注册、分级管理。国务院体育行政部门授权全国性单项体育协会对本项目的国家级以上裁判员进行考核和注册；地方各级体育行政部门对本地区、本部门审批

的裁判员进行考核和注册。

为了加强对裁判员的管理工作，全国性单项体育协会还成立裁判委员会（以下简称裁委会）。裁委会在各单项体育协会的领导下，负责本项目裁判员的管理工作。裁委会由主任 1 人、副主任 4~6 人、委员若干人组成。裁委会成员必须是国际级或国家级裁判员，在参加本项目裁判员代表大会的裁判员中选举产生，并经全国单项体育协会批准，裁委会主任、副主任名单须报国务院体育行政部门备案。裁委会负责协助全国单项体育协会制订本项目裁判员的发展规划；负责组织裁判员的学习、培训、考核和注册等工作；按规定举办裁判员晋级考试；对本项目裁判员的奖惩提出具体意见等。地方各级体育行政部门可以根据本地区、本系统裁判员的规模成立裁委会。不具备成立裁委会条件的地区和部门，可以由本地区体育行政部门或单项体育协会代行裁委会职责。

（三）裁判员管理的要求

1. 建立健全各项管理制度

我国裁判员队伍至今仍由社会各阶层有关人员组成，要建设和管理好裁判员队伍，必须建立健全各项规章制度，并推动各项制度的实施与完善。

（1）建立完善裁判员申报制度。申报条件要具体，申报程序要清楚，申报手续要完善，申报过程要严格，从而使合格的裁判员能逐级晋升，及时发现骨干人才，推动高水平裁判员的培养。

（2）严格把好裁判员考核关。各级主管部门要建立和完善科学合理的考核制度，对裁判员的思想品德、业务能力、文化程度、外语水平、身体素质、执裁经历、临场表现以及身高、年龄等方面提出具体的考核要求，并通过理论和实践的考核选拔裁判员。

（3）建立健全裁判员奖励制度。要对在裁判工作中勇于奉献、吃苦耐劳、善于协作、敢于创新、不断进取、业务水平强的裁判员及时表彰，也可以在大赛结束时对表现突出的裁判员进行推荐性表彰或总结性表彰。当前全国优秀裁判员表彰工作已形成制度，这对促进裁判工作的发展和裁判员队伍的建设起到了积极作用。

（4）对在裁判工作中出现的不正之风、本位主义、有意错判或漏判等现象，要按章办事，严肃处理，及时进行处分和惩罚。情节严重的要撤销其裁

判员技术等级，甚至予以刑事处理。

2. 完善裁判员数据库建设

各级主管部门应建立裁判员档案，裁判员档案的基本内容包括姓名、年龄、性别、所属单位、裁判级别、授予时间、裁判工作履历、裁判工作表现、参加学习和考核情况、裁判工作的科研成果以及奖惩情况等。有条件的单位，可将裁判员的这些信息输入计算机，建立裁判员数据库，逐步推行现代化管理。

3. 强化裁判员培养工作

（1）高度重视裁判员培养工作。裁判工作是体育事业科学发展不可或缺的重要组成部分，是运动竞赛的重要环节。各级主管部门必须把裁判员培养和裁判员队伍建设工作列入议事日程，真正抓紧抓好。在思想上充分重视，在行动上认真落实，在措施上切实可行，从而推动高水平裁判员队伍的建设与发展。

（2）裁判员培训工作要突出重点。我国体育裁判员参加竞赛工作大多数为业余兼职性质，由于自身具有相对固定的职业，同时随着企、事业单位目标管理的推进和岗位职责的强化，越来越强调工作制度或劳动纪律，导致这些裁判员很难抽出较长的时间参加培训活动，从而呈现出组织工作难度大、参加培训活动人数少、培养周期长等特点。为此，必须强化裁判员培训工作的计划性、有效性、系统性和可行性。要科学制订培养计划，明确培养目标和任务，创新培养方式和方法，尤其要选好培养对象，注重在各级各类学校教师、机关厂矿职工、体育系统干部和退役运动员中选拔合适的人员参加培训活动。

（3）强化裁判员思想品德教育。裁判员是竞技场上的"法官"，其裁决的公正性和准确性直接影响着运动员技术水平的发挥与提高。因此，不仅要求裁判员精通业务、熟悉竞赛规则、掌握裁判方法等，而且更要注重培养裁判员投身裁判工作、献身体育事业、秉公执法、不徇私情、恪守裁判员守则、坚持为运动员服务的思想，引导裁判员不断加强自身修养和职业道德的养成，提高政治思想觉悟，杜绝"私下交易""本位主义"等不良现象的发生。

（4）促进培训与考核常态化。当今，竞技体育发展异常迅速，竞赛规则修改周期缩短，裁判方法也随之发生明显的变化。因此，体育竞赛主管部门需要及时整理相关的资料供裁判员学习，并组织裁判员交流经验，互通信息，不断提高裁判员业务水平。对裁判员的考核，要作为一项常规性工作来抓，在培训结束时进行考核，以检查和评价裁判员的学习效果，提高和巩固裁判员的学习成果。

（5）充分利用大赛机会进行培养。体育竞赛主管部门要充分认识到大型比赛对提高裁判员业务水平的重要作用，抓住举办大赛的机会锻炼裁判员队伍。例如：组织裁判员全面学习竞赛规则，钻研规则精神和裁判方法，统一认识和判决尺度，熟悉先进仪器设备的运用和操作，使裁判员通过参加大赛得到真正的培养和提高。

（6）重视裁判员心理素质培养。良好的心理素质是裁判员高质量完成裁判工作的重要保证，也是现代体育竞赛裁判员必须具备的条件。实践证明，一旦裁判员具有了强大的自信心、集中的注意力和稳定的情绪等心理素质，执裁工作中就能够做到精神振奋、仪表优美、判罚准确，并有条不紊地组织比赛。例如：裁判员临场工作时只有保持稳定的情绪状态，才能做到沉着冷静、思维清晰、注意力集中、反应迅速、鸣哨及时、判决合理等，处理突发问题也更加果断、准确，促使比赛更加顺利圆满地进行。

二、裁判员的考核

对裁判员考核的目的在于促进其不断学习，认真执裁，尽快提高裁判业务水平。裁判员考核应坚持经常化、制度化、规范化和科学化等要求，其中根据体育竞赛、裁判工作的发展趋势和不同等级裁判员的实际需要，建立考核指标以及掌握选择这些指标的原则十分重要。

（一）建立考核指标

考核，即考察与审核，是指考核者运用一定的形式和方法，核查、评定被考察与审核对象在知识掌握和技能运用方面的水平状况的过程。指标，是指计划中规定达到的目标，是综合反映事物某一方面情况的绝对数、相对数或平均数。

裁判员考核指标是指在对裁判员进行考察和审核时所采用的评价内容。根据考核所要达到的目的，提出若干个评价内容，对每一个内容考察的结果都能反映出裁判员在某一方面的真实情况和实际水平,以达到全面审核和客观评价的目的。这些考核内容即为裁判员考核的指标。各级别裁判员考核指标由多个二级指标和（或）每一个二级指标下的多个三级指标共同组成。裁判员考核评价指标见图 5-3-1。针对不同级别的裁判员,其考核评价指标的相关内容和要求等应有所区别。

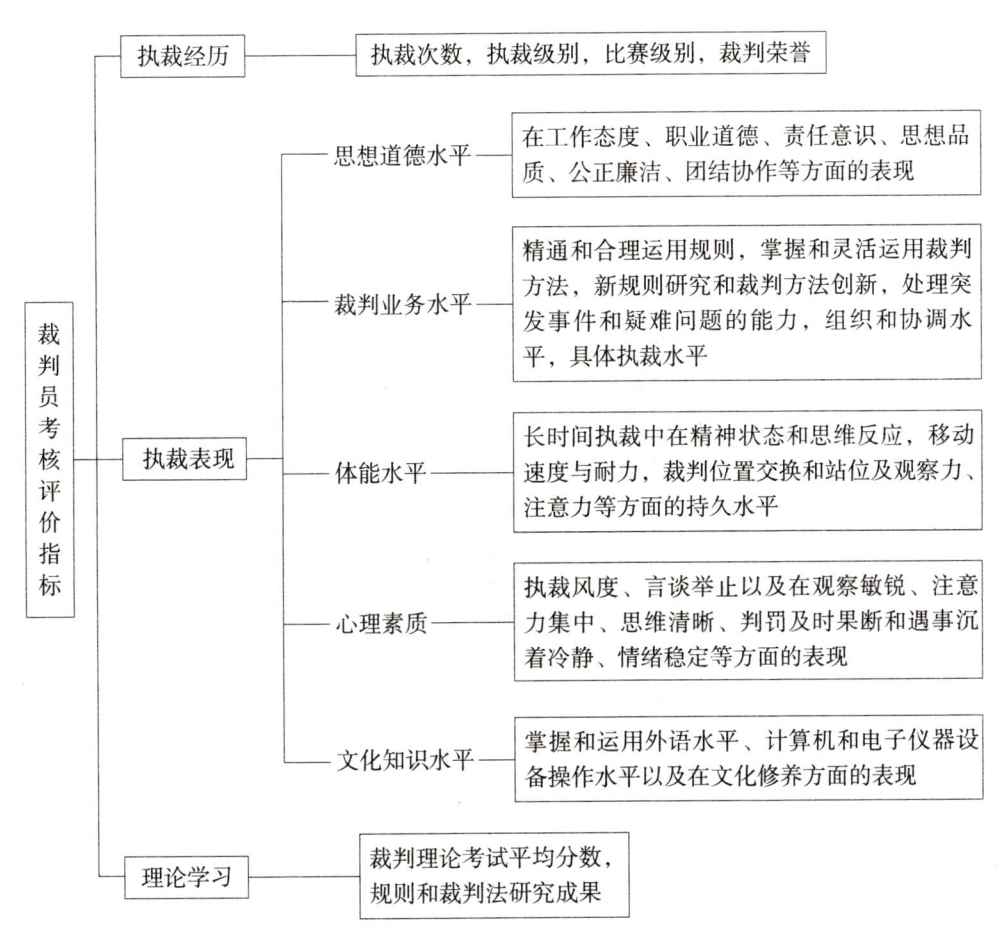

```
                   ┌─ 执裁经历 ── 执裁次数,执裁级别,比赛级别,裁判荣誉
                   │
                   │              ┌─ 思想道德水平 ── 在工作态度、职业道德、责任意识、思想品
                   │              │                  质、公正廉洁、团结协作等方面的表现
                   │              │
                   │              │                  精通和合理运用规则,掌握和灵活运用裁判
                   │              ├─ 裁判业务水平 ── 方法,新规则研究和裁判方法创新,处理突
                   │              │                  发事件和疑难问题的能力,组织和协调水
                   │              │                  平,具体执裁水平
裁判员考核评价指标 ─┼─ 执裁表现 ──┤
                   │              │                  长时间执裁中在精神状态和思维反应,移动
                   │              ├─ 体能水平 ────── 速度与耐力,裁判位置交换和站位及观察力、
                   │              │                  注意力等方面的持久水平
                   │              │
                   │              │                  执裁风度、言谈举止以及在观察敏锐、注意
                   │              ├─ 心理素质 ────── 力集中、思维清晰、判罚及时果断和遇事沉
                   │              │                  着冷静、情绪稳定等方面的表现
                   │              │
                   │              └─ 文化知识水平 ── 掌握和运用外语水平、计算机和电子仪器设
                   │                                  备操作水平以及在文化修养方面的表现
                   │
                   └─ 理论学习 ── 裁判理论考试平均分数,规则和裁判法研究成果
```

图 5-3-1　裁判员考核评价指标

（二）选择考核指标

根据我国各运动项目目前发展的状况和裁判员工作的特点,在对各级别裁判员考核指标进行选择时应遵循以下原则:

1. 客观性原则

所选择的考核指标能真实客观地反映被考核对象的知识和能力，而这些知识和能力是该级别裁判员在完成与之级别相符的裁判工作时所必须具备的。

2. 重点性原则

由于各级别裁判员在比赛中所承担的工作任务和岗位性质不同，因此对其在比赛中的执裁水平以及要求也各不相同。在选择裁判员考核指标时必须考虑针对性和侧重性，从而有重点地选择各级别裁判员在各类比赛中重复出现率较高的评价指标。

3. 渐进性原则

随着裁判员技术等级的晋升，对裁判员的各种要求也越来越高，选择的考核指标应逐渐增加，评价内容难度应逐渐加大，考核评价要求也逐渐提高和全面。

4. 可比性原则

在选择裁判员考核指标时，应注意采用规范化或通用化的考核指标和评价内容，以便于在被考核对象之间进行比较，提高裁判员考核评价的科学性和合理性。

5. 符合实际性原则

所选择的考核指标应符合当前相关运动项目发展的需要和竞赛裁判工作的实际情况，体现裁判员考核评价工作的实际需要性和可行性。

三、裁判员的奖惩

根据裁判员的不同表现，对裁判员进行奖励或处罚，是实行裁判员队伍严格管理的一种体现。严格管理，首先要有一套行之前效的制度条例，使奖惩工作有"法"可依；其次要坚持规范管理，做到奖先进、惩后进，"赏罚分明"。

（一）奖励

国家体育总局自 1985 年起，规定每 4 年评选一次优秀裁判员，进行表彰和奖励。各省、区、市应每两年评选表彰一次。主要表扬热爱竞赛裁判工作，具有良好职业道德和敬业精神，能自觉抵制各种不正之风，秉公执法，完成任务好的各级优秀裁判员。此外，每次赛会表现优秀、工作成绩显著的裁判员，应及时给予表扬、奖励或推荐参加晋级考试。

（二）处罚

对裁判员的处罚分为：警告；取消担任此次比赛（含联赛）裁判工作资格；停止裁判工作两年；撤销技术等级称号并终身停止裁判工作。

在赛区工作期间，不遵守赛区纪律或在临场执裁中出现漏判、错判者，给予警告处分。凡在同一次比赛中（含联赛）受到两次警告或在赛区酗酒滋事的裁判员，取消此次比赛裁判工作资格。凡在比赛中执法不公，有意偏袒一方，妨碍公正执法者，停止其裁判工作两年。

凡有下列情节的裁判员，给予撤销技术等级称号并终身停止裁判工作的处分：行贿受贿，执法不公；在重要比赛中出现明显的错判、漏判，造成恶劣影响；触犯刑律，受到刑事处罚。

对裁判员的警告和取消此次比赛裁判工作资格的处罚，由竞赛组委会做出，并报该裁判员审批单位备案。停止裁判工作两年、撤销技术等级称号并终身停止裁判工作的处罚，由竞赛组委会报该裁判员审批单位批准，由该审批单位发出通报。受到赛区处分的裁判员，由此次比赛的裁判长在该裁判员证书内注明。

附件 1：

江苏省体育局一级裁判员审批行政许可事项网上办理规范

一、审批事项的名称

一级裁判员审批。

二、受理部门

省体育局综合业务处。

三、审批项目编号（TYSP—2）

审批项目编号方法：体育审批 TYSP+2+年份+审批序号。

四、审批项目依据

《中华人民共和国体育法》第三十条：国家实行运动员技术等级、裁判员技术等级和教练员专业技术职务等级制度。国家体育总局《关于下发〈体育竞赛裁判员管理办法（试行）〉的通知》（体竞字〔1999〕153号，1999年11月22日颁布施行）第二条：国务院体育行政部门和地方各级人民政府体育行政部门根据裁判员的技术等级和业务水平，对裁判员实行分级审批、分级注册、分级管理。第十一条：……可以申报本项目一级裁判员，由各省级体育行政部门审批。

五、审批收费依据

审批不收取费用。

六、审批总时限（起止日、截止日）

审批总时限为每年6月至当年年底11月。

七、审批程序

（一）受理

1. 条件

申办人需提交的材料：

（1）经省辖市体育局审核通过的《晋升一级裁判员考核表》。

（2）二级裁判员证书复印件或出具在省运动队服役的相关证明。

2. 标准

申办人提交的申办材料齐全、规范、有效。

3. 本岗位责任人

姓名：　　　　职务：

4. 岗位职责及权限

本岗位具体负责：

（1）负责受理申办人递交的申请材料。

（2）负责发布受理结果公告。

5. 办理时限

60个工作日。

6. 需征求相关行政主管部门意见的办理时限

不需要征求行政主管部门意见。

（二）审核

1. 标准

（1）报考人员热爱体育事业，作风正派，责任心强。

（2）报考人员须拥有国家二级裁判员证书，并有两年以上（含两年）执裁工作经历。

（3）报考人员年龄须在40周岁以下（足球项目要求报考人员年龄须在26周岁以下）。

（4）篮球、排球项目要求报考人员，男子身高不低于1.80米，女子身高不低于1.70米；足球项目要求报考人员，男子身高不低于1.75米，女子身高不低于1.65米。

2. 本岗位责任人

姓名：　　　　职务：

3. 岗位职责及权限

（1）负责审核申办人提交的申报材料。

（2）负责将审核结果进行网上公布。

4. 办理时限

60个工作日。

（三）审定

（1）通知并组织初审合格者参加培训、考试。

（2）组织专家评审。

（3）由综合业务处研究后报局领导审定。

（四）告知

1. 标准

由省体育局发文告知。

2. 告知时限

10个工作日。

（五）投诉

1. 本岗位责任人

可向省体育局纪检监察室投诉。

2. 岗位职责及权限

监察室按照职权范围,受理公民、法人和其他组织对局行政机关、公务员和局任命的其他人员违反行政法律行为的检举、控告。

3. 投诉途径及方式、电话

可书面或电话投诉,联系方式如下。电话:025—51889068。地址:南京市广州路 191 号。邮编:210029。

4. 办理时限

由监察室确定

5. 告知方式及时限

书面或电话告知,由监察室确定。

八、申报（审批）表格

由各部门根据各自标准统一制作成 WORDT 和 PDF 两种格式。

附件:《江苏省晋升一级裁判员考核报名表》（可在省体育局网站"下载专区"下载)

《申请等级裁判员登记表》（可在省体育局网站"下载专区"下载)

附件 2：

江苏省体育竞赛裁判员注册实施细则（试行）

第一章 总 则

第一条 为加强我省体育竞赛裁判员队伍的管理,根据国家体育总局《体育竞赛裁判员管理办法（试行)》,制定本实施细则。

第二条 省体育局和我省各级体育行政部门根据管辖范围与注册程序,对符合条件的裁判员进行注册。

第二章 注册条件

第三条 裁判员必须拥护中国共产党的领导,热爱体育事业,热心体育竞赛裁判工作,努力钻研竞赛规则等业务知识,作风正派,身体健康。在执行裁判工作中,做到严肃、认真、公正、准确。

第四条 年龄规定

国际级、国家级、一级,60 岁以下。

二、三级,20 岁以上,45 岁以下。

第三章　注册范围

第五条　已取得等级裁判员称号并且符合注册条件的裁判员原则上均需要注册。凡参加由国家体育总局、省体育局主办的全国、全省各类体育比赛和在国内举办的各类国际体育比赛的裁判员，必须办理注册。

第四章　注册权限

第六条　国际级、国家级和国家一级裁判员由省体育局注册。

第七条　二级裁判员由所在的市级体育行政部门进行注册，并在注册期结束后1个月内向省体育局备案。

第八条　三级裁判员由所在县（市、区）体育行政部门进行注册，并在注册后1个月内向市级体育行政部门备案。

第五章　注册程序

第九条　根据本实施细则，各市级体育主管部门在规定的注册日期内向省体育局进行国际级、国家级和国家一级裁判员的注册。裁判员首次注册时须提交注册登记表、裁判员的身份证复印件及裁判员本人2寸、正面免冠照片1张。

第十条　二级以下裁判员的注册程序可参照第九条执行。

第十一条　已经过注册的裁判员，今后每年进行1次年检确认。

第六章　注册日期

第十二条　裁判员的注册日期从2006年起每年注册（年检确认）1次，即每年的3~5月，具体时间另行通知。

第七章　注册费

第十三条　裁判员的注册和年检确认费为每人人民币10元。

第八章　处　罚

第十四条　未办理注册和年检确认手续的裁判员不得参加由国家体育总局、省体育局主办的全国、全省各类体育比赛与在国内举办的各类国际体育比赛。

第十五条　裁判员有下列情节者，暂停注册或年检确认1次。

1. 受到体育行政部门、赛区或单项体育运动协会处罚。

2. 考核不合格。

3. 被选派后无故不参加裁判工作。

4. 未按要求参加裁判员培训学习或在培训学习过程中有不良表现。

5. 有其他违法违纪行为受到处罚。

第十六条　连续两年未在省体育局注册的裁判员其国家一级称号自动取消，裁判员证书失效。国家级、国际级裁判员1年未在省体育局注册的，省体育局将上报国家体育总局并建议取消其相应等级裁判员称号。

第九章　裁判员的管理

第十七条　江苏省各项目裁判员的管理，按国家体育总局体竞字〔1999〕153号文（关于下发《体育竞赛裁判员管理办法（试行）》的通知）执行。

第十八条　省体育局负责对我省国际级、国家级和国家一级裁判员进行培训、考核。市级体育行政部门负责对二级裁判员进行培训、考核，培训计划和考核结果须报省体育局备案。县（市、区）级体育行政部门负责对三级裁判员进行培训、考核。

第十章　其　他

第十九条　本细则解释权归属江苏省体育局。

第二十条　本细则自公布之日起执行。

参考文献：

[1] 编写组. 运动竞赛学 [M]. 北京：北京体育大学出版社，1994.

[2] 刘青早. 体育赛事运作管理 [M]. 北京：人民体育出版社，2006.

[3] 史国生，邹国忠. 体育竞赛组织与管理 [M]. 南京：南京师范大学出版社，2008.

[4] 陈培友. 裁判员考核管理信息系统研究报告 [R]. 2012.

[5] 国家体育总局. 中华人民共和国体育竞赛裁判员管理办法（试行）[S]. 1999.

[6] 张百振. 体育竞赛裁判学 [M]. 北京：高等教育出版社，2009.

[7] 闫育东. 篮球裁判晋级必读（修订版）[M]. 北京：北京体育大学出版社，2007.

[8] 何信夫. 论篮球裁判员心理素质的作用 [J]. 广州体育学院学报，2002，（4）：85-89.

第六章　体育竞赛成绩信息处理

奥运会是当今参与国家最多、参加人员最多、活动事项最多、宣传报道最广泛、现场观众和电视观众也最多的世界性集会活动。奥运会期间，各国运动员在十几天的时间内，向几十个比赛现场的观众，以及世界上几十亿的电视观众们展现最高水平的体育比赛场面。

在北京奥运会的筹办和比赛期间，组委会需要进行工作人员管理、场馆设备管理、竞赛组织管理、接待服务管理、现场观众服务管理、竞赛信息管理等大量工作。在面对10000多名运动员、20000多名记者、6000多名各国要员、4000多名组委会工作人员、70000多名志愿者、近30个大项（300多个小项）的比赛、700多万名现场观众、40多亿电视观众时，没有现代技术手段的支持，是无法及时有效地完成所有的组织工作和比赛管理工作的。采用当代先进、成熟的科学技术成果为奥运会提供技术支撑是每届奥运会的共同特征。

国际奥委会主席罗格在《奥林匹克与科技》中说："今天，技术是奥林匹克运动的好伙伴。"

对于观众来说，在欣赏奥运参赛选手的精彩表演、精湛技艺以及精神、追求的同时，更希望能及时了解运动员比赛成绩及其相关信息。针对奥运会参赛国家、地区和运动员人数众多，比赛项目齐全，运动员报名参赛数据传输过程复杂，比赛成绩信息公布的时间要求严格等特点，需要凭借科学技术的支持、保障与服务，准确、迅速、全面地处理竞赛成绩信息并及时予以公布，是每届奥运会的基本要求。

第一节　奥运会技术保障服务体系

技术保障服务为奥运会等大型综合性运动会的组织和运行提供了强有力的支持。现代高科技手段在奥运会的介入，使得技术保障服务工作提升到一

个新的阶段。

从北京奥运会的技术保障服务来看,主要包括下述范围和内容。

一、竞赛成绩服务

竞赛成绩服务内容包括:计时记分、现场成绩服务、计时记分牌及控制系统、比赛现场中文信息显示服务、成绩信息发布服务(包括成绩打印分发服务、互联网成绩数据服务、官方网站成绩结果发布、新闻创建服务、奥运专用信息系统、评论员信息系统、成绩数据输出、奥运专用无线信息系统、远程评论员信息系统)等。竞赛成绩服务的类型和内容见表6-1-1。

表 6-1-1　竞赛成绩服务

服务类型	服务描述
计时记分系统	体育比赛最基本的技术支持系统,它从比赛现场获得各种竞赛信息,同时传送到官员席、裁判席、记分牌和现场成绩处理系统等
记分牌	为所有的竞赛场馆提供公共记分牌和比赛专用记分牌,记分牌用来显示特定的竞赛信息,如比赛项目、运动员个人信息、当前比赛成绩等
现场成绩处理	接收计时记分系统所采集到的成绩数据,根据比赛规则,形成竞赛所需的各种表单,计算比赛成绩,并将处理结果传递给信息发布系统
实时显示	在场馆的有线电视或显示器上,显示关于赛事安排、当前成绩等实时信息
中文显示	在场馆的视频大屏或公共记分牌上,显示关于赛事安排、当前成绩等实时中文信息
电视图像输出	根据商定的信息交换格式,为转播商提供计时记分和实时成绩等信息

二、信息服务

信息服务内容包括:组委会管理信息系统、运动会管理信息系统、信息发布、互联网、技术基础设施、信息安全等服务。信息服务的类型与内容见表6-1-2至表6-1-7。

表 6-1-2　组委会管理信息服务

服务类型	服务描述
北京奥组委内部信息管理系统	为奥组委各个部门、业务口的信息共享、信息交流和协作提供工作平台，包括公文流转、信息发布、邮件系统、日程安排等功能
短信发送平台	奥组委办公自动化系统的扩展部分，为工作人员提供短信提醒与通知的功能
统一认证系统	奥组委办公平台的底层支撑平台，为工作人员提供一个统一访问入口，实现统一用户认证
财务管理信息系统	为财务管理提供工具软件和技术支持，包括预算、会计、外汇、VIK管理，收费卡等
人事系统	为人事部进行奥组委工作人员及志愿者的管理提供工具软件和技术支持，包括人事计划、招聘、任免、考勤、培训等
场馆运行管理信息系统	场馆管理部业务系统。实现奥运会赛前与赛时场馆运行管理的信息共享，是场馆日常工作平台，并对场馆工作状态进行监控
场馆运行管理信息系统非竞赛场馆部分	场馆管理部业务系统，用于非竞赛场馆
奥组委网上资料中心信息系统	新闻宣传部负责的、对奥组委内部公开的资料共享平台
体育信息系统	竞赛部门日常办公系统。用于竞赛日程管理、竞赛器材管理、国际单项体育组织来访管理等
无线电频率管理信息系统	用于收集来自转播商、单项协会、媒体等用户的无限频率使用申请，颁发许可证并对赛时无线电设备的使用情况监控
场馆技术设备管理信息系统	对奥运会各场馆需要的技术设备进行统一需求搜集、规划、控制，同时对其运行的软件进行配置管理、安装实施管理、跟踪管理等
奥运村空间规划与资产管理信息系统	用于奥运村资产管理
物流物资管理信息系统	为物流部管理奥组委和奥运会物资物流提供技术平台及支持，其功能包括规划、接收、仓储、运输、配送、分发、领用、回收、监控等
火炬接力管理信息系统	实现火炬接力的信息化管理

(续表)

服务类型	服务描述
注册数据流程管理系统	控制注册数据处理工作的进度和状态
收费卡系统	为媒体、转播商等提供奥运会设备在线提交订单的服务
运行指挥系统	用于赛时对整体的运行指挥控制

表 6-1-3　运动会管理信息服务

服务类型	服务描述
运动员报名和资格审定系统（SEQ）	管理参加奥运会的运动员和代表团的报名过程、报名数据以及运动员的资格信息，审定并登记报名信息
注册与制证系统（ACR）	管理所有奥运会参与者的注册过程，管理注册人员的职责和权限，生成身份注册，并辅助境外运动员进入奥运会的举办国
住宿信息管理系统（ACM）	向奥运会参与者提供住宿服务，包括房屋的申请、供给、预定、分配、支付、撤销、重售等管理服务
报表生成系统（RGM）	业务口可以依据自身的需求，对运动会管理系统（GMS）子系统的信息数据进行统计，并按照指定的格式进行展示
交通信息管理系统（TRS）	为交通部向奥运会参与者提供交通服务提供支持，录入和管理车辆信息和预定信息，指派相应的车辆和司机，并对车辆状态和订单状态进行跟踪
抵离和礼仪信息管理系统（ADP）	为抵离中心团队向奥运会参与者提供客运口岸和机场接送服务提供支持，收集和管理奥运会来宾的抵达和离开信息。收集和管理奥运会贵宾人员的住宿、活动日程、交通等信息，以便为奥运会贵宾人员提供更好的礼宾接待服务（迎接、行李送达、送别等）
人事和志愿者信息管理系统（SIS）	用于识别奥组委各业务口的人员需求，为管理工作人员（包括全职工作人员、志愿者等）分派任务，并提供面试、培训等功能支持
医疗信息管理系统（MED）	登记在奥运会各个场馆发生的医疗事故信息，并生成相应的报表和统计数据

表 6-1-4　信息发布服务

服务类型	服务描述
评论员信息系统（CIS）	向位于各个比赛现场及国际广播中心 IBC 的节目制作人、评论员和比赛现场的成绩公告员等提供比赛前、比赛中以及比赛后的实时信息
奥运专用信息系统（INFO）	为奥林匹克大家庭成员提供直观、可靠的消息发布和检索服务。奥运专用信息系统发布的信息服务，包括比赛成绩、赛事新闻、赛事日程安排、奖牌分布状况、电子邮件系统、运动员传记、历史成绩、交通和天气情况等
奥运无线专用信息系统（WIRELESSINFO）	为新闻媒体单位和记者提供专用的、高质量的通信与多媒体信息服务平台。通过无线方式，使他们及时、便捷地完成文字、图像等数字媒体信息的检索和处理，加快新闻的采集、编辑和发送过程，并通过安全可靠的方式连接互联网
成绩数据输入（RDF）	根据国际奥委会要求，为奥林匹克新闻组织和其他新闻机构提供与比赛成绩相关的信息
互联网数据输入（IDF）	为互联网用户提供奥运专用信息系统发布的信息
打印分发（PRD）	从成绩系统接收报告，分发给指定的打印区域和打印设备，打印报告并发送到最终用户
成绩册	根据奥林匹克成绩和信息服务（ORIS）的要求，为各代表团提供每天成绩公告及最终比赛结果信息

表 6-1-5　互联网服务

服务类型	服务描述
官方网站	首次提供奥运电子地图，即动态电子地图服务，涵盖了与北京奥运会相关的多种信息，如奥运比赛场馆、奥运特许商品专卖店、奥运吉祥物销售点、北京旅游名胜等查询服务，充分地体现了便捷及人性化服务的特点。奥运多语言服务系统是北京奥运会对外提供奥运会和城市运行相关信息的综合服务平台，可以满足观众和赛时来京旅游者随时随地获取奥运会公共信息的需求，方便人们观看奥运会比赛和充分了解北京奥运会

表 6-1-6　信息技术基础设施服务

服务类型	服务描述
系统硬件	为竞赛成绩服务系统、运动会管理系统、组委会管理信息系统和信息发布系统提供必要的台式机、服务器、存储设备及机架等硬件环境支持
系统软件	为运动会管理系统、成绩处理系统、组委会管理信息系统和信息发布系统提供必要的操作系统、数据库系统、web服务器、应用服务器、办公软件、备份系统、安全系统等系统软件环境支持
数据网络	为管理网和运动会网提供数据网络的支持，包括三层交换、二层交换、远程访问系统、网络管理系统、无线接入等

表 6-1-7　信息安全服务

服务类型	服务描述
	为管理网和运动会网提供信息安全的支持，包括防火墙、网络客户机服务器的防病毒、VPN设备及远程访问客户端、入侵检测系统、漏洞检查、认证授权审计系统等

三、通信服务

通信服务内容包括：固定电话及终端、数据专线、ADSL、付费电话、付费宽带服务、移动电话、移动通信终端、无线局域网（WLAN）、集群通信、有线电视、无线电频率申请和审批、无线电频率设备准入、运行监测与频率协调管理等。通信服务的类别与内容见表6-1-8至表6-1-10。

表 6-1-8　固定通讯服务

服务类型	服务描述
普通电话	提供本地、国内及国际固定语音通话服务
付费电话	以预付费电话卡方式提供本地、国内及国际固定语音通话数据服务
奥林匹克5位专用电话	提供5位拨号功能的内部电话系统，内部通话免费
传真	在普通电话线上利用传真机发送纸面传真
综合业务数字网（ISDN）	实现电话、传真和电脑数据传送的数字电话服务
互联网接入	包括普通电话拨号方式、综合业务数字网拨号、ADSL拨号和互联网专线接入等

(续表)

服务类型	服务描述
数据专线	提供高速、专用、稳定的数据连接线路，可以根据用户的需求实现各种不同速率服务
呼叫中心	配合相关业务口发布信息，通过电话解答咨询问题
固定电话终端	提供用户需要的各种固定电话终端

表6-1-9　移动通讯服务

服务类型	服务描述
移动通信话音服务	用户通过移动电话实现本地、国内和国际通话
移动数据业务服务	使用移动通信终端通过移动电话网络实现无线数据服务
移动终端	为用户提供各种移动通信服务的终端设备
无线局域网（WLAN）	为媒体等用户在场馆相关范围内提供互联网接入和奥运无线专用信息系统服务

表6-1-10　其他通讯服务

服务类型	服务描述
有线电视（CATV）	为北京的竞赛场馆和部分关键的非竞赛场馆提供有线电视分配系统以及包括高清电视信号、视频点播的数字电视服务，全部电视节目为60套左右
数字集群通信	为奥运会组织、协调和指挥提供专用无线电通信服务
无线电频率协调	为国际奥委会、国家奥委会、国际单项协会、媒体转播商以及奥组委的安保、交通、运动会组织等用户的无线电设备提供不受干扰的频率资源

四、其他技术服务

其他技术服务内容包括：场馆临时布线、音频系统、视频系统、文件处理（打印、复印设备、传真机）、头戴系统、不间断电源等。其他技术服务的类别与内容见表6-1-11。

表6-1-11　其他技术系统服务

服务类型	服务描述
公共广播及扩声系统	为公众提供赛事指南、背景音乐、安全公告等公共广播服务，并为体育及非体育活动提供扩声系统服务
图像大屏及电视	采用大型电子显示屏、投影或电视显示赛事图像等信息，为观众、参赛人员、媒体提供高质量的体育展示

(续表)

服务类型	服务描述
文件处理系统	为奥运会提供文件处理系统所需的设备、耗材以及相关服务,包括为运动会管理系统、信息发布系统、现场成绩处理系统或其他用途提供的打印机、传真机、复印机及服务
综合布线系统	包括语音、数据、计时记分、图像大屏、公共记分牌、公共广播及扩声、有线电视等技术服务在场馆内所需的所有布线系统
音/视频会议系统	为参加远程会议的各方提供在线图像和声音传送服务
奥运运行指挥系统	全面负责组织、指挥、调度奥运期间各业务口解决奥运期间出现的问题,对突发和紧急事件进行快速的决策,从而保障奥运会顺利、成功的举办
奥运多语言综合信息服务	满足国内外观众公共信息服务以及奥组委各业务口向公众发布奥运综合信息的基本需求,为北京奥运会观众、注册人员和赛时来京的国内外旅游者提供多语言的奥运与城市方面的综合信息,方便人们观看奥运会比赛、了解北京奥运会。信息发布渠道有互联网、呼叫中心、场馆信息亭等

五、技术支持服务

技术支持的内容包括:奥运会主运行中心、技术运行中心、主数据中心、信息网络安全监控中心、集成实验室、备份技术中心、备份数据中心、技术支持呼叫中心在内的技术基础设施的规划、设计、实施管理和运行工作。技术支持的类别与内容见表6-1-12。

表6-1-12　技术支持服务

服务类型	服务描述
运行维护	为组委会管理信息系统、运动会管理信息系统、通信、其他技术系统的使用提供日常维护服务,如监控、实时更新、数据备份等
技术支持(Helpdesk)	为保证技术系统的正常使用,记录、跟踪、统计、分析各种技术问题,通过与各个系统提供商之间的配合,及时解答问题,提供及时的技术系统支持服务

六、场馆技术管理服务

场馆技术管理的内容包括：场馆技术管理和技术电力规划。场馆技术管理的类别和内容见表 6-1-13。

表 6-1-13　场馆技术管理服务

服务类型	服务描述
场馆技术管理	组织、协调技术部与场馆建设主管部门、场馆业主及其他奥组委业务口在场馆内的工作，并为其他业务部门提供必需的技术服务。协调、管理技术合作伙伴和赞助商在场馆内的工作。管理、监督、跟踪所有技术系统在场馆内的实施并为其提供必需的技术基础设施
技术电力规划	对所有技术需求区域制订电力规划，包括计算设备机房、通信设备机房、现场成绩处理机房、主数据中心、备份数据中心、技术运行中心等。协调业务部门和有关单位的电力实施

注：本节所有材料来自于北京奥组委技术部《技术保障服务》

第二节　比赛成绩信息处理

随着理论研究成果、实践经验总结和科学技术在体育竞赛活动中的广泛应用，推动比赛成绩信息处理朝着更加现代化、科学化、规范化、综合化的方向发展。例如比赛成绩信息发布多种形式叠加与结合，国际体育组织对比赛成绩信息服务提出了更加规范的要求，比赛成绩信息处理系统的功能得到进一步开发与利用，更加重视发挥成绩信息服务团队的重要作用等，都在很大程度上提高了比赛成绩信息处理的质量与水平。

一、比赛成绩信息类别

体育比赛的成绩信息主要分为 3 种：文字信息、音频信息和图像信息。
文字信息主要包括：计算机终端屏幕显示、电子文档文件、纸质印刷（打印）文件。

音频信息主要包括：比赛现场广播、计算机终端声音播放、音频电子文件。

图像信息主要包括：比赛现场大屏幕显示、计算机终端图像播放、图像（视频）电子文件、纸质图像印刷（打印）文件。

在体育比赛中，比赛结果要通过比赛成绩的测量数据展示出来。无论是运动员本人，还是在场的观众，都要看到或听到大会发布的比赛成绩后，才能准确地知道比赛结果。在现代高等级运动会和单项比赛中，经常会有多种类型的成绩信息叠加起来，同时发送到信息的接受者。例如：田径比赛现场的大屏幕公告，在显示运动员到达终点的活动视频中，叠加比赛成绩字幕，同时现场播音员宣告比赛成绩，使得3种成绩信息同时作用于观众，从而加快、加强观众对比赛现场情况的了解和体验，更好地融入到体育比赛之中。

体育比赛的成绩信息中，最多的还是文字信息。运动员的比赛结果，也是通过一些具体的数据来表示的。所有比赛成绩的官方认定，也都是通过纸质文字成绩的签署和发布得到最终的承认。在比赛成绩信息服务体系中，文字成绩信息的处理和发布占据了重要的地位。

二、比赛成绩信息服务规范

国际奥委会和国际各主要单项协会共同对比赛成绩信息采集、处理、发送的格式与过程作出了具体的规定，发布了"比赛信息技术服务需求文档"（Information Technology Services Requirements Document）。在比赛信息技术服务需求文档中，非常详细地论述了各项比赛中的各种各类比赛成绩数据处理的信息类型、信息格式、发布方式、处理过程和要求，我们通常简称为ORIS，即"奥运会成绩与信息服务需求"（The Olympic Results and Information Services Requirements）。

在国际比赛中，奥运会成绩与信息服务需求已成为田径成绩信息数据的规范。

随着实际需求的变化，奥运会成绩与信息服务需求文档内容也在不断地修改和补充。国际奥委会和国际田联在每个奥运会周期中，都会多次发布新版本的奥运会成绩与信息服务需求文档，以便更好地满足比赛成绩信息处理的需要。2008年北京奥运会期间，田径项目的奥运会成绩与信息服务需求文档的版本为V1.5，2012年伦敦奥运会的版本已经升级到V1.6以上。

田径项目奥运会成绩与信息服务需求文档分为五个部分：

第一部分是成绩报表总汇（SECTION1-OUTPUTS）。在这一部分汇总了所有比赛中需要输出的报表，并分别对每一类成绩报表的版面安排、字段定义、数据格式、数据范围等进行了详细的说明。

第二部分是发送成绩报表的种类、时间以及发送对象（SECTION2-WHICH OUTPUT，WHEN and to WHOM）。在这一部分详细地说明了在什么时间，生成何种成绩报表，发送到什么地方，送交给何人等等。

第三部分是发送各类成绩报表的程序（SECTION3-PROCE DURES）。在这一部分结合比赛的各项活动进程，详细说明了各类成绩报表生成的具体操作流程，包括事前、事中、事后的各项事宜。

第四部分是赛场大屏幕显示（SECTION4-SCORE BOARDS）。在这一部分主要说明了在各个时刻赛场大屏幕（PublicScoreboard）显示的成绩内容格式，以及田赛公告显示屏（Field Score board）显示的成绩内容格式。

第五部分是成绩信息视频实时播放系统（SECTION5-REAL-TIME DISPLAY SYSTEM）。在这一部分主要说明了比赛期间内部视频系统播放实时比赛成绩的版面、内容、格式和时间。

三、比赛成绩信息处理系统

比赛成绩信息处理系统的主要功能是：完成奥运会中对比赛成绩的记录、采集、储存、展示和分发，以及赛事相关事宜的发布和处理。

根据2008年北京奥运会的技术支持构架，成绩信息系统主要分为硬件系统和软件系统两大部分。硬件系统主要是由欧米茄（OMEGA）公司（计时记分设备）和我国的联想公司（计算机、网络设备）提供，软件系统主要是由源讯公司（比赛信息存储和发布）、欧米茄（OMEGA）公司（现场成绩处理）和新奥特公司（中文比赛信息发布）提供。信息系统硬件和软件的集成，由源讯公司负责。

比赛期间的成绩信息系统通过以下模块进行工作：中央数据系统（CRS）、赛场成绩处理系统（OVR）、计时记分系统（T&S）、信息发布系统（IDS）。

（一）中央数据系统（CRS）——Central Repository System，2008年北京奥运会的主数据库，所有的运动会信息均通过该数据库存放及调用。

（二）赛场成绩处理系统（OVR）——On-Venue Results，从计时记分系统、手工输入的数据；根据运动规则计算运动员和运动队的成绩或排名；把比赛结果发送到现场记分牌或电视版上显示出来；为 ISB 和 NBC 生成电视图像；向现场评论员信息系统输入成绩和结果；向信息发布系统输入成绩和结果。

（三）计时记分系统（T&S）——Timing & Scoring，获取、记录和显示现场比赛的结果。

（四）信息发布系统（IDS）——Information Diffusion System，将所有比赛成绩信息按照特定的格式发送到不同的信息系统中。

信息发布系统（IDS）下属有五个子系统：

（1）评论员信息系统（CIS）——ICommentator Information System，成绩实时发布系统，主要供现场解说员、评论员使用。评论员信息系统只显示当前比赛单元的比赛信息。径赛的每组成绩、田赛的每次试跳/掷成绩都同步显示。

（2）奥运专用信息系统（INFO）——InformationSystem，是比赛成绩、新闻、背景资料、竞赛日程、气象等综合信息的集成显示系统。在奥运专用信息系统中可以查询所有项目的信息。

（3）成绩数据输入系统（RDF）——Results Data Feed，向世界文传电讯联盟（WNPA）提供比赛数据。成绩数据输入系统以特定的格式数据发送给世界文化电讯联盟成绩报告。

（4）互联网数据输入系统（IDF）——Internet Data Feed，以 XML 数据格式向北京奥运会官方网站、国际奥委会官方网站、各国际体育单项组织官方网站、各大转播商官方网站等发送成绩信息，生成网页提供给互联网用户浏览。

（5）打印分发系统（PRD）——Print Results Distribution System，将生成的成绩信息报表，以 PDF 文件的形式，向所有需要打印报表的站点发送，供打印和分发纸质的成绩信息报表。奥运会期间所有官方的成绩报表，包括当日成绩册和总成绩册，均由打印分发系统输出。裁判员的工作用表，绝大部分也是由打印分发系统输出。

图 6-2-1 为田径成绩信息系统的工作流程示意图。

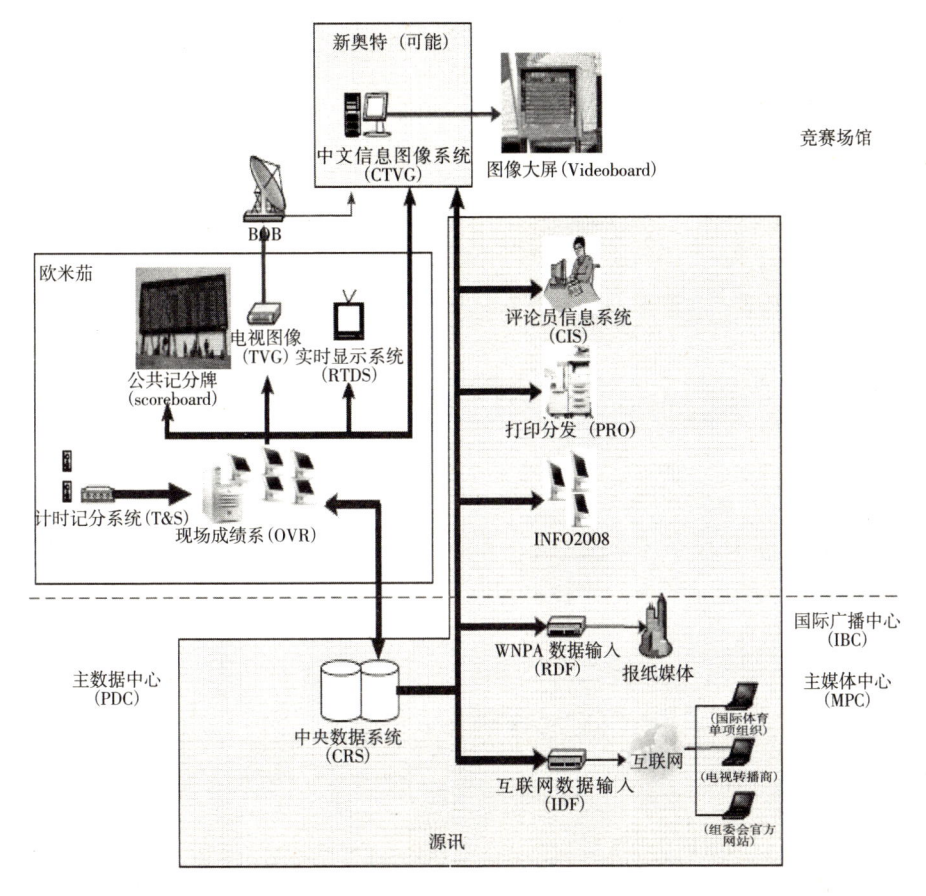

图 6-2-1　田径成绩信息系统的工作流程
(摘自北京奥组委技术部《技术保障服务》)

在北京奥运会之后，国际奥委会技术委员会将原来各信息系统数据的不同格式整合为统一的数据格式，称为 Olympics Data Feed（ODF），在各信息系统中传送数据时，均使用格式一致的 XML 数据格式，减少了不同格式之间转换的麻烦。

ODF 在 2010 年温哥华冬季奥运会的部分项目中进行了试用。2012 年伦敦奥运会在所有项目中使用 ODF。

四、比赛成绩信息服务团队

成绩信息服务团队是体育竞赛成绩信息处理工作中最重要的力量。团队结构、人员组成、明确分工和任务、履行工作职责、制订成绩经理组赛前、赛中、赛后的工作流程等是保证成绩信息服务团队工作顺利运转的重要内容。

（一）成绩信息服务团队的人员构成

（1）成绩经理组：成绩经理1人，成绩副经理1~2人，负责所有比赛成绩信息系统和有关人员的管理。

（2）信息发布经理：1人，负责监管所有比赛信息发布系统的工作。

（3）计时记分系统团队：25人左右，负责所有比赛成绩的采集。

（4）成绩处理系统团队：3人，负责所有比赛成绩信息的整理、展示、发布。

（5）打印分发团队：主管2人，志愿者150人，负责所有成绩报表的打印及分发。

（6）中文信息显示团队：2人，负责成绩信息的中文显示。

图6-2-2为成绩信息服务团队结构示意图。

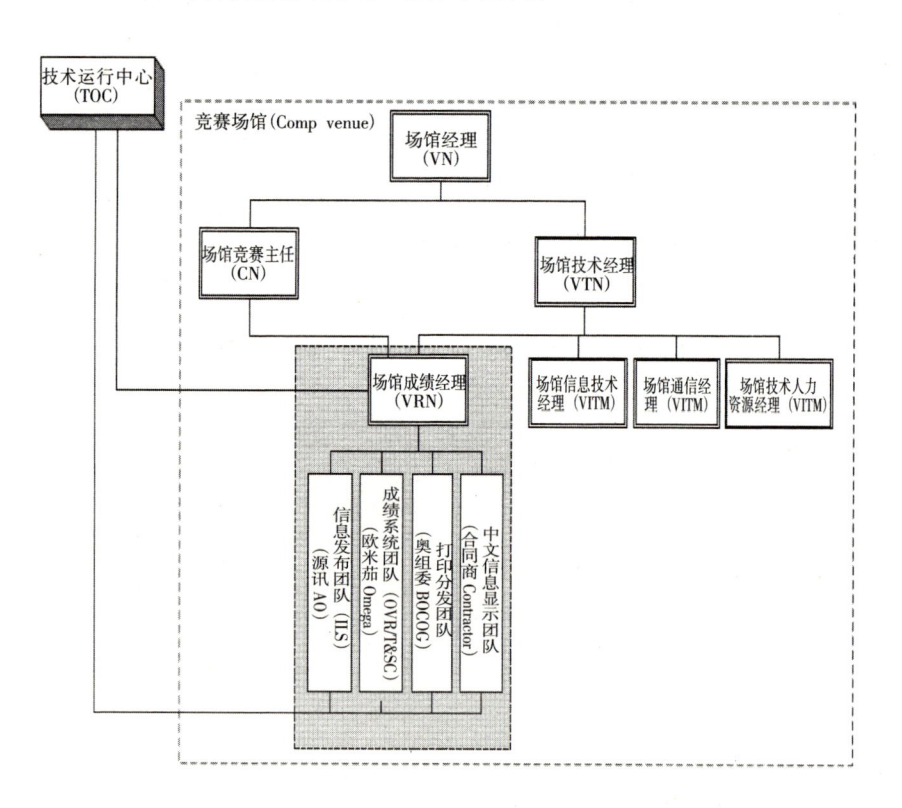

图 6-2-2　成绩信息服务团队结构示意

（摘自北京奥组委技术部《技术保障服务》）

成绩信息服务团队中，信息发布经理、计时记分系统团队、成绩处理系统团队、中文信息显示团队一般由专业的技术人员组成。与竞赛组织管理人员产生联系的主要是成绩经理。成绩信息服务的质量和速度，在很大程度上取决于成绩经理组工作效能及其与竞赛组织人员配合的密切程度。

（二）成绩经理组承担的技术服务任务

1. 赛前工作任务

（1）全面负责本项目所有成绩相关技术系统的测试工作，负责系统测试的计划、组织、协调和实施。具体包括：撰写本项目成绩系统的测试计划；撰写详细测试文档，包括根据奥运会成绩与信息服务需求文档编写测试用例和测试场景等；组织所有相关方实施各种测试活动；测试缺陷管理，负责对测试中发现的系统缺陷进行跟踪和管理，报告缺陷状态。

（2）参加本项目奥运会成绩与信息服务需求所有相关工作，阅读和理解本项目奥运会成绩与信息服务需求，熟悉和了解本项目竞赛组织方式、竞赛规则、计分办法以及其他相关知识等。

（3）全面负责本项目成绩系统赛时技术运行的规划和计划，制订相关策略和流程，包括本项目成绩系统的测试赛、技术演练和奥运会运行纲要、运行计划等；根据奥运会成绩与信息服务需求文件，制订各分项成绩公报的交付时间表；协助打印分发主管制订本项目成绩公报的打印分发计划和时间表；制订各成绩合同商内部工作接口流程；制订与竞赛管理团队、国际体育单项组织官员、场馆媒体运行团队的工作接口流程；制订本项目成绩册的赛时制作流程；制订成绩系统运行的其他相关工作流程及文档。

（4）负责本项目成绩系统技术团队的整体管理、组织和协调，与信息发布经理、计时记分团队、成绩处理团队、打印分发团队、中文信息显示团队等建立良好的工作关系，及时解决出现的问题。

（5）组织、协调和实施本项目成绩系统相关志愿者的招募与培训，制订本项目打印分发团队志愿者，及其他与成绩发布相关的志愿者工作培训计划；撰写志愿者的培训材料并进行培训。

（6）与体育部门、竞赛主任及竞赛管理团队、国际单项协会及时进行沟通和协调，确保各方对成绩服务的需求得到满足。

（7）与奥运会电视转播公司及时沟通和协调，确保转播商的成绩服务需

求得到满足。

（8）与媒体运行部门及时沟通和协调，确保媒体记者的成绩服务需求得到满足。

（9）与奥组委信息管理部门及时沟通和协调，确保本项目中文信息显示工作的正常运行等。

2. 赛时工作任务

（1）管理场馆成绩团队，参加场馆管理和场馆技术每日工作会，组织场馆成绩团队每天早晚的汇报会，负责系统每天的场馆连接测试，管理打印分发团队的运行，确保成绩团队遵守相关的策略和流程，及时解决场馆内技术系统运行中出现的问题。

（2）向场馆技术经理（VTM）汇报日常工作，汇报技术设备和技术系统运行状态，以及出现的重大技术故障时，为解决问题，从技术支持中心（Helpdesk）所获得的技术支持等。

（3）向技术运行中心（TOC）汇报日常工作，汇报场馆成绩系统的就绪状态，提交运行报告，协调成绩服务的其他重要客户（如世界文传电讯联盟、新闻媒体、转播商、国际体育单项组织、互联网内容提供商等），按照技术运行中心的要求，完成赛时的系统测试、灾难恢复、变更管理等工作，并按照技术运行中心的决定来解决场馆中出现的严重技术问题，控制和指挥成绩方面的变更管理，赛时测试、灾难恢复等工作。

（4）向竞赛主任汇报日常工作，参加场馆竞赛团队的相关工作会议，确保赛时公共记分牌和图像大屏显示集成到场馆体育展示中，确保成绩公报的打印分发格式及数量符合奥运会成绩与信息服务需求和国际体育单项组织的需求，在场馆竞赛团队实施竞赛日程变更、抽签、技术会议、运动员姓名确认、报名和资格审查等工作后，负责所有上述变更在成绩信息技术系统的实现。

（5）与奥组委媒体运行团队及时沟通和协调，了解赛时媒体对成绩服务的需求。与奥组委翻译服务团队及时沟通和协调，确保赛时中文信息显示的准确性。及时与电视转播商沟通和协调，确保赛时满足电视转播商对成绩服务的需求，同时确保电视转播商提供中文信息显示所需信号等。

（6）与技术代表、国际技术官员（ITO）、国内技术官员（NTO）密切配合，及时做好相应的成绩数据和成绩报表的服务工作。

3. 赛后工作任务

（1）监督比赛成绩册的印制和发布。

（2）进行工作总结。

（3）归还所借的设备和物品等。

在北京奥运会的组织构架中，成绩系统团队隶属于组委会的技术部，为奥运会比赛的成绩处理与发布进行技术支持。由于技术团队在赛前和赛中始终与竞赛部门及竞赛团队人员保持了密切的联系，很多成绩经理本身就是来自于单项协会的体育官员或技术人员。因此，在北京奥运会比赛期间，技术团队和竞赛团队相互配合、相互支持，形成了一个非常流畅和有效工作的模式与流程，使得北京奥运会的成绩信息系统圆满地完成了全部比赛的技术支持，得到了国际奥委会的高度评价和赞扬。

第七章　体育竞赛的场地与场馆运行

本章共分两节，主要介绍体育竞赛项目基本知识、场地要求和场馆运行基本知识。第一节按照全国运动会、冬季奥林匹克运动会和其他体育项目分类介绍各个体育项目的历史沿革和场地要求，力求向读者普及运动的专业知识，并且为各级办赛方提供准确精炼的参考。第二节介绍了国际通行的场馆运行的概念和基本知识。场馆运行模式办赛是国际通行的科学办赛模式。随着我国举办北京奥运会等综合性国际运动会，场馆运行的概念和模式已经越来越被各个赛事承办主体认识和接受。学习借鉴国际先进办赛经验，与实际情况相结合，将能极大提高办赛效率，节俭各项成本支出，实现较高的投入产出比。

第一节　体育竞赛场地

主要介绍体育竞赛的项目概述和场地要求。涉及的体育项目包括了全运会、冬奥会和全国体育大会项目。场地是举行体育竞赛的必要条件，举办体育竞赛首先要满足本项目所需的场地硬件条件，这样才能确保比赛在公平公正的环境中举行。通过以下内容的介绍，读者可以对各个项目所需的场地条件有大致的了解，同时也看到体育竞赛的场地是随着体育项目的发展而不断变化的。

一、全国运动会竞赛项目

中华人民共和国全国运动会简称"全运会"，是中国国内水平最高、规模最大的综合性运动会，首届运动会于1959年9月13日至10月3日在北京举行。每4年举办一次，一般在奥运会结束后1年举行。全运会比赛项目的设置除武术外基本与奥运会相同。第12届全国运动会比赛项目有游泳（跳水、水球、花样游泳）、射箭、田径、羽毛球、棒球、篮球、拳击、皮划艇（激流回旋）、自行车、马术、击剑、足球、高尔夫球、体操（艺术体操、蹦床）、

手球、曲棍球、柔道、现代五项、赛艇、橄榄球、帆船（帆板）、射击、垒球、乒乓球、跆拳道、网球、铁人三项、排球（沙滩排球）、举重、国际式摔跤、武术（套路、散打）。

（一）游泳

1. 项目概述

现代游泳运动起源于英国。在1896年第1届奥运会上，游泳被列为比赛项目。1912年第5届奥运会把女子游泳列入比赛项目。在1952年第15届奥运会上，国际泳联决定增设蝶泳项目，把蛙泳和蝶泳分为两个项目比赛。从此，竞技游泳发展成4种泳姿。如今，奥运会游泳比赛项目达到了32项，游泳也成为奥运会比赛金牌数仅次于田径的大项。

游泳主要国际比赛有：奥运会、世界游泳锦标赛、世界杯短池游泳系列赛、世界短池游泳锦标赛等。

2. 竞赛场地

（1）泳池

①游泳池应长50米（短池长为25米），误差范围为+0.03米至-0.00米，两端池壁自水面上0.3米~水下0.8米的范围内。安装自动计时装置触板后，误差也不得超出此范围。以上规格必须经由国家承认的测绘单位测量并提供书面证明。举办全国综合性运动会游泳比赛、全国游泳冠军赛、全国游泳锦标赛的游泳池宽应为25米，其他重大赛事的游泳池宽至少为21米。

②水面至池底的深度应在2米以上，推荐3米，两端池壁必须平行，垂直于泳道和水面。池壁必须坚实、平整，自水面下0.8米以上的池壁必须防滑。游泳池与跳水池之间，至少应相隔5米。应在离水面下至少1.2米的池壁上设休息台，台面为0.1~0.15米宽。池的四壁可设水槽。

③当游泳池的一端使用移动池壁时，必须横贯整个游泳池，池壁必须垂直、坚实、平整、防滑，在水面上0.3米到水面下至少0.8米的位置能够安装触板；移动池壁在水面上下方不能有伤及运动员手、脚、手指和脚趾的孔洞；移动池壁的设计必须使裁判员可以自由行走而不会产生明显的水流和旋涡。

④池水的水温为25~28℃。室内空间温度应高于水温2℃，馆内空间湿度应不大于70%。比赛时，池水必须保持正常水位，水面要平稳。如采用循环

换水，池水不得有明显的流动或漩涡。要求池水达到使运动员能看清池底和池壁标志线的清晰程度。池水水质必须符合国家游泳场所的水质卫生标准。

⑤整个游泳池的照明度不得少于1500勒克斯。

（2）泳道、分道线及标志线

①游泳池内可设8条或10条泳道，由9条或11条分道线构成，每条泳道宽2.5米。使用8条泳道比赛时，泳道应从1到8道，第1和第8泳道的外侧分道线距离池壁为2.50米。使用10条泳道比赛时，泳道应从0到9道。

②分道线必须拉至游泳池两端，固定分道线的挂钩应安装在池壁内，分道线必须拉紧。分道线由直径0.05~0.15米的单个浮标连接而成，距两端池壁15米处和50米池的25米处的浮标颜色应不同于其周围浮标颜色。自两端池壁起至5米内之浮标为红色。两条泳道之间只允许有一条分道线。

③泳道标志线，各泳道中央的池底应有清晰的深色标志线，线宽0.2~0.3米，线长46米（25米池线长21米），线两端距池端各为2米。在泳道标志线的两端应各设一条长1米与泳道标志线同宽并与其垂直的对称横线。两条泳道标志线的中心距离应为2.5米。

（3）出发台

①出发台应正对泳道的中间，其前沿应高出水面0.5~0.75米。出发台的表面面积至少为0.5米×0.5米（重大游泳赛事的出发台表面面积至少为宽0.5米×长0.6米）。必须安装出发犯规控制装置。台面应由防滑材料覆盖，其向前倾斜不超过10°。出发台前沿应与池壁在同一垂直面上。出发台可设置可调节踏板。出发台必须坚固没有弹性，并保证运动员出发时能在前沿和两侧抓住出发台。允许在出发台下安装电子显示板，但不能闪烁。仰泳出发时显示板上的数字不能跳动。

②出发台必须设有横式和竖式的仰泳出发握手器，高出水面0.3~0.6米。横握手器与水面平行，竖握手器与水面垂直，握手器应与池壁在同一垂直面上，不得突出池壁之外。

③出发台四周应用明显的阿拉伯数字标明泳道号数，两侧的字应尽量靠前，使裁判员能看清楚。出发台的号数应在出发一端面对游泳池从右至左依次排列。

（4）召回线及仰泳转身标志线

①出发召回线必须横跨游泳池并系在离出发池端15米处的固定柱子上，距水面1.2米以上，要能迅速放入水中，并能有效地盖住全部泳道。

②仰泳转身标志线为横跨游泳池的旗绳。旗绳两端固定在离游泳池两端5

米的柱子上，高出水面 1.8 米。标志旗必须固定在标志线上，规格为底边 0.2 米、两斜边 0.4 米的三角形。标志旗之间的距离为 0.25 米。

（二）跳水

1. 项目概述

现代跳水运动是由花式跳水演变而来的。花式跳水起源于德国。1900 年，跳水运动首次登上奥运会的舞台。1904 年在美国圣路易举行的第 3 届奥运会上，跳水被列为正式比赛项目。1912 年第 5 届奥运会上，女子第一次参加跳水比赛。

跳水主要国际比赛有：世界游泳锦标赛、世界杯各站比赛和总决赛、世界跳水大奖赛等。

2. 竞赛场地

跳水池面积为 25 米×25 米，水深 5~6 米。

（1）跳台跳水

①跳台必须坚固，跳台最低规格如下：

a. 跳台高度为 0.6~1 米，宽 0.6 米、长 5 米。

b. 跳台高度为 2.6~3 米，宽 0.6 米（最好 1.5 米）、长 5 米。

c. 跳台高度为 5 米和 7.5 米，宽 1.5 米、长 6 米。

d. 跳台高度为 10 米，宽最少 3 米、长 6 米。

②跳台前端最大厚度为 0.2 米，向内与垂直线的角度不超过 10°。

③跳台表面和前端需铺设有弹性的防滑覆盖面。

④10 米和 7.5 米跳台的前端，至少伸入池内 1.5 米；2.6~3 米跳台和 5 米跳台的前端伸入池内 1.25 米；0.6~1 米跳台的前端伸入池内 0.75 米。

⑤当两台阶重叠时，上一层台最少比下一层台伸出 0.75 米，最好伸出 1.25 米。建筑跳台时最好不要两台上下重叠。

⑥除 1 米台以外，各层跳台后面和侧面必须用栏杆围成扶手，扶手之间最少距离为 1.80 米。栏杆最低高度为 1 米，应于台前端 0.80 米处开始安装，安在台的外面。

⑦每层跳台都应有合适的台阶（不是梯子）。

⑧跳水池的水温不能低于 26℃。

（2）跳板跳水

①板长至少 4.8 米、宽至少 0.5 米，跳板上应具有良好的防画面。

②应为运动员提供调整活动支点装置的跳板。

③活动装置的支架滚筒长 0.75 米，放于距支架前端 0.25 米处时，支架的表面到跳板底部的距离不得少于 0.25 米，滚筒每向后移动 0.05 米时，此距离必须增加 0.0005 米。当滚筒移至支架的中间时，跳板必须处于水平状态。

④跳板可安装在跳台的一侧或两侧。

⑤跳水池的水温不能低于 26℃。

（三）水球

1. 项目概述

水球运动起源于英国，是奥运会历史上最早的集体比赛项目之一，男子水球于 1900 年巴黎奥运会上被列为正式比赛项目，女子水球在 2000 年悉尼奥运会上被列为正式比赛项目。目前，奥运会水球比赛设有男、女两枚金牌。

水球主要国际比赛有：奥运会、世界锦标赛、世界杯、世界青年水球锦标赛和世界大学生运动会等。

2. 竞赛场地

水球比赛通常使用标准的 50 米游泳池，水深超过 2 米，用水线标出比赛区域。男子比赛场地是 30 米×20 米，女子比赛场地是 25 米×20 米。

球门用一根坚固的横梁和两根门柱构成，球门柱和横木宽度为 0.075 米，门柱和横梁的正面为面对场地 0.075 米×0.075 米、涂上白色的方柱，位于场地两端与球门线平行的中央。端线和球门线之间的距离为 0.30 米。两门柱内缘间的距离为 3 米，水深达到或超过 1.50 米时横梁下缘距水面 0.9 米。水深不足 1.5 米时，横梁下缘距池底则应为 2.40 米。松软的门网应牢固地罩住球门的横梁和门柱，完全封闭球门区，并固定在球门的固定物上（敞开面朝向场地的一面）。球门线后的球门区内范围要有大于 30 厘米的无障碍空间。

场地的两端必须用明显的标记表示出球门线，从球门线算起的 2 米线、5 米线以及与两球门线等距离的中线等标记必须在比赛时自始至终能一目了然。这些标记采用统一的颜色：球门线各线为白色，从球门线算起的 2 米区为红

色，5米区为黄色。

红色的处罚区位于场地的两端，在球门线后面，位于正对比赛官员席的场地角落。球员进入该区即意味着该球员离开了比赛区，被罚球员在处罚区等待重新进场比赛的信号。

（四）花样游泳

1. 项目概述

花样游泳于20世纪20年代起源于德国、英国等欧洲国家，有"水中芭蕾"之称。1952年花样游泳被列为奥运会表演项目。1984年第23届洛杉矶奥运会上，成为奥运会正式比赛项目。

花样游泳主要国际比赛有：奥运会、世界游泳锦标赛、世界杯花样游泳比赛、世界青年锦标赛、世界大学生花样游泳比赛、亚运会、亚洲锦标赛等。

2. 竞赛场地

奥运会花样游泳比赛，泳池至少20米宽、30米长，在其中12米宽、12米长的区域内，水深必须达2.5~3米。水的温度应是26℃，误差±1℃。水必须十分干净，清澈见底。

（五）公开水域游泳

1. 项目概述

公开水域游泳项目是指所有不在游泳池里进行的游泳比赛，通常分为5公里、10公里、25公里等级别。2008年成为奥运会正式比赛项目。

公开水域游泳主要国际比赛有：世界游泳锦标赛、世界杯赛、世界锦标赛、奥运会等。

2. 竞赛场地

①赛程须在水流和潮汐较小的海水或流动水域中进行。

②比赛地点应有当地卫生和安全部门签发的证明。一般情况下，证明应包括水质及身体安全等内容。

③比赛水域任何一点的深度不得少于1.4米。

④水温不得低于16℃，以比赛当天赛前2小时在赛段中间40厘米深处测试的水温为准。应委托总裁判长、1名组委会成员和技术委员会指派的1名教练员测试水温。

⑤赛程所有转弯处须有明显标志。

⑥转弯检查裁判员乘坐的船只、平台包括转弯处等应有明显的标志。这些标志不应妨碍运动员转弯的视线。

⑦所有转弯处（折返点）设施、转弯检查裁判员平台、船只等应固定在水中，以免被水冲走或被风吹走。

⑧终点区应有特殊的颜色标志，终点处应设横幅。

（六）射箭

1. 项目概述

射箭，即箭术，是借助弓和弦的弹力，在一定的距离内有控制地瞄准一定的方向或目标，以比赛准确性或比赛远度的竞技体育运动项目。射箭起源大概可以追溯到公元前的新石器时代。现代射箭运动始于英国。1900年和1904年射箭被列为奥运会表演项目，1908年被列为奥运会比赛项目。由于当时射箭项目没有统一的竞赛规则，1920年后被取消，直到1972年慕尼黑奥运会才重新列为比赛项目。

射箭主要国际比赛有：奥运会、世界杯射箭锦标赛、世界室外射箭锦标赛、国际野外射箭锦标赛等。

2. 竞赛场地

射箭比赛需在开阔的草地上或室内举行。发射方向由南向北。场地平坦，长约130米、宽150米。比赛场地边上应准备一块练习场地，至少可摆放10个训练靶，发射方向与比赛场地发射方向相同。主要场地设置为：发令台（含培训台、扩音设备等）、靶道线、起射线、限制线、终点线、中点线、裁判员席、运动员和教练员席、官员席、编排记录处。

（1）场地设置

①室外射箭场地应选择一块长约140米、宽150米左右平坦、开阔的草地，发射方向由南向北。在条件允许的情况下最好有一块与比赛场地相邻且条件同等的练习场地，其面积要求可根据赛区的实际情况酌情提供。

②室内射箭场地应选择具备良好的照明设备和通风条件的场馆，馆内距离不小于长 30 米、宽 50 米，且有安全、消防、无障碍通道和紧急疏散通道。

③上述场地可按赛事进程布置为：排名、淘汰、决赛、个人和团体的场地。室外、室内的撒放区最好选择在比赛场地旁边无人过往安全的地方，发射方向和面积大小任意，撒放靶的数量按参赛运动员人数和场地条件来设置。

④应符合规则和安全。

(2) **场地的布置**

比赛场地布置必须符合以下规定：

①比赛场地的边线成直角（90°），每一射程的距离是从环靶黄心到地面的垂直点起，至起射线外沿止。90 / 70 / 60 米场地的允许测量误差为±30 厘米；50 / 40 / 30 米场地的允许测量误差为±15 厘米；25 / 18 米场地的允许测量误差为±10 厘米。

②在室外，应在起射线后至少 5 米处画一条候射线。在室内，应在起射线后至少 3 米处画一条候射线。

③将所有箭靶摆放在箭道线上，箭靶与地面垂直线的夹角在室外应为 10°~15°，在室内应为 0°~10°，所有箭靶线均应设置在同一角度上。

④箭道线上所有黄心的高度应在一条直线上。

⑤在可能的情况下，每个箭靶应安排 3 名运动员。如果靶场条件有限，则每个箭靶最多安排 4 名运动员。

⑥在起射线上正对靶心的地方做一个记号。在起射线前 1~2 米的地方放置与该箭靶相对的号码。有两名或以上运动员共用一个箭靶时，应在起射线上标出发射位置。须保证每名运动员至少拥有 80 厘米的空间，如遇坐轮椅参赛的运动员，则还需增加必要的间隔。

⑦箭道线是从起射线右侧直角延伸至靶终点线的直线，箭道线内可根据赛事需求放置 1、2 或 3 个箭靶。

⑧在起射线前方 3 米处画一条平行于起射线的直线。

⑨必须在场地周围设立适当的隔离栏，以防止人员走动影响运动员比赛。对于室外比赛，应在 90 米箭道线的两端以外至少 20 米，或者在起射线两端以外最少 10 米处直线设立隔离栏。当箭靶移到 30 米射程时，到箭道线的距离应保持在约 13 米。隔离栏应位于候射线后至少 10 米，应位于 90 米箭道线后至少 50 米。这样，当箭靶移到 30 米射程时，安全区就可增加到 110 米。如果有足够高的靶挡，如有效的拦网、垄坡或类似装置（非篱笆或可穿透的围栏），则可

缩短 50 米的安全距离。靶挡高度必须能够挡住从 90 米上方脱靶的箭。

⑩对于室内比赛，必须在场地周围设立隔离栏，用以阻隔观众。隔离栏到箭道线两端的距离至少应为 10 米，到候射线的距离至少应为 5 米。禁止观众跨越箭道线。若因比赛场馆空间有限而无法在场地两侧设置隔离栏时，则禁止观众越过候射线后的隔离栏。

⑪在淘汰赛中，箭靶应紧密地成对设置。

⑫对于淘汰赛阶段，应在比赛场地的一侧准备一块练习场地，供仍在参加比赛的运动员在淘汰赛和决赛期间练习使用。

⑬对于团体比赛，应在起射线后 1 米画一条清晰可见的线。

⑭对于团体比赛，在 1 米线后应设置一块可容纳 3 名运动员并放置他们器材的运动员区，其后为教练区。如果空间允许，还应在两个竞争参赛队之间设置一块明确标示的裁判员区域。

（七）田径

1. 项目概述

田径起源于人类的社会实践，在劳动不断的重复过程中，便形成了走、跑、跳跃和投掷等各种技能，这就是田径运动的雏形。随着组织和规则的进一步完善，逐渐形成了今天的带有竞技性、健身性、观赏性的田径运动。1896 年第 1 届现代奥运会上，田径运动被列为正式比赛项目。

田径主要国际比赛有：奥运会、青奥会、世界田径锦标赛、世界杯田径赛、世界室内田径锦标赛、世界青年田径锦标赛、世界少年田径锦标赛、田径钻石联赛、世界田径单项挑战赛以及国际田联特许赛等。

2. 竞赛场地

田径运动场地包括竞走、赛跑、跳跃和投掷项目的比赛场地，通常被设置在一个有 400 米椭圆形跑道的体育场中。国际田联建议所有今后新造的场地应按弯道半径为 36.50 米的规定建造，并将其称为"400 米标准跑道"。

（1）径赛场地

径赛项目包括短跑、中长跑、跨栏赛跑和障碍赛跑，跑进方向为逆时针方向。每条跑道宽 1.22 米，分道线宽 5 厘米。环形跑道从内向外依次是 1 至 8 号分道。弯道如设为 9 道，就是一个体育场能够提供的最多的椭圆跑道数

目，而直道上的分道数目则没有限制。

(2) 径赛设施

①起跑器。400米及400米以下（包括4×200米接力、异程接力和4×400米接力的第一棒）各项径赛的起跑必须使用起跑器。起跑器应包括两块倾斜的抵脚板，供运动员起跑时蹬踏，位置可以前后调节，便于固定，易于操作。起跑器应与国际田联批准的起跑犯规监视仪联接，以帮助发令员确认起跑是否犯规，其他径赛项目的起跑采用站立式起跑。

②全自动终点摄像计时系统。全自动计时和终点摄像装置必须经国际田联批准方可使用，并根据比赛举办前4年内所作的一次精度测试结果进行审批。全自动计时装置必须从发令员的枪或经批准的类似装置启动开始计时，从鸣枪到此时计时系统启动之间的总延误时间应该是稳定的，并小于或等于0.001秒。

③栏架。L形栏架支脚面向运动员，在栏架横木顶端中央至少要施加水平方向3.6公斤的力才能使栏架翻倒，提高了跨栏运动员的安全感。栏架的高度可按不同的项目进行调整。如男子110米栏和400米栏的高度分别为1.067米与0.914米，女子100米和400米栏的高度分别为0.838米与0.762米。

④障碍架与水障碍跑跑道。位于400米标准跑道之内。在障碍赛跑道上，一共有5只栏架，其中的一个栏架是障碍水池的一部分。障碍应均匀分布，各个障碍之间的距离约为一圈标准长度的五分之一（如半径是36.5米且水池在第二弯道的内侧，各个障碍之间的距离为79.2168米），障碍赛跑每一圈栏架数为5只（4只栏架+1只障碍水池栏），2000米的第1圈不使用第1只和第2只栏架。3000米障碍跑必须越过28次栏架和7次水池，2000米障碍跑必须越过18次栏架和5次水池。障碍栏架的顶端横木应漆成黑白相间的条纹，栏架重量为80~100千克，栏架两边各装有一个底座支架，其长度为1.20~1.40米，障碍栏架高度为男子0.914米、女子0.762米。男、女栏架的宽度至少为3.94米，水池边栏架的宽度为3.66米（建议比赛中第一个栏架的宽度至少5米）。障碍水池（3.66米×3.66米×0.50米~0.70米）可以被永久建立在标准跑道第二弯道的内侧，或在第二弯道的外侧。

(3) 田赛场地及设施

①跳跃项目，包括跳远、三级跳远、跳高和撑杆跳高。

跳远、三级跳远设施包括助跑道、一块起跳板和一个落地区。从起跳线量起，助跑道最小长度为40米，条件允许时应为45米，助跑道宽1.22米，有0.05米宽的白线标出。起跳板为长方形，用木料或其他适宜的坚硬材料制成，长1.22米、宽0.20米，深不超过0.10米，漆成白色，起跳板表面与助跑道表面平齐。如果助跑道有一永久性的表面，则需要建一个由耐腐蚀金属制成的嵌入底盘，以便起跳板能正确地安装。在非赛季，起跳板可移开，如果它翻过来有一跑道表面，则可翻过来成为助跑道的一部分。落地区必须长7.00米~9.00米，宽至少为2.75米。落地区周围应该安装不小于0.05米宽、0.30米高的边沿，边沿朝内呈圆形，并与地面齐平（如木板或覆盖软物的水泥边沿），落地区必须有一个可渗水的下部结构或一个适宜的排水系统（排水井或连接管），并填上一定深度的沙子，边上不少于0.30米，中间稍微深些，沙子必须与起跳板在同一平面上。

跳高设施包括一个半圆形助跑道、一个起跳区、两个立柱、一根横杆和一个落地区。半圆形助跑道的半径至少为20.00米，跳高立柱必须间隔4.02米±0.02米放置，落地区的尺寸不小于6.00米×4.00米，上面覆盖一个相同尺寸的防钉鞋穿透的落地垫，高度至少为0.70米。垫子可放置在一个高0.10米的格栅上，格栅的每边应在垫子每边向内0.10米处围起来直至地面。

撑杆跳高设施包括一个助跑道、一个插竿用的插穴、两个立柱、一根横杆和一个落地区。它既可平行布置在一条直道的外侧，也可布置在半圆区域内。助跑道至少长40.00米，长度从跑道起点至零线丈量，助跑道宽1.22米±0.01米，有0.05米宽的白线标出，或者用宽0.05米、实线长0.10米、间距0.50米的虚线标出。在助跑道尽头，插穴边沿应与助跑道齐平，尽头内边上沿与零线吻合。零线应以0.01米宽的白线标出，并延伸至立柱以外，两个立柱必须安置在水平基础上，与零线水平，向落地区方向移动不超过0.80米，或者用带有可移动横竿托的立柱安装在插孔内，立柱相距至少5.20米。每个立柱与落地区的间距大约0.10米。立柱下半部分适当垫衬以保护运动员和撑杆，如必要，须安装独立的保护垫。落地区应不小于6.00米长（不含前端）×6.00米宽×0.80米高，可安置在0.10米高的格栅上，前端至少长2.00米，最靠近插穴的落地区边沿应距插穴0.10~0.15米，并从插穴开始以大约45°角倾斜。

②投掷项目，包括掷铁饼、掷链球、掷标枪和推铅球。

掷铁饼的设施包括一个投掷圈、一个护笼和一个落地区。靠近1500米起点的掷铁饼设施通常与掷链球设施相结合，区别在于投掷圈的直径不同。投掷圈的箍由铁、钢或其他适宜材料制成，顶面与外面的地面或合成材料面层或水泥地齐平，圈内区域由混凝土制成，不能打滑。圈内地面应水平，并且比圈边的上沿低0.02±0.006米。掷铁饼圈内直径为2.50米，链球圈内直径为

2.135 米。圈箍厚度至少 6 毫米，70~80 毫米深漆成白色。丈量成绩要通过的圆心必须标出（最好用内径为 4 毫米的黄铜管与表面齐平埋置）。另外，在圈边安置 3 个或更多与地面齐平的等分的防腐蚀排水管，管子要达到下层的渗水层，或与排水系统连接。掷铁饼与掷链球的护笼通常是建在一起共同使用的，掷链球护笼需要更高的标准，因此也适用于掷铁饼。为增加安全系数，护笼侧面保护网可以延伸到更靠近跑道直至从圆心起 7.00 米处，或在最后 2.00 米处增加保护网高度。落地区可以是煤渣或草地或其他适宜材料，表面平整柔软，保证裁判员可以清楚地判断器材的第一落点，落地区必须从投掷圈中心以 34.92°角铺设，并以 0.05 米宽的白线标出，线的内边是落地区的分界线，落地区长度为 80.00 米，如果在 80.00 米处，两条分界线的间距为 48.00 米（掷链球的落地区应该长为 90.00 米），就获得了 34.92°的扇形角。

掷标枪设施包括一个助跑道、一个投掷弧和一个落地区。助跑道长度至少为 30.00 米，条件允许时应不短于 33.5 米，长度的丈量从助跑道的开始处至与投掷弧后沿齐平并延伸至助跑道外的白线处。助跑道由两条相距 4.00 米、宽 0.05 米的平行白线标出。从起掷弧终点倒退 4.00 米，助跑道边有两个白色 0.05 米×0.05 米的矩形，协助裁判员判定，加快测量速度。助跑道上铺设与跑道相同材料的面层，投掷弧安装在助跑道的尽头，它可以用油漆刷出或由木料或其他适宜的防腐蚀材料如塑料制成，如果不是油漆刷出的，那么它必须安装得与助跑道表面齐平。投掷弧宽 0.07 米，是一个圆心在助跑道中线上、半径为 8.00 米的朝投掷方向的白色圆弧。在投掷弧的两个端点划出垂直于助跑道平行标志线的两条白线，长 0.75 米、宽 0.07 米。掷标枪落地区分界线在沿圆心与投掷弧和助跑道标志线交叉处连线的延长线上划定。落地区长 100.00 米，在这一距离上分界线内沿连线长 50.00 米，扇形落地区角度为 28.96°，落地区分界标志线的长度根据比赛水平而定。

推铅球设施包括一个投掷圈、一块抵趾板和一个落地区。投掷圈的内部直径是 2.135±0.005 米。推铅球抵趾板应漆成白色，由木料或其他适宜材料制成弧形，内沿应与投掷弧内沿吻合，它应该被牢固地安装在落地区分界线之间的中央地面上。内沿弧长 1.22±0.01 米，最窄处宽 0.112±0.002 米，如牢固安装，从相邻投掷圈面层之上测量高度为 0.10±0.002 米，落地区长为 25.00 米，扇形夹角为 34.92°。

（4）田径场地灯光要求

对于非电视转播项目田径设施，只需要提供适合于比赛水平要求的水平照度。具体要求如（表 7-1-1）所示。

表 7-1-1 田径场地灯光水平照度要求

比赛水平	水平照度	均匀度		灯光颜色特性	
	平均水平照度 (lux) *	均匀度 1 最低/最高	均匀度 2 最低/平均	冷暖色度 (K)	颜色保真 （指数）
休闲和训练	75	0.3	0.5**	>2000	>20
俱乐部比赛	200	0.4	0.6	>4000	≥65
国家和国际比赛	500	0.5	0.7	>4000	≥80
* 照度值是保持的最低平均值，初始值高 1.25 倍。 ** 在只使用跑道时，内场照明灯关闭，均匀度 2 应≥0.25。					
眩光等级（GR）			≤50		
每 0.55m 均匀度梯度（UG） （只用于国内和国际比赛）			≤20%		

在需要进行彩色电视转播时，必须为摄影机拍摄的景物提供足够的垂直照度。具体要求如下（表 7-1-2）所示。

表 7-1-2 田径场地灯光垂直照度要求

比赛水平	需计算的摄影机位置	对摄影机的垂直照度 平均垂直照度 (LUX) *	最低均匀度		灯光颜色特性	
			均匀度 1 最低/最高	均匀度 2 最低/平均	冷暖色度 (K)	颜色保真 （指数）
国家和国际比赛 +应急电视照明	固定摄影机	1000	0.4	0.6	>4000	≥80
重大国际比赛，如世界锦标赛和奥运会	慢动作摄影机	1800	0.5	0.7	>5500	≥90
	固定摄影机	1400	0.5**	0.7**	>5500	≥90
	移动摄影机	1000	0.3	0.5	>5500	≥90
	终点摄影机	2000				
* 照度值是保持的最低平均值，初始值高 1.25 倍。						
场地四边平面的垂直照度点			≥0.3			
平均水平照度和平均垂直照度			≥0.5 和≤2			
第一排观众的平均垂直照度			≥0.25			
眩光等级（GR）			≤50			
每 5 米均匀度梯度（UG）			≤20%			
** 终点线摄影机的均匀度 1 和均匀度 2 应≥0.9。						

（八）羽毛球

1. 项目概述

两千多年前，在中国、日本、印度、泰国、英国、瑞典等国流行一种类似于"毽子板球"的民间游戏，这便是羽毛球运动的雏形。现代羽毛球运动诞生于英国，1988年被列为汉城奥运会的表演项目，1992年巴塞罗那奥运会上被列为正式比赛项目。

羽毛球主要国际比赛有：奥运会羽毛球比赛、世界羽毛球男子团体锦标赛（汤姆斯杯）、世界羽毛球女子团体锦标赛（尤伯杯）、世界羽毛球混合团体锦标赛（苏迪曼杯）、世界羽毛球个人项目锦标赛等。

2. 竞赛场地

为了避免气流的干扰，羽毛球比赛一般在室内进行。

羽毛球场地呈长方形，长度为13.40米，单打球场宽5.18米，双打球场宽6.10米。

理想的羽毛球比赛场地地面应用弹性木材拼接而成，目前大型比赛均采用在有弹性的木地板上铺设经批准的羽毛球比赛专用化学合成材料可移动球场。不论是采用木板地面还是合成材料比赛球场，都必须保证运动员在比赛中不感到太滑或太粘，并有一定的弹性。

球场必须有清楚的界线，场地线宽均为4厘米，场地线最好是白色、黄色或其他容易辨别的颜色。所有场地线都是它所确定区域的组成部分。从场地面起，网柱高1.55米。当球网被拉紧时，网柱应与地面保持垂直。网柱及其支撑物不得深入场地内。不论是单打还是双打比赛，网柱都应放置在双打边线上（《规则》四、场地和场地设备的变通规定的情况除外）。球网应由深色优质的细绳编织成。网孔为均匀分布的方形，边长15~20毫米。

羽毛球馆净空不低于9米。气流应严格控制，不得影响羽毛球的正常飞行。墙壁和天花板应为暗色，无反光物、不晃眼。灯光照度要均匀、无眩光、不晃眼。

大型比赛时，馆内应无自然光射入，光照度不得低于1200Lux，要保持23~26℃恒温，球场上空12米以内和每个球场四周2米以内不得有障碍物。

（九）棒球

1. 项目概述

棒球运动源于英国的板球。棒球项目在 1992 年被列入奥运会比赛项目，但由于国际奥委会压缩项目，又于 2012 年退出奥林匹克夏季运动会。

棒球主要国际比赛有：世界杯、亚运会等。

2. 竞赛场地

棒球比赛场地是一个直角扇形区域，直角两边是区分界内地区和界外地区的边线。两边线以内为界内地区，两边线以外为界外地区，界内和界外地区都是比赛有效地区。界内地区又分为内场和外场。内场呈正方形，4 个角各设 1 个垒位，在同一水平面上尖角上的垒位是本垒，并依逆时针方向分别为一垒、二垒和三垒。内场每边垒间距离为 27.43 米。投手板的前沿中心和本垒尖角的距离为 18.44 米。本垒后面和两边线以外不少于 18.29 米的范围内为界外的有效比赛地区。两边线至少长 76.20 米，两边线顶端连结线的任何一点距本垒尖角的距离都不应少于 76.20 米。本垒尖角后 18.29 米处应设置后挡网。网高 4 米以上，长 20 米以上。场地周围设置围网，高度 1 米以上为宜。内场以外的地区为外场。

比赛场地必须平整，不得有任何障碍物。跑垒路线上的土质要松软。一般国际比赛场地要求内场整个场地呈龟背形，最高点为投手区，跑垒路线、投手区及各垒位周围是土场地，内场其余地方及外场区应为草坪。比赛场地的内场与地面平行，只是投手区为直径 5.49 米，并高出地面 0.25 米的圆圈土坡，投手板高出地面 0.25 米。投手板用木或橡胶制成，应固定在地上。击球员区及接手区为限制击球员及接手的合法活动范围。

（十）篮球

1. 项目概述

篮球运动是 1891 年由美国马萨诸塞州斯普林菲尔德市基督教青年会训练学校体育教师詹姆士·奈史密斯博士发明的。在 1936 年第 11 届奥运会上，男子篮球被列为正式比赛项目，1976 年女子篮球被列为正式比赛项目。

篮球主要国际比赛有：奥运会、世锦赛、欧洲篮球锦标赛、亚洲篮球锦标赛、美国职业篮球联赛等。

2. 竞赛场地

(1) 场地面积

篮球比赛场地是一个长方形的坚实地面，无障碍物。奥运会篮球比赛和世界篮球锦标赛的比赛场地长为 28 米、宽为 15 米；其他比赛场地长度可减少 4 米，宽度可减少 2 米，要求其变动互成比例。球场的丈量从界线的内沿量起，天花板或最低障碍物的高度至少应为 7 米。

(2) 界线设置

比赛场地是由两条端线和两条边线组成的界线所限定。长边的界线称边线，短边的界线称端线。球场上各线必须十分清晰，线宽均为 0.05 米。这些线不是比赛场地的部分。

中线应从两边线的中点画出并平行于两端线，它向每条边线外延伸 0.15 米，中线是后场的一部分。中圈应画在比赛场地的中央，半径是 1.8 米（从圆周的外沿丈量）。如果中圈里面着色，它必须与限制区内的颜色相同。两个罚球半圆应画在比赛场地上，半径是 1.8 米（从圆周的外沿丈量），它的圆心在两条罚球线的中点上。

罚球线应画成与每条端线平行，从端线的内沿到它的最外沿应是 5.8 米，其长度是 3.6 米，它的中点应落在连接两条端线中点的假想线上。

限制区应是画在比赛场地上的一个长方形区域，它由端线、延长的罚球线和起自端线（外沿距离端线的中点 2.45 米）、终于延长的罚球线外沿的线所限定。除了端线外，这些线都是限制区的一部分。限制区内必须着色。

某队的 3 分投篮区是除对方球篮附近被下述条件限定的区域之外的整个比赛场地的地面区域。这些条件包括：两条从端线引出的垂直于端线的平行线，其外沿距离边线的内沿 0.9 米；以对方球篮中心正下方场地上的点为原点，画一个半径（圆弧外沿）是 6.75 米的圆弧，此原点距离端线中点的内沿是 1.575 米，且该圆弧与两平行线相交。3 分线不是 3 分投篮区的一部分。

球队席区域应由两条线在场外画出。球队席区域内必须有 14 个座位供教练员、助理教练员、替补队员和随队人员使用。任何其他人员应在球队席后面至少 2 米处。

两条长 0.15 米长的掷球入界线应画在记录台对侧、比赛场地外的边线上，

其外沿距离最近端线内沿是 8.325 米。

无撞人半圆应在场地上画出,其界线是以球篮中心正下方的场地上的点为原点,以半径(半圆内沿)为 1.25 米的半圆,以及与端线垂直的两条平行线,内沿距球篮中心正下方场地上的点的距离是 1.25 米,其长度是 0.375 米并距离端线内沿 1.2 米。无撞人半圆区由与篮板前沿平行的假想线和上述平行线末端连接封闭构成。无撞人半圆区的界线不是无撞人半圆区的一部分。

(3) 场地材质

篮球场地有土质、水泥、沥青和木质等,有条件的一般都用木质场地。土质、水泥和沥青场地比较经济,基层单位使用较多。任何场地都要求地面平整,不要有突起、小坑和小石块等,画线要清晰。

(4) 照明要求

比赛场地的灯光照明,至少应为 1500 勒克斯,这个光度是从球场上方 1 米处测量的。灯光照明还应符合电视转播的要求。

(十一) 拳击

1. 项目概述

拳击运动源远流长,它起源于人类产生之初。现代拳击运动起源于 18 世纪的英国。1904 年,拳击在第 3 届奥运会上被列为正式比赛项目。2009 年 8 月 13 日,女子拳击正式成为奥运会比赛项目。

拳击主要国际比赛有:奥运会、世界杯、世锦赛等。

2. 竞赛场地

(1) 场地照明

①光强度:垂直照度为 1400~1800 勒克斯。

②灯光位置:拳台上方临时或永久的布置,要产生舞台效果,亮度由拳台到观众席逐渐变暗。

③光柱照射范围:光线应直接打在拳台表面(不能产生影子),光线不能直接面对运动员和裁判员,以避免眩光。

④混合区灯光:混合采访区的灯光要具备足够亮度,且对比赛不产生影响。

⑤温度:24~26℃。

⑥看台与比赛场地的距离:拳台边与观众坐席之间的最短距离不得少于 4 米。

⑦通道（从比赛场地到辅助设施）：允许各类人员通过的宽敞走廊。

(2) 拳击台

所有国际拳联批准的比赛，拳击台围绳内面积为 6.1 平方米。其他比赛，拳击台围绳内面积在 4.9~6.1 平方米之间（16~20 英尺）即可。拳击台外延与围绳的间距是 0.85 米。

所有国际拳联批准的比赛，拳击台距离地面的高度为 1 米。其他比赛，拳击台距离地面或底座的高度在 0.91~1.22 米之间即可。

拳击台面应安全、稳固和平整，不得有任何障碍物。台的四角设有 4 个角柱，角柱用角垫缠绕，或以近似方式设置，防止拳手受伤。角垫颜色安排如下：面向仲裁席，近左角为红色、远左角为白色，近右角为白色、远右角为蓝色。台面要垫有厚 0.013~0.019 米的毡制品、橡胶或其他具有同等弹性的材料，再覆盖一张平展牢固的帆布。毡制品、橡胶或其他材料以及帆布均应覆盖整个台面，并且使用防滑帆布。

所有国际拳联批准的比赛，拳击台设有 4 根 4 厘米粗的围绳，与 4 个角柱稳固相连。4 根围绳离拳台面的高度分别为 0.406 米、0.0711 米、1.016 米和 1.321 米。围绳的每一边用两条宽 0.03~0.04 米帆布带将其上下相连、拴牢，四边帆布带之间的距离应相同。帆布带要稳固，不能顺着围绳滑动。围绳要绷紧，以抵消运动员的冲撞力。如必要，裁判员可随时调整围绳的松紧度。

拳击台设有 3 个台阶。红、蓝角各设一台阶，供参赛运动员及其助手使用；中立角设一台阶，供裁判员和临场医务监督人员使用。在拳击台两个中立角的外侧，各备一个小塑料袋，供裁判员、医务仲裁或医生放用过的止血棉球或纱布。

（十二）皮划艇

1. 项目概述

皮划艇分皮艇和划艇两个项目。皮艇起源于格陵兰岛上的爱斯基摩人所制作的一种小船；划艇则起源于加拿大，因此又称加拿大划艇。现代皮划艇运动产生于 1865 年。1936 年第 11 届奥运会，皮划艇静水（男子）开始被列为奥运会正式比赛项目，皮划艇静水（女子）项目于 1948 年进入伦敦奥运会。皮划艇激流回旋在 1972 年第 20 届奥运会上首次成为正式比赛项目，但 1972 年以后到 1988 年的奥运会都没有列入该项目，直到 1992 年第 25 届巴塞

罗那奥运会激流回旋比赛又重返奥运赛场。

皮划艇主要国际比赛有：奥运会、世界赛艇锦标赛、世界大学生赛艇比赛等。

2. 竞赛场地

（1）皮划艇静水项目场地设施

比赛场地的重要设施之一是终点塔，这是比赛的核心区域，一般为4层或5层的小楼，作为终点计时系统操作室、终点计时裁判室、仲裁室、竞赛委员会、终点录像室、广播室和媒体摄像室等使用。一般情况下，贵宾区紧邻终点塔，便于观看运动员通过终点线的精彩表现。另一个重要设施是艇库，比赛艇一般存放在架子上，艇库有开放式和封闭式两种。在举办比赛时也可把船停放在室外。

在奥运会比赛中，皮划艇静水比赛通常与赛艇比赛合用一个水上赛道，为满足赛艇比赛的需求，赛道必须满足以下最小测量范围的要求：长1400米（直线距离）、宽120米，最小深度2米；航道旁边至少有一边直的河岸离第一条航道的最大距离为50米。水面设置一条专用通道，让参赛者进入比赛区或训练区。皮划艇静水奥运会比赛距离为1000米和500米。比赛采用9条航道，每条航道宽9米；在布置比赛航道时必须根据规则规定的"Al-bano"系统布置。在奥运会上必须使用自动起航器和电子计时系统。

河岸是缓和的防浪斜坡，由大石块或其他特殊材料建成网状。

（2）皮划艇激流回旋项目场地设施

赛道长为250~400米，其测量标准是从起点线至终点线之间水道的中间最小值；赛道最小平均宽度8米，水流落差一般大于5米，水道平均深度大于0.8~1.0米。

热身和放松水域一般在起点区域或终点区域。赛道中有固定的和可移动的障碍物。比赛时，赛道中布置18~25个水门。其中一部分是顺水流方向的顺水门，另一部分是逆水流方向的逆水门。其中至少6个，最多7个逆水门，比赛中运动员不能触碰门杆，顺利通过规定的顺水门和逆水门。

水门由两根悬垂的门杆组成。顺水门杆漆成绿白相间，逆水门杆漆成红白相间，最下面的一段均为白色。门宽指两门杆之间的距离，介于1.2~4米之间。门杆为圆形，长1.6~2米，直径3.5~5厘米，有足够的重量，刮风时不会有大的摆动。门杆下端距水面约20厘米高，以不被水触动为宜。运动员在比赛时必须按门编号顺序通过水门。最后一个门和终点线的距离为15~25米。门号牌为30厘米长，30厘米宽，底色为黄或白色，两面用黑漆写上20厘米高的号码。

（十三）自行车

1. 项目概述

第一次自行车比赛是1868年在法国圣克劳德公园内举行的。在1896年第1届奥运会上，自行车被列入正式比赛项目。1996年山地自行车被列入奥运会比赛项目。2008年小轮车被列入北京奥运会比赛项目。

自行车主要国际比赛有：奥运会、世界杯、世锦赛等。

2. 竞赛场地

（1）公路个人计时赛

①路面平坦，赛道起伏较小路段。

②有良好的路段标志，上坡的路段每公里有标志。

③起点附近必须提供一个至少800米长环形路段，作为热身区。

④转折点要放置标志。

⑤起点线上要设置运动员出发台，并有倒计时钟提示出发。

⑥终点要设置电动计时压条、感应计时设备和终点三维摄像设备及电子显示屏。

（2）公路个人赛

①选择各种地形变化的赛道或环形公路赛道。

②路面宽度不少于6米，重点路面宽度不得少于8米。

③终点前至少有不短于500米的直道，终点线后缓冲段有不短于100米的直路。起、终点可以设在同一地点。

④赛道上要设置固定的比赛指示标牌：从起点处开始标明0公里、50公里和最后的25、20、10、5、4、3、2公里，在距终点最后1公里处要有明显的红色标志，终点处要有"终点"字样的横幅。

（3）场地赛

①赛车场根据封闭程度分为自行车馆、加有棚顶的半封闭赛车场以及露天赛车场3种。场地大小通常设计为250米和333.33米的跑道长度。

②赛车场的跑道为椭圆形、盆状的设计结构。跑道最大的安全速度在

85公里/小时~110公里/小时之间。不同长度的跑道，其弯道半径和跑道宽度也不同。赛道表面应为木质。

③赛道下部设有站赛道宽度为10%的检视道（蓝区）。

④每4圈1000米长的赛道，只允许误差50毫米。整条赛道的坡度在13°~17°之间。

（4）山地自行车

①越野绕圈赛或"XC"，比赛路线至少6公里一圈。

②超长越野赛或"PP"，比赛路线应至少20公里，不超过100公里，有明显的海拔高度变化。

③短程赛或"SC"，比赛路线最多6公里，起终点须设在同一个地方。

④速降赛或"DH"，赛道必须全部为下坡，路线应由单人道、跳跃地段、田野、森林道和砾石道混合组成，有快、慢技术路段组合。理想路线长度最短1.5公里，最长3.5公里。

⑤爬坡赛或"HC"，比赛路线中应至少包括80%的上坡骑行路段。起点设在一个指定位置，终点设在另一个海拔更高的地方。

⑥奥运会山地车比赛，一般选择5~9公里长的环形赛道，赛道路况要有清晰的路标指示。路标大小为宽20厘米、长40厘米，放置于地面高度1.5米的位置。赛道路标要准确指明比赛路线和随后出现的路况变化，以及交叉路口和所有存在潜在危险情况的地段。路标要清晰，确保运动员沿正确的路线骑行。

（十四）马术

1. 项目概述

马术起源于原始人类的生产劳动过程，后来人们为了使马匹在战场上移动灵活与准确，常对马匹进行各种技巧和协调性的训练，逐渐发展成为马术运动。1900年在法国巴黎举行的第2届奥林匹克运动会上首次列入马术项目。

马术主要国际比赛有：奥运会、世界马术运动会、世界杯等。

2. 竞赛场地

（1）盛装舞步马术比赛

盛装舞步马术比赛场地长60米、宽20米，平整的沙质地面（或纤维混合物沙地），场地周边设固定围栏，围栏高度为 0.3 米，围栏与观众的距离不小于 20 米。马场围栏外侧的文字标，长度约为 2 米，设置在离围栏约 50 米处，其标志不能使马匹易受惊吓。

(2) **场地障碍马术比赛**

场地障碍马术比赛是测验人马结合、在各种条件下通过一条设有障碍物路线能力的比赛。主要测定马匹的体力、技能、速度和跳跃时的顺从，以及运动员的骑术水平。如果运动员发生某种失误，使马匹碰落障碍物、拒跳、超过允许时间等等，均要受到处罚。比赛的胜利者是受处罚最少、通过路线最快的运动员。

比赛场地四周用围栏与场外分隔。室内比赛场地最小面积为 1200 平方米，短边最小距离为 20 米。室外比赛场地最小面积为 4000 平方米，短边最小距离为 50 米。场地内按照路线设计师设计的路线摆放多道障碍。障碍物的高度和伸展度、障碍物之间的距离须符合技术要求。障碍物的外形可以多种多样，但是不应引起骑手和马匹的惊奇或不愉快。障碍物本身及其组件在遭遇适度的外力时，应当能够被碰落，但是既不能敏感到轻触即落，也不能笨重到绊倒马匹。障碍物的横杆和其他组件都架在支撑物（托杯）上。托杯的直径必须稍微大于横杆的直径，弧长最多达到横杆圆周长的 1/3。托杯不可紧包着横杆，必须使横杆能在托杯上滚动。承托板条、栅栏、栏杆和悬门的托杯，其弧度必须更开张，甚至可以是平的。

(3) **三项赛**

三项赛又称综合全能马术赛，包括盛装舞步赛、场地障碍赛、越野赛。盛装舞步比赛场地和单项盛装舞步比赛场地相同。场地障碍赛沿途设置 10-12 个障碍，其中必须有 2/3 达到最高线的障碍和一个水沟障碍。越野赛线路长度 4400~4950 米或者 4950~5500 米。

（十五）击剑

1. 项目概述

公元前 11 世纪，古希腊就出现了击剑课。1896 年第 1 届奥运会就设有男子花剑、佩剑的比赛，1900 年第 2 届奥运会增加了男子重剑比赛，1924 年第 8 届奥运会增加了女子花剑比赛，1992 年第 25 届奥运会女子重剑被列为正式比赛项目，2004 年雅典奥运会上女子佩剑被列为比赛项目。

击剑主要国际比赛有：奥运会、世界击剑锦标赛、世界青年击剑锦标赛等。

2. 竞赛场地

①举行比赛的场馆应有一定规模，一般需具备 2000~5000 个观众席位。

②应由完全符合电视直播要求的场地（木质地板）、电子计时记分、照明、音响等设备，上空至少 10 米无任何障碍物。须经主办单位派出的检查小组检查认可。

③5 条剑道安装在不同颜色的地毯上，1 条决赛剑道安装在 4 条剑道中间的高台上。

④4 个彩色区域约为 7 米宽、22 米长。

⑤1 个 6 米宽、44 米长其他颜色的区域在彩色剑道中间，用于放置决赛高台。

⑥剑道两头各有两块警戒板，警戒板前一块板上有开始线。选手比赛从开始线开始。

⑦比赛场地要有均匀和充分的照明。灯光不得少于 1500 勒克斯（从场地上方 1.5 米处测量）。照明设备的安装不得妨碍运动员和裁判员的视觉，应符合电视转播的要求。

（十六）足球

1. 项目概述

古代足球运动起源于中国，现代足球运动则诞生于英国。1900 年，足球首次在奥运会上露面。1908 年，足球被正式批准为奥运会项目。

足球主要国际比赛有：奥运会、世界杯、各大洲杯赛等。

2. 竞赛场地

根据竞赛规程规定，比赛可以在天然或人造草坪上进行。比赛场地必须是长方形，边线的长度必须长于球门线的长度。长度最短为 90 米、最长为 120 米，宽度最短为 45 米、最长为 90 米。

比赛场地是用线来标明的，这些线作为场内各个区域的边界线应包含在各个区域之内。两条较长的边界线叫边线，两条较短的线叫球门线。所有线的宽度不超过 12 厘米。比赛场地被中线划分为两个半场。在场地中线的中点

处做一个中心标记，以距中心标记 9.15 米为半径画一个圆圈。

球门区：从距每个球门柱内侧 5.5 米处，画两条垂直于球门线的线。这些线伸向比赛场地内 5.5 米，与一条平行于球门线的线相连接。由这些线和球门线组成的区域范围是球门区。

罚球区：从距每个球门柱内侧 16.5 米处，画两条垂直于球门线的线，这些线伸向比赛场地内 16.5 米，与一条平行于球门线的线相连接，由这些线和球门线组成的区域范围为罚球区。在每个罚球区内距球门柱之间等距离的中点 11 米处设置一个罚球点。在罚球区外，以距每个罚球点 9.15 米为半径画一段弧。

旗杆：在场地每个角上各立一根不低于门 1.5 米的平顶旗杆，上系小旗一面。在中线的两端、边线以外不少于 1 米处，也可以放置旗杆。

角球弧：在比赛场地内，以距每个角旗杆 1 米为半径画一个四分之一圆。

球门：必须在两条球门线的中央放置一个球门，球门由两根距角旗杆等距离的垂直柱子和连接其顶部的水平横梁组成。球门柱和横梁必须用木材、金属或其他被批准的材料制成，其形状必须是正方形、长方形、圆形或椭圆形，并不能对运动员构成危害。两根柱子之间的距离是 7.32 米，从横梁的下沿至地面的距离是 2.44 米。

（十七）体操

1. 项目概述

体操在中国、印度、埃及、古希腊、古罗马都有着悠久的历史。现代竞技体操始于 18 世纪的欧洲。1896 年在希腊举行的第 1 届奥运会上，体操就被列入比赛项目。1932 年洛杉矶第 10 届奥运会上增设了自由体操。1936 年柏林第 11 届奥运会上男子 6 项比赛正式形成，同时有了女子体操比赛项目。1960 年的第 17 届罗马奥运会上，女子体操比赛项目得到完善和定型。

体操主要国际比赛有：奥运会、世锦赛、世界杯等。

2. 竞赛场地

竞赛场地不能小于长 65 米、宽 40 米。所搭赛台面积为 53 米×26 米，并安装规则规定的比赛器械，赛台四周搭建 FOP 围板，并设有运动员、技术官员及嘉宾入口。

(1) 自由体操

自由体操比赛在面积为12米×12米的场地内进行。场地上铺一层地毯，地毯下面是一层有弹性的海绵，海绵下面是一层带弹簧的木板。比赛区外有2米的安全区域。

(2) 鞍马

鞍马比赛高度为1.05米（从垫子上沿量起），下有拉链与地面挂钩相连固定，可升降。

(3) 吊环

吊环比赛高度为2.60米（从垫子上沿量起）。吊环的双环由2根钢索悬吊，环为钢质外包木制材料。

(4) 跳马

跳马高度为1.35米（从地面上量起）。

(5) 双杠

双杠高度为1.80米（从垫子上沿量起）。杠子高度可以升降，两杠间宽度可以调节。杠子外为木质、内为钢筋，具有较好的弹性。

(6) 单杠

单杠高度为2.60米（从垫子上量起）。横杠长度2.4米，直径为28毫米。

(7) 高低杠

高低杠由两根横杠组成，一根离地面2.50米，另一根离地面1.70米。两杠间距可以根据运动员需要和习惯进行调整，最宽不能超过1.80米。

(8) 平衡木

平衡木高度为1.25米（从地面上量起），长5米、宽10厘米。

（十八）艺术体操

1. 项目概述

艺术体操起源于欧洲，又称韵律体操。1984年洛杉矶奥运会将个人项目列为正式比赛项目，1996年亚特兰大奥运会又增加了集体全能项目的比赛。

艺术体操主要国际比赛有：奥运会、世界锦标赛、世界杯赛等。

2. 竞赛场地

(1) 场地规格

艺术体操比赛场地分为竞赛区和安全区。其场地与自由体操场地相近似。

①竞赛区为边长 13 米×13 米的正方形，需铺设地毯，地毯下面有一层特制的弹性适中的塑胶垫。竞赛场地的净高至少不小于 12 米。

②场地四周有宽度至少 4 米的安全区域，安全区位于竞赛区之外，需铺设地毯，其宽度不小于 50 厘米，并保证竞赛区与观众看台之间的距离不小于 4 米。

③艺术体操比赛还要求运动员比赛结束后要在规定的区域等候裁判员的评判，此场地区域称为候分区，是艺术体操比赛不同于其他比赛的一个亮点。

（2）场地性能

艺术体操比赛一般是在体育馆木质地板上铺设地毯的场地上进行。热身和训练场地的要求同竞赛场地。

（3）场地照明

根据国内外比赛和电视转播的要求，比赛场馆灯光要求 1500 勒克斯，训练和热身场馆灯光要求 1000 勒克斯。应避免灯具和天然光对运动员造成的直接眩光，以及地面和场馆内光泽表面对运动员、观众和摄像机造成的间接眩光。

（十九）蹦床

1. 项目概述

据史料记载，蹦床起源于中世纪的法国。蹦床作为一种比赛项目，是在二战结束后的美国首先开始的，很快就传入到欧洲，逐步传到世界各地。从 2000 年悉尼奥运会开始，蹦床成为奥运会正式比赛项目。

蹦床主要国际比赛有：奥运会、世锦赛等。

2. 竞赛场地

（1）比赛馆

大型蹦床比赛在体育馆内举行，木地板或塑胶地，内场大小至少 43 米×25 米，高度至少 12 米。馆内应有空调和通风设备，室温控制在 26℃左右为宜。馆内照明良好，亮度不低于 1000 勒克斯，白天不能有阳光直射进入场地。馆内要有大型电子显示屏，场地周围应有必要的辅助用房。

（2）热身馆

比赛馆附近应有一片 300 平方米左右、高度不低于 8 米的热身场地，铺地板、地胶、地毯均可，供运动员赛前练习使用。热身场地和比赛场地之间的

距离应在100米之内，两个场馆之间的通道要有顶棚覆盖。

（二十）手球

1. 项目概述

手球运动起源于欧洲。19世纪末，捷克斯洛伐克、德国、丹麦等国出现类似手球的游戏。1920年制定竞赛规则。1925年德国与奥地利举行首次国际手球赛。后逐渐在世界各国开展。1936年德国柏林第11届奥运会上，男子11人制手球第一次被列为奥运会正式比赛项目，之后中断。男子7人制手球于1972年在慕尼黑举行的第20届奥运会上，被列为正式比赛项目。1976年在蒙特利尔举行的第21届奥运会，女子7人制手球被列为正式比赛项目。

手球主要国际比赛有：奥运会、世锦赛、亚运会等。

2. 竞赛场地

（1）场地

①比赛场地为长方形，长40米、宽20米。通过丈量其两个对角线的长度，可检查场地尺寸的准确性。场地对角线（从场地两个对角的外沿量起）为44.72米，半场的对角线（从场地角的外沿到由边线外沿与中线的纵向中点组成的角）为28.28米。

②比赛场地由各种场地线划成。球门线（在两个球门柱之间）的宽度与球门柱一样为8厘米，其他所有的线宽均为5厘米。场地上两个相邻场区之间的线，可以由场区的不同颜色所代替。

③球场净空高度为9米。

（2）区域与界线

①球门区：位于球门前面，由一个宽3米、长6米的长方形区域和两个与之相连的1/4圆形区域构成。球门区线的画法如下：从内球门线外沿至球门区线外沿（球门区外）6米处划一条3米长与内球门线平行的线段；分别以球门柱内沿外角为圆心，以6米为半径画出两条90°弧线，分别与3米线段两端和球门线相接，围住球门区的直线和弧线称球门线。两条弧线与外球门线两个交点的外沿之间的距离为15米。

②任意线（九米线）：为虚线，距离球门线9米并与球门区线平行。这条虚线的每条实线段及线段间的距离均为15厘米。这些实线段应分别切成直角

或成圆心放射状的角度，弧线部分线段的长度以外沿为准。

③七米线：长 1 米，位于球门正前方，与球门线平行，从球门线外沿至 7 米线外沿（球门区外）距离为 7 米。

④守门员限制线（4 米线）：长 15 厘米，位于球门正前方，与球门线平行，从球门线外沿至 4 米线外沿（球门区外）距离为 4 米（球门线和 4 米线的宽度均包括在内）。

⑤比赛场区周围应有安全区，距离边线至少 1 米，距离球门线至少 2 米。

⑥球门：位于各自球门线的中央。球门必须稳固地置于地面或安装在其后面的墙上。球门内径高 2 米、宽 3 米。球门框必须为长方形，其内径对角线为 360.5 厘米（361~360 厘米，同一个球门误差最大不超过 0.5 厘米）。

⑦球门柱的后沿与球门线的外沿齐平，即球门柱的前沿应位于外球门线前面 3 厘米。

球门柱及与之相连的横梁应由同样的材料制成（木质、轻金属或化学合成材料等），其横截面为边长 8 厘米的正方形，四角（立柱的棱）为半径 4±1 毫米的圆弧。从场地上能看到的球门柱和横梁的三个面，必须漆成与背景有明显区别的相间色带。同一个场地上的两个球门必须漆成同样的颜色。球门立柱与横梁连接处应漆成 28 厘米的相同色带，其他色带均长 20 厘米。

⑧球门必须缚挂球门网，以使掷入球门的球不会立即弹回或穿过球门。如有需要，可在球门内球门线的后面加一个内网，球门线至内网的距离约为 70 厘米，但不得少于 60 厘米。

球门网的深度在上端为距离球门线 0.9 米，下端为 1.1 米，误差不超过 0.1 米。网眼不得大于 10 厘米×10 厘米。球门网必须至少每隔 20 厘米固定在球门柱和横梁上。为使球不能进入内网与球门网之间，允许将球门网和内网连结。

⑨在球门后面约 1.5 米处，应挂一张宽 9~14 米、高 5 米的垂直挡网。

（3）地板

手球场地需在标准运动地板上铺设专用地胶，地胶须选用国际手联批准的产品。

（4）照明与温度

手球场地照明要求为 800 勒克斯。为满足高清电视转播要求，可能需要 1200 勒克斯以上，但须防止眩目。设计上要求房顶反光度好，光源与房顶反差尽可能小，数值至少为 0.6，最好达到 0.8。但球门后面相反，要求反差大，

反光度低，数值为 0.25。同时也要考虑色温。

手球场要求室内通风良好，夏天要求温度为 18~24℃，冬天为 15~22℃。

（二十一）曲棍球

1. 项目概述

历史学家认为，曲棍球运动在许多国家的古文明时期就已经出现了。在中国、印度、波斯等国也有历史记载。现代曲棍球 19 世纪下半叶兴起于英国。1908 年，男子曲棍球被列入第 4 届伦敦奥运会比赛项目，但在 1912 年斯德哥尔摩奥运会上被排除在外。1920 年的安特卫普奥运会上，曲棍球又重新回到奥运赛场。在 1924 年的巴黎奥运会上，组织者以曲棍球运动没有统一的国际组织为由拒绝接受。从 1928 年阿姆斯特丹举行的第 9 届奥运会起曲棍球成为常设比赛项目。女子曲棍球项目在 1980 年第 22 届莫斯科奥运会上开始增设。

曲棍球主要国际比赛有：奥运会、世界杯、世界冠军杯等。

2. 竞赛场地

曲棍球比赛场地为绿色人工草场。球场的长度为 91.4 米、宽度为 55 米，长宽边分别称为边线和端线，球场中间一条"中线"将场地分为两个相同部分。两条端线正中各设一球门，球门宽度为 3.66 米、高度为 2.14 米。球门柱之间的端线部分为球门线。在每端球门前各有一个距球门 14.6 米的弧，所形成的 D 形区域被称为射门区。距两条端线 22.9 米处各有一条与其平行的虚线，称为 25 码线。球门前中央 6.40 米处为罚球点，直径为 15 厘米。场内所有线的宽度为 7.5 厘米，并均包括在所属场、区内。

国际曲联为避免球员在拼抢中因倒地造成身体与人工草地强烈摩擦可能出现挫伤的意外，要求场地在赛前必须浇水。

（二十二）柔道

1. 项目概述

近代柔道起源于日本，其前身是柔术，而柔术脱胎于中国的武术。男子柔道于 1964 年东京奥运会中被列为正式比赛项目。女子柔道于 1988 年汉城奥

运会中被列为表演项目,并于1992年巴塞罗那奥运会被列为正式比赛项目。

柔道主要国际比赛有:奥运会、世锦赛(成年、青年、少年组)、世界无差锦标赛、世界团体锦标赛、大师杯赛、大满贯赛、大奖赛、洲际杯等。

2. 竞赛场地

比赛场地面积最小为 16 米×16 米,最大为 18 米×18 米,场地必须是用塌塌米或类似塌塌米的平坦而有弹性的垫子铺成。垫子必须设在有弹性的地板或高台上,在比赛场地周围要保留一个不小于 50 厘米的空间。比赛场地分为比赛区和安全区。比赛区面积最小为 8 米×8 米,最大为 10 米×10 米,通常采用黄色垫子。安全区的宽度至少为 4 米,通常采用红色、绿色或蓝色垫子。比赛必须在比赛区进行。当使用两个或两个以上相邻的比赛场地时,允许在两个场地之间共用一个 4~6 米的安全区。观众与比赛场地的距离至少为 3 米。

(二十三)现代五项

1. 项目概述

现代五项是相对古代五项而言。在公元前 708 年的第 18 届古代奥运会上就有古代五项,它由跑步、跳远、标枪、铁饼和摔跤组成,距今已有 2700 多年。现代五项由击剑、游泳、跑射联项和马术组成。

1912 年,现代五项作为正式比赛项目在瑞典的第 5 届奥运会上出现,2000 年奥运会增设了女子项目。

现代五项主要国际比赛有:奥运会、世界锦标赛、世界杯、世界青年锦标赛、世界少年锦标赛、洲际比赛等。

2. 竞赛场地

现代五项比赛的特殊性和复杂性,决定了现代五项场地、器材、装备的分散性、多样性。因此,每项比赛开始前裁判员对各项目场地、器材设备的检查尤其重要。比赛时,如发现场地或器材设备不符合规则规定可停止或延迟比赛。

(1)击剑

现代五项击剑比赛场地建议设置 14 条剑道(个人比赛 6 条,接力赛 12 条,2 条作为备用)。剑道应布置在同一空间内,比赛场地必须表面平整,保证双方条件对等,特别是光线。

剑道宽 1.50~2.00 米、长 14 米。剑道两端各延伸 1.5~2 米距离,剑道总长度为 17~18 米,以便运动员后退。剑道周围布置裁判工作台及其相关设备。各剑道之间间距以及比赛区域与四周场地边界之间距离均不小于 3 米。

对于钝头剑和重剑,剑道表面必须完全覆盖金属表面,包括其延伸部分和安全边界。

(2) 游泳

现代五项游泳为自由式游泳,即可以使用任何泳姿。其中个人赛距离为 200 米,双人接力赛距离为 2×100 米。

泳池长度为 50 米、宽度至少 21 米。如在出发池端安装或在转弯处增设电子计时触板时,必须确保两触板间距离为 50 米。全池水深至少 1.8 米。至少设 8 条泳道,每道 2.5 米宽,第 1 泳道和第 8 泳道以外两侧应留有 0.5 米的空间。出发台距水面高度为 0.5~0.75 米。平台面积不得小于 0.5 米×0.5 米,台面必须由防滑材料覆盖,倾斜度不超过 10°。水温 26 摄氏度(误差±1 度)。比赛期间池水须保持平稳,无明显波动。在距水面不低于 1.2 米,离出发端 15 米处悬挂召回线。

(3) 跑射联项

跑射联项场地包括射击场和跑步路线。必须有出发/到达区、射击场、终点罚停区、接力区、跑步路线(800 米)、裁判区、验枪区、充气区、教练员指导区、媒体摄像区、观众区以及组委会和国际现代五项联盟必要的办公室。场地必须符合规则规定的技术要求,尽可能为观众提供最好的视野,符合所有电视转播的要求。出发/终点区、射击场、接力区以及 800 米跑步路线的大部分区域应设置在平地上,彼此距离很近,以便为大部分观众提供较好视野。为观众专门设置看台,看台距赛道至少 5 米。场地及路线上的关键部分必须采用围栏隔开,以防止运动员受阻、跑错及无关人员穿插,但围栏高度和范围应尽可能避免对电视转播的干扰。必须为运动员和比赛官员的参赛提供足够场地,为工作人员、媒体、摄像和观众提供充足空间,但转播不能干扰比赛。组委会必须为运动员提供一个有遮挡的封闭区域,以避免运动员受天气因素的影响。与国际技术代表/国家技术代表以及电视转播顾问协商在路线上设电视转播区,这一区域的主要目的是确保比赛最好的电视转播,特别是防止无关人员阻挡电视镜头。在终点区附近设置隔离区域(混合区),以便记者和摄影师能够近距离接触比赛结束的运动员进行采访或拍照。射击场的设置

必须确保运动员、教练员、裁判员和观众的安全，要为贵宾和赞助商设置独立的区域，视线要好。

射击场地要求

射击使用激光枪系统，并且必须使用激光靶。射击场地室内、室外均可，应确保直射阳光不干扰运动员。靶子应该在安装时避免阳光对射击接收信号造成干扰。如果比赛场地、赛道和靶位光照充足，跑射联项比赛可以选择在晚上进行。

射击比赛场地可划分为射击区、裁判区和靶位区三部分，要求平整、排水功能好。

①射击区：建议设30个射击位，每个射击位对应另一端的靶位，射击地线距离射击靶表面之间的距离为10米，允许误差为±0.05米。射击位置宽度为1.2米，进深至少1.5米，必须在两侧用直线喷绘清晰地标出宽度，并且在后端也用直线喷绘射击位的出发线。直线除喷绘外也可以使用胶带或者小广告带。每个射击位置必须配备：一张桌子或长凳（长1.2米、高度0.7米、宽0.6米）及激光枪垫（海绵，A4纸大小，厚8厘米）。射击位置（射击地线、射击桌）上方必须安装顶棚，确保运动员及桌上成绩显示器避雨。必须在射击桌下方为运动员的气手枪、饮用水、毛巾及望远镜准备专门防水盒；在射击位置后方地线不小于4米的区域设立比赛赛道，以便运动员在每轮射击前后进、出各自射击位置时，而不干扰其他运动员、裁判员和国际现代五项联盟技术代表或国家技术代表履行职责。

②裁判区：在射击区赛道外沿设裁判区，每个对应的射击位均设一个裁判员工作区，各备一把椅子，长为射击区长度，宽1~1.5米；裁判员工作区后设赛前教练员指导区，长为射击区长度，宽2~2.5米，用标识线隔离。

③靶位区：射击靶及其他设施（固定背景板、靶位号、成绩显示器、顶棚、灯光）必须固定，不得晃动。射击靶中心位置的高度必须从地线水平面量起，具体高度为标准高幅+1.40米/−0.05米；靶心水平差幅0.25米。射击靶后的固定背景板必须是不反光的材质、颜色不鲜艳，并要标注靶位号，靶位号与射击位置号一致。确保靶位号（至少25厘米高，一般在靶和信号灯之间）在正常射击条件、常规视力下，从射击地线、观众席、VIP区域、转播区清晰可见。需要提供充足、不间断的电源，可提供至少15毫安的电流。电源线有防水外皮，20安培，3×2.5毫米的双向，电源线安装在背景板2米高的位置上。靶位区上方安装顶棚或者防水塑料盒，以使有关设备在雨天能正常工作。

跑步路线要求

①跑步路线为 800 米长的封闭赛道，标识必须清楚，在任何时候确保运动员知道行进方向。

②路线可为复合路面，建议以草坪为主。路线最大坡长为 50 米；坡长计算从开始区域的垂直角起，累加每个水平线上的长度。路线的最后 50 米必须是水平直道，出发线到射击位置的跑道要足够宽，以便出发进入射击位置。路线 500 米处必须设置路标。路线应有足够宽度，任何位置都保证两名运动员相互超越。路线上应用旗帜、彩带或在地面上做标记，清楚标明行进方向，使运动员清楚地看到。路线上所有拐弯处前后 10 米，均应用 0.5~1 米高的醒目色带标识，跑步路线两边必须用 0.5~1 米高的彩带清晰标出。

③起点和终点必须在同一区域，起、终点线在地面上以至少 5 厘米宽的白线条标明。建议使用门架（拱形门等）、垂直杆或类似物品标出起点和终点。

④在接力比赛中，起、终点线至少 5 米宽，终点线前后各 10 米设置 20 米长的接力区。接力区规格 20 米×5 米，必须以界线清楚标识。

⑤终点线后的到达区域必须有足够空间，以便工作人员照顾已完成比赛的运动员。终点区严密设置计时设备和计时裁判员，不允许运动员、媒体或观众进入，特别要注意跑射结合区，以避免与已完成射击准备进入跑步场地的运动员发生碰撞。

（4）马术

马术比赛场地是封闭式长方形草坪或沙土地。障碍物为横木栏栅、木杆栏栅、横木、篱笆、石墙、平行双横木型宽障碍等。马匹行进速度 350 米/分钟，路线长度在 350~450 米之间。全场设 12 道障碍，共 15 跳。

（二十四）赛艇

1. 项目概述

赛艇起源于英国，1715 年为庆祝英王加冕，首次举行赛艇比赛。1896 年第 1 届奥运会已将赛艇列为正式比赛项目，但由于天气恶劣临时取消。1900 年第 2 届奥运会上举行了赛艇比赛，设 6 个单项，但当时的比赛规则不完善，比赛的距离、航道和比赛细则都不明确。1934 年，国际赛艇联合会规定比赛必须在 2000 米的直道上举行，宽度至少可容纳 3 条艇比赛。

赛艇主要国际比赛有：奥运会、世锦赛、世界杯、世界青年锦标赛等。

2. 竞赛场地

比赛必须在静水水面上进行。比赛航道直道 2000 米，终点后有约 200 米长度的缓冲区，起点至发令塔有不小于 50 米的准备区域，航道总长度最好不小于 2250 米，航道总宽度 162 米。一般为 6 条航道，最多为 8 条航道，每道宽度 13.5 米，水深不小于 3 米。

（二十五）帆船帆板

1. 项目概述

帆船帆板运动历史悠久，最早的竞技记载是公元前 70—公元前 19 年。古罗马诗人伟基尔在叙事诗《伊尼特》中详尽地描述了伊尼特在特洛伊到意大利的一次帆船和划艇竞赛。十九世纪初，现代帆船运动开始兴起。1900 年，帆船竞赛列入第 2 届奥运会。1984 年第 23 届奥运会的帆船比赛中增设了男子帆板，第 25 届奥运会又增设了女子帆板。

帆船帆板主要国际比赛有：奥运会、世锦赛、洲际赛、世界杯等。

2. 竞赛场地

（1）近岸赛和离岸赛

因为比赛是在宽阔的海上进行，海洋是自然形成的，人类是不可能改变它只有适应它，所以近岸赛和离岸赛对竞赛场地没有统一的要求。组织近岸赛和离岸赛之前，组织者在选择比赛航线时尽可能地选择避开繁忙的航道、避开沿途的礁石岛屿、避开水文复杂水域、避开渔网较多水域、避开极端天气水域，如果无法避开，需要在竞赛手册上注明以提醒参赛者注意。

（2）场地赛

一般性的俱乐部比赛，对场地的要求相对较低，包括比赛距离、比赛时间控制、保持场地的形状，以及各个浮标的角度等允许有较大的误差。奥运会比赛对场地要求最高，特别是在比赛距离的要求方面误差不超过 0.01 海里，比赛各标的角度方面误差不超过 2 度，完成一轮比赛的时间上误差不超过 3 分钟。但比赛时由于风向和风速随时在变化，为保证比赛场地的准确性，要求组织者根据风向的变化随时调整比赛场地的各个标志以保持正确的距离和角度，有非常大的难度，所以要求场地的布设者需要有很高的布标水平和技巧以及对风向变化有很强的判断力，才能较好地完成奥运会比赛场地的布设工作。

场地赛要求又可分成：

①迎风、尾风场地要求

根据风速和水流的大小确定起航线到上风标的距离。奥运会比赛迎风、尾风场地一轮比赛时间根据比赛级别的不同，计划需要30~60分钟，距离是根据当时的风速条件、器材的速度条件及水流条件由竞赛裁判长确定比赛距离。要求上风标布设在起航线前方正顶风方向，上风标的角度要与风向一致，误差越小越好。

②梯形场地赛要求

梯形场地是奥运会比赛常用场地，不仅是上风标的角度和到上风标距离要精准，而且还要确保上风标到2标的距离和角度以及2标到3标的距离与角度保持精准，还要求3标到终点线的距离和角度以及终点线的宽度与角度都必须按照布设场地的要求及标准去完成布设工作。梯形场地对上风标到2标的角度有严格的规定，有球帆的帆船上风标至2标的内角是60°，没有球帆的帆船上风标至2标的内角是70°，2标到3标的内角是120°或110°。梯形场地要求上风标和下风标要与风的方向一致，2标和3标要与风向一致。梯形场地可以使更多级别的帆船在同一个水域比赛，因此在很多帆船比赛中都能看到梯形场地。

③三角形场地赛要求

三角形场地在帆船比赛级别较少的时候采用，比赛采用等腰三角形，除上风标和下风标必须与风向一致外，上风标到2标的内角是45°，2标到下风标内角是90°。

（二十六）射击

1. 项目概述

据史料记载，射击运动最早起源于狩猎和军事活动。射击运动于1896年首届夏季奥运会就被列入正式比赛项目。除了1904年第3届奥运会和1928年第8届奥运会外，射击在其余各届奥运会中都是正式比赛项目。从1984年奥运会起，开始设立部分女子项目，1996年奥运会开始将男、女射击比赛完全分开。

射击主要国际比赛有：奥运会、世界杯总决赛、世锦赛等。

2. 竞赛场地

射击比赛的竞赛场地包括裁判区、射击距离区和受弹区。裁判区为运动员比赛，裁判员、仲裁委员执裁的区域；射击距离区为自射击距离的起点线到射击距离的终点线之间的空间区域；受弹区为自靶线到后挡弹墙之间的空间区域。室外靶场的射向应建成运动员背向太阳的方向。在国际射联组织的比赛和奥运会射击比赛中，10米靶场必须设在室内。

比赛场地布置需符合以下要求

①靶场必须标出设靶线和射击地线。设靶线是规范设靶的线，射击地线是规范运动员不得超越的线，设靶线需要平行于射击地线。射击位置设在射击地线后面。

②为了安全，可在靶场周围建一道墙，也可在设靶线和射击地线之间设置几道挡弹墙。

③射击位置后面应给裁判员、仲裁委员留有足够的地方以便工作，观众席必须用栏杆与射击位置和裁判区分开。

④靶架及其相对应的射击位置上要求有明显的号码标志，号码的大小应以运动员看得清楚为准。

⑤裁判区内，应为检查员准备一套桌椅，置放在射击地线后面、不妨碍运动员射击的位置上。

⑥射击场地与靶壕之间必须设有通讯设施，以便于射击场地和靶壕裁判员之间的联络。

⑦50米和25米靶场应设有示风旗，示风旗为矩形，其大小为50毫米×400毫米，用棉质材料制成。设在不影响运动员瞄准和不妨碍弹丸飞行的地方。

⑧射击距离，是指靶面到射击地线的垂直距离。如果采用人工操纵的升降靶，射击距离应从前靶团测量。

⑨靶心高度，是从地面水平向上量起，靶中心高度为：50米靶场0.75米；25米靶场1.4米；10米气枪靶场1.4米，10米移动靶场1.40米。要求全场所有靶的中心高度一致。

⑩射击位置，是靶的中心应垂直对准射击位置中心。射击位置的面积分别为：50米靶场射击位置宽1.6米、长2.5米，为使更多的运动员参加比赛，射击位置宽度可缩小到1.25米，但必须注意不得影响邻近运动员射击；10米

靶场射击位置宽至少 1 米；25 米靶场手枪速射射击位置宽 1.5 米、长 15 米，女子手枪和男子慢加速射射击位置宽 1 米、长 15 米。

⑪射击位置上应有下列设备：一个可移动的供运动员射击使用的桌子，一块供卧射、跪射使用的垫子，一把供运动员休息用的椅子或凳子，一架检查员使用的弹着观察镜，一块宽 400 毫米、长 500 毫米的成绩公布板。

⑫10 米靶场必须用电动输送靶或其他换靶设备。室内应提供照明设备，全场光照必须均匀，不得低于 300 勒克斯。靶面光照至少 1000 勒克斯。

⑬25 米靶场射击位置必须用屏风隔开，以防弹壳对运动员的干扰，同时应使裁判员看到运动员。射击位置上必须设有供运动员使用的桌子和椅子，裁判区需设有供裁判员使用的裁判桌和椅子，每个裁判桌上有一块成绩公布板。

⑭25 米手枪项目转动靶，安装在一个可使靶子沿垂直轴线转动 90°的旋转机构上。靶架上 5 个靶为一组。所有的靶都在同一高度上，必须同时转动，每靶中心之间的距离为 750 毫米。靶的转动时间不得超过 0.3 秒钟。靶的转动方向从上往下观察，转正应为顺时针方向，转侧应为逆时针方向。

⑮飞碟靶场的一般标准：在北半球的靶场射向朝东北，南半球靶场射向应朝东南，这样设计是考虑到在竞赛当中，太阳光线尽可能从背后照向射手。新建的飞碟靶场应注意：要有弹丸的散落区域，且适度平坦无障碍，便于用机械化的方式回收铅弹丸。

（二十七）垒球

1. 项目概述

垒球运动起源于美国，由棒球运动演变而来。由于棒球运动需要的场地太大，雨雪天气无法在室外活动。1887 年在美国芝加哥，人们首先将棒球场地缩小并移至室内进行，为了有别于棒球，于 1933 年正式取名为"垒球"。1996 年第 26 届奥运会将女子垒球（快投）列为正式比赛项目。垒球在 2012 年退出奥林匹克夏季运动会。

垒球主要国际比赛有：奥运会，世界男、女锦标赛和世界青年锦标赛等。

2. 竞赛场地

垒球比赛场地是一块直角扇形区域。界内地区又分为内场和外场。内场为红沙土场地，四角各设一个垒位，在直角上的垒位是本垒，并依逆时针方

向分别为一垒、二垒和三垒。内场以外的地区为外场，外场为草皮场地。内场每边垒间距离为 18.29 米。投手板至本垒的距离为 13.10 米。本垒后面和两边线以外不少于 7.62~9.14 米的范围内为界外的有效比赛地区。

（二十八）乒乓球

1. 项目概述

乒乓球起源于英国。欧洲人至今把乒乓球称为"桌上的网球"，乒乓球是由网球发展而来。1981 年 10 月 1 日，国际奥委会在联邦德国巴登巴登举行的会议上作出决定，把乒乓球列入奥运会比赛项目。

乒乓球主要国际赛事有：奥运会、世锦赛、世界青年锦标赛、世界杯等。

2. 竞赛场地

（1）比赛区域

①比赛空间应为不少于 14 米长、7 米宽的长方形，高度为 5 米，但四个角可用长度不超过 1.5 米的挡板围起。

②轮椅项目的比赛空间可以减小，但不得小于 8 米长、6 米宽。

③以下器材和装置为每个比赛区域的一部分：球台及球网装置，裁判员桌椅，比分显示器，毛巾盒，台号，挡板，地胶，挡板上的队名牌或人名牌。

④比赛区域应由 75 厘米高的同一深色的挡板围起，以与相邻的比赛区域及观众隔开。

（2）灯光

①在世界比赛和冠以"奥林匹克""残疾人奥林匹克"名称的比赛中，从比赛台面高度测得的照明度不得低于 1000 勒克斯，且整个比赛台面照度均匀。比赛区域其他地方的照明度不得低于 500 勒克斯。

②其他比赛中，比赛台面的照明度不得低于 600 勒克斯，且整个比赛台面照度均匀。比赛区域其他地方的照明度不得低于 400 勒克斯。

③如果因电视转播等原因需要增加临时光源，该光源从天花板上方照下来的角度应大于 75°。比赛大厅的背景照明度不得高于比赛区域的最低照明度，不得低于比赛台面照明度的 1/2，光源距离地面不得少于 5 米。

④场地四周一般应为暗色，不应有明亮光源，或从未加遮盖窗户等透过的日光。

(3) 地面

地板表面不得为砖、陶瓷、水泥或石头，但轮椅比赛的地板可以用水泥。在世界和冠以"奥林匹克"名称的比赛中，地面应为木制或经国际乒联批准的品牌和种类的可移动塑胶地板。地板具有弹性，没有其他体育项目的标线和标识。地板的颜色不能太浅或反光强烈，可为红色或深红色；不能过量使用油或蜡，以避免打滑。

(4) 风速和温度

馆内比赛区域的空气流速控制在 0.2 米/秒之内，温度为 20~25℃左右，或低于室外温度 5℃。

(二十九) 跆拳道

1. 项目概述

跆拳道起源于朝鲜半岛，由韩国古代三国之一新罗的跆根、花郎道演化而来的韩国民间较普遍流行的一项技击术，是一项运用手脚技术进行格斗的民族传统体育项目。跆拳道在 1988 年汉城奥运会上被列为表演项目。1994 年 9 月经国际奥委会正式通过，跆拳道被列为 2000 年悉尼奥运会正式比赛项目。

跆拳道主要国际比赛有：奥运会、亚运会、世界大学生运动会、世界武搏运动会等。

2. 竞赛场地

比赛场地为 12 米×12 米的正方形区域，场地中有 8 米×8 米的比赛区，比赛区周边留有 2 米宽的安全区。为了保证运动员的安全，比赛场地铺设弹性的、平整的经世界跆拳道联盟监制或指定的专用软垫。根据实际需要，比赛场地可置于高出地面 0.5~1.0 米的平台上，为安全起见，比赛区边界线外应有与地面夹角小于 30°的斜坡。

(三十) 网球

1. 项目概述

网球运动起源于法国。1881 年英国成立世界上第一个网球协会，随后网球流传世界各地，尤其盛行欧美国家。1896 年首届奥运会上网球就是正式的比赛项目，后来一度被取消，直到 1984 年洛杉矶奥运会上才重新被设为表演项目。1988 年汉城奥运会上，网球再次成为正式比赛项目。

网球主要国际比赛有：温布尔顿网球锦标赛，法国网球公开赛，美国网球公开赛，澳大利亚网球公开赛，世界男子网球团体赛（戴维斯杯赛），世界女子网球团体赛（联合会杯），国际男子网球职业网球协会组织的一系列大师赛、巡回赛和挑战赛，国际女子网球协会组织的一系列巡回赛、挑战赛，以及国际网球联合会组织的男、女巡回赛和青少年巡回赛。

2. 竞赛场地

理想的网球场地包括沙土地、塑胶地和草地三种。当然，在基层，当上述条件达不到要求时，也可以在水泥地、柏油地（沥青地）或三合土的地面进行比赛。球场必须有清楚的界线，球场边线外 3.66 米和端线外 6.4 米以内，不得有任何障碍物（包括相邻的两个球场）。

(1) 网球场的面积

①一个标准的网球场地，占地面积应不小于 670 平方米（长 36.60 米、宽 18.30 米），其中双打场地标准尺寸为长 23.77 米、宽 10.97 米，单打为长 23.77 米、宽 8.23 米。如果是两个或两个以上相邻而建的并行网球场地，两个场地之间距离应不小于 7.32 米。

②这个长方形的场地再用球网横隔成两个相同的区。场上纵横交错的白线都有各自的名称，球场两端的界线称为"端线"，球场两边的界线称为"边线"；在球网两侧 6.40 米处的场内各画一条与端线平行的横线为"发球线"；连接两条发球线的中点画一条与边线平行的线称"中线"；中线与球网成"十"字形，将发球线与边线之间的地面分成四个相同的区域，称为"发球区"；在端线的中心，向场内画一条垂直于端线的短线称为"中点"。全场各区的丈量，除中线外都从各线的外沿计算，场上所有的线应是同一颜色（白色或黄色）。

(2) 场地周围空地

端线以外至少要有 6.40 米的空地，边线以外至少要有 3.66 米的无障碍缓冲区。如果是室内网球场，端线 6.40 米以外的上空净高应不少于 6.40 米，国际网联规定，室内馆球场上空的净高应为 12.50 米。

(3) 球网

单打球网长为 10.06 米，双打球网长为 12.8 米，球网上沿用 5 厘米宽的白色帆布包缝，并用直径不超过 0.8 厘米的钢丝绳穿起来，挂在场中央离边线 0.914 米以外的网柱上，球网应充分展开，完全填满两柱之间的空隙，球网网孔大小以不让球穿过为准。球网的中央高为 0.914 米，并用 5 厘米宽的白布束缚束于地面，球网的下边须和地面接触。

(4) 网柱

球网两侧的网柱高 1.07 米，支柱的直径或边长不超过 7.5 厘米。

(5) 照明灯具

照明灯具，室外球场应设置在边线外两侧挡网上方，距地面高 7.60 米以上，每个网球场地平均照明度应满足赛事和电视转播要求，最低要求为不少于 500 勒克斯。

(6) 球场各线段宽度

全场除端线可宽至 10 厘米外，其他各线的宽度均在 2.5~5 厘米范围之内。全场各区域的丈量除中线外，均从各线的外沿计算。

(三十一) 铁人三项

1. 项目概述

铁人三项运动起源于美国，它属于新兴综合性运动竞赛项目，比赛由天然水域游泳、公路自行车、公路长跑三项目按顺序组成，运动员需要一鼓作气赛完全程。铁人三项于 1994 年正式加入奥运大家庭。

铁人三项主要国际比赛有：奥运会、亚运会、世锦赛、世界杯、洲际锦标赛、国际积分赛、洲际杯赛等。

2. 竞赛场地

(1) 比赛场地和路线

①比赛场地设计整体上应构建一个主会场区域，包括转换区、游泳出发区、终点区、主看台以及赛事所需的各功能区。

②游泳、自行车和跑步路线以主会场区域为中心展开，自行车和跑步路线一般设计为多圈形式，以最大限度地增强比赛的可观赏性，降低赛事的组织成本。

(2) 游泳路线

①游泳比赛距离为 1.5 公里，可在足够宽阔的江河湖海中进行。

②游泳路线可设计为1圈或2圈，使用浮漂在水面设置成矩形或多边形，所有转折角度应大于90°，第一个转折浮漂与出发区的距离不少于350米。

③游泳出发可采用固定平台跳水、浮台跳水或沙滩跑入水中等形式。

④游泳水域水深至少1.5米，跳水区域水深至少2米，要求水情稳定安全，水质须符合规则标准。水温应在20℃以下。

⑤游泳终点应设置在与出发区相同的地点，游泳上水处可使用台阶或斜坡结构，至少5米宽，并用蓝色地毯覆盖。如果是在海水中进行，还应设置淡水淋浴通道。

（3）转换区

①转换区要求地面平整，无急弯。优秀组转换区应能够满足自行车骑行的需要，宽度不小于10米，最小长度为30米，并安放足够的车架，以便为每名运动员提供至少75厘米（分龄组运动员的空间至少为60厘米）的空间。优秀组转换区内设有独立式停车架，并为每名运动员提供2米的空间。每个自行车架上配备一个印有运动员基本信息的塑封牌，一般为A4纸张大小，内容包括运动员的姓氏、国家代码或国旗。

②转换区的入口和出口要有足够的宽度，流向要朝同一个方向，分别在进、出口外部附近设置上车区和下车区（1米宽，至少6米长），并设置黄色的上车线和下车线。

（4）自行车路线

①自行车路线要求路面平整，无碎片或其他危险物，赛前应清扫干净。赛道宽度一般应达到6米以上。比赛过程中，整个路线应完全封闭。

②优秀组比赛的自行车赛道路线应设计不少于3圈，理想的优秀组自行车路线应设计为6~8圈的环形赛道，并带有坡度和弯道，有一定的技术难度，同时须避免180°的折返，禁止出现交叉路段，整个路线要对其他车辆封闭。

③自行车比赛路线沿途设有一定数量的备用车轮站，在转换区前后100米配备硬质隔离栅栏。运动员在比赛过程中遇爆胎等自行车器械问题，可到备用车轮站更换车轮或进行维修。

（5）跑步路线

①跑步路线要求路面平整，赛道宽度不少于3米，无交叉。比赛过程中，整个路线应完全封闭。理想的优秀组跑步路线应设计为3~4圈的环形赛道。

②跑步路线沿途应设置足够的标志牌，以便运动员识别正确的比赛路线。

③跑步路线沿途至少每1公里应设有1个饮水站，为运动员提供瓶装水，

用于降温和补充水分。

④赛道转弯处应放置明显的箭头指示标志,并要有良好的视线。终点长度不少于100米,宽度不小于5米。

(6) **终点区域**

①比赛终点一般设有终点门作为明显的标识。终点前的冲刺通道不短于100米,宽度不小于5米。

②终点后设有摄影台,为媒体拍摄提供特定的位置。终点后还设有混合区,为媒体采访运动员提供方便。

(三十二) 排球

1. 项目概述

排球运动诞生于1895年,创始人是威廉·摩根。春田市立学院的霍尔斯特德教授根据球要在空中飞行、不能落地的特点,将其改名为"Volleyball"(意为"空中连续击球"),这一名称一直沿用至今。1964年第18届东京奥运会上排球成为正式比赛项目。自1996年亚特兰大奥运会开始,沙滩排球也成为了奥运会正式比赛项目。

排球主要国际比赛有:奥运会、世界杯、世界排球锦标赛等。

2. 竞赛场地

排球比赛场地包括比赛场区和无障碍区。比赛场区为长18米、宽9米的长方形,其四周至少有3米宽呈长方形对称的无障碍区,从地面量起至少有7米的无障碍空间。国际比赛的场区边线外的无障碍区至少宽5米,端线外至少宽8米,比赛场地上空的无障碍空间至少高12.5米。

(1) **比赛场地的区域**

①比赛场区:中线在网下连接两条边线的中点。由中线的中心线分为长9米、宽9米的两个相同的场区。

②前场区:每个场区各划一条距离中线中心线3米的进攻线(其宽度包括在内)。中线与进攻线之间为前场区。国际排联世界性比赛时,进攻线是被延长的,在每条进攻线两端向无障碍区各画5段长15厘米、宽5厘米、间隔20厘米的虚线,虚线总长1.75米。

③换人区：两条进攻线的延长线之间，记录台一侧边线外的范围为换人区。

④后排自由防守队员替换区：是无障碍区的一部分，在替补席一侧的进攻线延长线和底线延长线之间。

⑤发球区：宽9米，在两边的端线后、两条边线的延长线上，各划一条长15厘米，垂直并距离端线20厘米的短线，两条短线之间的区域为发球区，短线的宽度包括在发球区之内。发球区的深度延至无障碍区的终端。

⑥准备活动区：在两个无障碍区外的球队席远端角落，画有3米×3米的区域为准备活动区。

⑦判罚区域：位于控制区内各端线的延长线后，放有两把椅子，其长宽各1米。

⑧教练员限制线：由一组长15厘米、间隔20厘米的虚线组成，虚线自进攻线的延长线至底线延长线，距边线1.75米并平行于边线。限制线限制教练员的活动区域。

（2）**比赛场地的要求**

①地面：场地的地面必须是平坦、水平、划一的，不得有任何可能伤害队员的隐患，不得用任何坚硬的物体作为场地的界线，不得在粗糙、湿滑的场地上进行比赛。世界性比赛的场地地面只能是木质或合成物质的。任何地面都必须事先经国际排联验准。室外场地为了排水，每米可以有5毫米的坡度。

②界线：场地所有的界线宽均为5厘米，其宽度包括在各个场区内。

③颜色：室内比赛场地的地面必须是浅色，界线的颜色应与地面颜色不同的浅色。世界性比赛场地界线为白色，比赛场区和无障碍区分别为另外不同的颜色。

④温湿度和照明：室内最低温度不得低于10℃（50°F）。世界性比赛的室内温度，最高不得高于25℃（77°F），最低不得低于16℃（61°F）。照明度在距比赛场地地面1米高度进行测量，为1000~1500勒克斯。湿度不得高于60%。

（三十三）沙滩排球

1. 项目概述

起源于20世纪20年代的沙滩排球，最早出现在美国加利福尼亚的海滩上。1992年，沙滩排球作为表演项目首次出现在巴塞罗那奥运会上。1993年9月24日，国际奥委会第101次代表大会上，沙滩排球被确定为奥运会的正

式比赛项目。首届奥运会沙滩排球比赛于1996年在亚特兰大沙滩上举行。

沙滩排球主要国际比赛有：奥运会、世界锦标赛、世界沙滩排球巡回赛（包括大满贯赛）、亚运会、亚沙会等。

2. 竞赛场地

①沙滩排球比赛场地包括比赛场区和无障碍区。比赛场区为16米×8米的长方形。场地边线外和端线外的无障碍区至少宽5米，最多6米，比赛场地上空的无障碍空间至少高12.5米。

②比赛场地的地面是水平的沙滩，沙滩至少40厘米深，其中没有石块、壳类及其他可能造成运动员损伤的杂物。

③比赛场区上所有的界线宽为5~8厘米，界线与沙滩的颜色需有明显的区别，并且由抗拉力材料的带子构成。

④球网设在场地中央中心线的垂直上空，高度为男子2.43米，女子2.24米。球网长8.50米、宽1米（±3厘米），网眼直径10厘米。球网上有两条宽5~8厘米（与边线同宽）、长1米的彩色带子为标志带，分别系在球网的两端，垂直于边线。

⑤标志杆是有韧性的两根杆子，长1.80米，直径10毫米，由玻璃纤维或类似质料制成。两根标志杆分别设置在标志带的外沿、球网的两侧。

⑥天气必须不会造成对运动员的损伤或有危险。

⑦如在夜间举行国际排联的正式比赛，照明度在离比赛场区地面1米高处测量应为1000~1500勒克斯。

（三十四）举重

1. 项目概述

举重是一项古老的运动，起源于古代人类的生产劳动实践。近代举重运动始于欧洲。在1896年第1届现代奥林匹克运动会上举重就是正式比赛项目。经过数次修改技术规则，最终于1998年确定，男子比赛级别为8个、女子比赛级别为7个。2000年悉尼奥运会上，女子举重也成为奥运会正式比赛项目。

举重主要国际比赛有：奥运会、世锦赛、世界青年锦标赛、世界少年锦标赛、世界大学生锦标赛、亚洲锦标赛、亚洲青少年锦标赛和亚洲国际俱乐部锦标赛等。

2. 竞赛场地

举重比赛须在举重台上进行。举重台可用木料、塑胶或其他坚固的材料制成，台面不得涂以润滑的涂料。举重台 4 米×4 米，高 8~15 厘米，台面四周须涂上 5 厘米宽的颜色鲜明的彩色边线，边线颜色必须与举重高台台面的颜色不同。

另需搭建举重高台一个，用于放置举重台，标准为长 12 米、宽 10 米、高 0.8 米。

(三十五) 国际式摔跤

1. 项目概述

摔跤是古老的竞技项目之一，是两人徒手相搏，并按一定的规则要求，以各种技术、技巧和方法摔倒对手的一项体育活动。在公元前 776 年古代奥运会诞生之时，摔跤就是其中的一项比赛，而且一直是历届奥运会的比赛项目。在奥运会中占有重要比重的摔跤项目，分为古典式和自由式两个跤种，在我国统称为国际式摔跤。1896 年首届现代奥运会上古典式摔跤就被列为比赛项目，1904 年第 3 届奥林匹克运动会上男子自由式摔跤被列为正式比赛项目，2004 年希腊雅典奥运会上女子自由式摔跤首次被列为正式比赛项目。

摔跤主要国际比赛有：奥运会、世界锦标赛、洲际锦标赛、世界杯、黄金大奖赛、国际 A 级赛等。

2. 竞赛场地

现代国际式摔跤比赛一般都在设备齐全的馆内进行，比赛馆应能放置 3~4 块标准比赛垫子，并配备供赛前热身的训练馆。

摔跤比赛的垫子为每边 12 米的正方形，其厚度根据使用材料的密度和弹性而定，一般为 6~8 厘米。垫子中间 9 米直径的圆圈为比赛区，圆圈外的 1.5 米区域为保护区，圈内沿整个圆周宽 1 米的红色区为消极区。红色区域里边的部分为中央比赛区。

下列几个部分构成摔跤垫子的不同区域：

①中心的红色圆圈为摔跤垫中心区，直径 1 米，是比赛开始、结束和裁判员宣布胜负的地方。

②红色带以内的区域，直径 7 米，称为中心比赛区。

③红色带区域，宽 1 米，称为红色区，属于比赛区边缘地带，出红圈被视为出界。

④红色带以外的边缘区，宽 1.5 米，称为保护区。

⑤比赛时，将垫子放置在搭制的台子上，台子高度应为 0.5~1.1 米。禁止使用柱子和绳子。从摔跤垫边界到摔跤台边界的距离应不小于 2 米，如果台子上的垫子以外的自由空间宽度未超过 2 米，台子四周的边要搭成 45°斜角。自由空间的颜色应使用不同于垫子的颜色，用柔软的物体覆盖并固定在台面上。

⑥摔跤垫对角区域的颜色应与运动员摔跤服颜色一致，用红、蓝两色清晰标明。为保证比赛正常进行，摔跤垫应放置在四周宽阔无障碍的地方。

（三十六）武术

1. 项目概述

武术是中华民族经过数千年自我锤炼创造的一份丰厚的文化遗产，它是以中国传统文化为理论基础，以内外兼修、术道并重为鲜明特点的人体文化。1990 年第 11 届北京亚运会上，武术首次被列入竞赛项目。1999 年，国际武联被吸收为国际奥委会的正式国际体育单项联合会成员。2008 年北京奥运会上，武术作为特设比赛项目出现，这是武术发展中的又一个历史性突破。

武术主要国际比赛有：世界锦标赛、世界杯武术（散手）比赛、洲际锦标赛、亚运会、东亚运动会等。

2. 竞赛场地

（1）套路比赛场地

套路比赛须使用国际武术联合会认可的场地。个人项目的比赛在长 14 米、宽 8 米，集体项目在长 16 米、宽 14 米的地毯上进行。场地四周内沿应标明 5 厘米宽的白色边线，其周围至少有 1 米宽的安全区，场地地面的空间高度不少于 8 米。如设置两个场地，则场地之间的距离至少 6 米。根据实际情况比赛场地应高出地面 0.6~1 米。场地灯光垂直照度和水平照度应达到 1500 勒克斯以上。

(2) 散手比赛场地

散手比赛在高 0.8 米、长 8 米、宽 8 米木结构的台上进行。台面上铺有软垫，软垫上有帆布盖单。台中心画有直径 1.2 米的国际武联的会徽，台面边缘有 5 厘米宽的红色边线，台面四边向内 0.9 米处画有 10 厘米宽的黄色警戒线。台下四周铺有高 0.3 米、宽 2 米的保护软垫，场地地面的空间高度不少于 8 米。

(三十七) 橄榄球

1. 项目概述

英式橄榄球起源于英国，原名拉格比足球。橄榄球是集篮球、足球、田径及勇猛、顽强的心理素质为一体的一项综合性体育项目，具有很高的对抗性、趣味性和观赏性。2009 年 10 月 9 日，在丹麦哥本哈根召开的国际奥委会第 121 次全会投票中，7 人制橄榄球获得通过，成为 2016 年和 2020 年奥运会正式比赛项目。

橄榄球主要国际比赛有：橄榄球世界杯、六国赛、三国赛、橄榄球锦标赛等。

2. 竞赛场地

橄榄球比赛场地为长 100 米、宽 70 米的长方形草地。球场两长边为边线，两短边为达阵线。达阵线线后方有一深 10~22 米的达阵区，该区底线为死球线。达阵线中央立有球门，两门柱相隔 5.6 米，在高 3 米处有一横杆相连。

在场地正中央与两端达阵线的平行处画有一条中线，距离中线 10 米处的两端和距离达阵线 5 米处各画有一条虚线，以及距离达阵线 22 米处各画有一条实线，有时会标明数字"22"以利识别。两侧距离边线 5 米处各画一条虚线，距离边线 15 米处各画数条短实线，地面必须是草皮，也可以是沙地、泥地、雪地或人工草皮，但必须全程都可以安全比赛。

(三十八) 高尔夫球

1. 项目概述

高尔夫球运动的起源，众说纷纭。流传最广的一种说法是古时一位苏格兰牧人在放牧时，偶然用一根棍子将一颗圆石击入野兔洞中，并从中得到启

发，发明了后来称为高尔夫球的运动。1982年新德里第9届亚运会上，高尔夫球首次成为正式比赛项目，2000年起，高尔夫球被正式列入全国体育大会比赛项目。2013年起，高尔夫球成为全运会的正式比赛项目，并将于2016年和2020年成为夏季奥运会正式比赛项目。

高尔夫球主要国际比赛有：奥运会、世界杯、世界锦标赛、亚运会等。

2. 竞赛场地

高尔夫球比赛场地包括会馆、标准球场、练习场及一些附属设施。球场的主要规格有9洞和18洞等。正规18洞球场划分为18个大小不一、形状各异的场地，每块场地均由发球台（开球台）、球道、果岭和球洞组成。一般18洞的球场由4个3杆洞、4个5杆洞和10个4杆洞组成，标准杆一般为72杆。另外由于地形、面积等因素的差异，其标准杆也可以在69~75杆之间。

(1) 比赛场地

18洞国际标准高尔夫球场，无灯光设置。

①发球台：发球台的高度应略高于球地道面，其形状多样，一般面积为30~150平方米，较周围高出0.3~1.0米。表面覆盖修剪过的短草，草有一定的坚硬度且表面光滑，有1%~2%的坡度。

②球道：球道的长度由标准杆数决定，3杆洞通常为120~230码，四杆洞为360~470码。由于球场的地形、地貌和难易程度不同，每个球洞的标准杆数可以调整。

③果岭：果岭的大小、造型、轮廓和周边的沙坑各具特色，以具丰富的挑战性和趣味性。果岭的草坪高度根据草种的不同有所调整，同时果岭表面应有一定的坡度，以不超过3%为宜。

④球洞：球洞的直径为4.25英寸（108毫米），深度至少为4英寸（101.6毫米）。

⑤障碍区：障碍区包括沙坑和水障碍，其目的是用来惩罚运动员的不准确击球。沙坑一般占地140~380平方米，18洞高尔夫球场一般有40~80个沙坑。水障碍可以设计于单个球洞内，也可以几个球洞共用一个水障碍。

(2) 训练与热身场地

①击球练习的场地需要真草练习打位28个，击球距离300码以上。

②切杆练习的场地要有一个练习果岭，包括3个沙坑、约20码的切球距离。

③推杆练习的场地要有一个独立的推杆练习果岭。

二、冬季奥运会竞赛项目

冬季奥林匹克运动会，简称为冬季奥运会、冬奥会。国际奥林匹克委员会主办的世界性冬季项目运动会，每隔 4 年举行一届，并与奥林匹克运动会隔 2 年举行。按实际举行次数计算届数。该赛事的主要特征是在冰上和雪地举行的冬季运动，如滑冰、滑雪等适合在冬季举行的项目。2010 年温哥华冬奥会共设以下比赛项目：冬季两项、雪橇、雪车、冰壶、冰球、滑冰（短道速滑、花样滑冰、速度滑冰）、滑雪（高山滑雪、越野滑雪、自由式滑雪、北欧两项、跳台滑雪、单板滑雪）。

（一）冰球

1. 项目概述

冰球起源于加拿大，又称冰上曲棍球。冰球是融足球、曲棍球和速度滑冰技术与战术思想为一体的体育运动。男子冰球在 1920 年首次出现在奥运赛场上，后将该届奥运会冰球赛追认为首届世界冰球锦标赛。1924 年冬奥会上，冰球被划入冬奥会项目，女子冰球则直到 1998 年长野冬奥会才被列入。

冰球主要国际比赛有：冬奥会、世锦赛等。

2. 竞赛场地

冰球场最大长 61 米、宽 30 米，最小长 56 米、宽 26 米。四角圆弧的半径为 7~8.5 米。围绕场地冰面有用木材或可塑材料制成的界墙，高度 1.15~1.22 米。除了正式标志的颜色以外，全部冰面和界墙都是白色。球门垂直高度为 1.22 米，两个门柱内侧相距 1.83 米。球门最深处不得大于 1 米或小于 0.60 米。球门支架的后面应覆盖球门网，避免球从门内弹出。门柱、横梁和支架向外的表面均涂成红色，球门底座涂成白色。室内冰球场必须有计时装置和充足的照明设备。

（二）冰壶

1. 项目概述

冰壶，又称冰上溜石，起源于苏格兰。1924 年，冰壶首次以表演项目的

形式在冬奥会上亮相,随后于 1924 年、1932 年、1936 年、1964 年、1968 年、1992 年共 6 次被列为冬奥会表演项目。1993 年,国际奥委会决定,从 1998 年开始列入冬奥会正式比赛项目。奥运会主要比赛项目分为男子冰壶、女子冰壶。

冰壶主要国际比赛有:奥运会、世锦赛、欧洲青年挑战赛、欧洲锦标赛等。

2. 竞赛场地

冰壶比赛所用场地是一个非常平整的长 44.5 米、宽 4.32 米的冰道。冰道的一端画有一个直径为 1.83 米的圆圈作为队员的发球区,被称作本垒。冰道的另一端也画有一圆圈,被称为营垒。营垒是由 4 个半径为 0.15 米、0.61 米、1.22 米和 1.83 米的同心圆组成。外面两圆之间涂为红色。在场地两端各装有一个斜面橡胶起蹬器。在冰壶场地前后两端各有一条蓝色的实线,称为前卫线和后卫线。冰壶掷出后,如果未进前卫线或越过后卫线都视作无效,将被清出场外。

(三) 速度滑冰

1. 项目概述

滑冰运动在世界上有悠久的历史。国际性速滑比赛始于 19 世纪末。1924 年,国际奥委会在第 1 届冬季奥运会就将速度滑冰列入冬奥会的比赛项目,但仅设立了男子速滑比赛项目;直至 1960 年,女子速滑项目才被列入冬奥会的比赛项目。

速度滑冰主要国际比赛有:冬奥会、世锦赛等。

2. 竞赛场地

速滑竞赛的标准跑道周长最大为 400 米,最小为 333.33 米,内弯道半径不能小于 25 米或大于 26 米,每条跑道宽 5 米,最窄 4 米。短跑道速滑,跑道周长为 111.12 米,内弯道半径 8.25 米,直道长 128.07 米。

(四) 花样滑冰

1. 项目概述

花样滑冰起源于 18 世纪的英国,后在德国、美国、加拿大等欧美国家迅速开展。1924年花样滑冰被列为首届冬季奥运会的比赛项目，现在包括男女单人滑（1924年列入）、双人滑（1924年列入）和冰上舞蹈（1976年列入）四个比赛项目。

花样滑冰主要国际比赛有：奥运会、世锦赛、世青赛、欧锦赛、四大洲花样滑冰锦标赛、国际滑联花样滑冰大奖赛等。

2. 竞赛场地

花样滑冰场地长为60米、宽30米（长不得少于52米、宽不少于26米），近似长方形场地（四个角是弧形的而不是直角），室内冰场室温应保持在15℃以下，冰面温度应调节在-6℃~-5℃，冰面厚度为0.03~0.05米。

（五）短道速滑

1. 项目概述

短道速滑起源于加拿大。19世纪80年代，加拿大修建室内冰球场，一些速度滑冰爱好者经常到室内冰球场练习。直至20世纪90年代中期，加拿大的蒙特利尔、魁北克、温尼伯等城市相继出现室内速度滑冰比赛。1988年卡尔加里冬奥会上，短道速滑作为表演项目第一次亮相。1992年被列为冬奥会比赛项目。

短道速滑主要国际比赛有：奥运会、世锦赛、世界系列大奖赛、世界青年锦标赛、世界杯赛等。

2. 竞赛场地

短道速滑比赛的标准跑道最大周长为400米，最小为333.33米，内弯道半径不能小于25米或大于26米，每条跑道宽5米，最窄4米。短道速滑跑道周长为111.12米，内弯道半径8.25米，直道长128.07米。场地两端弧形弯道处摆放黑色橡胶块，作为标志线，以增加比赛的安全性，运动员不得滑入标志线内。直道区则没有标志线，可以任意滑行。

（六）高山滑雪

1. 项目概述

高山滑雪起源于北欧的阿尔卑斯地区，故又称阿尔卑斯滑雪。高山滑雪

是在越野滑雪的基础上逐步形成的。1931 年起，世界高山滑雪锦标赛举办。1936 年起，高山滑雪被列为冬奥会比赛项目。

高山滑雪主要国际比赛有：冬奥会、世界高山滑雪锦标赛、高山滑雪世界杯、世界锦标赛以及洲际运动会等。

2. 竞赛场地

高山滑雪比赛均在海拔 1000 米以上的高山进行，比赛要求起点和终点的垂直高度为 800~1000 米。

①速降（又称滑降），一种竞速滑雪比赛的项目，要求运动员从山顶按规定线路穿过用旗插成的门形向下滑行。线路长 2000 米以上，坡度 5~35°，平均 20°，起点和终点的落差男子要在 800~1000 米之间，女子在 500~800 米之间。线路两旁插一定数量的旗杆作为各种门形，旗门间距为 4~8 米，上下旗门间距一般为 30 米左右。男子比赛插红色旗，女子比赛插红蓝两色旗。以滑降两次的时间计算成绩和决定名次。

②回转滑雪也是一种竞速滑雪比赛项目，要求运动员从高山上滑下时不断穿过门形和障碍物，连续转弯高速下滑。比赛线路长男子为 600~700 米，女子为 400~500 米，坡度 30°以上的段落占比赛全程的四分之一，标高差男子为 140~200 米，女子为 120~180 米。在男子比赛线路上插有 55~75 个门形，女子比赛线路上插有 45~60 个门形。

③大回转滑雪是高山滑雪比赛项目之一，要求运动员快速从山上向下沿线路连续转弯，穿越各种门形。男子比赛线路长为 1500~2000 米，女子为 1000 米以上。男子线路标高差为 300~400 米，女子为 250~350 米，坡度为 15~32°。

（七）越野滑雪

1. 项目概述

越野滑雪是以滑雪板和滑雪杖为工具，在丘陵起伏的山地沿规定的线路进行的雪上竞速。越野滑雪起源于北欧，故又称北欧滑雪。1924 年越野滑雪被列为首届冬季奥运会项目。

越野滑雪主要国际比赛有：奥运会、世界杯比赛、世界锦标赛、世界青年锦标赛和洲际比赛等。

2. 竞赛场地

越野滑雪比赛场地为雪上运动场地。线路要尽量选择森林地带的多变地形，其宽度应达到 4~5 米，要保证雪质、雪量，雪面要经过机械或人工捣固、踏压，厚度至少 10 厘米。最好在线路的一侧开有带雪辙的雪道，两条雪辙的内壁相距 15~18 厘米、深度至少 2 厘米、宽度以雪板的固定器不撞击两侧雪壁为准。

线路的着板雪面低于撑杖雪面 2 厘米或在同一高度上，线路的另一侧不开带有雪辙的雪道。线路应平坦、宽阔，其中上坡、下坡和平地各占 1/3，要避免单调而过长的平地滑行、难度过大的急陡坡滑降，以及连续较长距离的登行。开始阶段要较易滑行，难度应出现在全程的 3/4 处。在出发后 2000~3000 米内不应出现难度极大的急陡坡，在终点前 1000 米内不应出现较长的危险滑降，线路中要避免有危险的斜滑降，同时要避开冰带、陡角和狭窄的地带。比赛所用的雪道中，上坡、波动式道面及有变化的下坡各占场地的三分之一，比赛场地的最高点不得超过海拔 1800 米。

（八）跳台滑雪

1. 项目概述

跳台滑雪起源于挪威，又称跳雪。1860 年，挪威德拉门地区的两位农民在奥斯陆举行的首届全国滑雪比赛上表演了跳台飞跃动作，后逐渐成为一个独立项目并得到广泛开展。1879 年，奥斯陆举行了首届跳台滑雪比赛。1924 年第 1 届冬奥会上跳台滑雪即被列为比赛项目。

跳台滑雪主要国际比赛有：奥运会、世锦赛、世界系列大奖赛、世界杯赛以及洲际运动会等。

2. 竞赛场地

冬奥会和世界锦标赛的跳台滑雪须在两座不同规格的跳台，即标准台和大跳台上举行。着陆区评分坐标原点称为 K 点，此点根据台级大小可调。标准台 K 点应设在 90 米高处；大跳台 K 点设在 115~120 米高处。两座跳台 K 点差距至少为 25 米。标准台也可用来举行北欧两项的跳台滑雪比赛。

（九）自由式滑雪

1. 项目概述

自由式滑雪始于20世纪60年代，最初只是将高山滑雪和杂技集于一身，经过几十年的发展，演变成了今天的运动形式。1992年起，自由式滑雪被列为冬奥会比赛项目。2010年温哥华冬奥会首次增设了男女趣味追逐赛。

自由式滑雪主要国际比赛有：冬奥会、世界杯等。

2. 竞赛场地

（1）空中技巧

比赛场地由出发区、助滑坡、过渡区一、跳台、过渡区二、着陆坡和终点区组成。

（2）雪上技巧

场地长为200~270米、宽15~25米，坡度24~32°。

（3）雪上芭蕾

场地长为200~240米、宽35~45米，坡度12~15°。

（十）单板滑雪

1. 项目概述

单板滑雪，又称滑板滑雪，起源于20世纪60年代中期的美国，其产生与冲浪运动有关。单板滑雪于1998年被列入第18届冬奥会。2002年盐湖城冬奥会，平行大回转取代了个人大回转项目。2006年都灵冬季奥运会增设单板滑雪越野赛。

单板滑雪主要国际比赛有：奥运会、世锦赛、世界系列大奖赛、世界杯赛以及洲际运动会等。

2. 竞赛场地

（1）平行大回转

场地长936米，平均坡度18.21°，坡高290米。高度差为120~200米，三角旗门交替放置在左右，约有25个旗门，旗门间距至少8米。起点旗门（高

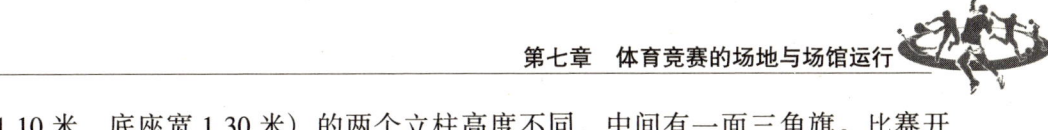

1.10 米，底座宽 1.30 米）的两个立柱高度不同，中间有一面三角旗。比赛开始时，出发门自动开启，两名选手同时出发。

（2）U 型池

场地为 U 形滑道，长 120 米、宽 15 米、深 3.5 米，平均坡度 18°。滑板稍软，较宽，靴底较厚。比赛时运动员在音乐伴奏下于 U 形滑道内边滑行边利用滑道做各种旋转和跳跃动作。

（3）越野赛

比赛场地高度差为 100~240 米，平均坡度为 14~18°，路线长度为 500~900 米，赛道宽度约为 40 米，比赛用时为 40~70 秒钟。比赛沿途分布着雪丘、跳跃点和急转弯，单板滑雪的参赛选手要通过自己的各种技术越过障碍来完成比赛。

（十一）北欧两项

1. 项目概述

北欧两项起源于北欧。北欧斯堪的纳维亚半岛地区冬季雪多，适于开展滑雪运动，但因缺乏阿尔卑斯山脉那样的高山，高山滑雪不够普及和发达，而越野滑雪和跳台滑雪却得到较好的开展。于是出现了既要求越野滑得快，又要求跳台滑雪跳得远的北欧两项比赛项目。1924 年，北欧两项被列为首届冬季奥运会比赛项目，1984 年以前只设个人赛，1988 年起增设团体赛，仅有男子项目。2002 年盐湖城冬奥会开始又增设了大台男子短距离项目。

北欧两项主要国际比赛有：奥运会、世锦赛、世界系列大奖赛、世界青年锦标赛、世界杯赛等。

2. 竞赛场地

北欧两项比赛场地由越野滑雪和跳台滑雪两个部分构成。

（1）越野滑雪场地

越野滑雪比赛场地为雪上运动场地。线路要尽量选择森林地带的多变地形，要保证雪质、雪量，线路宽度应达到 4~5 米，雪面要经过机械或人工捣固、踏压，厚度至少 10 厘米。最好在线路的一侧开有带雪辙的雪道，两条雪辙的内壁相距 15~18 厘米，雪辙深度至少 2 厘米，宽度以雪板的固定器不撞击两侧雪壁为准。

线路的着板雪面低于撑杖雪面2厘米或在同一高度上,线路的另一侧不开带有雪辙的雪道。线路应平坦、宽阔,其中上坡、下坡和平地各占1/3。要避免单调而过长的平地滑行、难度过大的急陡坡滑降,以及连续较长距离的登行。开始阶段要较易滑行,难度应出现在全程的3/4处。在出发后2000~3000米内不应出现难度极大的急陡坡,在终点前1000米内不应出现较长的危滑降。

线路中要避免有危险的斜滑降,同时要避开冰带、陡角和狭窄的地带。比赛所用的雪道中,上坡、波动式道面及有变化的下坡各占场地的三分之一,比赛场地的最高点不得超过海拔1800米。

(2) 跳台滑雪场地

冬奥会和世界锦标赛须在两座不同规格的跳台,即标准台和大跳台上举行。标准台K点应设在90米高处;大跳台K点设在115~120米高处。两座跳台K点差距至少为25米。标准台也可用来举行北欧两项的跳台滑雪比赛。

(十二) 现代冬季两项

1. 项目概述

现代冬季两项起源于斯堪的纳维亚半岛,由远古时代的滑雪狩猎演变而来。中世纪开始,现代冬季两项逐渐纳入军事训练科目。1767年,挪威边防军滑雪巡逻队举行了滑雪射击比赛。据记载,这是世界上最早的现代冬季两项比赛。冬季两项在1924年、1928年、1936年和1948年冬奥会上被列为表演项目。1960年,现代冬季两项被列为冬奥会比赛项目。而女子项目是在1992年的阿尔贝维尔冬奥会被正式列入冬奥会比赛项目。

现代冬季两项主要国际比赛有:奥运会、世界杯系列赛、世界杯总决赛、世界锦标赛以及洲际运动会等。

2. 竞赛场地

现代冬季两项场地为雪上运动场地。线路由各种平坦、上坡、下坡等自然起伏的地段组成,要避免过长、过陡的上坡和难度过大的下坡,以及单调过长的平地。线路上的雪面要经过机械或人工捣固、踏压,厚度至少10厘米。起点、射击场和终点设在平坦的场地上,并尽量设置在一起。全段线路设在海拔1800米以下的地方为宜。起点区单发和双发的出发线与滑行方向成直角。集体和分组出发时,每名运动员占有一条雪道,每条雪道间隔至少2

米,在距起点线 100 米处,逐渐变成一条雪道。画起点线时,应使运动员在到达单滑线路之前,滑行距离相同。终点用一条与线路成直角的线标出"终点线"。抵达终点前 100 米的线路,尽可能是直线,并在 100 米处设立标有"100m"的标牌。

(十三)雪车

1. 项目概述

雪车,也称"长雪橇",为雪橇运动项目之一,是一种集体乘坐雪橇、利用舵和方向控制在人工冰道上滑行的运动。1924 年,雪车在第 1 届冬季奥运会中被列为正式比赛项目。比赛分双人座和四人座两项。女子比赛则开始于 2002 年盐湖城冬奥会。

雪车主要国际比赛有:奥运会、世锦赛、世界杯赛等。

2. 竞赛场地

是用混凝土或木材建造的,具有一定坡度的凹型滑道,宽 1.4 米,两侧为护墙,护墙的内侧高 1.4 米、外侧高 2~7 米。滑道及两侧的护墙均需浇冰。比赛线路长度为 1300~2000 米,全程设有 15~20 个弯道,弯道的半径不得小于 20 米。滑道的平均坡度为 4~8°。起点与终点的高度差为 100~150 米。

(十四)钢架雪车

1. 项目概述

钢架雪车又称无舵雪车、俯式冰橇,是在传统雪车的基础上延伸出来的一种运动项目,19 世纪发源于瑞士山区的小城圣莫里茨。1884 年举行了第一次钢架雪车比赛。在 1928 年瑞士圣莫里茨奥运会上曾举行过钢架雪车的比赛,男、女各一项。20 年之后,圣莫里茨再度举办冬奥会,又把钢架雪车列为比赛项目。由于钢架雪车运动危险性较高,因此 1948 年冬奥会之后被取消,中断了在奥运会比赛的历史。直到 2002 年的盐湖城冬奥会,钢架雪车才再度成为冬奥会的比赛项目。

钢架雪车主要国际比赛有:奥运会、世锦赛、世界系列大奖赛、世界杯赛等。

2. 竞赛场地

钢架雪车比赛所用的赛道与雪橇比赛相同，不同的是所用的雪橇和滑行的姿势，雪橇比赛选手是仰躺在雪橇上，脚在前、头在后；而钢架雪车比赛则相反，选手俯身躺在雪车上，头在前、脚在后。

（十五）雪橇

1. 项目概述

雪橇是乘木制或金属制的双橇滑板在专用的冰雪线路上高速滑降、回转的一项冬季运动项目。它起源于北欧，又称北欧冰橇。经过演变，主要有有舵雪橇和无舵雪橇两种比赛形式。有舵雪橇在第 1 届冬季奥运会中就成为了正式的比赛项目。在第 9 届冬季奥运会上，无舵雪橇被列入正式比赛项目。

雪橇主要国际比赛有：奥运会、世锦赛、世界系列大奖赛、世界青年锦标赛、世界杯赛等。

2. 竞赛场地

雪橇滑行冰道长度男子不少于 1000 米，女子不少于 800 米，坡度为 4~6 度。线路呈左右弯道和 S 形弯道。

三、其他体育竞赛项目

除了以上介绍的全运会、冬季奥运会体育项目以外，还有很多广泛开展的非奥运会体育项目。这些项目主要以全民健身为特点，形式多样，内容丰富。在这里也一并介绍。

（一）技巧

1. 项目概述

技巧运动起源于中国古代和古希腊，由翻腾、抛接、平衡、舞蹈、音乐等动力性、静力性动作组成，是以徒手完成身体造型的体育运动项目。1932 年第 10 届奥运会开始，成为自由体操的主要组成部分。1997 年国际技巧联合

会同意将男、女单跳项目划归蹦床。2000年,技巧被列入体育大会项目。

技巧主要国际比赛有:世界运动会、世界技巧锦标赛、世界技巧杯赛等。

2. 竞赛场地

(1) 比赛场地

①技巧比赛在有弹性的专用体操板上进行,它分为比赛区和边框两个部分。

②比赛区的面积为12米×12米,由60块2米×1.2米或48块2米×1.5米或64块1.5米×1.5米的小块多层胶合板拼合而成,板与板的连接部分都用榫子。每块板的厚度都为5~7.5厘米。小板底部加置了弹簧,有很好的弹性。每块小板的表面还加有弹性的软橡胶涂层(或其他具有相同性质材料的涂层),涂层上再加一层机制割绒地毯。胶合板、弹性涂层和割绒地毯都均匀结实地粘合在一起,对运动员起到保护作用。

③边框的宽度为50厘米,与比赛区相接处约有20厘米的平面,其余30厘米为向外、向下倾的斜面。边框的颜色应与比赛区有明显不同。

(2) 比赛场馆

技巧比赛场馆的高度要求在8米以上。裁判席在体操板的正面位置,在底线的两个角上各有一名司线员,观众席在比赛场地的左右两侧,场地的另外一端是运动员候分区。

(3) 热身场地

提供一块和以上比赛场地相同的体操板作为训练与准备活动场地。

(二) 蹼泳

1. 项目概述

蹼泳属于潜水运动,有水中美人鱼的誉称。原始的潜水——"扎猛子"在中国已有两千多年的历史,20世纪60年代,蹼泳起源并盛行于欧洲国家。自2000年起被列入全国体育大会项目。

蹼泳主要国际比赛有:世界锦标赛、世界运动会、世界杯、世界青年蹼泳锦标赛、欧洲蹼泳锦标赛、欧洲青年蹼泳锦标赛、亚洲蹼泳锦标赛、亚洲青年蹼泳锦标赛等。

2. 竞赛场地

蹼泳比赛是在游泳池内进行，游泳池长 50 米，水深为 1.8~2.2 米，8 条泳道。超过 2.2 米时应设水下标志线。池内水温不得低于 23℃（以当天比赛前水温为准）。比赛池水要保持平稳、池水要清晰，使运动员能看清池底和水下标志线。从池的一端开始，在 15 米处和 35 米处（离水面高 1 米）各设一条横标志线，池底相应各设一条横标志水下线（池底横标志线的宽度不少于 20 厘米）。每条泳道两端池底部（离端壁约 1 米）必须设有泳道号码标志。

（三）航空模型

1. 项目概述

航空模型运动是以操纵、放飞自制或装配的模型航空器进行户外活动、训练比赛或创纪录飞行的一项科技性较强的运动。2000 年航空模型被列入体育大会项目。

航空模型主要国际比赛有：世界自由飞行航空模型锦标赛、世界单项航空模型锦标赛、世界线操纵航空模型锦标赛等。

2. 竞赛场地

（1）一类、S 类、部分五类、部分三类场地

场地尽量大，最好不小于 1200 米×1500 米，场地周围应无高大建筑物，无高庄稼、河道和水塘的平整土地或草地。

（2）二类项目场地

50 米×100 米平整光洁无沙砾，最好为沥青或水泥地面，其中飞行场地为半径 25 米，操纵圈为半径 1.5 米。

（3）三类和部分五类项目场地

起飞和着陆区地面应平整光洁无沙砾，最好使用水泥或沥青跑道，以便于模型在地面滑跑起降，场地周围要有足够的空域。机场跑道长 100 米、宽度至少为 20 米。

（四）航海模型

1. 项目概述

中国是船模的最早发源地，欧美国家是最早开展航海模型运动的地方，16世纪欧洲首先兴起了帆船模型比赛。按照世界航海模型运动联合会 NAVIGA 的规则，航海模型的竞赛项目分为五类：动力艇模型类、帆船模型类、仿真模型类、耐久模型类、仿真航行类。2000年，航海模型被列入体育大会项目。

航海模型主要国际比赛有：世锦赛等。

2. 竞赛场地

航海模型种类很多，竞赛场地也各有不同。航海模型的竞赛场地除仿真模型类外都离不开水面和操控台，并且要求水面开阔、无水草和漂浮物，水深度大于1米，受风影响小。

竞赛航道必须以浮标标志。动力艇类中三角场地及仿真航行类的场地浮标直径为100毫米。耐久FSR类、MONO及遥控帆船类场地浮标直径为300~500毫米，浮标为圆柱形，直立于水中，浮出水面的高度为100~200毫米。均涂以两种能清晰分辨的颜色，色带垂直于水面。浮标应选用软材料（如苯乙烯、软木、塑料等）制成，以避免模型与其碰撞时受到损坏。浮标之间的系线应位于水面下300毫米以下。

动力艇模型类（F_1、F_3）比赛场地为每边30米的等边三角形，底边距放航台前沿15米。帆船模型类比赛的航线由裁判组按照基本路线，根据风向和风力临时制定。耐久模型类（FSR-O、FSR-V）放航台不小于长14米、宽1.5米，设有1~10号放航位置号位。航道的底线必须与放航台平行，终线位于放航台上4号位和5号位之间，并垂直于放航台。其中FSR-V级竞赛场地为长60~100米、宽40~50米。

（五）台球

1. 项目概述

台球起源于西欧，早在公元14世纪前，法王查理七世时，已经有了台球

游戏。1998年曼谷亚运会上,台球成为正式的比赛项目。2000年悉尼奥运会上台球被列为表演项目。2000年起被列入全国体育大会项目。

台球主要国际比赛有:世界职业锦标赛、世界锦标赛、世界杯赛、世界青年锦标赛、亚洲锦标赛等。

2. 竞赛场地

要求平坦、洁净、通风、无灰尘,灯光既要明亮又不能刺眼,每张台灯棚两组,灯光照度不低于1200勒克斯,照度应均匀。场地应根据赛事需要容纳足够数量的比赛和训练球桌,每个球桌周围应至少留有3米以上的空间。室内保持18~22℃,相对湿度应小于30%。

(六) 围棋

1. 项目概述

围棋是一项起源于中国、兴盛于东亚、并逐渐传播到全世界的智力运动,是中华民族对世界文明重要的贡献之一。通过最早的文字记载可知围棋起源于春秋中叶之前的中国。"下棋"也称"对弈",而"弈"是围棋最古老的称谓。清朝前期的康乾盛世之际,中国古代围棋的技术水平达到了最高峰。自2000年第1届体育大会开始,围棋被正式列入比赛项目。

围棋主要国际比赛有:春兰杯、应氏杯、三星杯、农心杯、富士通杯、LG杯、正官庄杯等。

2. 竞赛场地

根据竞赛规模,赛场应分为内场和外场。内场允许棋手、裁判员、媒体工作人员、官员进入,外场为其他人员观看比赛的场地。内场要充分考虑满足容纳比赛总台数的需要,一般应按每位棋手至少有3平米的空间考虑。赛场有良好的采光和照明,亮度应在800~1200流明。赛场要空气流通,有空调和取暖保温设施,保证比赛时无噪声干扰,环境安静。赛场必须有不少于2个的出入口,并保证有足够的通道。

（七）国际象棋

1. 项目概述

国际象棋的起源，是通过传说、假说、考古和逻辑这四种方式来作出各种各样的结论。其起源问题有两点得到了世界的公认：一是国际象棋起源于亚洲，后来传入欧洲；二是最初的规则是通过掷骰子来决定谁走棋。进入 20 世纪 80 年代后，我国国际象棋发展迅速，于 2000 年进入全国体育大会。2008 年国际象棋成为首届世界智力运动会比赛项目。

国际象棋主要国际比赛有：国际象棋奥林匹克赛、世界团体锦标赛、世界个人锦标赛、世界杯赛、男女个人世界冠军赛、大学生世界团体赛、少年世界冠军赛等。

2. 竞赛场地

根据竞赛规模，赛场应分为内场和外场。内场允许棋手、裁判员、媒体工作人员、官员进入，外场为其他人员观看比赛的场地。内场要充分考虑满足容纳比赛总台数的需要，一般应按每位棋手至少有 3 平米的空间考虑。赛场有良好的采光和照明，亮度应在 800~1200 流明。赛场要空气流通，有空调和取暖保温设施，保证比赛时无噪声干扰，环境安静。赛场必须有不少于 2 个的出入口，并保证有足够的通道。

（八）中国象棋

1. 项目概述

中国象棋具有悠久的历史，战国时期已经有了关于象棋的正式记载。2000 年中国象棋被正式列入体育大会项目，2010 年广州亚运会首次成为正式比赛项目。

中国象棋主要国际比赛有：亚洲杯象棋赛、亚洲城市象棋名手赛、世界象棋锦标赛等。

2. 竞赛场地

根据竞赛规模，赛场应分为内场和外场。内场允许棋手、裁判员、媒体工作人员、官员进入，外场为其他人员观看比赛的场地。内场要充分考虑满足容纳比赛总台数的需要，一般应按每位棋手至少有 3 平米的空间考虑。赛场有良好的采光和照明，亮度应在 800~1200 流明。赛场要空气流通，有空调和取暖保温设施，保证比赛时无噪声干扰，环境安静。赛场必须有不少于 2 个的出入口，并保证有足够的通道。

（九）健美

1. 项目概述

健美运动起源于古希腊。到了 19 世纪，德国人尤金·山道开创了通过各种姿态来展示人体美，1901 年组织了世界首次健美大力士比赛，为现代健美运动的发展奠定了基础。2000 年起健美被列入体育大会比赛项目。

健美主要国际比赛有：世锦赛、洲际锦标赛和大奖赛等。

2. 竞赛场地

（1）场地面积

健美比赛在赛台上进行，赛台长度不少于 16 米、宽（深）度不少于 10 米，高度为 0.8~1.0 米。赛台上可根据需要设置表演台，长不少于 9 米、宽不少于 1.2 米，高度不得高于 0.3 米。

（2）场地要求

健美比赛场地可选择在剧院或体育馆内，赛台的后方必须挂有不炫目的单深色背景，如黑色、棕色、黑绿色、紫红色等，背景高不得低于 6 米、宽不得少于 15 米，背景上必须显示主办单位会徽和赛事名称，也可以显示赛会的会徽。赛台和表演台上必须铺有浅色地毯。在健身比赛、形体比赛、体育健身模特比赛时，赛台中心必须设置规定行走路线及定位造型位置的标志。赛台后侧设有检录区，检录区内须设有供运动员比赛前准备用的热身活动区、更衣化妆间和健身器材及化妆镜，热身活动区和后场至前场通道必须铺设地毯。

（3）音箱、照明要求

健美比赛赛场音响系统应保证能够高质量地播放音乐，为宣告员和裁判长提供话筒（至少有两个以上无线话筒）。赛台使用暖色灯光，光照度不得低于 4500 勒克斯，赛台灯光前上光、底光照在比赛台面的角度为 45°，顶光照在赛台面的角度为 90°，背景底光向上照在背景上，背景光照在背景上。光照

必须均匀，赛台和背幕不得有重影。

（十）保龄球

1. 项目概述

保龄球又叫"地滚球"，最初叫"九柱戏"，是一种在木板球道上用球滚击木瓶的室内体育运动。古代太平洋地区波利尼西亚人所具有的投掷游戏，其场地和器具也与现代保龄球运动有相似之处。一千多年前的中国唐代，也有与现代保龄球运动相似的抛球游戏。这些都被研究者视为保龄球运动的最早起源。自1978年开始，保龄球成为亚运会正式比赛项目。2000年起，保龄球被列入全国体育大会比赛项目。

保龄球主要国际比赛有：世锦赛、世界杯、世界青年锦标赛、亚运会、亚锦赛等。

2. 竞赛场地

保龄球场地由球道、助走道和置瓶区组成。连接助走道和球道处有一条线叫犯规线。场地总长为23.42米，助走道长4.27米，置瓶区长0.87米，球道长19.16米、宽1.066米。

保龄球球道系统设有置瓶机的置瓶装置、回球装置、回球托盘和记分台等电脑控制的自动化机械设施。其中，边墙板、球沟、助走道必须由木质材料或其他被批准使用的材料构成。球道表面不得有任何凹坑、划痕或凸起处，现在所使用的有自然木和合成木制球道两种，在国际比赛中使用合成木制球道较多。保龄球场球道数量与比赛人数和规程密切相关。一般情况下，以锦标赛为例，20个队以下应不少于20条球道，30个队以下应不少于30条球道，40个队以上则需要40条以上的球道进行。

（十一）桥牌

1. 项目概述

惠斯特是桥牌的前身，出现在16世纪的英国。桥牌这个名称，据说最早出现在俄国或土耳其。现代桥牌即定约桥牌诞生于1925年11月1日。1928年美国举办了第1届全国定约桥牌锦标赛，即著名的范德比尔特杯赛，该比

赛一直沿续至今。2000年起，桥牌被正式列入体育大会比赛项目。

桥牌主要国际比赛有：世界锦标赛、奥林匹克赛、智力运动会等。

2. 竞赛场地

根据竞赛规模，赛场应分为内场和外场。内场允许棋手、裁判员、媒体工作人员、官员进入，外场为其他人员观看比赛的场地。内场要充分考虑满足容纳比赛总台数的需要，一般应按每位棋手至少有3平米的空间考虑。赛场有良好的采光和照明，亮度应在800~1200流明。赛场要空气流通，有空调和取暖保温设施，保证比赛时无噪声干扰，环境安静。赛场必须有不少于2个的出入口，并保证有足够的通道。

（十二）门球

1. 项目概述

门球是高尔夫球与撞球的混合项目，不但规则简单、轻松有趣，而且可以激发脑力、促进身心健康，是时下最经济实惠、老少咸宜的运动项目。2000年，门球被列入第1届全国体育大会项目。

门球主要国际比赛有：世界门球锦标赛、亚洲门球锦标赛等。

2. 竞赛场地

（1）场地

门球场地为长方形，由限制线圈定，地面要求平整，无任何障碍物。比赛线（通称边线）长20米、宽15米。边线为带状，带宽为1~5厘米，比赛场地的尺寸以带宽的外沿为准。限制线与边线相同，设在边线外0.5~1米处，与边线平行。边线、限制线和其他场内线要清晰可见，线的颜色与球场地面颜色要易于识别，利于观察。开球区为长方形，其区域线与边线设置标准相同，由从一角向四角方向的1米和3米距离处的两条垂直于四线的线，和与四线及相对应的限制线划定而成。

（2）球门

门球场设3个球门，分别为第一门、第二门、第三门（以下简称一门、二门、三门），球门柱后沿之间的连线为球门线。

球门由直径为1厘米（±1毫米）的圆形金属棒制成，有两个直角，形状

为"Π"形。球门垂直固定在地面上，其横梁下沿距离地面 19 厘米，两门柱边沿内宽 22 厘米。球门的颜色与场地地面颜色要易于识别，每个球门正上方可设球门号码标志，标志宽不得超过 3 厘米、长不得超过 10 厘米。

（3）终点柱

终点柱置于场地中心，为直径 2 厘米的圆形金属棒，垂直树立于场地地面，高出地面 20 厘米。终点柱的颜色与场地地面颜色要易于识别。

（4）自由区

自由区设在限制线外，应留出足够的活动空间，以确保比赛顺利进行。

（十三）舞龙舞狮

1. 项目概述

中国是龙狮运动的发源地。龙狮运动始于两千年前的汉唐时代，两千余年来一直颇受人民群众的喜爱，历代相传，鼎盛不衰，特别是随着华人的迁移而传播到世界各地。近年来，舞龙舞狮活动已发展成为颇具民族特色、极具吉祥喜庆色彩和观赏价值的体育竞赛项目。2002 年起，舞龙舞狮被列入全国体育大会竞赛项目。

舞龙舞狮主要国际比赛有：世界龙狮锦标赛、亚洲龙狮锦标赛等。

2. 竞赛场地

竞赛场地为边长 20 米的正方形（特殊情况时，最小不得小于边长 18 米的正方形），场地边线宽 0.05 米，边线内为比赛场地，边线周围至少有 1 米宽的无障碍区。要求地面平整、清洁。

（十四）轮滑

1. 项目概述

以前轮滑运动叫旱冰运动，以区别"水冰"。旱冰实际上是指脚穿带有四只轮子的轮滑鞋，在坚实、平整的地面上滑行的一项体育运动。关于轮滑运动的起源，国际上有几种不同的说法：一种是在 8 世纪，由不知名的荷兰人发明滚轮溜冰；另一种是在 1815 年，一位名叫加尔森的法国人，为了能在夏天进行滑冰练习，而创造了用轴轳鞋"滑冰"。轮滑运动在我国正式作为一项体育运动是从 1980 年以中国轮滑协会名义加入国际轮滑联合会开始的。2002 年被列入全国体育大会项目，2010 年成为广州亚运会的正式比赛项目。

轮滑主要国际比赛有：世界速度轮滑锦标赛、世界花样轮滑锦标赛、世界轮滑球锦标赛、世界运动会等。

2. 竞赛场地

（1）速度轮滑

比赛场地分为场地跑道和公路跑道。

①场地跑道标准长度为 200 米、宽度为 6 米以上（但根据情况长度最短不少于 125 米，最长不超过 400 米，宽度最短不少于 5 米）。跑道的地面可用任何材料铺成，要求完全平坦，有一定的光滑度，不易摔倒，适合举办轮滑竞赛。其弯道可有一定的倾斜度，有倾斜度的部分要从内侧边缘逐渐均匀平稳地升高，直到外侧边缘。直线跑道为了与弯道倾斜跑道相衔接，也可以有向内侧倾斜的衔接部分，但直线赛道的平坦部分不应少于跑道总长的 33%。终点要用白色线标出，宽为 5 厘米，一直标到跑道外侧边线。终点线不能设在弯道处（一般设在直道中线前伸 10 米处为宜），跑道外缘应设有保护设施。

②公路跑道路线最短不少于 250 米，最长不超过 1000 米，全程宽度不得少于 5 米。路面应平坦而光滑，没有断裂。路面如有不平坦部分也不应超过其宽度的 3%，斜坡部分不得超过 5%，即使在特殊情况下，其倾斜部分也不得超过全部路线的 25%。终点线与起点线均应以 5 厘米宽的白色线标出，起终点线不能设在弯道处，除非无法避开时，起点线应设在距离弯道 50 米以外的地方，终点线应设在距最后一个弯道的直弯道分界线前 50 米处。

（2）花样轮滑

花样轮滑的场地地面应平整、光滑（不能太滑），是由木质、水磨石或其他适宜的材料制成，其中尤以木质地面为最好。标准的竞赛场地是长为 50 米、宽 25 米（这是最低要求）的长方形。大型竞赛应有两个同样大小的场地，其中一个场地专供运动员练习使用。

（3）自由式轮滑

①比赛场地面积不小于 40 米×10 米。在该范围内，地面需平坦、不滑、不粘。比赛区域中需设置四排桩的定位点，每排桩点之间相距 2 米。每排桩点均由 20 只桩点组成，四排桩点的桩距顺序依次为 0.5 米、0.8 米、1.2 米、0.8 米，四排桩点的中心线位于同一条线上。每只桩的定位点为圆形，其尺寸

与桩底座尺寸相当,且需标出圆心点。

②花式绕桩桩位需要放置三排桩,其桩距顺序依次为 0.5 米、0.8 米、1.2 米。裁判员席应位于距 0.5 米桩位中心线前方至少 2 米,之间不得有任何障碍物。

③速度过桩桩位需要放置两排,其桩距 0.8 米,两排桩之间的最小距离为 3 米。两排桩之间需放置隔离带,隔离带长度至少为 15.2 米,隔离带一般不高于 0.3 米。起跑线包括主起跑线和副起跑线。副起跑线位于主起跑线后 0.15 米。主起跑线距首桩 12 米,终点线设在距尾桩 0.8 米。总比赛距离为:12 米+0.8 米×19+0.8 米=28 米。

在裁判员认为危险的地方应放置安全防护设备。

(4) 轮滑球

①轮滑球场的地面应由木质、水磨石或其他合适材料铺成,要平坦、光滑(但不能过滑)。四周有高 1 米的围栏,围栏柱和横梁可用圆铁管制作,中间挂上粗铁丝网,其靠近地面的 20 厘米,须按规则用 2 厘米厚的木板围成挡板。围栏也可全用木制或其他合适材料制成光滑平面的挡板。

②轮滑球标准场地长 40 米、宽 20 米,规则允许的最小尺寸为长 34 米、宽 17 米。四角圆弧半径为 1 米。场地上画有中线、拉布线、禁区、罚球点、争球点、任意球限制圈等。不论场地的大小如何,拉布线距远处队端线必须为 22 米。

③球门为长方形,门柱和横梁用 9 厘米直径的铁管制成,后架用 3.4 厘米直径铁管、底座用 5.1 厘米直径铁管制作,门外用结实网覆盖,门内 34 厘米处挂一垂网以防球反弹出去。门内侧长 170 厘米,高 105 厘米,上边深 46.5 厘米,底座深 92 厘米。

(十五) 中国式摔跤

1. 项目概述

中国式摔跤是我国最古老的体育项目之一,在中国各地都有着广泛的群众基础,深受人们的喜爱。在 20 世纪 50 年代,老一辈体育工作者以中国几千年摔跤技术为基础,综合了多种民族的摔法而定型了一项现代竞技运动项目,冠名"中国式摔跤",以区别国际上其他种类的摔跤,它是对中国摔跤运动的整合、升华与规范化的产物。在 1953 年第 1 届少数民族体育运动会上,中国式摔跤被列为竞赛项目,并被多次列为全运会竞赛项目。2000 年被列入

全国体育大会项目。

中国式摔跤主要比赛有：全国少数民族传统体育运动会、全国农民运动会、全国体育大会等。

2. 竞赛场地

由硬度适当的海绵垫组成，厚度为 6~8 厘米，整个场地为边长 12 米的正方形，表面覆盖革制盖单。

①比赛区为场地中心 9 米直径的圆形区域，为黄色。

②保护区为比赛区边沿至垫子边沿的区域，保护区的四角有中华民族的图腾龙的标记。

③比赛开始线为比赛区中间相距 3 米各标出的红蓝线，面向裁判台，左红右蓝，开始线长 60 厘米、宽 6 厘米。

④运动员出场线为沿开始线平行至距垫子边沿 50 厘米各标出的红蓝线，长宽同开始线。

⑤场地灯光不低于 1500 勒克斯。

（十六）体育舞蹈

1. 项目概述

体育舞蹈也称国际标准舞，它的前身是交际舞，交际舞的起源可以追溯到公元 10 世纪以前，从古老的民间舞演变而成，逐渐发展成男女拍手舞、异性对舞。体育舞蹈按舞蹈的风格和技术结构，分为摩登舞和拉丁舞两大类，按竞赛项目可分成摩登舞、拉丁舞和团体舞。其中摩登舞包括华尔兹、探戈、狐步、快步和维也纳华尔兹五种；拉丁舞包括桑巴、恰恰、伦巴、斗牛舞和牛仔舞五种；团体舞是摩登舞或拉丁舞的混合舞。2000 年体育舞蹈成为悉尼奥运会的闭幕式表演项目，同年成为全国体育大会正式比赛项目。

体育舞蹈主要国际比赛有：世界各州体育舞蹈锦标赛、体育舞蹈世界杯赛、国际体育舞蹈大奖赛（公开赛）、世界表演舞锦标赛、世界青年体育舞蹈锦标赛等。

2. 竞赛场地

①体育舞蹈场地为 15 米×23 米。一般采用塑料地板拼接而成，应不反光，

防滑，平整，四周有界线。

②各类灯光齐备，大小、色彩、图案、追光等能及时变化，适于比赛、表演等。

③采用专业音响、CD 舞曲唱盘，配备两名以上专业工作人员，保持与主持人和选手的密切配合。决赛时每曲 2 分 30 秒钟，其他赛时每曲不少于 1 分 30 秒钟。

④候场检录区要保证参赛人数的使用面积（人均 1.5 平米计算），一般采用地板地面。

（十七）健美操

1. 项目概述

健美操源于英文"Aerobic"一词，译意为"有氧运动""有氧健美操"。古希腊人喜爱采用跑、跳、投掷、柔软体操和健美舞蹈等各种体育项目进行人体美的锻炼。18 世纪德国著名体育活动家艾泽伦开设了培训体育师资课程，创造了哑铃、吊环等运动，既是现代体操的雏形，也是健美操的起源。1984 年健美操运动在世界各地全面兴起，并于 2000 年列入体育大会项目。

健美操主要国际比赛有：健美操世界锦标赛、世界运动会、世界健美操冠军赛、健美操世界杯赛、世界大学生运动会、亚洲锦标赛等。

2. 竞赛场地

比赛可使用赛台，赛台高 80~140 厘米，后面有背景板，赛台不得小于 14 米×14 米，场地大小为 12 米×12 米。推广组比赛场地均为 12 米×12 米，场地四周标记带为 5 厘米宽的白色或黑色，标记带为场地的一部分。提高组比赛场地为 10 米×10 米，使用的比赛地板必须获得国际体操联合会认证。

（十八）攀岩

1. 项目概述

攀岩运动是由登山运动中派生出来的现代竞技体育运动项目。它起源于 18 世纪末期的"阿尔卑斯运动"，即登山运动。但攀岩运动作为一项体育项目则起源于 20 世纪 50 年代的欧洲，主要是以攀登自然岩壁为主，世界攀岩运

动是在20世纪60年代末兴起并得到迅速发展。2002年攀岩被列为全国体育大会比赛项目。

攀岩主要国际比赛有：世界杯攀岩系列赛、攀岩锦标赛、世界青年攀岩锦标赛、亚洲攀岩锦标赛等。

2. 竞赛场地

（1）*人工岩壁场地*

人工岩壁的主体结构由地基、钢架、攀岩板、攀岩支点和其他辅助设施组成。人工岩壁按攀岩板的材料可分为木质岩板岩壁、合成岩板岩壁、喷浆混凝土岩壁，按攀岩板的造型可分为平面造型岩板、3D曲面造型岩板、自由造型雕塑岩壁，按岩壁的用途可分为训练比赛型岩壁、儿童娱乐型岩壁、可移动岩壁。

（2）*自然岩壁场地*

自然岩壁主要位于山区、海边、公路边。成熟的岩场通常具有表面干净、岩石结实、可攀登的路线集中、接近性好、岩壁下方平整安全等特征。适用于攀登的岩质主要为花岗岩、石灰岩、砂岩。

（十九）定向运动

1. 项目概述

定向运动是指参与者借助地图和指南针，在指定的区域按照规定的顺序独立完成寻找若干个标绘在地图上的地面检查点，并以最短时间跑完全程的户外运动项目。定向运动起源于瑞典，最初只是一项军事技能训练科目。它由军营走向社会始于1919年3月25日，瑞典斯德哥尔摩体育联合会主席吉兰特先生在斯德哥尔摩组织了影响深远的第一次正式的定向比赛。定向运动可分为徒步定向（也称定向越野，即森林、山地定向，校园、公园定向等）和借助工具定向（即滑雪定向、山地车定向等）两大类。2002年定向运动被列入体育大会项目。

定向运动主要国际比赛有：世界定向锦标赛、世界青年定向锦标赛、亚太定向锦标赛和各洲际定向锦标赛、冬奥会定向比赛和世界大运会定向比赛等。

2. 竞赛场地

定向运动竞赛场地的选择具有很多的变数，常因参赛对象的不同而有所取舍。

①地形特别复杂、森林覆盖率很高的场地，适合国际最高层次的竞赛使用，如世界定向锦标赛等。

②地形较复杂、森林覆盖率较高的场地，适合国家级及洲际性竞赛使用，如亚太地区定向锦标赛、亚洲定向锦标赛、全国定向冠军赛和全国定向锦标赛等。

③有一定的地形起伏、森林覆盖小而散的场地及公园、校园、社区、街区、企业园区等，适合省级及以下级别的竞赛使用。

④竞赛区域应注重保密，并在每次竞赛前尽可能长的时间内没有用于定向运动，以免有人因熟悉地形而获益。举办过定向运动竞赛的场地，在3年内不得再用于全国性竞赛。

⑤定向运动竞赛路线由起点、检查点、终点构成基本的框架。竞赛路线设计可分为起点与终点设于同一处的闭合式竞赛路线和起点与终点分开设立的开放式竞赛路线。

（二十）龙舟

1. 项目概述

龙舟是一项集众多选手运用肌肉力量，依靠单片桨叶向后划水的划桨动作为推进方式，推动舟船前进的运动。最早有龙舟记载的是公元前318—公元前296年。关于龙舟竞渡，流传最广的是源于纪念楚国爱国诗人屈原。随着历史的推移，龙舟竞渡逐渐从民间地方习俗演变成具有官方色彩的专业竞技活动，形成有章法、有规范的龙舟体育文化，并发展到世界很多国家和地区。2002年龙舟被列入体育大会项目。

龙舟主要国际比赛有：世锦赛、世界龙舟俱乐部赛、亚运会等。

2. 竞赛场地

（1）航道

①赛场应设在静水水域，各航道应为同样的宽度，航道线必须与起航线

和终点线相垂直。

②航道所需要的长度、宽度必须经过专业人员的测量，并有精确的平面图纸。根据报名队数和场地条件设 4 或 8 条航道，每条航道的宽度至少 12 米。航道的编号以最接近终点裁判台为第 1 道，其余以此类推。

③禁止使用固定的木桩、竹竿和类似的材料标记航道。航道内不能有水草、暗礁和其他障碍物，航道两边应各留有 6 米以上的安全警戒水域。航道内最浅的地方水深不得少于 3 米。

④航道应设置黄色浮标，浮标间距不得大于 50 米。每 250 米处使用红色浮标并设立分段距离标志。距终点 100 米范围使用红色浮标，间距不得大于 25 米。最后一个浮标设在终点线 2 米处。浮标的直径为 0.35 米，表面应较薄软，选用红色和黄色浮标。

⑤起点线和终点线两端的延长线上（6 米以外）必须设有高出水面 3 米清晰可见的标志杆，终点线远端则应设置高出水面 3 米、宽 0.50 米（中间 0.1 米为黑色、两边各 0.2 米为黄色）的终点瞄准牌。

⑥起点处、终点处必须列明每一航道的编号。起点编号牌为 1 米×0.60 米（白底黑字），安置在起航平台上，终点编号牌为高 1 米、底长 0.60 米（白底黑字）的三角标，安置在终点线外 3 米浮标的延长线上（终点裁判台远侧）。有条件可在终点线后 3 米、高 5 米处悬挂空中航道牌（规格与起点相同）。

⑦航道的一侧要留有 20 米以上的水域作为附航道，供龙舟划至起点或做准备活动时使用。

⑧根据航道全长，在起、终点线后至少各留 100 米准备区域和缓冲区域，航道两侧若离岸较近应有消浪设施，航道必须于各参赛队报到之前布置完毕。

(2) 码头

登舟码头的建造以有利于龙舟靠岸、运动员登舟、裁判员工作为宜。登舟码头长度一般不得少于 40 米，可供 3 组龙舟停靠。通往登舟码头的路面必须平整。属于陡岸条件设立的登舟码头，必须搭建水上平台码头，每个平台长 20 米、宽 5 米，高于水面约 0.25 米，平台之间的距离为 10 米。

(3) 起点发令台和起航平台

起点发令台安置在起航线一侧，距最近航道线 6~10 米，高于水平面 3 米，面积约 10 平方米，并配备遮阳和避雨设施。起航平台（4 或 8 航道）长 12 米、宽 2 米，高出水平面约 0.40 米，安置在起航线后约 20 米处，平台要坚固、稳定，有利于比赛正常进行。在条件不允许的情况下，也可使用活动

起航方式。

（4）终点裁判台

终点裁判台根据赛场具体情况确定位置，应清晰可见 2 个标志杆重合，并设阶梯式工作台。

（二十一）滑水运动

1. 项目概述

滑水运动久已有之，而现代滑水运动则起源于 20 世纪初。它一经在欧洲出现，就迅速在全世界传播开来，为广大群众所喜爱。滑水运动是一项惊险而优美的水上运动，运动员在高速快艇的牵引下，脚踏水橇，手握拖绳，进行翻、转、跨、跃等一系列水上动作。根据运动员所使用的水橇种类可分为花样滑、回旋滑、跳跃滑、赤脚滑、尾波板滑、跪板滑等。

滑水主要国际比赛有：世界滑水锦标赛、世界杯滑水赛，另外还定期举行单项世界锦标赛（如赤脚滑世界锦标赛、尾波世界锦标赛等）。

2. 竞赛场地

（1）回旋场地

浮标的颜色如下：门标红色，记分标红色，航道标黄色，计时标红色和黄色以外的颜色，建议使用绿色（计时标是拖船航向左边的第 3 个浮标）。在回旋航道的二头，位于 3 标线上的计时标必须位于场地进场和出场门标的 109/259 处，误差不超过±11.5 厘米。导航标的颜色必须和记分标及门标的颜色形成对比(建议使用绿色)，位于正式场地二端进场门标前 55 米、宽 1.15 米。长度误差为55米±0.275 米、宽度为 1.15 米±0.115 米。

同样，作为选择，在航道的中心线 140~180 米处可以设置一个转向标。

（2）跳跃场地

跳台必须和跳跃航道平行并微微开角，标准的跳跃在+1°~+2.5°范围内。滑水飞行的范围是+5°~+7°。开角是指跳台的坡底转向跳跃航道，跳跃航道的基准是 15ST~15MT 线，在 150 米和 180 米线上位于 210 米处必须设立一个浮标，颜色是绿色。

（3）花样场地

正式花样赛场地可选择设置的转向标和 50 米预备标。竞赛场地长约 175

米,并在175米处设置两组浮标标记,两端各有预备区,通过每一滑程的时间为20秒钟。

(4) 尾波场地

尾波赛道双向接近起点的地方各设置一对相隔30米的开始标,赛道终点另设一对相隔30米的浮标,起点和终点浮标之间的距离大约为370米。条件允许的情况下使用该尺寸,起点和终点浮标建议使用亮橙色。分离标相隔约30米,表示其后拖船将不再为继续第二滑程的选手加速了。分离标使用亮绿色,其位置由主裁判员和主拖船手决定。

(二十二) 无线电测向

1. 项目概述

无线电测向运动是我国科技体育项目之一,也是国际业余无线电活动的主要内容。它的主要活动形式类似于众所周知的捉迷藏游戏,由参加者运用具有测定电磁波方向功能的无线电接收机(测向机),通过徒步等方式,寻找到事先隐蔽好的若干无线电台,使用时间少者为优胜。这项运动20世纪20年代起源于美国,后流行于欧洲。2006年起被列为全国体育大会比赛项目。

无线电测向主要国际比赛有:世界无线电测向锦标赛、欧洲无线电测向锦标赛、亚洲无线电测向锦标赛等。

2. 竞赛场地

无线电测向有标准距离和短距离两种类型,对竞赛场地有不同要求。

(1) 标准距离测向

①场地总面积需4~8平方千米,可选在市郊、森林、丘陵等植被较多、适于徒步运动的地带。

②隐蔽电台之间包括与竞赛终点之间的距离不小于400米,距起点最近的隐蔽电台之间的距离不少于750米,从起点出发线开始,经全部隐蔽电台直到终点线的最佳直线距离为5~10千米。

③竞赛场地内共设置5个隐蔽电台,各台采用同频率不同时段轮流发射信号的形式,各隐蔽电台每间隔4分钟发射1分钟,轮流循环自动工作。

(2) 短距离测向

①可在公园、校园等面积较小于1平方千米的封闭型场所内进行。

②起点与各隐蔽电台及各台间距为 30~200 米，并应相互看不见。

③可设置 10 个隐蔽电台，各台采用不同频率，连续发射信号。

无线电测向竞赛的终点在竞赛前公布，并在终点区域内设置连续发射信号的信标台用以引导运动员顺利到达终点。

无线电测向竞赛区域确定后，原则上均不公开，不允许参赛者提前在竞赛区域内进行训练。竞赛路线在竞赛前严格保密。

（二十三）跳伞

1. 项目概述

早在 15 世纪，利用降落伞下降的可能性已从理论上得到证明。中国的雨伞传入欧洲后，在 1777—1779 年，法国人曾试制了一顶降落伞。第一个真正从天空跳伞成功的人是法国青年加勒林。1911 年，俄国退役炮兵中尉克杰尼柯夫发明了世界上第 1 个能折叠的、固定在人身上的背包式降落伞。20 世纪初以来，飞艇、飞机广泛用于民航事业和军事活动，降落伞被用为飞行人员的救生器具，并逐渐发展为体育活动。2002 年跳伞被列入体育大会比赛项目。

跳伞主要国际比赛有：国际跳伞公开赛、世界跳伞锦标赛、亚洲跳伞公开赛等。

2. 竞赛场地

（1）气象标准

云高不低于 700 米，风速不大于 10 米/秒，能见度不小于 1.5 公里。

（2）场地要求

降落场半径 50 米，周围无河流、高山、树木、高压线和高大建筑物。定点跳伞的比赛场地设跳靶，靶内一般铺有半径 10~15 米的圆形沙盘，沙盘中央处有一个半径 5 厘米、厚度不大于 0.5 厘米色彩鲜艳的靶心（也称中心点）。沙盘的边缘，北东南西 4 个方向上铺设宽 1 米、长 5 米、颜色鲜明的布板标志方位。距靶心半径 25 米的周围有明显的标志。

（二十四）拔河运动

1. 项目概述

拔河在我国起源于春秋时期，当时楚、越水军交战，楚国发明了一种称

之为"钩拒"的兵器，专门用于水上作战。在没有战争的情况下，平日军队也经常用"钩拒"的兵器和方法进行军事训练，在将领的指挥下，士兵分成两组，手挽竹编的篾缆，伴着惊天动地的战鼓和呐喊，奋力钩拉牵拖。这种紧张激烈、扣人心弦的军事训练，当时称为"钩拒之戏"。唐代，我国正式启用"拔河"一词。拔河曾是早期的奥运会项目，共举办过 4 届。2006 年在苏州全国第 3 届体育大会上，拔河被列为正式比赛项目。

拔河主要国际比赛有：世界拔河运动会、世界（室外）拔河锦标赛、世界（室内）拔河锦标赛、欧洲锦标赛、大洋洲锦标赛、亚洲拔河锦标赛、国际邀请赛等。

2. 竞赛场地

（1）**草地比赛场地**

比赛场地的地面应平整，并铺有（种有）草坪，地面应标有中心线。

（2）**硬地比赛场地**

硬地比赛场地一般应为 1~2 米宽×33~37 米长，各条标记线线宽均为 5 厘米，中心线为红色，其他标记线建议使用白色。场地必须水平且平整，地面应对常规的运动鞋产生足够的摩擦，场地上最好铺设拔河道（垫）。

（3）**拔河比赛用绳**

绳子的周长必须在 100~125 毫米之间，上面不可以有结节或其他抓手。绳子的长度应为 28~34 米，质地为麻。

硬地比赛用绳有 3 个标记，分别为中线和两边 2.5 米线处的标记。标记线宽 5 厘米，用不同的颜色标记。

（二十五）金属地掷球

1. 项目概述

金属地掷球起源于公元前 5000 年的古埃及，当时人们用石头磨成的球进行投掷碰撞游戏。现代金属地掷球是由法国的一名工人路易·塔尔希埃发明的，他常年从事打孔、锯锉和焊接的工作，应邻居之请求并依照其想法，他打造了铁质地掷球，几经尝试后，金属地掷球终于诞生。

金属地掷球主要国际比赛有：世界锦标赛、世界运动会等。

2. 竞赛场地

（1）大金属球

所有比赛必须在一块长方形，平度良好的场地内进行。场地的尺寸为长 27.5 米（允许±5 厘米的误差）、宽 2.5~4 米，场端应有一不低于 20 厘米高的挡板。在国际比赛中场地宽度至少为 3 米，国际地联特批例外。

（2）小金属球

比赛可以在任何场地（如沙地、煤渣跑道、渣石地等）上并根据比赛组委会或裁判员的决定，在划线的场地进行。场地的尺寸为长 15 米、宽 4 米。

（二十六）壁球

1. 项目概述

19 世纪初，关押在英国伦敦弗利特监狱里的犯人由于日常生活中没有其他的活动，就发明了一种在室内对着墙壁击球的游戏，这就是壁球运动的雏形。1820 年，专门为英国贵族培养后代的哈罗中学的学生秉承了这项运动并在此基础上加以改进，他们用拍子将球向墙壁击打，因球触墙后发出的声音很像英文 Squash 的发音，所以给这项运动冠名为 Squash，即壁球。同年，世界上第一片壁球场建于哈罗中学。至此，壁球运动正式诞生。2006 年壁球正式成为全国体育大会比赛项目。

壁球主要国际比赛有：亚运会、东亚运动会、世界运动会、英联邦运动会等。

2. 竞赛场地

①壁球比赛场地是一个四面有墙的长方形空间（四面墙，即前墙、两面侧墙和后墙），场地配备水平地板，可采用具有适当壁球回弹性且能够保证比赛安全的多种材料建造。

②场地规格为：长度（前后墙之间的距离）9.75 米、宽度（两面侧墙之间的距离）6.4 米，对角线 11.665 米，地板与前墙界外线下缘之间的距离 4.57 米、地板与后墙界外线下缘之间的距离 2.13 米、地板与前墙发球线下缘之间的距离 1.78 米、地板与底界线上缘之间的距离 0.48 米（男子职业比赛为 0.43 米），后墙到短线最近边之间的距离 4.26 米，发球格内边长 1.6 米，所有标线

和底界线宽度 0.05 米，壁球场地最小净高 5.64 米。

③场地说明：侧墙界外线是连接前墙界外线和后墙界外线的一条斜线，发球格是地板上由短线、侧墙和另外两条线围成的一个正方形区域，壁球场地长度、宽度和对角线数值应在地板上方 1 米处测得，前墙界外线、侧墙界外线、后墙界外线和底界线形状最好应能够使任何击打在其上的壁球发生偏转，底界线从前墙凸出的长度不得超过 4.5 厘米，建议将门开在壁球场地后墙中间。

（二十七）健身气功

1. 项目概述

健身气功这个概念是 1996 年 8 月下发的《关于加强社会气功管理的通知》中第一次提出来的。"健身气功"中，"健身"即"使身体健康"；气功即"调身、调息、调心合为一体的身心锻炼技能"。所以健身气功的目的是健康身心，方法是三调合一，它来源于传统文化，又和现代体育相结合，是我国气功发展史上的一座新的里程碑。2009 年全国老年人运动会上，健身气功成为比赛项目。2010 年 5 月，第 4 届全国体育大会在安徽合肥举行，健身气功首次成为正式比赛项目。

健身气功主要国际比赛有：国际健身气功交流比赛大会等。

2. 竞赛场地

健身气功在室内举行，通常选择相当于一个篮球场大小的室内健身馆或其他场馆。

（二十八）毽球运动

1. 项目概述

毽球运动，俗称"踢毽子"，是我国民间传统体育活动，由古代蹴鞠运动演变而成。毽球具有足球、排球、羽毛球三者的特点（足球的基本技术、排球的战术意识、羽毛球的步法移动）。毽球被列为全国少数民族运动会、全国农民运动会、全国大学生运动会和中学生运动会的正式比赛项目。2010 年第 4 届全国体育大会上，毽球被正式列入比赛项目。

毽球主要国际比赛有：世锦赛等。

2. 竞赛场地

（1）场地

比赛场地包括比赛场区和无障碍区，其形状为对称长方形。

①场地规格为长 1188 厘米、宽 610 厘米。

②比赛场地地面须平整，无影响比赛的隐患。

③比赛区上空的无障碍空间，从地面至少高 6 米；比赛场地四周至少有 2 米宽的无障碍区。

④比赛场地的灯光照明照度为 1000~1500 勒克斯。

（2）界线

比赛场地应按平面图画出清晰的界线，各条界线宽 4 厘米，界线的宽度包括在场地面积之内。界线颜色应与场地及球网明显区别。

①较长的两条界线为边线。

②较短的两条界线为端线。

③连接场地两边线中点并与端线平行的线为中线，中线将场地分为均等的两个场区。

④在中线两侧各画一条与中线平行的线为限制线（此线包括在限制区内）。中线中点至限制线的外缘（远离中线端）的距离为 1.98 米。

⑤距两端线中点两侧各 1 米处向场外各画一条长 20 厘米、距端线 4 厘米并与端线垂直的短线为发球线（此线不包括在发球区内）。

（3）区域

①发球线向后无限延长的区域为发球区。

②单人赛的发球须落在接发球有效区内，即限制线与端线之间的区域。限制线不包括在接发球有效区内。

③两限制线之间的区域为限制区，即头球进攻和拦击发球限制区。

④两限制线向场外无障碍区延长形成的区域为换人区。

⑤在比赛场地两侧无障碍区内供教练员和替补运动员候场的区域为球队席区。

第二节　场馆运行

自从北京奥运会以来，体育竞赛的场馆运行理念和模式在国内越来越普及。本节介绍了场馆运行的各个方面知识，并通过实例介绍场馆运行的具体

流程和方法，对于竞赛组织者提高系统化办赛水平，了解国际化的办赛模式有启发作用。

一、场馆的概念

了解场馆的有关知识是场馆运行的前提和基础，以下主要介绍体育比赛中场馆的概念、具体区域等内容。

（一）场馆的概念

提起场馆，人们更多想到的是直接为体育比赛提供场地的建筑物，但在大型综合性体育赛事的组织者看来，场馆包含的范围宽泛得多。可以说，凡是为赛会服务的场地、设施，都可以称为"场馆"（Venue）。从场馆的使用功能来说，可以分为竞赛场馆、训练场馆、非竞赛场馆和服务场所。

比赛场馆顾名思义是承担赛会比赛任务的场馆，众所周知的鸟巢、水立方在北京奥运会期间都是比赛场馆。训练场馆承担赛会训练任务，此类场馆只对持证人员开放，所服务的人员集中为运动员及随队官员。非竞赛场馆不承担比赛和训练任务，但为赛会提供各类专业服务或为持证人员提供专门的工作及休息场所，如运动员村、媒体村、制服及证件发放中心、机场、主媒体中心等都是非竞赛场馆。

（二）场馆、场馆群及公共区

出于管理和安全保卫的需要，大型综合性赛事场馆周边有一道安保封闭线。如果这道封闭线内只有一个场馆，我们称它为"独立场馆"。如果几个场馆位置临近，从集中管理的角度把它们围在一道安保封闭线内，这就是"场馆群"。当然，还有一种情况，尽管两个场馆位置临近，但无法划定在一个安保封闭线内，这样的场馆可以称为"临近场馆"。这些都是从历届奥运会、亚运会沿用下来的概念。在了解概念的同时，我们更要理解他们各自的运行特点，以便进一步理解后面将要提到的场馆运行的相关知识。

1. 独立场馆

有独立的安保封闭线，只有持本场馆有效票、证的人员和车辆才能进入。

外围保障工作也自成一体，集中为这一个场馆提供服务。

2. 场馆群

几个场馆在一个互相临近的区域，共用外围的安保封闭线，在每个场馆周边根据需要设置验票点、验证点，这样的几个场馆称作一个场馆群。凡是持有其中任意一个场馆的有效票、证的人员和车辆都可以进入场馆群，然后还要经过两次查验，才能进入各个场馆。这些场馆的外围保障工作需要整体组织。

3. 公共区

在场馆群安保封闭线内，各场馆建筑外的部分，称作公共区。在公共区内，持有其中任意一个场馆的有效票、证的人员和车辆可以进入并活动。

二、场馆运行

场馆运行模式近年来被广泛用作大型综合性体育赛事整体运行的基本单位、基本依据和基本要求。场馆管理团队作为指挥赛时场馆运行的管理服务主体，在赛前负责组织编制运行计划、物资和人员配置计划，提供场馆运行保障，赛时负责按计划组织和指挥场馆运行工作，按照国际单项体育联合会章程和规则实施竞赛组织工作。

（一）场馆运行的概念

场馆运行（Venue Operation）是北京奥运会、残奥会、广州亚运会、亚残运会、南京亚青会和青奥会赛时运行的基本形式，是指在赛会运行期间所有比赛、各项服务、各种活动都集中在场馆中进行，绝大多数工作在场馆中完成，绝大多数问题和矛盾在场馆中解决。

（二）场馆运行的基本特点

1. 复杂性

运行所涉及的业务领域众多，各项业务与保障工作相互交错、关联紧密。

2. 专业性

大量工作应遵循赛会特有的运行操作规范，并需要分别与各类国际组织、媒体转播机构及各类赞助商等衔接。如奥运会的运行需要与国际奥委会（IOC）沟通衔接，亚运会则是亚奥理事会（OCA），除此之外，还有国际、洲际单项组织联合会等。

3. 规范性

应确保不同场馆同类型服务项目的标准一致，运行管理工作流程规范。

4. 整体性

场馆运行不是专项工作的简单叠加而是统筹整合，整合后的空间布置和工作流程需同时满足竞赛、转播、观赛等多方面需求。

5. 服务性

按照国际单项体育联合会章程和规则组织竞赛活动，场馆团队工作主要是为竞赛组织及其相关的业务领域提供周到细致和标准规范的服务。

6. 国际性

场馆的服务对象包括来自各国、各地区的运动员和随队官员、媒体及贵宾，工作人员也包括来自世界各地的国际单项体育组织、国际转播媒体和志愿者等，要求场馆团队既要熟悉赛会运行规则更要具备对外交流能力。

（三）场馆运行的理念

根据北京奥运会及广州亚运会的成功理念，场馆运行工作主要是在组委会的统一部署下，整合属地政府资源，组成场馆运行团队，实行场馆主任责任制，全面负责场馆运行工作。其基本理念是以场馆为基础，以竞赛为核心，以属地为保障。场馆运行工作的特点可以概括为：

1. 场馆主责

场馆是大型综合性运动会组织工作的第一线，是赛会组织运行的基本单

位，它对组委会负责，承担具体的竞赛及服务任务。因此，必须实现场馆团队责任制，而落实责任制的关键环节就是明确组委会各职能部门与场馆团队的职责，原则上是：

- 职能部门：主要负责制定政策、统一规范、业务指导和计划监控等工作职责。当然，也有部分场馆运行工作需要职能部门直接落实。
- 场馆团队：负责按照统一的规范，承担计划编制、资源配置、团队组建以及实际运行的工作职责。

2. 属地管理

顾名思义，属地是指场馆所属的"地界"。在办赛过程中，应充分动员这些属地单位的资源和能力，为场馆运行工作做好保障，使各个场馆与所在属地有机结合，成为高水平场馆运行的坚实基础。

3. 权责一致

落实"场馆主责"和"属地管理"，要求组委会将整体组织工作的中心下移到场馆，具体表现为赛时在场馆内出现的90%以上的问题由场馆团队负责解决，当遇到重大或突发高风险事件时，超出场馆团队协调权限的时候，由团队上报"赛事指挥部"统一调度。为此，应当赋予场馆团队相应的权利。一般来说，这些权利包括计划管理权、团队人员管理调配权、场馆预算编制与执行权、除组委会集中采购物资以外的物资调配权等。

4. 标准统一

场馆运行是一项整合了众多业务领域的综合性工作，大型综合性赛事不能仅仅是各个单项的简单叠加，应保证各项赛事，各个场馆的服务标准与工作流程基本一致。这就要求各个场馆按照统一的服务标准、运行模式、运行政策等落实筹办任务。当然，各个场馆在按照统一的政策和标准开展工作的同时，也要结合比赛项目及场馆的实际，挖掘"个性化"内容。

（四）独立场馆与场馆群的运行

1. 独立场馆运行

独立场馆有独立的安保封闭线，在安保封闭线内只有一个场馆。为了完成独立场馆的赛时运行任务，需要组建一支独立的运行团队，负责该场馆的运行工作。独立场馆的外围保障工作也自成一体，集中为这一个场馆提供服务。

一般独立比赛场馆的运行工作主要有竞赛、安全保卫、后勤支持服务、媒体服务、运行保障和属地保障6种工作，运行团队设有竞赛等20个业务口。

对于非竞赛场馆，根据其承担的赛时任务不同，其运行任务及业务口设置也各不相同。

2. 场馆群运行

场馆群运行不是一个个独立场馆的简单叠加，而是将场馆群作为一个统一的整体来运作。场馆群赛时运行有以下特点：

①场馆群的每个场馆由一个综合团队负责运行。

②场馆群内餐饮、清废、物流、广播电视、观众服务、安全保卫、交通等工作实行场馆群一体化管理、空间布局统一调配，根据情况设立场馆群协调委员会负责场馆群各场馆之间的协调工作。

③场馆群外围保障工作统一由属地政府组织，也自成一体，集中为场馆群内的所有场馆提供服务。

（五）场馆团队

场馆团队（Venue Team）是组织赛事，为赛事提供服务的具体执行层。根据各场馆的赛时任务和组委会的服务政策，为各类客户群体提供满意的服务。场馆团队是赛时具体负责场馆运作的综合性组织，它对上接受赛时各级运行指挥机构指挥，对下协调内部各业务口按计划推进工作，同时对外协调场馆外围保障团队提供支持和保障服务。场馆团队要做到将大部分问题解决在场馆。

场馆团队由领导层成员和负责相关业务领域的工作人员组成，我们通常把这些业务领域称为"业务口"。对不同类型的场馆，场馆团队的组织构成有所不同，比赛场馆相对复杂，非竞赛场馆各有特点，训练场馆和服务场所比较简单。

（六）场馆团队的人员组成

一般来说，场馆团队设有场馆主任（Venue Manager），在开展工作时实行"场馆主任负责制"。场馆主任作为保障场馆高效运行的第一负责人，是场馆

团队内各项事务的最高决策人，重点落实"场馆主责"，按照赛事指挥体系的要求指挥调度工作。

场馆团队人员来自各个方面，基本类型有受薪人员（Paid Staff）、志愿者（Volunteer）与合同商（Contractor）三类。其中，受薪人员还可以细分为正式聘用人员、借用人员和赛时实习生。总体上看，人员类型不同，相应的待遇和管理方式也有所不同。

1. 正式聘用（P1）

是指与组委会存在聘用合同关系的工作人员，采用从社会公开招聘或从政府相关机构、企事业单位调入，人事关系隶属组委会，赛时享受组委会薪水、福利、制服及免费餐饮待遇。

2. 借用人员（P2）

是指组委会从与组委会存在合作关系的相关政府机构、企事业单位借调的人员，人事关系属原单位。赛时享受组委会制服、补贴及免费餐饮待遇。

3. 赛时实习生（P3）

是由部分院校在赛前一年或半年到赛时期间统一派往组委会参与相关工作的在校学生。赛时享受组委会适当补贴、制服及免费餐饮待遇。

4. 志愿者（V）

是义务为赛会服务的工作人员，接受组委会统一管理，该类人员赛时享受组委会制服及免费餐饮待遇。志愿者的主要来源是在校大学生，通过一定的选聘程序，为每个场馆确定一所或几所大专院校，作为赛会志愿者的主要来源单位，由这些院校成立相应机构，负责志愿者选拔、培训和管理工作。此外，根据各业务口专业工作的需要，组委会还要从对口的企事业单位或学校招募一些具有专业技能的专业志愿者进入专业团队工作；并通过社会公开选拔，招募社会志愿者，吸引有志于服务赛会的志愿人士。

5. 合同商人员（C）

是指由组委会委托的合同商或赞助商提供并支付薪水的工作人员，人事关系属合同商或赞助商。赛时不享受组委会待遇。

此外，场馆属地单位还需要组建场馆外围保障工作组。工作组负责人可同时兼任场馆团队领导职务，确保场馆运行与外围保障工作紧密衔接，外围保障工作组的部分人员也会根据需要参与场馆团队工作。

三、场馆运行的区域及其划分

本部分具体介绍场馆运行的区域及其划分。主要包括安保封闭线与外围保障区和场馆内的区域划分与运行设计。

(一) 安保封闭线与外围保障区

对于大型综合性赛事来说，场馆周边都有一道安保封闭线（security perimeter），在该线上建设安保围栏。进入这道围栏，就标志着进入场馆。

在场馆安保围栏之外，还有一条"虚拟"的界限，圈定了场馆外围保障区域（soft domain）。为了保障场馆内部的正常运行，需要在这个区域里开展大量外围保障工作。外围保障工作一般由政府部门负责，与城市运行密切相关。

在外围保障区域内，根据安保需要，尚有两道"虚拟"的界限，分别圈定了场馆的"安保警戒区"和"安保控制区"。这两个区域由安保部门根据赛事安保级别设置并实施保卫。

(二) 场馆内区域划分与运行设计

提到场馆运行的区域划分，这里就先要引入场馆运行设计这个概念。运行设计，是根据大型综合性体育赛事赛时运行，针对竞赛场馆的特定要求，以场馆的建筑设计及现状条件为基础，对场馆赛时运行的空间分配、人车流线安排及运行所需临时设施进行妥善的规划和布置。通过运行设计对各相关职能部门的赛时运行需求进行整合，合理确定其规模和标准。

1. 运行设计

①对于永久设施不能囊括的赛会使用需求通过临时设施的手段来解决，即在永久建设和设施的基础上覆盖一层临时设施（Overlay），对空间进行再次布局。

②对竞赛场馆车辆和人群的活动范围及路线做出详细合理的安排。

2. 功能分区与注册分区

（1）功能分区

①根据大型综合性体育赛事惯例，要对场馆前后院进行区分，前院为观众活动提供空间和服务，后院为持证人群提供空间和服务。

②根据人群分类和运行任务，将前后院划分成8个功能分区，即观众活动区、场馆管理区、颁奖仪式区、场馆礼宾区、新闻运行区、电视转播区、体育竞赛区及比赛场地。

（2）注册分区

①根据场馆的不同功能及使用人群，注册分区对场馆内不同人群通行权限的区域进行划分。同一通行权限的人群归纳在一个注册分区内。

②注册分区主要是为体现各类证件的通行区域。具体分区见表7-2-1。

表7-2-1 通行区域分区与代码

场馆类型	注册分区代码	注册分区描述
竞赛场馆	All Zone	蓝区、2、4、5、6
	蓝区	体育竞赛区
	红区	场馆运行区
	白区	公共活动区
	2	运动员准备区
	4	新闻运行区
	5	电视转播区
	6	贵宾区
运动员村	R	居住区
其他非竞赛场馆	根据各自情况划定，暂时不考虑分区	

（3）各类持证人员在区域内的通行权限

①注册卡上的蓝区代码可以通行蓝区、红区和白区。

②注册卡上的红区代码可以通行红区和白区。

③注册卡上的白区代码只能通行白区。

④注册卡上的字母及数字代码通行相应区域。

3. 功能分区与注册分区的原则

（1）功能分区的原则

①在总体空间分配上，按如下优先顺序依次满足持证人群的用房及空间

需求：运动员—技术官员—贵宾—媒体—工作人员。

②安保封闭区内尽可能少的安排停车。

③所有的后勤保障综合区都互相临近且尽可能靠近场馆的主体建筑。

④尽量利用现有设施，减少临时设施，减低预算，避免浪费。

⑤如现有空间条件比需求稍小或是空间形状比较特殊，尽量利用现有设施而并非新建其他空间。

（2）注册分区的原则

①任何人员如要进入各个封闭管理区域、各个场馆内的各个分区，其身份注册卡上必须有相应区域、场馆分区的指定代码、颜色和数字编号。

②对封闭管理的场所实施的通行控制分为两个不同层次，即场馆安保线控制及场馆内各个分区的控制。

③持证人员所显示的分区通行权限代码、色块和数字必须同持卡人想要进入的分区一致。

④在进行分区规划中，应保持同种证件人群空间的连续性，形成较为清晰的注册分区。

4. 场馆内各类流线设计

人员和车辆流线应该分开设计，场馆前院主要安排观众步行流线；后院安排各类持证人员的人流以及各类可以进入场馆安保封闭线的持证车辆流线。在比赛日场馆注册分区生效后，各类持证人员须根据场馆证件通行权限按指定流线在场馆内活动。

（1）流线设计原则

①尽量保证人车分流。前院观众活动区严禁车辆通行，进入场馆后院的持证车辆应尽量与步行流线分开。

②严格避免观众与持证客户群步行流线交叉，尽量避免各类持证客户群流线交叉。

③在进行流线设计时，应按如下优先顺序依次满足持证人群流线需求，即运动员—技术官员—贵宾—媒体—工作人员。

④尽量缩短各类人群下车点到场馆入口的步行距离。

⑤对于需要安检才能进入安保线的车辆，需要考虑车辆的安检流线及安检区、等待区的通行能力。

⑥高效安排物流车辆和消防应急车辆。

⑦应根据任务的重要性及特殊性安排部分流线（如颁奖仪式、成绩公报等）。

四、场馆运行相关计划

这里主要介绍场馆运行相关计划。其内容包括场馆运行筹办计划、场馆运行筹办的几个基本概念及场馆运行进度计划等。

（一）场馆运行筹办计划

场馆运行作为一项复杂的系统工程，必须有周密的计划，协调推进各项筹办工作，不允许出现某项工作特别超前或特别落后的情况。场馆运行筹办中根据组委会关于场馆运行的总体计划安排，编制各场馆的各阶段计划是非常重要的。

（二）场馆运行筹办的几个基本概念

1. 场馆化

根据奥运会、亚运会筹办工作规律和经验来看，随着不同阶段工作任务重心的变化，赛事筹办工作体制也须随之发生相应的转变。筹办工作初期一般以职能部门为主体来开展工作，随着场馆运行工作的全面展开，场馆成为各项筹办工作的最终落脚点，各类人、财、物等资源要配置到场馆，各项运行方案和指挥机制要落实到场馆，这个"条块转换"的过程就是我们通常所讲的场馆化的过程。

2. 场馆化过程中的几个概念

随着场馆化进程的展开，场馆团队要逐步承担和落实大量工作。从一个场馆来看，自场馆团队组建开始，就要做好如下几项筹办工作。

①计划（Planning），编制计划是场馆运行各项工作的基础，是将场馆运行的通用规范和标准与场馆具体情况相结合的重要手段，同时编制计划的过程也是对先期到位的场馆团队核心成员进行培训的过程。

②场馆运行计划（Venue Operation Plan），包括场馆运行进度计划、人员计划、物资计划、场馆运行设计和场馆运行手册。

③场馆运行进度计划（Venue Integrated Schedule），以比赛开始时间倒排

工期，确定重要工作的时间节点和责任部门，是场馆团队推进工作的基本依据。

④场馆人员计划（Venue Staff Plan），根据赛时运行工作需要，确定场馆团队人员岗位以及各个岗位的人员类型、人员数量，并制订具体的排班计划。场馆人员计划是进行人员招募、配备与定岗、定责的重要依据。

⑤场馆物资计划（Venue Stuff Plan），赛时场馆内使用的物资种类很多，对比赛场馆来说，最重要的物资是体育器材，其他还包括家具、白电、技术设备、环境清废、设备设施维护等专用物资。

⑥场馆运行手册（Venue Operation Manual），相比进度计划，场馆运行手册聚焦赛时运行周期（Games Time），详细确定各项工作标准、内容、时间，并落实到岗位，针对一些突发事件制订应急计划。在比赛进行其间，各场馆根据场馆竞赛时间安排、各业务口场馆运行手册编制竞赛工作时刻表（DCAS）和每日运行时间表（DRS），DCAS 和 DRS 将成为场馆赛时工作的重要依据。

⑦场馆运行设计（Venue Operational Design），在场馆建筑设计图纸基础上，根据赛事运行对场馆的特殊要求，对场馆赛时运行所需的空间、人车流线及临时设施进行合理规划、设计和安排。通过运行设计对各类客户群的赛时运行需求进行整合，合理确定各功能标准和规模。

一般来说，场馆运行设计可以按照初步运行设计和详细运行设计两个阶段逐步推进。其中初步运行设计应在场馆化前结束，场馆化后，场馆团队核心业务口应在对初步运行设计进行优化的同时进行详细运行设计。

⑧临时设施（overlay），根据大型综合性赛事需要在赛时临时加建一些设施，赛后拆除，这些设施就是临时设施（Overlay）。比如：帐篷、板房、桥架、平台、地面铺装、景观及标识等。此外，还有电视转播、技术、安保、供配电等临时系统也需要在赛前进行建设。

⑨物资运入（Bump-in），是指各类物资从供应商仓库或主物流中心运送至场馆并安装到位，此工作周期通常称为场馆移入期。赛后这些物资还要运出场馆，称为移出期（Bump-out）。

⑩人员进驻（Move-in），场馆团队工作人员依据赛前工作需要分批进驻场馆。一般来说受薪人员（P 类）最先进驻，志愿者（V 类）最后进驻。此工作周期通常称为进驻期。赛后人员撤出称为撤出期（Move-out）。

⑪培训（Training），是提高场馆团队运行能力的重要手段。培训工作贯穿赛前筹备工作的不同时期。分为场馆培训和岗位培训两种形式。

⑫演练（Exercise），从"纸上谈兵"到"实地作战"，演练是必不可少的。一

般来说，实施方式包括：桌面演练（Table Top Exercise）、模拟地点演练（Off-site Simulation）、场馆实地演练（On-site Simulation）、测试赛或试运行赛等。

⑬封闭搜爆检查（Lock Down），在完成如上工作之后，场馆一切就绪，将要迎来第一批客人。在此之前，为确保场馆安全，将由安保人员对比赛场馆、训练场馆、非竞赛场馆和部分服务设施进行搜爆检查。检查的重点是场馆硬件设施，涉及场馆内各个空间。之后，场馆安保围栏和安检设施正式启用，所有人员和车辆都要在安检口接受安检后方可进入场馆。

（三）场馆运行进度计划

1. 场馆运行进度计划的阶段划分

我们上面已经提到，场馆团队是大型综合性赛事运行的实施主体，各团队组建后的首要任务就是编制场馆运行进度计划，然后按照计划完成各阶段工作直到比赛结束、人员安置完毕。场馆运行进度计划应主要包括计划阶段、测试阶段、赛时运行阶段。

（1）计划阶段

计划阶段从场馆团队组建开始到测试赛前一定时间结束。该阶段要按照场馆实际情况、所承担的项目和测试演练的时间编制场馆的第一版工作进度计划，赛时运行计划及测试赛运行计划（如果有测试赛安排）。场馆运行进度计划应包括场馆团队在赛事筹备全过程中的重要时间节点和工作内容。

（2）测试阶段

测试阶段从测试赛前一定时间开始到测试赛后15天结束。北京奥运会及广州亚运会都在场馆化后举行了测试赛。测试赛的主要任务是对前期场馆各类计划，尤其是赛时运行计划、场馆内外衔接、各业务口的沟通协调进行实地演练，找出漏洞和不足，确保场馆在正式比赛开始后顺利运行。

场馆团队应根据测试演练情况，对计划阶段所编制的场馆运行各类计划进行修改和完善。

（3）赛时运行阶段

赛时运行阶段从测试赛阶段结束开始到赛后30天结束。在此阶段，场馆团队需按照赛前备战、赛时运行、项目转换及赛后恢复几个阶段进行。其中，项目转换只针对承接两个或以上项目的场馆。

场馆运行进度计划的编制还要根据任务注意时间的基准点，见表7-2-2。

表 7-2-2　场馆运行进度计划编制的关键时间基准点

	任务	时间
1	测试赛赛时运行期（训练期）开始	场馆开放训练首日
2	测试赛赛时运行期（比赛期）开始	测试赛首场比赛日
3	测试赛赛时运行期（比赛期）结束	测试赛比赛结束当日
4	运动员村开村	按规定日期
5	赛时运行期（训练期）开始	场馆开放训练首日
6	赛时运行期（比赛期）开始	首场比赛日
7	赛时运行期（比赛期）结束	比赛结束当日
8	运动员村闭村	按规定日期

2. 场馆运行进度计划编制的主要内容

（1）赛前备战任务

赛前备战是指场馆团队在初步完成计划编制工作后，由场馆团队和相关职能部门落实各项筹办工作，确保各项工作按要求准备就绪的工作阶段。赛前备战工作基本到位的标志包括：第一，场馆硬件设施设备到位并通过测试运行；第二，建立熟知运行工作并具备实践经验的场馆团队；第三，建立包括各场馆在内的运行指挥体系。为达到上述目标，应在场馆团队层面实施的赛前备战工作主要包括临时设施建设、物资运入、人员进驻、培训演练和相关的服务保障等工作。

赛前备战工作的关键，见表 7-2-3。

表 7-2-3　场馆赛前备战工作的关键

	任务	阶段
1	场馆主任层领导及核心业务口经理进驻场馆	测试赛赛前备战
2	场馆移入期开始（大量物资开始运入场馆）	
3	全部付薪人员进驻场馆	
4	临时土建工程完成	
5	大量物资运入场馆完成，全部志愿者进驻场馆	
6	临时系统安装完成	
7	场馆移入期结束（全部物资运入场馆）	
8	调整完成场馆运行计划	

(续表)

	任务	阶段
9	场馆移入期开始（大量物资开始进入场馆）场馆团队	赛前备战
10	主任层领导及所有业务口经理进驻场馆	
11	全部受薪人员进驻场馆	
12	临时土建工程完成	
13	大量物资运入场馆完成，全部志愿者进驻场馆	
14	临时系统安装完成	
15	场馆移入期结束（全部物资运入场馆）	
16	比赛开始	赛时
17	比赛结束	

（2）**赛时任务**

赛时任务是场馆运行筹备的核心，也是各种筹备工作的落脚点和目标。对于不同的场馆，因为其赛时服务对象不同、任务不同，有必要根据场馆各业务口场馆运行手册编制各场馆的赛时任务表、竞赛工作时刻表（DCAS）和场馆每日运行时间表（DRS），以明确各业务口的赛时工作，并通过时间结点的控制使各领域协调运行，提供准确、高效的服务。赛时运行是大型综合性赛事举办的核心，前期的长时间计划、测试演练及相关的准备工作，都是为了赛时的正常运行。我们后面还会单独对 DCAS 与 DRS 进行说明。

（3）**赛后恢复期任务**

赛后恢复期是指场馆团队在结束赛时运行工作后，完成设施复原、物资运出、人员撤出及赛后总结等任务的工作阶段。主要包括临时设施拆除、物资运出、人员撤出、赛后总结等任务。

3. **场馆运行手册、DCAS 与 DRS**

场馆运行手册聚焦赛时运行周期（Games Time），详细确定各项工作标准、内容、时间，并落实到岗位，针对一些突发事件制订应急计划。在比赛进行其间，各场馆根据场馆竞赛时间安排和各业务口场馆运行手册编制竞赛工作时刻表（DCAS）和每日运行时间表（DRS），DCAS 和 DRS 将成为场馆赛时工作的重要依据。

(1) 赛时任务表

赛时任务表是场馆各业务口根据各自的场馆运行手册内容，将赛时运行任务进行分解。赛时任务表是场馆团队任务分解、协同工作的关键。以亚运会任务表为例，见表 7-2-4。

表 7-2-4　亚运会比赛场馆运行通用任务分解表

序号	业务口		任务	对应部门
1	竞赛综合事务	竞赛信息服务	比赛场馆体育信息台服务、FOP 体育信息服务、训练场馆、技术官员酒店、运动员村的信息服务	竞赛部
		运动队服务	运动队联络；运动队更衣室、休息室、淋浴室的管理；看台运动员座席管理	
		技术官员服务	AF 官员、技术官员联络；专用休息室、更衣室管理；制服、津贴发放协助；技术官员酒店协调；技术官员抵离信息协助	
		行政事务	文秘、内部运行管理；技术官员会务服务；竞赛办公区管理	
2	竞赛技术运行	竞赛编排	竞赛（训练）日程编排；抽签；场记；竞赛表格管理；技术统计	
		竞赛器材管理	赛前竞赛器材检查；维护监督；消耗性器材发放、回收、保管	
		比赛场区管理	赛时运行管理；FOP 管理（含通道）；运动员引导、检录处管理；混合区管理；体育展示与颁奖仪式协助	
		训练（热身）场地管理	训练器材管理；训练场地管理；热身场地管理；训练功能房管理；训练出入口管理	
3	体育展示	体育展示	综合协调（指挥、协调体育展示团队工作，记分牌展示，体育展示现场灯光设计及控制）；音频（整理音乐素材，调试设备，现场信息及音频播放）；视频（视频设备调试，视频播放内容的策划、编辑、校对及整理，视频播放）；播报（编写播报脚本，现场播报及赛间评论）	庆典部
		现场表演	节目编排与培训（赛前）；现场表演，观众互动	
4	颁奖仪式	颁奖人员管理	礼仪人员、升旗手、化妆师、颁奖业务口志愿者管理	
		颁奖物资管理	奖牌、颁奖鲜花、托盘、国旗、颁奖台和背景板管理；颁奖场地布置	
		运动员、颁奖嘉宾协调	与竞赛综合事务、礼宾等领域协调领奖运动员及颁奖嘉宾	

(续表)

序号	业务口		任务	对应部门
5	兴奋剂检查	检查站管理	检查站内设施设备管理；检查站出入控制管理；抽样运动员返村交通协调	医疗卫生部
		样品与文件管理	样品的提取、封存与转送；填写文件、分送	
6	观众服务	安检口引导与服务	观众引导；软性验票；安检提示；吉祥物表演	志愿者部
		观众信息亭服务	信息咨询服务；失物招领；轮椅服务；残疾人电瓶车服务；无障碍服务（陪同特殊人群前往指定地点服务，婴儿车与轮椅寄存服务）	
		检票口管理	观众引导与排队管理；验票与撕票；协助处理票务问题；公共广播管理	
		坐席区服务	就座引导；证件查验；观众互动引导；座席服务与管理；引导观众退场	
		观众组织	组织管理（上座率不高的项目或场次）	
7	信息技术	竞赛成绩	计时记分；记分牌控制；成绩处理；信息发布（含成绩公报复印和分发）运行；信息系统运行	信息技术部
		场馆通信	无线网络管理与支持；固定通信管理与支持；移动通信管理与支持；无线电设备认证及赛时无线电频率监控；集群通信网络管理维护、设备分发与维护	
		网络与信息技术支持	网络平台管理与支持；信息安全保障服务；信息系统安全应急保障；布线运行保障；机房监控；不间断电源系统运行保障；音频、视频系统运行保障；头戴式内部通讯系统运行保障；LED屏幕系统运行保障；体育展示系统运行保障；视频监控平台；IT设备物流与仓储服务；计算机、打印复印设备运行支持；场馆技术支持服务；帮助台服务	
8	礼宾	贵宾接待	国内贵宾接待；国际贵宾接待	外联部
		颁奖礼宾	颁奖嘉宾信息确认；颁奖嘉宾引导	
9	餐饮服务	运动员、技术官员餐饮服务	运动员与技术官员茶点、正餐（特定场馆）及饮用水服务	运动会服务部
		贵宾、媒体人员餐饮服务	贵宾、赞助商、媒体人员茶点及饮用水服务	
		工作人员、观众餐饮服务	工作人员盒饭及饮用水服务；观众餐饮售卖点管理	

(续表)

序号	业务口		任务	对应部门
10	医疗卫生	公共卫生监督监测	食品卫生监督；场馆环境、空气、饮用水卫生；传染病、流行病监测	医疗卫生部
		医疗服务	现场急救；运动员医疗；观众医疗；贵宾医疗；病人转送；医疗信息报送；医疗废弃物处理	
11	交通	交通指挥（含警卫）	与场馆外交通管理衔接；交通指挥室管理；场馆内交通秩序监控管理、交通事故处理；交通警卫；车辆证件管理	安全保卫部
		车辆调度	贵宾车辆、运动员班车、技术官员班车、媒体班车现场调度；贵宾、运动员及随队官员、技术官员、媒体上下车点交通引导；交通信息服务；车辆调度室管理	运动会服务部
		停车场管理	停车位分配、停车场车辆进出引导、停车场配套设施管理、停车场车辆管理	
12	场馆保障	固定设施设备维护	水电气保障；场馆设备维护；场馆设施维护	场馆器材部
		临时设施	临时设施（含交通标识）的安装、维护	
		体育器材	安装、检查维护体育器材	
		形象景观	场馆形象景观深化设计、安装、维护；场馆指示标识的设计、安装、维护	宣传部
		环境卫生	场馆清洁（日常保洁；赛前深度清洁；赛时全面清洁；赛后恢复性清洁）；废弃物管理与处理	运动会服务部
13	票务与市场开发	赞助商广告	场馆赞助商场地广告设计、赞助商识别广告及制作、安装与维护；赞助商企业活动协调；品牌保护与反隐形市场	市场开发部、办公室（法律事务处）
		赞助商服务协调	协助礼宾领域接待赞助商贵宾；协助观众服务领域接待赞助商持票客人	
		票务	场馆门票现场销售管理；协助观众服务领域查验票；场馆票务咨询与纠纷处理	
		特许经营管理	场馆内特许零售点管理	
14	场地安保	安全保卫	治安管理；重点设施设备安保	安全保卫部
		消防	场馆日常消防检查与监控	
		安保技术	公安专用技术系统运行及保障	
15	安检	安检	人、车、物的安检	安全保卫部
		注册	一日卡申请受理及发放；AF来宾卡申请受理及发放；赛时证件问题处理	

(续表)

序号	业务口		任务	对应部门
16	新闻宣传	新闻宣传	场馆舆情监控及舆论引导；场馆突发新闻事件处理	宣传部
17	广播电视转播	广播电视信号制作	电视转播场地、设施协调；电视信号制作、传送等	广播电视与媒体服务部
		持权转播商服务	为持权转播商在场馆内提供配套服务	
18	媒体运行	文字记者管理与服务	新闻发布厅服务；媒体休息区服务；文字记者工作间；混合区服务；记者看台服务；新闻发布会口译人员管理	
		摄影记者管理与服务	摄影记者工作间服务；场地摄影位置服务；看台区服务；磁盘胶卷递送服务	
		新闻服务	场馆新闻信息采集、编辑；成绩公报服务	
19	综合事务	行政事务	计划编制、协调与整合；文秘、会议、档案；与广州亚运会气象中心信息对接	办公室
		财务	场馆会计事务；场馆出纳事务；保险事宜联络	财务部
		物流	场馆物流服务；场馆物资紧急采购；场馆物资管理	
		监察审计	监察；审计	监察审计部
20	人力资源	人事	人员计划与管理；人员培训；制服管理	人力资源部
		志愿者	场馆志愿者人员计划与调配；场馆志愿者团队管理与宣传；志愿者激励与保障	志愿者部
		语言服务	场馆语言服务协调	外联部

(2) 竞赛工作时刻表

对于一个由一百名左右受薪人员和上千名志愿者组成的场馆团队来说，即便是每个人都知道自己应该做什么和怎么做，如果没有统一的标准，也无法准确有效地开展工作。那么，团队的工作人员用什么来"对表"呢？对比赛来说，唯一的标准就是竞赛日程。

表7-2-5是一张篮球比赛工作时间表的一部分，我们称为"竞赛工作时刻表"（Detailed Competition Activity Schedule，简称DCAS）。表上列出了与竞赛组织直接相关的全部工作，并且将每一步工作都具体到了时间和责任人，以比赛开始时间为准，正排和倒排，时间精准到分钟。以此表格为依据组织工作，可以确保相关业务口密切配合，竞赛活动顺利完成。

表 7-2-5　竞赛工作时刻表

亚运会某场馆竞赛工作时刻表		
相对时间	绝对时间	任务	主责人
−2:30	6:30	竞赛主任和竞赛团队人员到馆并签到	竞赛主任
−2:30	6:30	计时记分系统工作人员（技术合同商）到馆并签到	成绩系统经理
−2:20	6:40	竞赛/成绩系统工作人员会议 竞赛主任/成绩系统经理	
−1:50	7:00	成绩系统检查	成绩系统经理
−1:45	7:10	竞赛地 FOP 检查准备	竞赛场地 FOP 主管
−1:30	7:15	第 1 班次志愿者到馆	
−1:30	7:30	AF 技术代表到馆	AF 技术代表
−1:30	7:30	第 1 场体育展示工作人员到馆并签到	体育展示经理
−1:30	7:30	场馆所有时钟对表	竞赛主任
−1:30	7:30	体育展示设备与脚本检查	体育展示经理
−1:25	7:35	运动员活动区域检查	运动员服务主管
−1:15	7:45	竞赛信息服务台开放	竞赛信息主管
−1:15	7:45	第 1 场次裁判员到达	AF 技术代表
−1:15	7:45	第 1 场比赛参赛队到达	
−1:15	7:45	第 1 组竞赛统计员和记分员到馆并签到	竞赛团队人员主管
−1:15	7:45	技术官员会议	AF 技术代表
−1:15	7:45	播报员试音	体育展示经理
−1:00	8:00	（AF 秘书处）办公室开放	AF 技术代表
−1:00	8:00	体育展示班前工作会	体育展示经理
−1:00	8:00	观众出入口开放	
−0:30	8:30	竞赛场地出入控制开始生效	竞赛场地 FOP 主管
−0:22	8:38	第 1 场比赛参赛队员宣布入场	播报员
−0:21	8:39	热身活动	
−0:06	8:54	参赛队员就坐/参赛队员介绍	播报员
−0:03	8:57	倒计时 3 分钟热身	
−0:00	9:00	第 1 场比赛开始	
+0:20	9:20	第 1 节结束	
+0:22	9:22	第 2 节开始	
+0:42	9:42	第 2 节结束-中场休息	
+0:47	9:49	成绩统计表信息发送到相关业务口	成绩系统经理
+0:57	9:57	第 3 节开始	

(续表)

亚运会某场馆竞赛工作时刻表			
相对时间	绝对时间	任务	主责人
+1:00	10:00	第2场比赛参赛员到达	
+1:00	10:00	第2场次裁判员到达	AF技术代表
+1:00	10:00	第2场组竞赛统计员合计记分员到馆并签到	
+1:17	10:17	第3节结束	
+1:20	10:20	第4节开始	
+1:45	10:45	第1场比赛结束	

(3) 每日运行时间表

竞赛工作时刻表仅体现了场馆竞赛及相关业务口的工作状况，不能体现场馆内各个业务口的工作，因此，我们还需要编制"场馆每日运行时间表"（Daily Run Sheet，简称 DRS）。这个时间表主要体现场馆的综合性、保障性工作任务，包括场馆开馆与闭馆时间、观众入场与清场完毕时间、竞赛开始与结束时间，以及一些注册、餐饮、票务、信息咨询、媒体工作间、贵宾休息室、兴奋剂检查站等重要服务设施的开、关门时间。

如果说竞赛工作时刻表是场馆主管竞赛的竞赛副主任指挥调度工作的依据，那么场馆每日运行时间表就是场馆主任主持全面工作的基本参照。表 7-2-6 给出了北京奥运会某场馆赛时 8 月 9 日的运行时间表。

表 7-2-6　北京奥运会某场馆赛时每日运行时间表

竞赛项目：**拳击**　　运行阶段：**奥运会赛时**　　运行日期：**2008年8月9日**

开始时间		结束时间		主责业务口	运行任务	运行地点
6:00	OGT1S-7.5	N/A	N/A	物流	根据场馆主配送计划，结束馆物资配送和接收	物流综合区
7:00	OGT1S-6.5	9:00	OGT1S-4.5	安保	场馆安全检查	场馆整个区域
9:00	OGT1S-4.5	次日 1:00	OGT2E+2.5	场馆管理	场馆正式开放运行	场馆整个区域
9:30	OGT1S-4	次日 1:00	OGT2E+2.5	场馆人力资源	场馆签到/签出处开始运行	场馆签到/签出处
9:30	OGT1S-4	10:30	OGT1S-3	所有业务口	当日第一班次员工签到	场馆签到/签出处

(续表)

开始时间		结束时间		主责业务口	运行任务	运行地点
9:30	OGT1S-4	10:30	OGT1S-3	技术	向工作人员发放集群通话设备（与工作人员签到同时进行）	集群通信分法间
9:30	OGT1S-4	0:00	OGT2E+1.5	注册	场馆注册中心开始运行	场馆注册中心
9:30	OGT1S-4	10:30	OGT1S-3	环境	每日早晨的场馆清洁与废弃物分类收集	场馆整个区域
10:00	OGT1S-3.5	10:30	OGT1S-3	场馆管理	场馆晨会（场馆主任及业务口经理参加）	场馆运行中心会议室
10:00	OGT1S-3.5	10:30	OGT1S-3	观众服务	观众服务票务查验工作人员到岗，并进行票务查验工作的准备	观众服务管理办公区
10:30	OGT1S-3	0:00	OGT2E+1.5	场馆管理	场馆运行中心（VOC）开始运行	场馆通讯联络中心
10:30	OGT1S-3	0:00	OGT2E+1.5	场馆管理	场馆通讯联络中心（VCC）开始运行	场馆通讯联络中心
10:30	OGT1S-3	0:00	OGT2E+1.5	场馆人力资源	场馆工作人员管理中心开始运行	场馆工作人员管理中心
10:30	OGT1S-3	0:00	OGT2E+1.5	场馆财务	场馆财务办公室开始运行	场馆财务办公室
10:30	OGT1S-3	0:00	OGT2E+1.5	交通	交通指挥室、场馆车辆调度站开始运行	交通指挥室、场馆车辆调度站
10:30	OGT1S-3	0:00	OGT2E+1.5	医疗服务	场馆医疗救护车辆及人员到达场馆	救护车停车区
10:30	OGT1S-3	0:00	OGT2E+1.5	语言服务	场馆语言服务工作开始运行	语言服务办公室
10:30	OGT1S-3	11:30	OGT1S-2	品牌保护、权益保障	检查场馆广告、赞助商识别、展示落实情况，清洁场馆及查处侵权检查（含广告安装）	场馆整个区域
10:30	OGT1S-3	次日1:00	OGT2E+2.5	新闻运行	场馆媒体中心开放，并对文字、摄影记者开放	场馆媒体中心
10:30	OGT1S-3	0:00	OGT2E+1.5	电视转播	电视转播综合区开放，并对BOB工作人员和持权转播商开放	电视转播综合区
10:30	OGT1S-3	23:30	OGT2E+1	票务	场馆售票亭开放，并对观众售票	场馆售票亭
10:30	OGT1S-3	23:30	OGT2E+1	医疗服务	运动员医疗站开放	运动员医疗站

第七章 体育竞赛的场地与场馆运行

(续表)

开始时间		结束时间		主责业务口	运行任务	运行地点
10:30	OGT1S-3	23:30	OGT2E+1	兴奋剂检查	兴奋剂检查室开放	兴奋剂检查室
10:30	OGT1S-3	0:00	OGT2E+1.5	竞赛组织	竞赛组织工作区开始运行	竞赛组织工作区
10:30	OGT1S-3	0:00	OGT2E+1.5	竞赛组织	技术官员工作区开始运行	技术官员工作区
10:30	OGT1S-3	14:30	OGT1S+1	餐饮	工作人员就餐（中餐）	工作人员休息室
10:30	OGT1S-3	0:00	OGT2E+1.5	场馆管理	场馆注册分区生效（注册分区生效期间，进入场馆的人员均须持有有效身份注册卡或当场比赛的门票）	场馆人员验证入口
10:30	OGT1S-3	0:00	OGT2E+1.5	安保观众服务	安保、观众服务工作人员开始在场馆各入口处对各类人员进行安检、验证	各类注册人群入口
11:30	OGT1S-2	11:30	OGT1S-2	场馆人力资源	向场馆主任及业务口经理提交场馆第一班人员缺勤报告	工作人员签到/签出处
11:30	OGT1S-2	13:30	OGTS1	竞赛组织	第1组比赛的运动员到达场馆，并进行赛前热身	运动员入口
11:30	OGT1S-2	13:30	OGTS1	竞赛组织	技术官员到达场馆	技术官员入口
11:30	OGT1S-2	23:30	OGT2E+1	场馆礼宾	场馆礼宾休息室开放	场馆礼宾休息室
11:30	OGT1S-2	13:30	OGTS1	技术	场馆技术运行中心开始运行	场馆技术运行中心
11:30	OGT1S-2	11:30	OGTS1-2	场馆管理	确认各业务口工作准备就绪，并通知观众服务、安保场馆正式向观众开放（第1组比赛）	场馆整个区域
11:30	OGT1S-2	17:30	OGT1E+1	观众服务	场馆对观众开放（当日第1组比赛）	观众入口
11:30	OGT1S-2	16:30	OGT1E	观众服务	观看第1组比赛的观众安检、验票	观众入口
11:30	OGT1S-2	23:30	OGT2E+1	餐饮	场馆餐饮零售点开始运行	场馆餐饮零售点
11:30	OGT1S-2	23:30	OGT2E+1	特许经营	场馆特许商品零售点开始运行	特许商品零售点
11:30	OGT1S-2	23:30	OGT2E+1	医疗服务	观众医疗站开始运行	观众医疗站
12:30	OGT1S-1	17:00	OGT1E+0.5	场馆礼宾	观看第1组比赛的贵宾到达场馆	场馆礼宾入口
13:30	OGT1S	N/A	N/A	竞赛组织	当日第1组比赛开始	比赛场地
N/A	N/A	16:30	OGT1E	竞赛组织	当日第1组比赛结束	比赛场地

267

(续表)

开始时间	结束时间			主责业务口	运行任务	运行地点
16:30	OGT1E	17:30	OGT1E+1	观众服务	场馆观众清场结束（当日第1组比赛）	观众入口
16:30	OGT1E	17:30	OGT1E+1	竞赛组织	第1组比赛运动员离开场馆	运动员出口
16:30	OGT1E	17:00	OGT1E+0.5	场馆礼宾	观看第1组比赛贵宾离开场馆	场馆礼宾入口
16:30	OGT1E	17:30	OGT1E+1	环境	两组比赛间期的场馆清洁与废弃物分类收集	场馆整个区域
16:30	OGT1E	17:30	OGT2S-2	所有业务口	工作人员换班（当日第1班次工作人员下班，当日第2班工作人员上岗）	工作人员签到/签出处
16:30	OGT1E	19:30	OGT1E+3	餐饮	工作人员就餐（晚餐）	工作人员休息室
N/A	N/A	17:30	OGT2S-2	场馆人力资源	向场馆主任及业务口经理提交场馆第2班次人员缺勤报告	工作人员签到/签出处
17:30	OGT2S-2	19:30	OGT2S	竞赛组织	第2组比赛的运动员到达场馆，并进行赛前热身	运动员入口
N/A	N/A	17:30	OGT2S-2	场馆管理	确认各业务口工作准备就绪，并通知观众服务、安保场馆正式向观众开放（第2组比赛）	场馆整个区域
17:30	OGT2S-2	19:30	OGT2S	观众服务	场馆对观众开放（当日第2组比赛）	观众入口
17:30	OGT2S-2	16:30	OGT1E	观众服务	观看第2组比赛的观众安检、验票	观众入口
18:30	OGT2S-1	23:00	OGT2E+0.5	场馆礼宾	观看第2组比赛的贵宾到达场馆	场馆礼宾入口
19:30	OGT2S	N/A	N/A	竞赛组织	当日第2组比赛开始	比赛场地
N/A	N/A	22:30	OGT2E	竞赛组织	当日第2组比赛结束	比赛场地
22:30	OGT2E	23:30	OGT2E+1	观众服务	场馆观众清场结束（当日第2组比赛）	观众入口
22:30	OGT2E	23:00	OGT2E+0.5	场馆礼宾	观看第2组比赛贵宾离开场馆	场馆礼宾入口
22:30	OGT2E	23:30	OGT2E+1	竞赛组织	第2组比赛运动员离开场馆	运动员出口
22:30	OGT2E	23:30	OGT2E+1	竞赛组织	技术官员离开场馆	技术官员出口
N/A	N/A	23:00	OGT2E+0.5	注册	场馆注册中心关闭	场馆注册中心
N/A	N/A	23:30	OGT2E+1	场馆礼宾	场馆礼宾休息室关闭	场馆礼宾休息室
N/A	N/A	23:30	OGT2E+1	兴奋剂检查	兴奋剂检查室关闭	兴奋剂检查室

(续表)

开始时间	结束时间	主责业务口	运行任务	运行地点
N/A	N/A	23:30	OGT2E+1	医疗服务	运动员医疗站关闭	运动员医疗站
N/A	N/A	23:30	OGT2E+1	医疗服务	观众医疗站关闭	观众医疗站
N/A	N/A	23:30	OGT2E+1	餐饮	场馆餐饮零售点关闭	场馆餐饮零售点
N/A	N/A	23:30	OGT2E+1	特许经营	场馆特许商品零售点关闭	特许商品零售点
N/A	N/A	23:30	OGT2E+1	票务	场馆售票亭关闭	场馆售票亭
N/A	N/A	0:00	OGT2E+1.5	场馆管理	场馆注册分区生效结束	场馆人员验证入口
N/A	N/A	0:00	OGT2E+1.5	场馆管理	场馆运行中心（VOC）关闭	场馆通讯联络中心
N/A	N/A	0:00	OGT2E+1.5	场馆管理	场馆通讯联络中心（VCC）关闭	场馆通讯联络中心
N/A	N/A	0:00	OGT2E+1.5	场馆人力资源	场馆工作人员管理中心开始运行	场馆工作人员管理中心
N/A	N/A	0:00	OGT2E+1.5	场馆财务	场馆财务办公室关闭	场馆财务办公室
N/A	N/A	0:00	OGT2E+1.5	交通	交通指挥室、场馆车辆调度站关闭	交通指挥室、场馆车辆调度站
N/A	N/A	0:00	OGT2E+1.5	医疗服务	场馆医疗救护车辆及人员离开场馆	救护车停车区
N/A	N/A	0:00	OGT2E+1.5	语言服务	结束语言服务工作	语言服务办公室
N/A	N/A	0:00	OGT2E+1.5	电视转播	电视转播综合区关闭	电视转播综合区
N/A	N/A	次日 1:00	OGT2E+2.5	新闻运行	场馆媒体中心关闭	场馆媒体中心
N/A	N/A	0:00	OGT2E+1.5	技术	场馆技术运行中心关闭	场馆技术运行中心
N/A	N/A	0:00	OGT2E+1.5	物流	汇总各业务口的申请，并提交物流中心	物流综合区
N/A	N/A	0:00	OGT2E+1.5	注册	统计完成次日场馆一日卡的申请	场馆注册中心
N/A	N/A	0:00	OGT2E+1.5	场馆人力资源	完成场馆当日各班次工作人员的出勤报告，并提交给场馆主任和业务口经理	工作人员签到/签出处
N/A	N/A	0:00	OGT2E+1.5	所有业务口	业务口经理总结当天工作情况，并完成该业务口当日运行报告	业务口经理办公室
22:30	OGT2E	次日 1:00	OGT2E+2.5	餐饮	工作人员就餐（夜宵）	工作人员休息室

(续表)

开始时间		结束时间		主责业务口	运行任务	运行地点
23:30	OGT2E+1	次日 1:00	OGT2E+2.5	环境	每日全部比赛结束后，场馆清洁与废弃物分类收集	场馆整个区域
0:00	OGT2E+1.5	次日 1:00	OGT2E+2.5	场馆管理	场馆晚例会（场馆主任及业务口经理参加）	场馆运行中心会议室
0:00	OGT2E+1.5	次日 1:00	OGT2E+2.5	技术	回收工作人员集群通信设备	集群通信设备分发间
0:00	OGT2E+1.5	次日 1:00	OGT2E+2.5	所有业务口	第2班次工作人员签出	工作人员签到/签出处
次日 1:00	OGT2E+2.5	N/A	N/A	场馆管理	场馆正式关闭	场馆整个区域
次日 1:00	OGT2E+2.5	次日 6:00	次日 OGT1S−7.5	物流	根据场馆主配送计划，启动场馆物资的配送和接收	物流综合区

关于表中开始/结束相对时间的说明：

1. "OGT"代表奥运会赛时运行阶段（Olympic Games Time）。
2. OGT后的数字"1"和"2"分别代表比赛当日的第1组和第2组拳击比赛。
3. "S""E"分别代表开始时间（Start）和结束时间（End）。
4. "−"代表相对时间以前，"+"代表相对时间以后。
5. −/+后的数字代表相对时间的数量。
6. 相对时间：OGT1S（第1组比赛开始时间）、OGT1E（第1组比赛结束时间）、OGT2S（第2组比赛开始时间）、OGT2E（第2组比赛结束时间）。
7. 举例，OGT1S−2代表第1组比赛赛前2小时，OGT2E+1.5代表第2组比赛结束后1.5小时。

五、应急预案

原则上我们按照场馆各业务口制作的工作流程工作，就可以基本完成场馆运行的各项任务，但是在实际工作过程中，会遇到许多特殊情况和突发性事件，根据北京奥运会、广州亚运会及国内外举办大型活动的经验，需要预先想到可能出现的突发事件，并提前做好应急预案。

场馆应急预案的概念

场馆应急预案是针对场馆运行工作中突发事件制订的应对措施。制订应急预案，能增强场馆团队的风险防范意识，促进相关业务口的互相配合，减少突发事件的影响力，做到未雨绸缪，保障赛事活动的正常进行。简单地说，

应急预案是一种应对突发事件的特殊程序。

各个场馆都应该根据各自的工作特点制订应急预案，例如：

①场馆内发生恐怖事件。

②天气原因造成的比赛推迟。

③信息系统故障。

④运动员或技术官员证件遗失或没带。

⑤由于交通原因，运动员不能按时到场比赛。

⑥注册坐席数量不够。

⑦场内出现不良媒体。

⑧走失儿童无人认领。

⑨颁奖嘉宾未按时到场。

⑩颁奖仪式放错歌。

⑪由于天气或比赛原因造成的观众疏散困难。

如出现上述或其他类似应急事件，应本着如下优先顺序进行实施，人身安全—竞赛保障—媒体影响等，还可以根据事件的紧急程度，把应急预案分为几级：三级，由工作执行人员直接启动应急预案；二级，由业务口经理决定是否启动应急预案；一级，由场馆主任下达后方可启动预案。

这里要注意，有些应急预案不仅仅涉及到一个场馆，或者是不仅仅涉及到场馆本身，需要多场馆，或者与城市运行合作的，需要上报赛事的主运行中心，并由主运行中心下达命令执行。

应急预案实例

实例1：比赛因天气情况延迟

预案编码		竞赛×××		
事件名称	由于天气关系，比赛推后进行	关键词	比赛延迟	
上报流程	竞赛主任—竞赛运行中心	紧急程度	★★	
场景描述	因为突然降雨，户外比赛推后开始			
应对预案	应对步骤	主责单位	配合单位	资源需求
	场馆竞赛主任通知竞赛指挥中心并上报场馆主任	竞赛		
	竞赛指挥中心确定比赛是否按原定时间进行，或推迟	竞赛		
	如比赛推迟，场馆竞赛口通知各业务口做好相应准备	竞赛		
	做好运动员，技术官员及其他客户群安顿工作，随时准备开始比赛	竞赛	场馆各业务口	

实例 1 是因为天气原因比赛需要暂定的案例。部分户外赛事，如公路自行车、马拉松等，在天气极度恶劣情况下，比赛还没开始，场馆竞赛口有可能申报主运行中心的竞赛指挥中心延迟比赛。对于场馆来说，上报竞赛指挥中心后，通知场馆内各业务口做好延迟准备任务就结束了，但作为竞赛指挥中心，需要将此事作为事件继续跟踪。同样是比赛延迟的情况，我们再看另外一个案例，此案例需要主运行中心进行协调。

实例 2：比赛因交通堵塞延迟

预案编码		竞赛×××		
事件名称	因运动员班车半路遇到交通拥堵，不能及时到达场馆，可能导致比赛延迟	关 键 词		交通堵塞
上报流程	竞赛主任—场馆主任—主运行中心	紧急程度		★★★
场景描述	场馆得到交通部门通知，由于运动员班车路遇交通拥堵导致不能及时到达场馆热身及比赛			
应对预案	应对步骤	主责单位	配合单位	资源需求
	场馆竞赛主任上报竞赛运行中心并上报场馆主任	竞赛		
	场馆主任与主运行中心协调，通过主运行中心相关部门解决交通问题，保障运动员尽早到达场馆	场馆主任		
	通知场馆各部门做好比赛延迟准备，并随时准备开始比赛	竞赛	各业务口	
	安抚媒体情绪	媒体运行及电视转播		
	稳定场内观众情绪，通知比赛会尽快开始，必要时安排体育展示活动与观众互动	观众服务体育展示		

如上两个实例都是需要场馆上报主运行中心的问题，我们前面提到过场馆运行就是把大部分问题解决在场馆内部，那么下面我们来看一个通过场馆内部自行解决的预案。

实例3： 由于天气影响，观众无法退场

预案编码	观众服务×××		
事件名称	因为突然降雨，没有雨具的观众拥堵在场馆门口，导致退场困难，下一场比赛无法检票	关 键 词	观众退场
上报流程	观众服务志愿者—观众服务经理—主责场馆副主任（场馆主任）	紧急程度	★★
场景描述	因突然降雨，没带雨具的观众较多，造成场馆出口拥堵，导致场内观众不能及时疏散，影响场馆清洁，下一单元比赛观众也无法顺利检票入场		
应对预案	应对步骤	主责单位	配合单位	资源需求
	现场负责志愿者上报观众服务经理	观众服务		
	观众服务经理上报主责场馆副主任，并协调物流部门申请一次性雨衣	观众服务 物流		
	获得批准后，观众服务业务口到物流业务口领取一次性雨衣	物流	观众服务	
	发放一次性雨衣，保障观众疏散	观众服务		
	疏散完成后，通知检票口下一单元比赛开始检票	观众服务 票务		

实例3是场馆内各业务口配合完成的场馆应急预案，在多个业务口配合下，问题被圆满解决，避免了影响比赛，导致事件紧急程度升级的后果。也达到了我们在本小节开始时提到的各业务口的互相配合，减少突发事件的影响力，保障赛事活动正常进行的目的。

第八章 体育竞赛的新闻宣传工作

人类已经步入信息化、知识化和全球化的时代，随着现代经济社会的快速发展以及体育竞赛理念、功能的全面拓展，新闻宣传工作已成为贯穿于大型体育竞赛整个筹备、运行过程中不可或缺的重要工作之一，并在报道竞赛信息、弘扬体育精神、传播体育文化、丰富公众生活、展示国家和民族形象、推进和谐社会建设等方面发挥着积极的作用。

第一节 竞赛新闻宣传工作的功能、阶段、目标和内容

鉴于新闻宣传工作独特的功能与价值，使其已成为举办各级各类体育竞赛过程中的重要环节和必要工作，举办大型体育赛事更是如此。在体育竞赛筹备、进行和结束等组织过程中，总是呈现出相互衔接的不同阶段，使得体育竞赛新闻宣传工作也具有明显的阶段性及其重点。而针对不同阶段制订确切的工作目标，并依此目标合理确定相应的工作内容，是提升体育竞赛新闻宣传工作效果与水平的重要前提和必备条件。

一、竞赛新闻宣传工作的主要功能

竞赛新闻宣传工作主要是对大型体育竞赛的组织、筹备、举办和运行过程进行全面的报道与宣传。它承载着弘扬中华民族精神、激发国民爱国热忱、展示国内外体育健儿顽强拼搏精神、体现奥林匹克"更快、更高、更强"核心思想等方面的重要职能，因此竞赛新闻宣传工作是大型体育竞赛组织者与外界进行多种信息沟通的重要方式。

对大型体育赛事而言，新闻宣传工作不仅仅是原始信息的发布，更重要的是带有鲜明目的性的信息组织与发布行为。组委会下设的新闻宣传机构，

作为负责大型体育赛事新闻宣传工作的组织管理部门，是组委会对外进行各种新闻报道和信息发布的总出口。

二、竞赛新闻宣传工作的阶段

大型体育赛事新闻宣传工作，具有明显的阶段性，一般可以分为筹备阶段工作、比赛阶段工作和赛后阶段工作。

（一）筹备阶段工作

大型体育赛事筹备阶段新闻宣传工作的重点，主要是以宣传举办大型体育赛事的重大意义和介绍举办地的政治、经济、社会、文化环境为中心，加强舆论引导，把握正确导向，努力展示国家或城市的良好形象；坚持倡导和贯彻正确的办赛理念（例如北京奥运会坚持贯彻绿色奥运、科技奥运、人文奥运理念；伦敦奥运会积极倡导的激励一代人的理念等）；为赛事的市场开发提供良好的舆论环境；建立大型体育赛事形象标志体系，为包括运动会的会徽、吉祥物、口号、宣传画、会歌及其他相关标志在内的形象标志体系提供综合性宣传等，从而有效地提升大众的关注度与参与度。

（二）比赛阶段工作

在比赛阶段，新闻宣传工作的模式和内容有所转变，以服务与管理记者、组织赛事报道为工作重点，为记者提供符合要求的工作环境和生活环境，加大为媒体服务力度；适时报道主要项目的比赛过程和结果，及时发布各类竞赛信息；积极宣传运动员顽强拼搏和奋力追求更快、更高、更强的体育精神以及良好的竞赛风格、观众参与的热情、赛场花絮、志愿者服务、裁判员工作表现等。

（三）赛后阶段工作

该阶段的新闻宣传工作，应以赛事成功举办后国内外媒体及社会各界对赛事筹备、运作和组织工作的评价，举办赛事产生的社会、经济影响，以及

赛事的总结和表彰等为重点。

三、竞赛新闻宣传工作的主要目标

竞赛新闻宣传工作目标主要包括以下几个方面：
①营造良好的舆论环境和赛事氛围，提升公众的关注度与参与度。
②建立完整的赛事形象标志体系，做好与该标志体系有关的配套工作（如著作权保护、市场开发、形象宣传等）。
③利用重要时间节点和重大事件提升赛事的影响力及赛事承办方的形象。
④在为媒体提供最优化服务的同时，对媒体记者进行有效的管理，对赛事新闻报道的方向进行建议与引导。
⑤在赛事报道的同时，对城市环境和场馆环境等进行宣传，展示赛事举办地城市形象，展现浓郁的赛事氛围。
⑥加强组委会与外界的沟通，准确、及时地发布各类竞赛信息。
⑦有序地组织各类新闻发布会，处理好赛时新闻宣传工作中的突发情况。
⑧有计划地举办各类体育文化活动（如各类展览、征文、体育活动展示等）。
⑨适时编印必要的赛事出版物，并保证其内容质量。

四、竞赛新闻宣传工作的主要内容

根据竞赛新闻宣传工作的目标，竞赛新闻宣传工作的内容主要包括以下方面：
①制订竞赛新闻宣传工作的总体方案和阶段性工作计划。
②建立健全有利于开展新闻宣传工作的组织机构。
③建立大型体育赛事形象标志体系。
④召开各阶段工作会议，布置工作任务，明确要求，落实到位。
⑤制订相关重大活动的宣传工作方案并组织实施，把握好时间节点。
⑥组织各类媒体分阶段进行专题性报道，并根据各时间节点的特点和需要有针对性地提供导向性服务。
⑦负责各类新闻发布会的组织与新闻服务人员的培训。
⑧编印、发行与竞赛新闻宣传工作相关的赛会出版物。

⑨配合举办各类体育文化活动,做好各阶段的宣传、报道工作。

⑩对各比赛场馆、公共区域等进行宣传方面的环境布置。

⑪组织服务团队对不同媒体报名、注册进行分类管理,对报名媒体的报道资格进行筛选,对各获得报道资格的媒体信息进行统一数据管理,明确所有报名媒体单位责任人,保持与新闻单位沟通。同时,赛事新闻服务人员针对媒体各阶段工作需求进行分段化服务。

⑫建立与完善主新闻中心(MPC)和各个赛场的新闻发布厅、媒体工作间等,完善比赛场馆新闻服务设施,确定包括主新闻中心在内的各个场馆团队的媒体服务联络人员名单,建立组委会与项目竞委会之间的新闻宣传网络。

⑬建立突发事件预案,及时应对突发事件,采用新闻发布会、官方微博等方式,第一时间向媒体发布事件相关信息,把事件负面影响降到最低程度。

⑭在赛事举办同时开展新闻评选活动,对积极正面报道赛事的媒体给予鼓励,并在赛后进行相关表彰工作。

⑮赛后完成新闻宣传工作的总结。

第二节　竞赛新闻宣传工作组织机构、职责与人员

为了全面领导、协调、落实竞赛新闻宣传的各项工作,必须根据赛事规模和需求等建立一定的组织机构,一般是建立不同的处室来形成基本的组织网络。在综合梳理竞赛新闻宣传工作内容和需要的基础上,应明确各处室的主要职责与工作任务,并在竞赛筹备阶段的不同时期配备相应的工作人员,逐步启动各项工作。

一、组织机构的基本框架

举办大型体育赛事,为了全面、高质量地完成竞赛新闻宣传工作任务,协调、处理好各类工作内容,通常要设立新闻宣传部,并在组委会的领导下开展各项工作和活动。新闻宣传部一般设部长1人、副部长2人。新闻宣传部下设综合处、新闻宣传处、社会宣传处、记者服务处、新闻中心和媒体关系处6个处室,见图8-2-1。

```
                          新闻宣传部
    ┌───────┬───────┬───────┬───────┬───────┐
   综合处  新闻   社会   记者   新闻   媒体
          宣传处  宣传处  服务处  中心   关系处
```

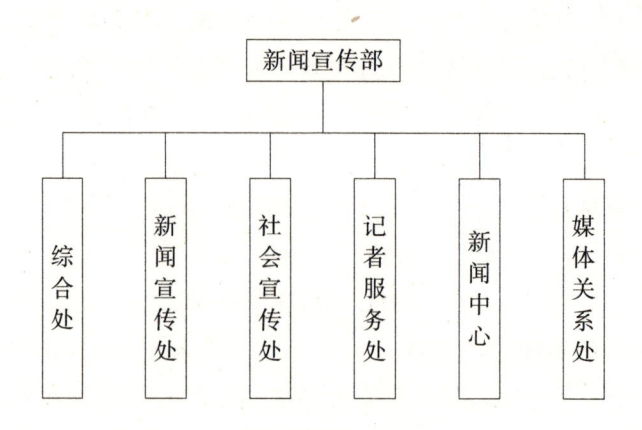

图 8-2-1　竞赛新闻宣传工作的组织机构

二、各处室主要职责

下面以举办大型体育赛事新闻宣传部设立的 6 个处室为例，分别介绍各处室的主要职责。尽管各处室的职责并不相同，但是其运行目标却是一致的，即在新闻宣传部的全面领导和统一指挥下，各处室既各司其职、开拓创新，又相互配合、团结协作，共同保证竞赛新闻宣传工作高质量地完成。

（一）综合处

①负责与组委会下设的其他部门的联络、沟通和协调工作，为相关部门提供新闻宣传部的信息。

②协调新闻宣传部各处室的工作，汇总、督办各处室的工作进程。

③组织召开新闻宣传部工作会议，撰写、分发会议纪要。

④组织召开各类媒体新闻宣传工作会议。

⑤制订新闻发布会管理办法并下发各相关单位，组织召开各类新闻发布会。开赛后本项职责转移至新闻中心。

⑥协同新闻宣传处制订大型体育赛事新闻宣传工作的总体方案及阶段性实施计划，编制本部门工作流程。

⑦协助新闻宣传处收集组委会各部门的信息资料，为编辑赛会出版物提供素材。

⑧统筹安排新闻宣传部工作经费，负责财务管理工作。
⑨承办本部门重要文件、简报的编辑工作，促进各处室之间的信息沟通。
⑩负责新闻宣传部各类文件的收发、处理、运转及归档等工作。

（二）新闻宣传处

①根据新闻宣传工作的总体方案及阶段性实施计划，制订新闻宣传处的工作方案和工作流程。
②制订新闻宣传处各阶段（筹备、比赛、赛后等）工作计划并组织实施。
③制订开幕式、闭幕式等重大活动的新闻宣传工作计划并组织实施。
④负责会徽、吉祥物、主题口号、会歌、宣传画的征集、评选及相关工作。
⑤分阶段下发各分赛场新闻宣传工作要求并对执行情况进行监督（通过新闻单位发布情况调查、民意调查等）。
⑥负责新闻发布工作，制订新闻发布会管理办法（赛时经修订后应用于主、分新闻中心）并监督执行。
⑦组织出版赛会相关刊物（会报、会刊、画册等）。
⑧负责有关信息发布的协调、联系等工作。
⑨开展筹备阶段和比赛期间的优秀新闻、摄影作品以及优秀新闻工作者的评选等工作。
⑩负责建立突发事件预案，及时从组委会相关部门了解信息，统一口径，第一时间对外发布事件相关信息。学会利用微博等新媒体了解网络舆情，及时应对突发事件。建立赛事官方微博，及时发布赛事相关信息。

（三）社会宣传处

①根据新闻宣传工作的总体方案和要求，全面策划社会宣传处的工作。
②制订社会宣传的阶段工作方案和专题工作方案，并负责协调和组织实施。
③制订各比赛场馆公共区域宣传环境的布置方案，向分赛区下发宣传环境的布置标准（原则）并进行阶段性检查。
④结合筹备阶段重大活动（节点）的安排，提出组织各类体育文化活动

的方案。

⑤分阶段下发社会宣传工作方案，并检查前一阶段社会宣传工作的落实情况。

（四）记者服务处

①拟定记者名额分配方案并下发各省市宣传部门、体育系统（抄送新闻单位所属集团，广电、报业集团等）。

②协助后勤接待部制订各类记者（或新闻宣传相关人员）注册、报到时间与方式等规定和要求，下发赛区竞委会并通知新闻单位。

③制订赛时媒体记者服务管理办法以及应对各类突发情况的预案，协同主、分新闻中心做好记者前方工作环境与后勤保障的无缝对接。

④起草记者报名须知等文件材料，协助信息技术部进行注册信息统计并提交制证中心，派发记者证件，联系制作内场背心（专用证件）等。

⑤记者报道系列材料的撰写（组织）、分发。

⑥负责记者报到前、后的相关工作。

⑦负责检查各分赛区新闻中心记者的工作环境，确定场馆记者席、记者工作间（休息室）、摄影位置、混合采访区、记者专用通道等，确定内场记者名额、单位、各项目内场记者的数量及内场背心的发放原则。

（五）新闻中心

①负责筹建大型体育赛事主新闻中心。

②负责主新闻中心的日常管理工作。

③制订主场馆赛时记者工作环境布置方案并组织实施，向各分赛区新闻中心下发环境布置标准。

④组织召开赛时各类新闻发布会。

⑤为采访记者提供必要的技术服务。

⑥培训分新闻中心工作人员，建立主、分新闻中心联络体系，制订赛时突发情况预案。

（六）媒体关系处

①赛前对各类媒体报道大型体育赛事的情况进行统计和分析，明确各类媒体的报道风格及特点。

②制订媒体关系处理的总体原则，召开新闻发布会，向媒体公布本届大型体育赛事媒体关系处理原则。

③加强与各类媒体的联系，了解媒体报道需求，与各类媒体建立长期联系和合作关系。

④监测媒体动向，尤其是网络媒体，定期上报监测结果，提出解决方案并实施。

⑤根据具体情况积极反馈不利于主办方的宣传信息，发布官方声明，撰写新闻通稿，确定宣传基调，对媒体进行正面引导。

⑥监测媒体对各类突发事件的报道情况，制订、上报处理方案，针对突发事件与媒体进行必要的沟通，并做好进一步的协调工作。

三、各处室人员构成

在大型体育赛事筹备过程的不同时期，对新闻宣传工作的需求也有所不同。因此，随着赛事筹备工作的推进，新闻宣传部的人员应不断增加，其结构也会随之发生变化。

（一）人员配置及主要工作

1. 筹备阶段初期

应选调精干的人员组成综合处、新闻宣传处和社会宣传处，重点负责宣传举办体育赛事的重大意义，并做好征集会徽、吉祥物、主题口号、会歌、宣传画及评选等工作。

2. 筹备阶段中后期

在大型体育赛事筹备阶段的中后期，新闻宣传部应增设新闻中心和记者服务处两个处室，这是为了筹建主新闻中心以及开展记者服务与管理的前期

准备工作。处室调整后，原来的三个处室依然保留原有的职能，新增加的新闻中心主要负责主新闻中心和各赛区分新闻中心的筹建；记者服务处负责记者服务和管理的前期准备工作（如记者名额分配、制订报名注册办法、编印指南性材料等）。

3. 临近比赛期

临近赛时，新闻宣传部要将现有的处室扩容，目的是将新闻宣传部的工作转向赛时模式。由于新闻宣传部的主要职责逐渐转移至新闻中心和记者服务处，需要相应增加这两个处室的工作人员。随着赛事的临近，新闻媒体开始对赛事进行集中报道，为了保证舆论的导向性和公正性，加强组委会与媒体之间的联系和沟通，有必要成立专门的媒体关系处，来协调和处理组委会与媒体之间的各种工作。

（二）人员管理

1. 学习以往的工作经验

组织新闻宣传部相关人员学习以往举办大型体育赛事新闻宣传工作的经验。可借鉴在历届奥运会、全国运动会、全国城市运动会、全国体育大会、省运会等赛事中开展新闻宣传工作的成功经验。在确定外出学习调研的地点时，以选择距本次赛事举办地较近、赛事举办较成功的地点为宜。

2. 建立健全各项规章制度

包括新闻宣传部各项管理制度，主、分新闻中心管理制度，各赛区组委会（项目竞委会）主管记者接待、筹建分新闻中心人员的培训办法等。

第三节　竞赛新闻宣传工作的保障与接口关系

要顺利完成任何一项工作，就必须具备相应的保障条件。体育竞赛新闻宣传工作的保障十分重要，如果没有一定的资金和物质条件作为基本保障，要想圆满完成竞赛新闻宣传工作是不可能的。经费预算是竞赛新闻宣传工作保障的重点方面。由于大型体育赛事新闻宣传工作面广量大，需要与众多部

门进行广泛联系与工作对接，因此，要提高对对接工作重要性的认识，并制订切实可行的竞赛新闻宣传接口工作方案。

一、经费预算

举办大型体育赛事，要统筹安排新闻宣传部工作经费，并做好经费预算和加强审计等工作。

（一）建立健全财务制度

全面制定财务制度，明确分管责任人、会计以及相关人员的岗位与职责，钱物收支、领发等必须做到手续清楚、责任落实。遵守各项财务制度，维护财经纪律，不弄虚作假，坚决抵制挥霍浪费等行为。

（二）大力节约比赛经费

提倡节俭理念，健全监控制度，严格监督管理，控制资金合理使用。认真审查开支项目和经费增加事项，坚持实事求是、从严控制原则，确保各项支出的真实、合理。同时，认真做好赛后物资保全、回收和处置工作。

（三）全面加强审计工作

对于新闻中心、记者驻地等所需材料、设备的采购应进行预算，重点审计采购计划、预算标准、设备使用效益、物资采购备用比例方面等，并根据审计结果提出调整采购方案的建议，坚持"适度、必要"原则，强化对支出规模和标准的控制，提高资金使用效益。

新闻宣传部的经费预算主要包括会务宣传、新闻宣传、会徽、会歌、吉祥物的征集与揭晓、新闻中心建设与运行、记者招待等费用，经费预算的分类及其用途见表8-3-1。

表 8-3-1 新闻宣传部经费预算项目一览表

编号	分类	用途
1	会务宣传	宣传画征集、印刷
2		宣传手册
3		赛会画册
4		系列展览
5		主会场外环境布置
6	新闻宣传	好新闻评选
7		大型记者招待会
8		专刊、会刊
9		记者手册、乘车手册印刷
10		举办有关仪式、文艺演出
11		录像材料费
12	会徽、会歌揭晓	仪式、文艺演出
13	吉祥物	仪式、文艺演出
14		新闻中心建设、运行
15		媒体班车安排
16		媒体（含主转播商）午餐及茶歇安排

二、办公条件及设备

根据实际工作的需要，配置办公桌椅、计算机、打印机、复印机、传真机等办公必需设备。

三、接口关系

要全面完成大型体育赛事的新闻宣传工作，必须与赛事的众多部门联系和对接，其接口工作比较繁杂，涉及的对接部门也较多，主要包括：竞赛部和各项目竞赛委员会、场馆建设部、市场开发部、广播电视部、群体工作部或大型活动部、安全保卫部、医疗卫生部、财务部、后勤接待部、兴奋剂检查部、志愿者工作部、组委会各部门以及各承办地政府等。竞赛新闻宣传的接口工作及其方案见表 8-3-2。

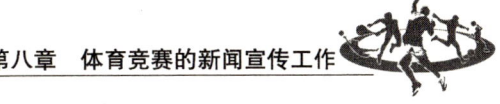

表 8-3-2　新闻宣传接口工作及其方案一览表

接口工作	对接部门	方案
提供竞赛信息	竞赛部和各项目竞委会	收集竞赛编排信息，建立 info 系统，即时发布各种竞赛信息，编印指南性材料，针对热点赛事的分布及可能出现的突发情况制订预案；及时获取竞赛成绩并向媒体发布；通过媒体预报赛事信息，个别重点项目进行赛前预热；预报赛程
确定摄影位置	竞赛部和各项目竞委会	明确内场摄影、摄像、采访位置和内场记者管理原则
召开新闻发布会	竞赛部和各项目竞委会	制定赛后新闻发布会制度并协调相关工作
赛场新闻宣传突发事件处理	竞赛部和各项目竞委会	第一时间与竞委会联系，掌握准确信息，作为官方消息撰写新闻通稿，召开新闻发布会
提供运动员备战信息	竞赛部和各项目竞委会	向媒体发布运动员备战情况
各比赛场馆环境布置	竞赛部和各项目竞委会	竞赛部负责比赛区域的环境布置，新闻宣传部负责其他公共区域的环境布置（赛场外各类通道、馆内外服务区、馆外公共区域）
确定比赛场馆周围新闻宣传关键场所	场馆建设部	提出新闻宣传关键场所、位置建设或改建的建议
组织媒体集中报道	场馆建设部	组织媒体集中报道场馆建设情况
组织媒体集中报道	市场开发部	筹备阶段初期集中宣传举办地经济社会环境，为市场开发活动创造舆论环境
形象标志体系开发	市场开发部	赛会形象标志体系的维权与开发
媒体监督	市场开发部	监督媒体，维护赛会合作伙伴、赞助商的利益
开发媒体资源	市场开发部	电视版权开发，确定媒体合作伙伴
媒体宣传工作相关设备招投标	市场开发部	本部门及主、分新闻中心统购设备的招投标
赛会出版物	广播电视部	赛会前期和后期的电影、电视、音像制品的设置和发行等工作
广电媒体的新闻宣传	广播电视部	制作广播电视专题节目以及新闻报道、赛事转播等节目
开、闭幕式的新闻宣传工作	群体工作部或大型活动部	确定开、闭幕式新闻记者席位、摄影记者机位；向媒体发布开、闭幕式相关信息（开、闭幕情况预报、注意事项等通告）
其他群体活动新闻宣传	群体工作部或大型活动部	其他大型活动的新闻报道工作
证件制作	安全保卫部	记者证件、记者专用车证的制作和发放
记者人身、财产安全	安全保卫部	记者驻地安保工作
新闻发布会现场治安	安全保卫部	赛场内、赛后新闻发布会现场秩序维持

(续表)

接口工作	对接部门	方案
记者驻地医疗卫生	医疗卫生部	记者驻地的医疗卫生保障；处理突发事件（急诊）
提供记者工作保障		主、分新闻中心记者工作环境及医疗卫生保障
提供经费	财务部	审查、核拨新闻宣传部上报的经费预算
设备采购		对新闻中心、记者驻地所需材料、设备进行采购
赛后物资清理		赛后物资、资产的清理和处置工作
车辆安排	后勤接待部	安排记者接送车辆、安排记者在赛场间中转的车辆
食宿安排		记者驻地、新闻中心、比赛现场的食宿安排
赛后新闻发布会	兴奋剂检查部	协调赛后新闻发布会与兴奋剂检查的衔接
志愿者安排	志愿者工作部	上报本部门对志愿者的需求
提供相关资料	组委会各部门	为组委会新闻发布会提供本部门的筹备情况和相关资料；为编制指南性材料提供素材；主持各部门重要新闻发布会，审定新闻通稿；为媒体集中报道提供素材
超编、临时报到记者接待	各承办地政府	制订超编、临时记者接待预案，并组织实施
城市宣传环境布置		由组委会新闻宣传部提供城市宣传环境建设方案并组织实施

第四节　体育竞赛新闻媒体的分类与服务内容

大型体育赛事各种信息面广量大，需要宣传和报道的内容十分广泛，因此必须依靠各种新闻媒体和各级各类记者的配合与支持，通过传统媒体和新型媒体进行多方位多角度的宣传，弘扬体育精神，丰富人们的文化生活。

一、媒体的分类

根据传播介质的不同，大型体育赛事报道媒体可分为平面媒体、电视广播媒体和新型媒体三种。

（一）平面媒体

通过单一的视觉、单一的维度传递信息，称作平面媒体，主要包括报纸、期刊、杂志和书籍等。其优点是内容丰富有深度，易于保存，价格低廉，市场占有率高；缺点是时效性差，互动性差。

（二）电视广播媒体

是指以电视、广播为宣传载体进行信息传播的媒介。其优势是信息传播及时；传播画面直观易懂，形象生动；传播覆盖面广，受众不受文化层次限制；互动性强，观众可参与到节目中来。缺点是线性传播，转瞬即逝，保存性差。

（三）新型媒体

是继报刊、广播、电视之后发展起来的、并与传统大众媒体并存的新的媒体。它包含了人类信息传播的两种基本方式，即人际传播和大众传播，突破了大众传统传播的模式框架。优势是即时性、海量性、全球性、互动性、多媒体性、新媒体特性；缺点是抄袭复制现象严重、公信力不高、容易侵犯知识产权、带宽瓶颈制约、信息垃圾泛滥等。

二、媒体运行各功能区的设立及内容

媒体运行所需的各功能区和服务内容比较多，设立的功能区主要有主新闻中心、场馆媒体中心、摄影服务、广播电视服务和媒体服务等（表8-4-1）。

表 8-4-1　媒体运行功能及服务内容一览表

功能区	功能	服务内容
主新闻中心	赛时媒体运行总部，文字记者和摄影记者的主要工作场所	主服务大厅，新闻发布厅
		文字记者工作间
		摄影记者工作间
		技术支持，语言服务，成绩分发
		商店，餐饮服务，银行，医疗室，报亭，交通和安保
		媒体运行，后勤管理
场馆媒体中心	为各场馆记者提供服务和设施	设立场馆文字记者工作间和看台记者席
		设立和管理混合区、记者休息区
		设立和管理新闻发布厅
摄影服务	为摄影记者提供报道所需的设备和服务	设立主新闻中心摄影记者工作室
		设立和管理场馆摄影记者工作间，确定摄影位置
		提供摄影传输服务
		确定形象景观和场馆照明，设计和分发摄影记者专用背心
		负责协调和主要摄影媒体的关系
广播电视服务	协助电视转播运行	设立和管理摄影机位、混合区
		设立和管理数据卫星上传
		评论员席
媒体服务		注册，志愿者，语言服务
		安保，技术保障，媒体关系

三、媒体服务的主要内容

在大型体育赛事中为各级各类记者提供采访的便利条件十分重要，也是新闻宣传部必须做好的重点工作。因此，应考虑以下为媒体服务的主要内容。

（一）信息服务

①为所有信息系统的使用者提供客观中立的新闻报道素材，主新闻中心的新闻服务台应提供采访申请手续服务，帮助记者及时落实采访安排。

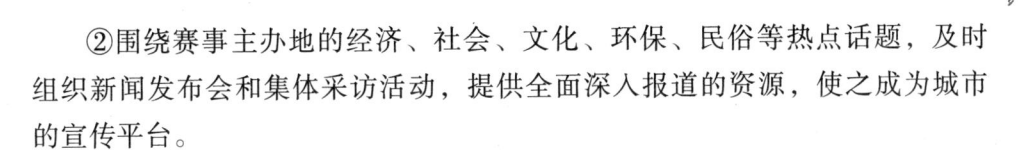

②围绕赛事主办地的经济、社会、文化、环保、民俗等热点话题，及时组织新闻发布会和集体采访活动，提供全面深入报道的资源，使之成为城市的宣传平台。

（二）生活服务

①为记者提供运营的媒体车和交通服务。
②为记者提供食宿服务。
③为记者提供志愿者服务。
④为记者提供其他合理需求的服务。

（三）技术服务

①为各竞赛场馆、主新闻中心等媒体工作区域的记者提供各类通讯服务。
②为电视、摄影、新闻媒体记者提供所需的电子技术保障。

第五节　竞赛新闻宣传工作重点的注意事项

大型体育赛事新闻宣传工作的重点主要是明确服务工作的角色定位，积极为记者提供报道便利，重视赛时工作的注意事项，适时举办体育文化活动，掌握单项体育赛事新闻宣传工作的特点等。

一、组织者的角色认定与执行

作为大型体育赛事新闻宣传工作的组织者，新闻宣传部的工作人员应明确自己的角色定位，全面履行工作职责，尤其是对待记者要注意坚持服务与管理并重的原则。

（一）为记者提供适度的服务

记者的前方工作环境与日常生活保障是必须提供的服务项目，但这些服务项目必须基于一定的标准并且严格按照标准执行，如新闻中心建设标准、记者接待原则等。对于超出标准以外的不正当要求应予以回绝。如需特殊服务，记者可向组委会提交申请，由组委会视具体情况予以解决。

（二）对记者的不良表现要进行适当处罚

记者必须严格遵守组委会、项目竞委会规定的新闻采访要求，如发生以下情况，应视不同情况追究相关人员的责任：发布不实报道；违反赛场新闻报道规定；违反组委会制定的相关原则（如私自转让证件等）。

二、超编记者、临时报到记者的接待

由于各媒体报道计划的不确定性，赛事举办期间可能会出现媒体记者超编或者临时变更注册记者等情况。在按照赛事媒体管理相关规定确认其报道资格后，对其服务原则上应与其他媒体记者一视同仁，未按规定报道赛事的记者不享受组委会提供的采访资格和相关服务，但可参照北京奥运会非注册记者中心那样建立媒体服务站，为非注册记者提供报道便利。

三、赛时新闻宣传工作注意事项

赛时新闻宣传工作是整个竞赛新闻宣传工作的重点和关键，为此必须注意以下事项：

①赛场内新闻宣传的关键场所，要布置得当并保持行走顺畅。
②赛前要与组委会竞赛部及各项目竞委会商定记者内场采访证件的发放数量及发放原则。
③要为记者前方工作提供相应的后勤保障，如交通保障、安全保障、医疗卫生保障等。
④要对各类媒体进行监测，随时掌握舆情，并根据舆情制定相应的对策。

四、适时举办体育文化活动

在大型体育赛事筹备阶段，应结合重要时间节点和重大活动安排（如会

徽、会歌揭晓，倒计时100天、30天等），精心组织丰富多彩的体育文化活动。比赛期间，应及时组织记者参加有关的集中活动，如赛事场馆流动展演、定点展示、主题文化活动周等主要活动，主动为媒体提供报道素材和有亮点的新闻，保证赛事报道的持续性和关注度。

五、单项体育赛事特点和新闻宣传工作

与大型综合性体育大赛相比，单项体育赛事虽然规模小，但特点鲜明，更容易与城市文化内涵和城市精神相结合，从而传播城市文化内涵，塑造城市形象。单项体育赛事的新闻宣传工作流程、阶段目标与大型综合性体育大赛并没有区别，其工作重点在于把单项体育赛事的特点与城市品牌营销的诉求结合起来。

不同的单项体育赛事具有不同的特点，展现的体育精神内涵也有所不同。每个城市因为历史、地理、文化、民情风俗的不同，其城市精神也会有所不同。承办单项体育赛事，发挥单项体育赛事在城市营销中的独特作用，在于找到单项体育赛事与城市文化、城市精神之间的内在联系，从而把单项体育赛事打造成城市传统品牌赛事，让该项体育所展示的精神成为城市文化、城市精神的一部分，把单项体育赛事打造为城市的传统品牌赛事。

挖掘单项体育赛事所展示的精神与城市文化内涵之间的内在联系的工作，综合处、新闻处、新闻宣传处、社会宣传处等部门明确分工，把体育精神与城市精神宣传贯穿于赛事宣传报道的各个阶段。

参考文献：

[1] 丛珊珊. 遵循新闻传播规律做好突发事件的新闻报道 [J]. 现代交际，2012（11）：56.

[2] 高善罡. 抓好新闻宣传工作的首要任务 [J]. 新闻与写作，2013（1）：1.

[3] 韩胜利. 新闻宣传价值标准探析 [J]. 甘肃科技，2012（3）：98-99.

[4] 袁伟民. 体育与体育新闻报道——在亚运会宣传报道研讨交流会上的发言摘要 [J]. 中国记者，1990（8）：4-5.

[5] 池建. 我国高校竞技体育竞赛市场的培育 [J]. 北京体育大学学报，2004（10）：1297-1299.

[6] 孔庆鹏, 赵绍龙. 论大型体育赛事新闻宣传的盲区及其对策——兼论十运会筹备阶段新闻宣传的突破与创新 [J]. 体育文化导刊, 2006 (4): 23-25.

[7] 江浩. 大型赛事新闻发布会效果评估策略探究 [J]. 新闻世界, 2012 (11).

[8] 吴寿章. 我国体育竞赛工作的经验与发展设想 [J]. 体育科学, 2000 (1): 32-35.

第九章　大型体育赛事的志愿服务工作

动员和组织志愿者服务大型体育赛事是一项国际惯例。随着现代运动竞赛规模不断增大及体育赛事日益频繁的发展趋势，对赛事志愿者的需求越来越大。为了确保大型体育赛事顺利有序进行，需要大批志愿者提供无偿的服务和热情的奉献。而志愿者在大型体育赛事运作过程中所发挥的重要作用和表现的巨大价值，使得志愿服务工作成为大型体育赛事不可或缺的重要组成部分。正如国际奥委会主席罗格指出的那样，志愿者是奥林匹克运动的基础，没有志愿者的参与和奉献，奥运会及各层次的体育比赛都是不可能完成的。

第一节　大型体育赛事志愿者与志愿服务

要全面认识大型体育赛事志愿者和志愿服务，就始终不能离开它与大型体育赛事之间互动共生的各种因素。从大型体育赛事的视角，厘清志愿者的涵义及其特征，把握志愿服务的发展历程与发展趋势，认清志愿服务的重要作用，明确赛事对志愿服务的基本要求，梳理志愿服务的分类等，可以更科学、合理地招募、组织、管理好志愿者参加大型体育赛事相关工作，为赛事提供优质高效的志愿服务。

一、大型体育赛事志愿者的涵义及其特征

一般来说，大型体育赛事在举办城市和地区能产生较大影响、引起众多媒体关注和取得较好的社会效益甚至经济效益，并具有筹备时间长、投入成本高、组织主体目标明确性和任务完成结果不确定性，赛事举办的独特性、新颖性以及赛事组织过程渐进性等特点。它对人力资源的需求具有高度的灵活性和专业性，用人方式为招之即来，来之能战，战之能胜，胜之能散，此方式是志愿者工作性质和特点的真实写照。

（一）大型体育赛事志愿者的涵义

在近代体育由欧洲向世界传播的过程中产生了许多近代体育组织，其中众多成员都义务地为近代体育的传播做出过贡献。他们的工作，无论从参与方式还是工作性质都已具备了志愿者的雏形，因此他们可以被视为是早期的体育志愿者。随着奥运会、锦标赛、世界杯等国际体育赛事的增加，体育赛会志愿者迅速发展起来，并成为赛事组织管理中的一支重要力量。在这些重大赛事结束后，各国纷纷建立有关的体育志愿者组织，既方便为后继的各种赛事招募志愿者，更重要的是推动体育志愿者工作发展，从而服务于本国的体育事业。

大型体育赛事志愿者是指在大型体育赛事的筹备及运行过程中，不期待任何物质性回报，自愿奉献出自己的时间、精力和技能，全力完成组委会分配的各项工作任务的人员。

例如北京奥运会志愿者，就是在北京奥运会期间，自愿贡献个人的时间、精力和技能，在不计物质报酬或收入条件的前提下，为保证奥运会组织系统协调运作，为参与奥运会的国际官员和各参赛国的教练员、运动员、裁判员以及游客等提供工作及生活的便利，为彰显中国文化以及北京奥运会"人文奥运"文化特色而进行志愿服务活动的相关人员。其中也包括在奥运会前、后开展的与奥运会相关的大型活动的志愿服务工作。

（二）大型体育赛事志愿者的特征

与普通志愿者相比，大型体育赛事志愿者具有以下特征。

1. 非职业性

体育赛事志愿者并不以志愿服务体育赛事为职业，他们有其他的谋生手段或专业工作岗位。

2. 自愿性

体育赛事志愿者参加赛事服务活动是出于自愿的，而不是被强迫的。

3. 不计报酬性

体育赛事志愿者参加赛事服务活动并不以获得报酬为最终目的，他们虽然能获取少量的交通费和餐饮补贴，但却不是其主要的经济来源。

4. 利他性与公益性

志愿者参加志愿服务以推动社会进步、促进人类发展为最终目的，体育赛事志愿者通过体育赛事服务于他人，是给社会和人类带来更多的利益而不仅仅是为赛事组织本身。

5. 自我需要性

志愿者参加志愿服务可以满足多元的自我需要，体育赛事志愿者在赛事服务过程中，同时能获得个人的工作经历和社会经验，结识对自己将来发展有益的人员，全面提高自己的能力，促进自我成长和成熟，实现自我人生价值。

二、大型体育赛事志愿服务的发展历程

体育赛事志愿服务工作在国外开展较早，发展得比较成熟，尤其是历届奥运会的实践一再表明了志愿者是奥运会成功的关键要素之一。在一定程度上，志愿者的数量和自愿服务的风尚反映了一个国家的精神文明状态。我国大型体育赛事志愿服务工作仍然发展较快，特别是通过举办北京奥运会，我国在体育赛事志愿者的培训、组织、管理、激励等方面已呈现出良好的发展趋势。

（一）国外大型体育赛事志愿服务的发展

回顾历史，大型体育赛事志愿者的服务内容大部分由 1980 年普莱西德湖冬奥会组委会的工作演化而来。奥运会是一项比赛日程相对集中的大规模体育赛事，对人力资源的要求极为灵活。志愿者工作特点与奥运会对人力资源的特殊需求高度契合。由于志愿者的"自愿性"，组委会为了避免志愿者中途退出而带来的损失，除了招募必要的奥运会志愿者外，还会吸纳数量充足的"后备志愿者"随时待命。所有的志愿者构成了庞大的"人才库"，为奥运会

提供了充足的人力资源。

西方国家认为，志愿者行动可以减少公共机构的数量，降低公共资源的资金浪费，并有助于社会人员的整合。随着一些大公司、商贸部门及企业纷纷通过开展志愿者活动来降低开支的做法，一些国家举办的国际大赛，比如冬季奥运会和夏季奥运会等也开始招募志愿者，为赛事筹备和运行期间的各项工作、各种人员提供志愿服务。这些赛事志愿者通常被称为"奥林匹克志愿者"（Olympic volunteer）。

1992年巴塞罗那奥运会，官方首次把赛事志愿者称为"奥林匹克志愿者"，并报道了相关信息。当时对奥林匹克志愿者的定义是：出于个人意愿，在奥运会的组织机构里进行利他性的合作，完成指定的任务或工作，不接受或索取报酬的人员。

1980年以后，动员大量志愿者参与奥运会志愿服务逐渐成为一个惯例。2004年雅典奥运会招募志愿者的数量达到了60000人，2008年北京奥运会则高达10万人，这为奥运会期间各项比赛和活动的顺利进行提供了切实的保障。

毫无疑问，志愿服务已成为大型体育赛事的重要组成部分。1994年利勒哈默尔奥组委主席Gerhard Heiberg说过："对于奥运会的成功，没有任何角色比志愿者的角色更为关键。没有一支出色的志愿者队伍，成功组织奥运会是不可能的。"

（二）国内大型体育赛事志愿服务的发展

1. 发展历程

早在1990年亚运会期间，北京团市委就组织了20万人的义务服务总队投入到亚运会服务工作之中，这是北京市青年参与国际重大体育赛事志愿服务活动的初步尝试。1993年8月至9月间，10万名北京青年组成的志愿服务团，全面参与了第7届全国运动会接待、交通、赛场秩序维持等方面的服务工作，为七运会取得圆满成功做出了积极的贡献。1994年秋，在第6届远东及南太平洋残疾人运动会期间，又有3万名青年志愿者以"与你同行"为宗旨，全面参与了运动会各个环节的服务工作，把爱心献给了每一位残疾同胞和各国运动员，赢得了国内外舆论的广泛赞扬。1997年10月在上海举行的第8届全运会，首次设立了专门组织青年志愿服务工作的部门——青年志愿者工作部。7万多名青年志愿者参加了八运会的有关工作，几十万人次参加了整理场馆、咨询宣传、迎送礼仪、文明啦啦队等各类服务活动。在八运会组委会的工作机构中，青年志愿者人数是专职工作人员的两倍以上。八运会组委会主任、原国家体委主任伍绍祖认为：志愿服务活动是实实在在进行着的社会主义精神文明建设，提倡奉献精神与公益精神；八运会青年志愿者活动是伟大的创举，从某种意义上说，志愿服务活动比八运会比赛得金牌更重要，更有意义。

2008年北京奥运会、残奥会期间，10万赛会志愿者、40万城市志愿者和百万以上的社会志愿者参与了志愿服务活动。他们不仅提供了高水平的赛会服务，还在城市的街头巷尾传播志愿服务精神，开展各类志愿服务活动，推进了我国志愿服务事业的发展和志愿服务水平的提升。

由于志愿者活动在我国开展得比较晚，体育赛事志愿者是近年来才产生的新事物，因此到目前为止我国还缺乏一整套完备的体育赛事志愿者培养机制。简单地说，我国体育赛事志愿者培养，实施的是在国家主管部门管理下的以培养奥运会及其他大型体育赛事的赛会志愿者为主的机制。这种培养机制有许多优点，比如能够迅速有效地针对各种级别的体育赛会所需，对志愿者进行募集与培训。但同时也存在诸多问题，如志愿者参与积极性不高、国家花费巨大、容易引起浪费等。此外，一些特殊岗位志愿者的培养往往需要较长时间，也很难在短时间内有效地完成培训工作等。

综上所述，我国大型体育赛事志愿服务活动从20世纪90年代开始至今，通过20多年的发展，已经拥有了一支相当数量的志愿者队伍，为我国体育事业的发展尤其是大型体育赛事的顺利运行做出了巨大的贡献。在看到这些成绩的同时我们也要清醒地认识到，我国体育赛事志愿者发展还处于起步期，绝对数量多相对数量少、相关的法律法规和培养机制还不健全等问题还有待于尽快解决。怎样维护并发展好北京奥运会后我国的体育赛事志愿者队伍，建立健全合理、有效的培养机制，组建一支专业能力强、综合素质高、充满责任感的体育赛事志愿者队伍显得尤为重要。

2. 发展趋势

（1）实现培训管理机构多元化的模式

20世纪90年代我国提出了"小政府、大社会"的改革目标，以促使政府行政力量逐步从某些社会公共领域中退出。从客观条件来看，政府的能力总是有限的，不可能达到完全理想的状态。但是，由于大型体育赛事对志愿者

的多元需求以及我国体育赛事志愿服务发展较晚等特点,目前大型体育赛事志愿者培训工作还不能仅依靠志愿者工作部来完成,带有政府性质的志愿者管理机构也应宏观加以指导并介入培训工作。具体培训工作应由具备体育赛会专业知识和培训经验的公司来负责,相关部门要重视对这些培训公司的资格认定和法制管理。在志愿者工作部宏观把握整个培训计划的基础上,培训公司要明确培训目标,有针对性地制订具体培训计划,双方整合各自的资源,明确各自的职能,相互协调、相互配合,不断完善培训管理体系和提高培训质量。

(2) 实施系统长效的大型体育赛事志愿者培训管理工程

要改变目前较为松散的体育赛事志愿者管理模式,逐步建立起一套适应大型体育赛事需求的志愿者培训模式,实施系统、长效的赛事志愿者培训管理工程。当前,我国体育赛事志愿者培训管理还处在"单打独斗"的状态,培训工作主要由本次比赛组委会下的志愿者管理部门负责。这种松散的培训管理模式系统性不强、专业性不够,而且不利于我国体育赛事志愿者培训机制的建立与完善。另外,如果对于基础培训内容每次赛会都重复安排,则会造成不必要的浪费。

(3) 以志愿服务精神为导向,强化志愿服务意识培养

志愿服务是公民参与社会公共事务的一种社会行为,是社会责任意识和奉献意识的表现。注重对体育赛事志愿者进行志愿服务精神的培训,一方面可以帮助志愿者加深对体育赛事与社会发展关系的了解,同时指导他们通过将爱心传递给参赛者,在助人的过程中体验满足感和人际间的相互关怀,从而促进社会各阶层的融洽相处;另一方面,可使志愿者懂得志愿服务为其贡献社会和实践志愿服务精神提供了机会,促使他们将个人的能力、经验、时间及知识投入义务工作之中,丰富自身的社会实践经历,增加实践才干。

(4) 创建高校大学生体育赛事志愿者组织

目前,我国体育赛事志愿者总体上参与人数较少,通常是以在校大学生为主体构成单一性的志愿服务活动,这种情况在我国大型体育赛事中普遍存在。但是,我国高校包括体育院系均未建立相应的体育赛事志愿者组织,更不组织专门的培训活动。虽然在校大学生易于招募和管理,精力充沛有热情,但由于大学生工作经验与专业性知识不够,志愿服务必然存在局限性。为此,应创建大学生体育赛事志愿者组织,积极开展各种培训工作,针对大学生参与体育赛事志愿服务"自我成长"和"追求知识与技能提高"的动机,增强

参与体育赛事志愿服务对大学生的吸引力。

(5) 进一步完善体育赛事志愿者的激励机制

由于志愿服务活动是完全"自由、自主、自愿"参加的，因此其最大特点就是组织的不稳定性。面对这种不稳定性，要在不断扩大志愿者队伍的同时更加重视建立和完善志愿者激励机制，调动志愿者参与体育赛事志愿服务的热情。根据马斯洛的需要层次理论，人的需要分为由低级到高级的五层，低级需要较易满足且有限度，一旦得到满足就不再成为激励人们行为的动力；高级需要往往不易满足，因而对激发人的行为具有持久的作用。对于体育赛事志愿者这一特殊人群来说，多数人都已满足了较低层次的需要，因此，应更加注重满足志愿者被尊重和自我价值实现的需要。具体来说，应该为志愿者提供发展的空间和发展个人能力的机会，还可以为志愿者提供在岗培训、发放荣誉证书和开具志愿者工作经历证明等，作为精神奖励以激发其持续的服务热情。

三、大型体育赛事志愿服务的重要作用

体育赛事是一种提供竞赛产品和相关服务产品的特殊事件，其规模和形式受竞赛规则、传统习俗和多种因素的制约，具有项目管理特征、组织文化背景和市场潜力，能够迎合不同参与者分享经历的需求，达到多种目的与目标，对社会和文化、自然和环境、政治和经济、旅游等多个领域产生积极影响，并具有显著的社会效益、经济效益和综合效益。随着当前体育赛事规模的扩大，参加人数的增加，提高体育赛事管理水平显得越来越重要。作为体育赛事工作之一的志愿服务，在组织和管理赛事过程中发挥着相当重要的作用。

志愿者及其服务，已成为奥运会等大型体育赛事运作体系中的一个重要组成部分。胡锦涛同志在北京奥运会、残奥会总结表彰大会上发表的重要讲话中高度赞扬"广大奥运志愿者真心奉献、友爱互助，向全世界展现了中国志愿者的时代风采，为祖国和当代中国青年赢得了巨大荣誉"。国际奥委会第七任主席萨马兰奇认为："奥林匹克运动是由富有奉献精神的志愿者组成的，没有他们，要组织像奥运会这样的大型体育赛事是不可能的。"曾任国际奥委会主席罗格也说过："志愿者是奥林匹克运动的基础。""如果没有志愿者的承担义务和敬业奉献，组织奥运会和各层次的比赛都是不可能的。"汉城奥组委主席朴世直指出："不夸张地说，汉城奥运会实际上是由志愿者工作领导

的。"可见，志愿者在奥运会举办过程中发挥着越来越重要的作用。其重要作用主要体现在以下方面。

（一）顺利完成大型体育赛事诸多事务的需要

现代大型体育赛事需要招募和使用数量众多的志愿者，提供礼宾接待、宣传联络、语言翻译、交通运输、安全保卫、医疗卫生、媒体运行、物品发放、秩序维持、观众咨询等服务工作，因此，志愿服务是保障大型体育赛事顺利进行的关键。

（二）全面提供重要的技术性支持

大型体育赛事中，许多岗位的人员需要具备一定的知识和技术，这就对志愿者的素质和能力提出了相应的要求，也是当前大型体育赛事主要从高校招募志愿者的原因。大学生富有活力和激情，具有一定的知识和技能，能为体育赛事提供诸多的技术性支持，在很大程度上提高了赛事运作效率，保证了大型体育赛事各项工作的顺利开展。

（三）宣传、推广大型体育赛事的重要载体

大型体育赛事志愿者作为活跃在赛场内外的参与者，无时无刻不在体现着他们的奉献精神、工作态度和激情活力，这不仅为推广大型体育赛事做了一次免费的宣传，也与完善大型体育赛事保障工作状态直接相关。

（四）树立良好的社会风尚，推进社会文明建设

通过大型体育赛事的志愿服务活动，能够在全社会引起较大反响，弘扬志愿精神，从而充分发挥各种社会力量的作用，凝聚人心，增强人们的社会责任感，缓解社会矛盾，营造良好的社会风尚，推进社会主义精神文明建设，实现社会长治久安，构建和谐社会。

(五) 展示志愿者在大型体育赛事中的风采

虽然大型体育赛事志愿者的工作职责各不相同，但是他们的自身价值均可以得以体现。不管是北京奥运会、广州亚运会还是全运会等大型体育赛事，赛场内外总能看到志愿者默默无闻、辛勤工作的身影。正是由于他们的劳动与付出，给予他人的温暖与帮助，才保证了赛事的圆满进行，才使人们目睹了志愿者所展示的风采。

四、大型体育赛事对志愿服务的要求

由于大型体育赛事组织工作不断完善、运行管理日益规范等因素的影响，对赛事志愿服务水平也随之不断提高，对志愿者的综合素质及服务工作等也提出了更高的要求。大型体育赛事对志愿服务的基本要求主要体现在以下6个方面。

(一) 具备志愿奉献精神

体育赛事志愿者只有具备奉献精神，才能在不同的工作岗位上忠于职守，尽心尽责。因此，具备无私奉献的精神，是遴选赛事志愿者的前提条件，也是衡量一位赛事志愿者是否合格的重要标准。

(二) 拥有相应专业知识和技能

大型体育赛事运作规范，分工细致，专业性强，因此，既需要大量的普通志愿者，从事一般性服务工作，又需要具有一定专业特长的志愿者，担任翻译、技术、医疗、竞赛等方面的服务工作。大型体育赛事的运作特点和规范要求，决定了参加志愿服务的人员应具备一定的专业知识和技能，以适应赛事组织和管理的需要。

(三) 服从分工和岗位的需要

大型体育赛事因涉及的岗位较多，领域较广，需要"大兵团协作"，更讲究"一盘棋"运转，因此，志愿者必须服从赛事相关组织机构的调配，服从分工和岗位的需要，从而保证赛事的顺利进展。

（四）具有严肃的工作态度和严格的组织纪律

严肃的工作态度和严格的组织纪律是保障大型体育赛事顺利进行的基础，也是志愿者参加赛事服务工作必须具备的基本条件。体育赛事志愿者只有自身具备严肃的工作态度和严格的组织纪律，才能踏实认真、努力高效地完成各项工作和任务，才能在自己的工作岗位上真正发挥出作用。

（五）拥有良好的团队精神和协作能力

大型体育赛事志愿者队伍庞大，根据比赛组织的要求往往要分成若干个志愿者小组。因此，需要志愿者必须具备良好的团队精神和协作能力，只有互相帮助，互相配合，共同协作，才能高效地完成各项工作和任务。

（六）确保一定的志愿者人数

为了全面保障大型体育赛事各项比赛和活动的顺利进行，就要拥有一定数量的志愿者队伍。随着大型体育赛事的规模扩大、要求提高和科学技术渗透等，赛会期间所需要的志愿者人数也在逐步增加。表9-1-1是1984年以来参加夏季奥运会的志愿者人数。

表 9-1-1　1984年以来参加夏季奥运会志愿者人数统计

年	奥运会	志愿者人数（人）
1984	洛杉矶奥运会	28742
1988	汉城奥运会	27221
1992	巴塞罗那奥运会	34548
1996	亚特兰大奥运会	60442
2000	悉尼奥运会	50000
2004	雅典奥运会	60000
2008	北京奥运会	100000

五、大型体育赛事志愿服务的分类

大型体育赛事志愿者的工作岗位众多，涉及到比赛组织的各个方面，其中大多数志愿者主要在运动场馆（含比赛场馆和训练场馆）进行志愿服务活动，但是根据大型体育赛事运行的实际需要，部分志愿者的工作岗位也具有流动性。赛事志愿服务的分类通常包括礼宾接待、交通服务、安全保卫、医疗卫生、观众服务、沟通联络、竞赛组织支持、场馆运行支持、新闻运行支持和文化活动组织支持以及赛事组委会指定的其他工作内容。

（一）文秘服务

提供文字资料整理、电脑文字处理、打印分发材料等服务，包括志愿者赛区联络、随队联络等信息传递服务。

（二）宣传服务

包括新闻报道以及整个活动的宣传，协助各单项比赛执委会新闻中心开展工作等。

（三）礼仪服务

包括接待礼仪、服务礼仪和引导礼仪等方面的礼仪服务。

（四）场馆服务

在比赛场馆和训练场馆提供会场引导、咨询讲解、分发宣传资料、交通引导以及秩序维护、人员疏导、保洁助残等服务。

（五）接待服务

在机场、车站、宾馆等地提供接待迎送、提运行李等服务，包括驻地宾馆相关人员的报到登记、接送站等服务。

（六）技术服务

主要为单项比赛执委会各部门提供专业技术方面的志愿服务。

（七）会务服务

主要为大型体育赛事的开幕式、闭幕式、重大活动和重要会议等提供服务。

（八）文明啦啦队

主要为各比赛场馆烘托赛场气氛而服务。

（九）环境整治

组织志愿者参与环境整治工作以及维护交通秩序等方面的服务和宣传活动。

（十）导游导购

为运动员、来宾、游客在举办比赛城市的各主要街道、旅游景点、大型商场、宾馆等地点提供咨询服务。

（十一）应急服务

主要是组织机动志愿者队伍，承担执委会指定的临时应急性服务工作。

（十二）其他服务

根据赛事组织机构的安排和志愿者特长为来宾提供的其他志愿服务。

为了提供优质高效的志愿服务，应根据赛事组织对志愿者工作岗位的具体需求，结合志愿者的服务意向和特长，安排志愿者适当的、相对固定的工

作岗位,明确相应的工作任务,并按照指定工作岗位的要求培训志愿者。

第二节　大型体育赛事志愿者项目的设计

根据大型体育赛事的不同要求尤其是对志愿者的具体要求,在认真策划、周密思考和全面论证的基础上,应对志愿者工作职位开发、志愿者招募方法、志愿者面试和评价的程序、志愿者培训内容和方式、志愿者的认可与管理等工作环节进行切合实际的设计,并制订相应的实施方案和组织措施予以落实。

一、职位开发

在大型体育赛事中,志愿者更多地是参与大量的赛事辅助性工作,因而其具体工作职位所包含的范围较广,可以根据不同体育赛事的需求,设定志愿者不同的工作职位。一般可将赛事志愿服务分为接待、场馆、交通、导游、协调、翻译、陪同七类工作职位。此外,根据体育赛事活动的规模,还可以设置开幕式和闭幕式演出、火炬传递、啦啦队、文明观众组织等工作职位。

在策划、组织招募志愿者的过程中,必须预先设计、确定好相关的工作职位,并根据不同的服务性质对工作职位进行分类,开发多种类别的岗位供参加招募的人员选择。在招募过程中,招募单位应向参加招募人员详细介绍职位的安排、工作性质及其职责等,使他们明晰相应的职责、权利和义务,便于加强正确的组织和引导。

悉尼奥运会举办期间,申请招募者可以填报4个自己希望去的岗位,根据填报结果,招募组织者统一协调和合理分配,尽量满足每个申请者的填报需求。雅典奥运会志愿者岗位是统一分配和安排的,申请者本人无法自主选择。北京奥运会则为申请招募者提供志愿者报名表,要求填写"工作领域的意愿""工作地点的意愿"等选择内容,申请者可以根据自己的意向自主选择填写列表中的任一项职位。

二、招募方法

志愿者招募选拔工作主要包括两方面的内容:一是根据志愿者项目整体

规划的框架，对志愿者的数量、素质、学科专业、工作时间、来源途径等加以进一步地细化和明确，适时启动招募计划，有针对性地开展招募宣传工作，对外公布志愿者的需求信息等。二是为大型体育赛事选拔符合要求的志愿者，即根据大型体育赛事对志愿者的具体需求，通过设计相应的招募条件、招募方法和招募流程，最后选拔出符合要求的志愿者。

在开始招募志愿者之前，要做好以下准备工作：明确招募对象，明确招募数量，明确招募方式，明确选拔方式，明确招募选拔时间，明确招募选拔流程。

(一) 明确招募对象

志愿者招募对象的确定依赖于其前期工作，即对志愿者志愿服务岗位进行严格划分。因此，相关主管部门必须根据志愿者所从事的志愿服务领域进行合理的岗位设计。具体而言，大型体育赛事所涉及的志愿服务领域决定了需要怎样对应该领域中的服务对象并进行岗位职责定位，进而有针对性地根据岗位职责制订志愿者项目的各项计划，明确具体的招募对象。在确定招募对象时，还要全面了解和深刻把握我国大型体育赛事志愿者的特征。例如：针对我国志愿者多数来自于普通高校的特点，在启动大型体育赛事志愿者招募工作时，就应先将招募重点投向高校，并制订出有针对性的招募工作方案及相关工作计划，从而提高招募工作效率，为后续工作的良好推进创造条件。

(二) 明确招募数量

对大型体育赛事而言，确定合理的志愿者招募数量是志愿者项目实施过程中的重点和难点。志愿者人数过多容易造成机构庞杂、人员冗余、效率低下以及成本过高等不利影响，志愿者人数过少又会造成工作强度过大和志愿服务质量降低的问题，影响大型体育赛事的顺利举办。在确定志愿者数量时还应充分考虑志愿者的流失问题，综观中外大型体育赛事举办过程，志愿者流失都会给赛事举办方造成不利的影响。因此，确定志愿者招募数量，一是应严格根据前期规划阶段编制的志愿者人员计划；二是要参考以往类似体育赛事志愿者的流失率，增加后备志愿者的数量；三是应通过人员计划明确目标人群，并明确不同目标人群的招募数量和资历要求，制订相应的招募实施方案。

（三）明确招募方式

大型体育赛事志愿者项目目标的层次性，决定了志愿者招募也要采取多样化的方式。在我国，大型活动志愿者招募一般采取定向招募和社会招募的方式进行。定向招募，是指由大型活动主办方联合或者委托相关单位，根据招募的基本条件和志愿者需求部门提出的具体要求，按照规定的程序对志愿者进行招募。社会招募则是指面向全社会公开接收个人报名申请，并按招募程序统一进行选拔的招募方式。大型体育赛事志愿者招募也可以采取这两种方式。

（四）明确选拔方式

由于大型体育赛事志愿者招募的数量多，要求也不尽相同，因此，应采取合理的方式与程序进行选拔，避免由于选择不当而产生各种损失，对大型体育赛事的举办造成不利影响。一般而言，选拔的流程包括资格审查、初试、复试等；选拔的方法包括笔试、面试、问卷测试、电话测试、综合评价等。

（五）明确招募选拔时间

合理确定志愿者的招募选拔时间，是志愿者项目取得成功的关键。志愿者项目虽不以盈利为目标，但也应充分考虑其成本支出，尤其是对于大型体育赛事而言，庞大的志愿者人数将给主办方带来较高的成本支出。因此，科学合理地确定志愿者招募选拔的时间，既可以降低运行成本，又能够保障项目进度的正常开展。

（六）明确招募选拔流程

为了保证招募选拔工作的公正、公平、公开，确保所选拔的志愿者符合要求，建立统一的选拔标准、制定规范的招募选拔流程就显得尤为重要。大型体育赛事志愿者招募选拔流程主要包括：工作性质分析、志愿者人员计划、确定招募方式、发布招募信息、申请人填报志愿、确定选拔方式、选拔录用、签署相关协议等（图 9-2-1）。

```
工作性质分析
    ↓
志愿者人员计划
    ↓
确定招募方式
    ↓
发布招募信息
    ↓
申请人填报志愿
    ↓
确定选拔方式
    ↓
面 试 ——不合格——→ 不录取并表示感谢
    ↓合格
录取并寄送录用通知
    ↓
签署服务协议
    ↓
持证上岗服务
    ↓
志愿者评估与表彰
```

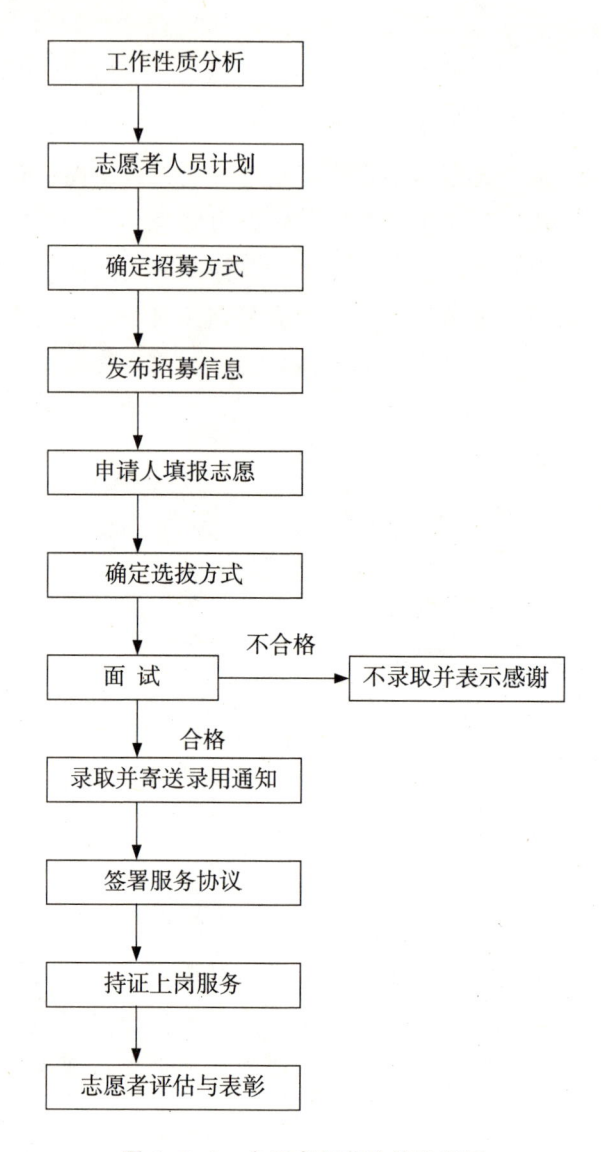

图 9-2-1 志愿者招募选拔流程图

三、面试

在通过资格审查和笔试后，一般应采用面试的方式对申请人进行更全面深入的了解。面试中应重点考察申请人的精神面貌、专业技能、服务意识以及健康状况等综合素质。为提高面试的可信度和公正性，应严格设计面试程序，力求科学、全面、严谨，从而对申请人进行综合、客观、公正地评价。要根据大型体育赛事的特征，合理选择面试内容，一般包括大型体育赛事的基础知识、志愿服务的基本理论以及体育赛事志愿服务的组织框架、活动理念、行为规范、志愿者在各个岗位的服务职责等。同时，面试要具有开放性，可以涉及一些在志愿服务中可能碰到的场景，测评申请人在这种场景下处理问题的能力和对实际工作的驾驭能力。经过面试考核，将表现优异者筛选出来继续培训，没有被选中者可以按照面试成绩的高低建立后备梯队，以便随时增补更换。

四、培训

抓好大型体育赛事志愿者的培训工作，是保证赛事活动顺利开展并取得良好效果的重要环节。由于大型体育赛事志愿服务活动的特殊性，更能显示出志愿者培训工作的重要性。

培训大型体育赛事志愿者，是通过各种学习内容和手段提高志愿者的工作能力、知识水平和潜能发挥，最大限度地使志愿者工作与体育赛事的需求相匹配，进而促进体育赛事的成功举办与志愿者综合素质提高的一个过程。由于大型体育赛事志愿者人数多、规模大，年龄和所从事的专业各不相同，各自的需求和参与动机也不尽相同，使得这一群体自身的稳定性较差。因此，应采用能满足各种不同需求的、方便志愿者参与的培训计划，并允许志愿者根据自身的情况选择培训内容、方式和进度。同时，应尽可能采用灵活的培训方式，除了必须掌握的基本知识之外，可以根据志愿者个人需要和特点制订供其选择的菜单式培训内容。

（一）培训的目标

培训是现代人力资源管理的重要环节和职能之一，它体现了以人为本的管理理念，能够激励人更好地为组织和目标工作，从而为组织的发展提供人力和智力的支撑。大型体育赛事志愿者的培训，就是由不同的组织机构和人员通过采用讲授法、案例分析法、远程教育等方法，对参加大型体育赛事各类工作职位的志愿者进行训练和指导，从而使志愿者获得赛事所需要的知识和能力，为赛会的高效运转提供基本保障。因此，大型体育赛事志愿者培训的目标主要体现在以下方面：

①增强志愿者对志愿服务历史的了解和志愿服务精神的理解，提高志愿者的使命感和责任感。

②增强志愿者对大型体育赛事相关知识、传统文化和文明礼仪等方面的认识。

③在已有专业技能的基础上，深化对大型体育赛事专项业务工作要求的了解和掌握。

④熟悉工作场所，了解工作流程。

（二）培训的内容和方式

大型体育赛事志愿服务领域非常广泛，涉及到赛事整个流程和各个环节的方方面面。由于志愿服务项目和分类的复杂性、多面性，决定了志愿者培训内容必须突出针对性、广泛性的特点，各培训主管部门应从实际出发，针对不同的需要，采用不同的培训内容和方式。比如一些基础知识和礼仪规范的培训，可以采取分散培训和网络培训的方式；而对于参加文艺表演志愿者的培训，则可以与学校体育课结合起来，同时和相关艺术团体紧密合作，既能保证演员的人选，又能保证表演的排练。总体而言，大型体育赛事志愿者培训要做到理论培训与实践培训相结合、集中培训与分散培训相结合。

1. 理论培训与实践培训相结合

任何组织的培训都是与实现组织目标紧密相关的。例如，北京奥运会志愿者培训主要分为通用培训、专业培训和岗位培训三类。不管是哪一类培训，首先要进行理论知识的系统学习，从而较全面地了解奥林匹克的相关知识、传统文化和礼仪规范、志愿者的权利、义务以及各岗位的基本情况等方面的内容。学习理论知识只是大型体育赛事志愿者培训的基础内容，要想提高志愿者的工作能力或专业水平，还须高度重视实践锻炼，做到两者有机结合。在这方面，雅典奥组委的做法值得推广，他们首先从国内筛选出几十名条件优秀的志愿者前往悉尼进行相关课程的学习，然后直接观摩并参与了悉尼奥运会某些志愿者岗位的具体工作，积累了相当丰富的理论水平和解决实际问题的能力，为雅典奥运会志愿服务工作的高效运转创造了条件。因此，我国今后大型体育赛事志愿者工作应以此为借鉴，有目的、有计划地组织一批较

为稳定的志愿者队伍参与到各赛事之中。

2. 集中培训与分散培训相结合

由于大型体育赛事规模庞大与组织工作复杂，要求组委会必须招募大量志愿者来协助完成各个领域与岗位的工作。例如2008年北京奥运会，除北京为主办城市外，还有一些比赛项目在青岛、秦皇岛、天津、沈阳、上海和香港等地举办。如果对如此庞大且分散的志愿者队伍进行统一的集中培训，那么，其组织难度是可想而知的。基于这一实际情况，北京奥组委采取了相对集中与分散相结合的培训方式。对一些比较专业的知识、理论和技能的传授，并且需聘请专业技术人员进行讲解的培训内容就采取相对集中的培训方式，选定统一的时间和地点进行授课。同时，通过现代电子媒介的远程教育把各个地方的志愿者组织起来集中授课。而对培训的其他内容，则采取分散、自由、灵活、小范围学习的方式。实践证明，志愿者采取分时、分地、分群学习是非常有效的一种培训方式。

（三）北京奥运会志愿者培训重点及其实施步骤

大型体育赛事志愿者提供志愿服务的质量、效率和强度等，在很大程度上依赖于志愿者的态度、责任心、能力和修养等。为此北京奥运会志愿者培训重点做好了以下几项工作。

①加强志愿者的责任心教育和培养，志愿者管理部门采取了一系列激励措施，从正面引导和强化志愿者的责任心和责任意识。

②加强志愿者的能力培养，尤其是重点强化志愿者社交能力和应变能力的培养与提高。

③加强志愿者的礼仪培养。通过礼仪规范方面的培训，使志愿者了解礼仪知识，尤其是了解中外礼仪的区别和国际礼仪常识，掌握基本的社交技能。

④建立志愿者指导中心，设立指导热线。对志愿者在提供志愿服务过程中遇到的各种问题，给予必要和及时的指导。

⑤建立专题教育网站，满足志愿者远程学习的需要。充分利用全国有关高校的人力资源、教学资源，设计编制网上文本库、音频库、图形图片资源库、动画资源库、多媒体课件库、文献资料库、学习工具库等，为遍布海内外的庞大的志愿者队伍提供培训服务。

北京奥运会志愿者多元培训的步骤形成了一个系统，该培训系统的流程在培训实践中不断得到了修订和完善，以便达到最佳的培训效益。培训系统是由四个基本步骤构成的（图9-2-2）。

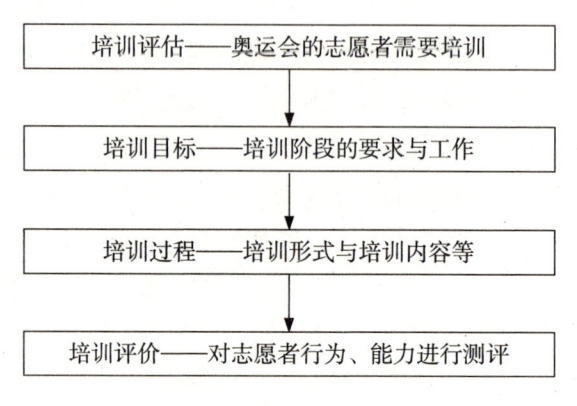

```
培训评估——奥运会的志愿者需要培训
          ↓
培训目标——培训阶段的要求与工作
          ↓
培训过程——培训形式与培训内容等
          ↓
培训评价——对志愿者行为、能力进行测评
```

图 9-2-2　志愿者培训流程

五、认可志愿者

志愿者上岗工作前必须得到志愿者相关组织的认可，这种"认可"实际上可以看作是录用志愿者的过程，其中要把握好认可依据、种类和认可结果公布三个方面。

（一）认可志愿者的依据

负责招募志愿者的主管部门通过招募、面试、培训、考核等多种方式，对提出申请的人员进行遴选，选拔出符合志愿者条件的人员，认同其具备本次体育赛事服务的相应水平与能力，并同意其参加本次体育赛事志愿服务工作。

（二）志愿者认可的种类

志愿者的工作必须得到志愿者相关组织的认可，这种认可包括正式认可和非正式认可两种方式。

正式认可的方式很多，包括通过奖励、颁发证书、发匾、颁发纪念别针以及举行表彰会等，来认可志愿者的工作和贡献。许多志愿者组织每年都要举

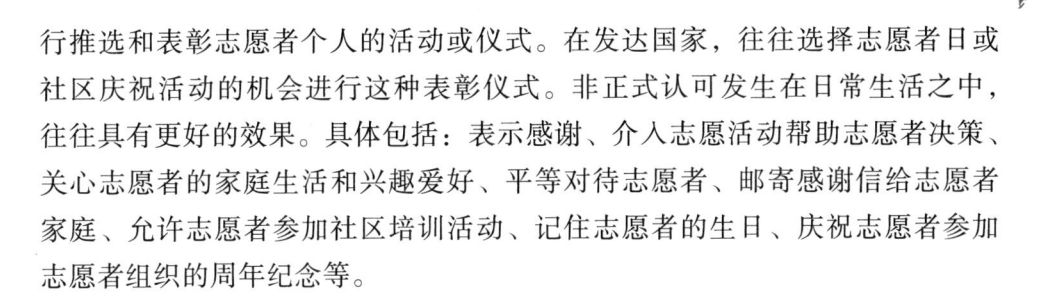

行推选和表彰志愿者个人的活动或仪式。在发达国家，往往选择志愿者日或社区庆祝活动的机会进行这种表彰仪式。非正式认可发生在日常生活之中，往往具有更好的效果。具体包括：表示感谢、介入志愿活动帮助志愿者决策、关心志愿者的家庭生活和兴趣爱好、平等对待志愿者、邮寄感谢信给志愿者家庭、允许志愿者参加社区培训活动、记住志愿者的生日、庆祝志愿者参加志愿者组织的周年纪念等。

（三）认可志愿者的结果公布

被认可的志愿者，志愿者组织将在官方网站下发相关通知或文件，公示人员名单，以电话、信函等方式通知志愿者所在的工作单位，并与志愿者签署相关协议，颁发录用证书，将志愿者相关信息输入计算机管理系统，为今后的大型体育赛事志愿者招募与使用创造条件。

六、志愿者管理

志愿者培训工作结束后，通过考核并认可的志愿者就可以正式上岗，大批量志愿者的使用和管理也将真正开始。安排志愿者工作应具有一定的灵活性，要尽量把不同的志愿者安排到各自合适的岗位上。根据志愿者的工作性质，灵活多变地设计志愿者的工作时间和工作负荷，做到人尽其才，并对其工作中可能出现的问题进行协调和处理。由于志愿服务本身不是志愿者的全职工作，志愿服务时，很可能受到赛场内外各种因素的影响，其本职工作和志愿服务工作也可能会存在冲突，管理者应依据工作岗位的不同，设置不同的工作内容。同一个工作岗位，既可以减少志愿者的工作时间，也可以安排多个志愿者交替工作。在志愿者管理上，首先要抓好协调工作。由于志愿者具有不同的职业、文化背景和参加动机等，因此，应妥善处理好各种关系，处理好志愿者与志愿者之间、志愿者与正式工作人员之间的关系。此外，由于一些社会成员对志愿者的认识仍存在误区，加之长时间和高强度的工作，部分志愿者可能会与服务对象、观众、周围的人等产生矛盾，志愿者管理组织应依据有关的管理规定，协调处理好各种矛盾，保证志愿服务工作目标的实现，保证体育赛事的正常进行。

第三节 大型体育赛事志愿服务的内容

大型体育赛事期间，志愿者要在各种各样的竞赛地点和非竞赛地点参与各种工作类型的志愿服务活动，现按照赛前、赛中和赛后三个阶段将主要志愿服务内容简介如下。

一、赛前志愿服务

赛前志愿服务主要包括接待服务、注册服务、交通服务和场馆管理服务等，每项服务工作有不同的服务内容和岗位要求。

（一）接待服务

1. 服务内容

接待服务的对象主要包括国内外嘉宾、体育官员、技术人员、裁判员、运动队（领队、教练员、医生、工作人员）等。志愿者主要为以上来宾办理出入场馆证件和相关票务；承担机场礼遇、行李取送、机场迎送等工作；协助制订接待计划、安排后勤保障相关事宜；协助处理运动队住宿、交通、餐饮、制证、会议、社会活动等方面的事务；协助处理运动队服务需求与投诉等。

2. 岗位要求

要求志愿者具有较好的外语应用水平，口语流利，并有一定的旅游、外事、接待等工作经验。

（二）注册服务

1. 服务内容

为参加比赛的各类人员提供高效率的注册服务，使他们能够快捷、安全、及时地出入场馆，履行参加比赛的职责和参加比赛。工作区域通常为赛场注册中心。

志愿者还要协助完成注册信息录入维护和证件制作、分发、激活等方面的服务工作。

2. 岗位要求

要求志愿者计算机操作熟练，部分岗位要求外语口语流利。

（三）交通服务

1. 服务内容

为规定的各类人员提供机场、火车站、住宿地、比赛场地等相关场所的交通服务，主要负责交通引导咨询、提供交通疏导等工作，同时承担各类交通计划实施过程中的文案、调度、宣传、监督、协调等管理职责，提供比赛场馆内电瓶车的驾驶服务以及对电瓶车、自行车运行的管理等。工作地点在比赛场馆、住宿地、机场、火车站等地。

2. 岗位要求

要求具备娴熟的驾驶技术，良好的职业道德，吃苦耐劳、组织观念强，头脑清晰、顾全大局。部分岗位要求外语口语流利。

（四）场馆管理服务

1. 服务内容

场馆管理服务的主要职责是保证赛事各项设施、设备正常运转，环境卫生清洁，能源供应安全，为运动员、裁判员、媒体及相关团体在体育场馆的正常活动提供后勤保障方面的高效服务。例如：对比赛场馆管理提供辅助支持，与各团队、赞助商和合作单位等人员协同工作，保证各项设施正常运行，保证水陆域清洁和能源的正常供给等。

2. 岗位要求

要求志愿者具有工程、建筑、水、电和环境的专业知识背景或工作经验，部分岗位需要志愿者具备相应的职业资格。

二、赛中志愿服务

赛中志愿服务主要包括技术运行服务、竞赛团队服务和观众服务等。服务工作不同，服务内容与岗位要求也不同。

（一）技术运行服务

1. 服务内容

技术运行服务的内容主要是通信系统的保障和指挥调度，成绩处理、赛事组织管理等信息系统以及网络和计算机软硬件的维护工作等。

志愿者应协助完成以下工作：技术问题受理、整理和汇报；成绩录入、校对、打印和分发；对讲机的收发充电；无线电侦测和干扰源排查的辅助工作及其他技术设施的巡查等。

2. 岗位要求

要求志愿者对计算机和软件系统有一定的应用能力，有相关专业学习或工作的背景，部分岗位要求志愿者外语口语流利。

（二）竞赛团队服务

1. 服务内容

竞赛团队服务的主要职责是参与大型体育赛事及其测试赛的相关竞赛工作，提供与之直接相关的各项辅助性和支持性工作，确保赛事的顺利进行。主要工作包括比赛组织，成绩处理与发布，竞赛设施和器材管理，运动队、技术官员、国际体育组织官员等的赛时服务，竞赛信息服务等。

作为赛时整个竞赛团队的重要组成部分，竞赛团队志愿服务工作按照工作区域的不同，可分为竞赛行政秘书、竞赛信息服务、内部运行助理、仲裁秘书、国际体育组织官员服务、国际国内技术官员服务、运动员服务、赛场通讯助理、体育器材助理、现场成绩处理等工作岗位。

2. 岗位要求

总体要求是崇尚和认同奥林匹克精神，具有奉献精神、团队协作精神和顽强的工作作风，具有良好的理解能力、服务意识和执行力，具备相应岗位要求的工作技能。大多数志愿者应具备良好的外语交流和计算机应用能力，部分岗位要求志愿者具有一定的文字表达水平、国际礼仪知识和专项竞赛工作经历。

（三）观众服务

1. 服务内容

观众服务的主要职责是协助工作人员，为观看比赛和参加其他活动的访客、观众和各类注册人员提供引导、咨询、验证和检票等服务工作。

2. 岗位要求

要求志愿者具有服务意识，待人热情，熟悉本场所的情况。部分岗位要求志愿者外语口语流利，个别岗位需要志愿者会手语。

三、赛后志愿服务

赛后志愿服务主要包括兴奋剂检测服务和新闻宣传服务等，其服务内容和岗位要求各不相同。

（一）兴奋剂检测服务

1. 服务内容

按照国际奥委会、世界反兴奋剂组织、国际单项体育联合会的有关条例及规则，参加兴奋剂检测的辅助工作，主要包括赛前兴奋剂检测站的布置和设备摆放，赛时协助兴奋剂检测人员完成通知、取样、存放、转运等环节的部分工作，联络相关竞赛部门，及时传递相关信息等。具体执行受检运动员的通知，全程陪护监督受检运动员至兴奋剂检测站报到，分发和收集兴奋剂检测站通行证、协助完成兴奋剂检测样品转运等工作。

2. 岗位要求

要求志愿者思想品德良好，外语沟通能力强。所招聘的志愿者须接受过兴奋剂检测的专业培训，并经考核合格后上岗。

（二）新闻宣传服务

1. 服务内容

新闻宣传服务的主要职责是通过媒体向社会各界及时通报大型体育赛事的相关工作及赛事进展、比赛成绩等情况，并协助完成举行新闻发布会、安排媒体记者采访、赛事举办城市宣传、宣传品发放等工作。

2. 岗位要求

要求志愿者具备一定的组织协调能力和良好的语言表达能力，善于与新闻媒体打交道，具有良好的社交能力和公关能力。

第四节 大型体育赛事志愿服务的保障与激励

在大型体育赛事志愿服务中，也需要动用或消耗一定的物质资源。如果志愿服务工作没有相应的物质条件作为基本保障，赛事志愿者要想优质高效地提供服务和完成任务，是根本不可能的。因此，保障是切实做好大型体育赛事志愿服务工作的前提和基础。

激励是人力资源管理过程中的一个关键因素，它能使团队成员充满热情和动力，并通过参加工作而实现既定的目标。大型体育赛事的不可重复性更需要管理者采取高效的激励方式来吸引和保留志愿者，以降低因志愿者流失带来的损失。

一、志愿服务保障与激励的分类

根据激励理论的研究成果，结合大型体育赛事与志愿者的特点，可以将大型体育赛事志愿者的激励机制分为外向激励机制和内在激励机制两种。

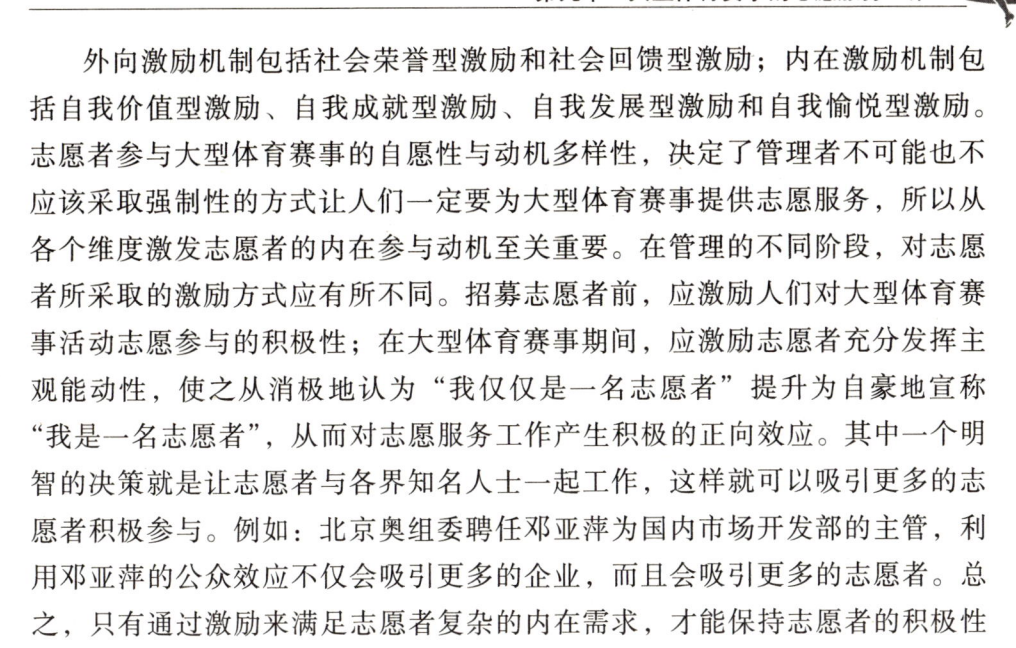

外向激励机制包括社会荣誉型激励和社会回馈型激励；内在激励机制包括自我价值型激励、自我成就型激励、自我发展型激励和自我愉悦型激励。志愿者参与大型体育赛事的自愿性与动机多样性，决定了管理者不可能也不应该采取强制性的方式让人们一定要为大型体育赛事提供志愿服务，所以从各个维度激发志愿者的内在参与动机至关重要。在管理的不同阶段，对志愿者所采取的激励方式应有所不同。招募志愿者前，应激励人们对大型体育赛事活动志愿参与的积极性；在大型体育赛事期间，应激励志愿者充分发挥主观能动性，使之从消极地认为"我仅仅是一名志愿者"提升为自豪地宣称"我是一名志愿者"，从而对志愿服务工作产生积极的正向效应。其中一个明智的决策就是让志愿者与各界知名人士一起工作，这样就可以吸引更多的志愿者积极参与。例如：北京奥组委聘任邓亚萍为国内市场开发部的主管，利用邓亚萍的公众效应不仅会吸引更多的企业，而且会吸引更多的志愿者。总之，只有通过激励来满足志愿者复杂的内在需求，才能保持志愿者的积极性与创造性，才能真正解决志愿者中途"逃逸"的问题。

尽管目前我国志愿者组织网络已逐步建立，但相应的激励运作机制却并不成熟和完善，致使推动志愿服务事业科学发展缺乏有效的制度保证：一是活动制度不健全，志愿服务活动的开展缺乏计划性和制度性，尚未规范地落实志愿者登记注册制度，导致参加志愿服务活动的志愿者不自愿而许多注册志愿者又被闲置的情况出现。二是管理机制不完善，由于对志愿者登记注册制度执行不严格，导致临时性或不在册的志愿者人数远远超过登记注册人数，造成信息掌握缺失和资源的流失。而注册志愿者也没有规范地使用登记注册证，使志愿者参与志愿服务工作缺乏记录和依据。三是缺乏必要的激励机制，无论是志愿者组织还是社会，对志愿者社会性、制度性以及与其切身利益挂钩的奖励激励措施基本没有建立。

二、志愿服务保障与激励的措施

志愿服务保障与激励的措施主要体现在以下5个方面。

（一）完善制度建设，加强规范运作

要落实和完善志愿者登记注册制度，各志愿者组织必须提高志愿者注册

率,以社区注册、项目注册、单位注册、网上注册等多种注册形式加大招募注册力度。同时,要重视和认真做好志愿服务活动的客观记载工作,志愿者个人应规范使用中国志愿者注册登记卡,记录每次参加志愿服务活动的内容、时间和效果等,这既是对志愿者信息的掌握和资源的积累,更能为改进志愿服务工作以及对志愿者考核评价提供依据。

为保障体育赛事志愿者行动长期有效地开展,还需要制定注册志愿者志愿服务管理办法等一系列配套制度,加强体育赛事志愿者工作的规范化建设。在志愿者招募机制和组织模式上,可以根据体育赛事发展的需要,建立体育赛事志愿服务网,设计注册志愿者管理平台,及时研制志愿者管理系统软件,开发网上招募系统,对体育赛事志愿者进行登记和注册,并颁发体育志愿者注册证等,让不同专业背景、不同年龄、不同经历的社会群体加入进来,促进志愿服务工作在理念和方法上的更新,推动体育赛事专业化志愿者队伍的建设。

(二) 建立健全切实可行的奖励激励机制

志愿服务工作需要激励机制来推动,因此,应努力创建和不断完善激励体育赛事志愿者的理论与实践体系,尤其要建立健全切实可行的奖励制度和激励机制。在规范志愿服务工作记录的基础上,可尝试推广志愿者星级评定的活动,进行社会性的精神或物质奖励,肯定志愿者个人的价值、素质和能力等,并探索志愿者在就业、就学等方面的优先待遇。只有将志愿服务活动与个人成才就业等切身利益挂钩,志愿服务活动才能赢得社会公众的广泛关注和参与。

(三) 加强体育赛事志愿服务立法工作,提高社会参与程度

对志愿服务工作进行立法是国际上通行的做法,立法保障也是国际志愿服务活动之所以能持续发展的一个根本原因。我国最早的志愿服务条例是广东省于 1999 年颁布的《广东省青年志愿服务条例》,2001 年 8 月山东省人大常委会通过了关于《山东省青年志愿服务规定》,2005 年 6 月 6 日成都市也正式实施了《成都市志愿服务条例》。实践证明,凡是立法保障领先的地区,其志愿服务工作也走在全国的前列。体育赛事志愿者作为志愿者中的一种,对推动我国大型体育赛事举办、全民健身运动普及以及群众体育事业发展必将

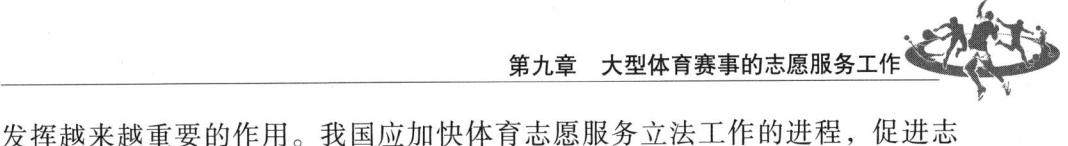

发挥越来越重要的作用。我国应加快体育志愿服务立法工作的进程，促进志愿服务活动法律化，对志愿者的权利与义务进行严格的界定和规范，使得志愿者在开展志愿服务工作时能够明确自我责任，并有效地维护自身权益。加强对体育志愿服务的立法，明确体育志愿服务的法律地位，保障体育志愿者及相关主体的合法权利和利益，已成为进一步深化我国体育志愿服务工作发展的当务之急。

加强体育志愿服务立法工作，一是有助于提高公民对体育志愿服务的认知水平，扩大体育志愿服务的社会影响力，提高社会参与程度；二是有助于体育志愿服务事业获得稳定的社会支持，依法鼓励有条件的个人兴办体育志愿服务事业或参与体育志愿服务行动；三是有助于解决体育志愿服务过程中出现的一些重大问题，保证体育志愿服务事业健康发展。因此，体育志愿服务立法首先应明确以下问题：第一，明确体育志愿服务的主要内容和公民参与体育志愿服务的义务；第二，将一系列鼓励参与体育志愿服务的制度和措施法律化，着眼于建立完善的体育志愿服务管理机制；第三，明确体育志愿者、被服务单位和体育志愿者组织三方的权利、义务关系，建立三方之间的纠纷解决机制；第四，确保志愿者在大型体育赛事举办期间或体育志愿服务期间，在诸方面享受与付薪工作人员同样的待遇，包括领取同样的制服、享受同样的就餐环境和交通服务等。

（四）加强志愿者培训，提高志愿者素质

各级志愿者组织要注重对注册志愿者的培训工作，全面提升志愿者的综合素质。一要培训志愿服务理念，使志愿者正确认识自己的角色定位、责任、义务、权利和所从事的志愿服务工作的意义，从而更好地理解和传承志愿者精神，增强志愿服务工作的自觉性和积极性。二要培训志愿服务技能，针对各类服务岗位的要求，对志愿者进行相应技能的培训，提高志愿服务素质，提升志愿服务水平。三要培训志愿者自我管理、自主活动的能力，使志愿服务工作逐步摆脱行政组织模式，走向社会化运作的轨道，从而为志愿服务事业可持续发展打造良好的基础。

（五）合理运用外部激励，满足自我实现需要

对大型体育赛事志愿者的激励，除强调其参与意义和重要性之外，更应重视以志愿服务工作为导向，使志愿者体会到参与志愿服务的乐趣和工作本身带给自己的收获，并间接地运用一些外部激励的手段和方法。例如：可以增加自我学习和相互交流的机会，美国"全球志愿者组织"中各地的志愿者就可以通过志愿服务信息网络，相互交流参加志愿服务活动的经验和体会。又如：可以利用名人的公众效应，号召体育界、影视界的知名人士加入到大型体育赛事志愿服务行列中来，并把他们分配到不同的部门和岗位，以吸引更多的志愿者参与和提高其工作热情。例如：北京奥组委聘用邓亚萍为国内市场开发部的主管，这种与名人面对面地交流与工作将是对志愿者一种很好的外部激励。

国外学者 Strigas 等人（2003 年）的研究表明：可以用五因素模型为特定的目的服务、娱乐、外界影响、追求实利和自我主义解释大型活动志愿者的参与动机，其中自我主义是他们选择当志愿者的最重要的动机。因此，要对体育赛事志愿者进行有效的激励，就要尽可能地创造条件满足志愿者的需求。如果参加大型体育赛事的培训活动，不仅能使志愿者掌握有关赛事志愿服务工作的知识，还能学习一些与自己今后的工作与职业生涯发展的技能，满足志愿者自我实现的需求，让志愿者能真正从中有所获益，那么这种获益将大大地激发志愿者的工作热情，提高工作效率。

第五节　大型体育赛事志愿服务实例

以下选择北京奥运会、广州亚运会、江苏十运会这三项大型体育赛事的志愿服务案例，分别分析志愿者招募、筛选、培训、上岗、管理、考核与评估、激励与表彰等环节的工作，并介绍部分志愿者的工作流程。

案例一：北京奥运会志愿服务

北京奥运会志愿者的招募、培训、组织管理是一项庞大而又复杂的工作。志愿者来源广泛、结构复杂、文化层次不一，而且他们的服务岗位、工作要

求不同，因此，需要有非常细致和有条理的管理系统。北京奥组委、北京奥运会志愿者工作协调小组在短短两年多的时间里，成功地完成了十万志愿者的招聘、培训及安排等工作，确实是一项非常艰巨的任务。

一、志愿者招募

北京奥运会志愿者的招募工作从2006年6月份开始启动。所招募的志愿者主要分成3类：赛会志愿者、城市志愿者和社会志愿者。赛会志愿者主要在运动场馆（含竞赛场馆、训练场馆和非竞赛场馆）进行志愿服务，服务范围主要包括礼宾、翻译、保安、医疗、联络等方面。城市志愿者主要是在奥运会场馆周边区域及重要交通枢纽、商业网点、旅游景点、医疗机构、住宿酒店、文化活动场所等城市重点区域所设立的北京奥运会城市志愿服务站点提供信息咨询、语言翻译、应急救助等志愿服务。社会志愿者是赛会期间在社会公共场所开展秩序维护、文明倡导、环境美化、扶危助困等工作的志愿者，涵盖除赛会志愿者和城市志愿者以外的所有志愿者。

志愿者招募工作建立了以下6个工作体系：

①发挥高校组织优势，建立首都高校奥运会志愿者和港澳台及海外志愿者的工作体系，主要承担赛会志愿者的招募工作。

②发挥区县组织优势，建立北京各区县奥运会志愿者工作体系，主要承担"迎奥运"志愿服务活动和赛时城市志愿者工作的任务。

③建立专业志愿者项目工作体系，负责协调落实专业志愿者的各项工作。

④建立残疾人奥运会志愿者工作体系，负责开展招募残疾人工作志愿者。

⑤建立京外省（区、市）奥运会志愿者工作体系和港澳台及海外志愿者招募工作体系，负责京外省（区、市）、港澳台及海外志愿者招募工作。

⑥建立京外赛区志愿者招募工作体系，负责协办城市赛会志愿者的招募、培训、管理、保障等工作。

以上6个工作体系分工合作、相辅相成，形成了一个有条理的招募及管理系统，使招募工作按部就班，有序进行，为北京奥运会志愿服务的顺利进行打下了良好的基础。

二、志愿者培训

北京奥组委详细制订了志愿者培训计划，力求与国际接轨，加强培训的专业化和国际化，既对志愿服务工作顺利运转起到了重要的作用，也为北京奥运会结束后在其他城市承办大型国际体育赛事奠定了基础。

北京奥运会志愿者培训工作紧密结合奥运会的特点和我国的国情，培训的内容主要包括通用培训、专业培训和岗位培训，并根据北京奥运会的实际需要进行必要的调整。通用培训主要通过专家开展各类专题讲座，介绍奥林匹克知识、志愿者知识、传统文化、基本礼仪、应对紧急情况等方面的内容。专业培训主要根据志愿者的具体服务岗位进行，如奥林匹克大家庭服务、语言服务、观众服务、场馆服务等，介绍岗位的基本情况、工作任务、业务流程、工作场所相关情况以及紧急情况处理措施和志愿者团队管理等方面的内容。岗位培训主要让志愿者参加实践培训，通过实践培训检测培训的效果和存在的问题，并进行及时的改正，使志愿者在奥运会服务期间能发挥出最佳的水平。

由于培训工作全面、细致和扎实，培训过程注重志愿者的心理调试，从而使得赛会期间广大志愿者能做到充满热情、服从指挥、积极主动地做好本职工作，整个志愿服务工作得到了高度认可，取得了突破性的成果。

三、志愿者上岗

北京奥运会志愿者经过系统化、专业化的培训之后，即可持证上岗。以下介绍北京奥运会主要志愿服务岗位的工作流程。

（一）贵宾接待志愿者工作流程

贵宾接待的服务对象包括国内外宾客，服务内容包括观摩北京奥运会各类项目的比赛，以及对奥运会举办城市经济、社会、环境、文化等进行的正式和非正式的考察接待工作。志愿者主要为宾客办理出入场馆证件、票务；承担机场礼遇、行李取送、机场迎送；协助制订接待计划、安排后勤保障相关事宜等。要求志愿者外语口语流利，有一定的旅游、外事、接待工作经验。贵宾接待志愿者工作流程见图9-5-1。

第九章 大型体育赛事的志愿服务工作

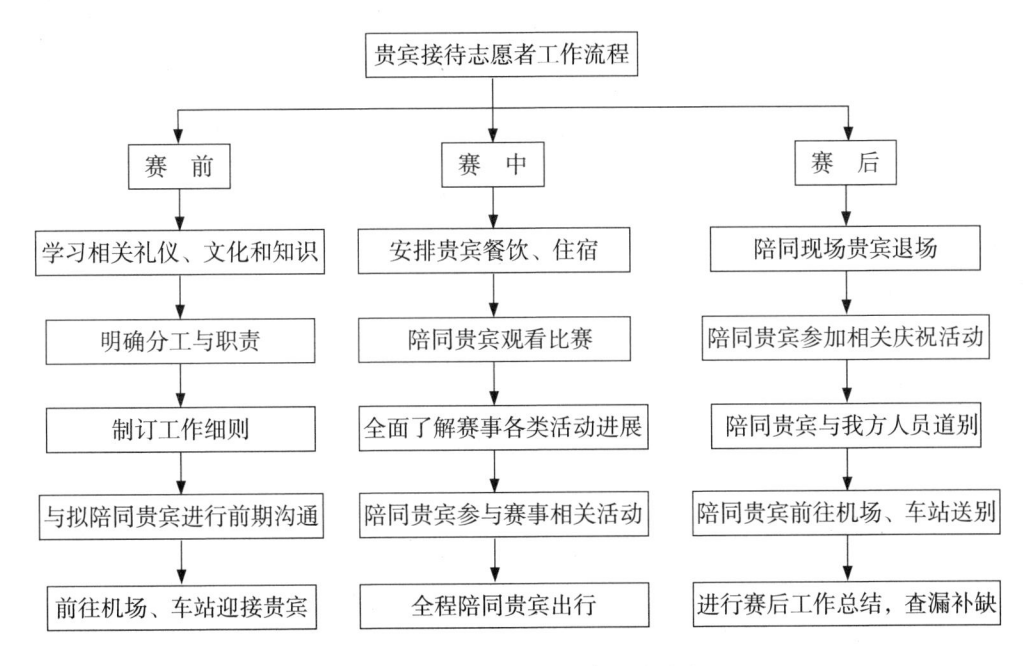

```
                        贵宾接待志愿者工作流程
        ┌──────────────────────┼──────────────────────┐
       赛 前                  赛 中                   赛 后
        │                      │                      │
 学习相关礼仪、文化和知识    安排贵宾餐饮、住宿      陪同现场贵宾退场
        │                      │                      │
   明确分工与职责          陪同贵宾观看比赛      陪同贵宾参加相关庆祝活动
        │                      │                      │
    制订工作细则        全面了解赛事各类活动进展   陪同贵宾与我方人员道别
        │                      │                      │
 与拟陪同贵宾进行前期沟通   陪同贵宾参与赛事相关活动  陪同贵宾前往机场、车站送别
        │                      │                      │
  前往机场、车站迎接贵宾      全程陪同贵宾出行     进行赛后工作总结，查漏补缺
```

图 9-5-1　贵宾接待志愿者工作流程

（二）兴奋剂检测志愿者工作流程

按照国际奥委会、世界反兴奋剂组织、国际单项体育联合会的有关条例及规则，参加兴奋剂检测的辅助工作，主要包括赛前兴奋剂检测站的布置和设备摆放，赛时协助兴奋剂检测人员完成通知、取样、存放、转运等环节的部分工作，联络相关竞赛部门，及时传递相关信息等。具体执行受检运动员的通知，全程陪护监督受检运动员至兴奋剂检测站报到，分发和收集兴奋剂检测站通行证，协助完成兴奋剂检测样品转运等工作。

要求志愿者思想品德好，外语沟通能力强。志愿者须接受过兴奋剂检测的专业培训，经考核合格后方可上岗。兴奋剂检测志愿者工作流程见图 9-5-2。

```
                    ┌─────────────────────────┐
                    │ 兴奋剂检测志愿者工作流程 │
                    └─────────────────────────┘
                                │
            ┌───────────────────┼───────────────────┐
            ▼                   ▼                   ▼
        ┌───────┐           ┌───────┐           ┌───────┐
        │ 赛 前 │           │ 赛 中 │           │ 赛 后 │
        └───────┘           └───────┘           └───────┘
```

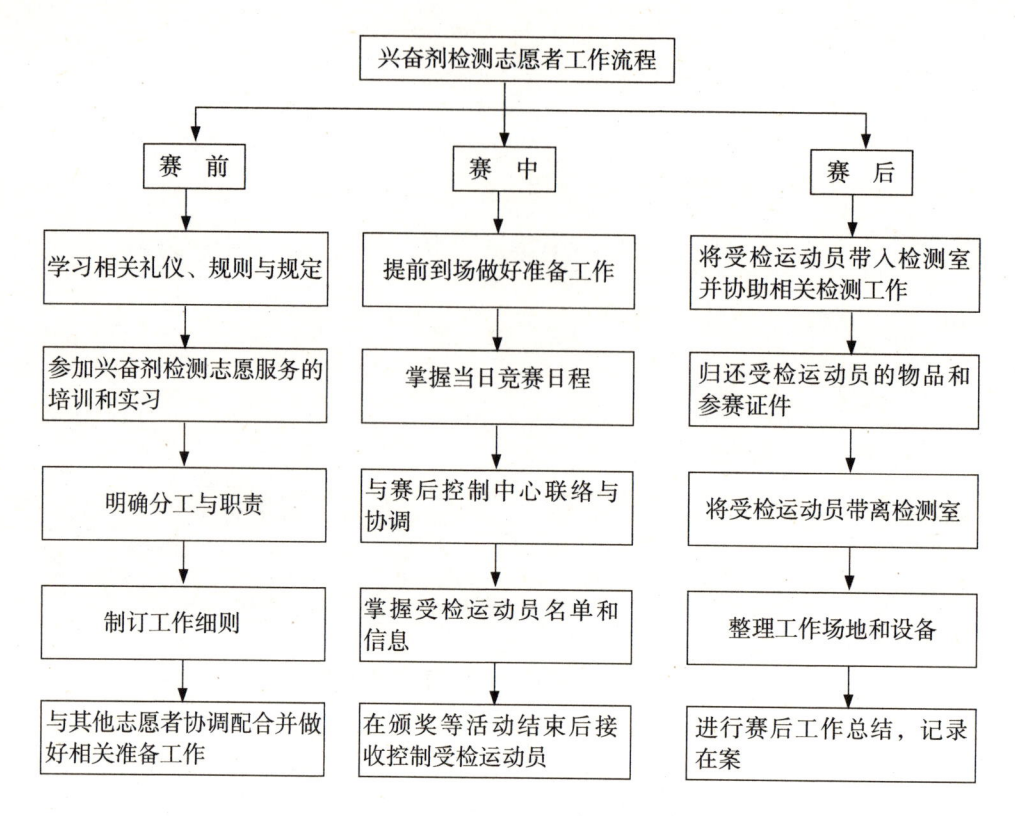

赛前	赛中	赛后
学习相关礼仪、规则与规定	提前到场做好准备工作	将受检运动员带入检测室并协助相关检测工作
参加兴奋剂检测志愿服务的培训和实习	掌握当日竞赛日程	归还受检运动员的物品和参赛证件
明确分工与职责	与赛后控制中心联络与协调	将受检运动员带离检测室
制订工作细则	掌握受检运动员名单和信息	整理工作场地和设备
与其他志愿者协调配合并做好相关准备工作	在颁奖等活动结束后接收控制受检运动员	进行赛后工作总结，记录在案

图 9-5-2　兴奋剂检测志愿者工作流程

四、志愿者的激励与表彰

结合奥运会与志愿者的特点，北京奥运会志愿者的激励方式分为内在激励与外在激励两种。内在激励源于志愿者因参与奥运会而产生的内在满足感，如奥林匹克理想中蕴含的团结与和平的精神、公民责任感、团队归属感、个人各种需求等，包括以志愿者身份为骄傲，为能够展示自我而高兴，对岗位工作意义的自觉认识等方面。外在激励则是指志愿者因为参与志愿服务而受到的表扬、嘉奖和宣传等，如提供观看某些比赛的机会、专用勋章、赞助商物品、制服等方面。内、外激励之间具有较为复杂的交叉效应关系，外在激励能够增进内在激励，而志愿者又往往以内在激励为主导，两种激励方式相辅相成，相互影响，共同促进志愿者以积极的心态和努力的工作为北京奥运

会提供优良服务。

案例二：广州亚运会志愿服务

广州作为当代中国志愿服务的发源地之一，能充分利用对外交流的优势，重视中西文化的融合，较早地推动志愿服务生活化、日常化，志愿服务正在逐渐成为人们的"时尚生活方式"。2010年广州亚运会，60万赛会志愿者和城市志愿者为亚运增光彩、为广州添魅力，志愿服务在组织化动员、社会化运作、民间化参与、时尚化引领、国际化合作等方面表现出的新模式，已成为广州亚运会志愿者工作的创新和特色，成为中国志愿服务"南方模式"的雏形，成为中国志愿服务顺利转型的示范。

与北京奥运会、上海世博会志愿服务项目主要由组委会志愿者部及其所属机构承担的方式比较，广州亚运会志愿服务项目的区别在于，广州亚组委志愿者部较多地寻求社会机构的合作，实行委托或者授权的方式，并为这些机构的能力提升、实力增强提供支持。同时，借助广州亚运会的筹备和举办，为广州志愿服务事业的长期发展奠定社会基础："公民服务通过项目或组织来提供服务——通过政府、社区或社会团体的组织来实现，这是长期性的活动，不是偶尔的志愿服务，也不是几个小时或几周的承诺，参与者把自己的能量、智慧、资源与环境保护、基础建设、社区发展结合起来并对他们有所促进。"因此，诸如律师事务所、文化营运机构、消费品牌机构等，都能发挥自身的优势，积极参与与承接亚运会志愿服务的组织和实施工作，配合广州亚组委志愿者部进行工作模式的创新。广州亚组委志愿者部还委托广东青年干部学院成立了"广州亚运会志愿服务研究中心"，委托广州志愿者学院承接志愿者骨干的培训工作，委托中山大学、广东外语外贸大学成立"广州亚运会志愿者培训基地"，委托游览景点成立"广州亚运会志愿者训练基地"等。由广州亚组委框架之外的社会机构来承接亚运会志愿者的组织、实施、培训、研究、传播、评估等任务，既扩大了社会力量的参与程度，也聚集了更多的资源共同做好广州亚运会各项服务工作。

广州亚运会志愿者参与志愿服务活动流程见图9-5-3。

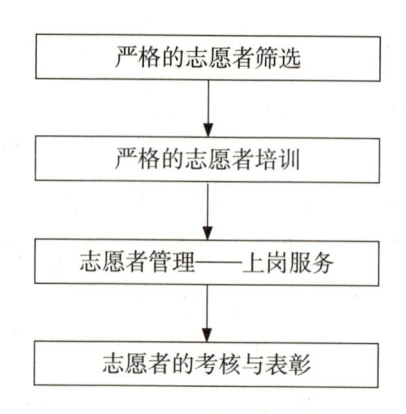

```
┌──────────────────┐
│  严格的志愿者筛选  │
└────────┬─────────┘
         ↓
┌──────────────────┐
│  严格的志愿者培训  │
└────────┬─────────┘
         ↓
┌──────────────────────┐
│ 志愿者管理——上岗服务 │
└────────┬─────────────┘
         ↓
┌──────────────────────┐
│  志愿者的考核与表彰   │
└──────────────────────┘
```

图 9-5-3　广州亚运会志愿者服务活动流程

一、志愿者筛选

首先要对申请者的资格进行初步评审，再进行面试，通过面试环节了解每个申请者准确的、综合的信息，然后根据估计的志愿者需求数量，进入选拔阶段。选拔时兼顾申请者的质量和志愿者的整体数量，申请者质量（如专业特长、专业技术职务、志愿服务工作经历等）是重要的，但保证一定数量的普通志愿者也相当重要。

二、志愿者培训

广州亚运会志愿者培训工作主要突出了设计培训项目和精选培训方式。

（一）培训项目

广州亚运会志愿者培训工作主要包括四个项目：通用培训、专业培训、场馆培训和岗位培训。

1. 通用培训

主要使志愿者具备大型体育赛事志愿服务必需的知识和技能，具备较强的服务意识、服务精神和服务能力。

2. **专业培训**

重点对象是专业志愿者，根据服务岗位的专业要求，实施相关专业知识和技能的培训。

3. **场馆培训**

组织被分配到各运动场馆的志愿者，以场馆功能、比赛项目的相关知识、内部设施、组织结构、工作团队、规章制度、行为规范等为主要培训内容，在志愿者所服务的场馆进行培训。

4. **岗位培训**

在完成通用培训和专业培训的基础上，结合分配的相关岗位，对志愿者进行岗位细则、工作任务、业务流程等内容的培训。

（二）培训方式

广州亚运会志愿者培训方式主要有骨干培训、集中培训、实践培训和测试评估等。

1. **骨干培训**

依托高校和专业培训机构，根据培训目标和服务领域，志愿者工作部组织编印《志愿者培训手册》等培训教材，统一对各团体（学校）负责人、志愿者服务队负责人及赛会志愿者骨干进行培训。

2. **集中培训**

赛区执委会或高校根据《志愿者培训手册》对赛会志愿者和城市志愿者进行通用培训；执委会各相关部门、各竞委会负责对所使用的志愿者进行专业培训、场馆培训和岗位培训。

3. **实践培训**

开展公益实践活动，培养团队精神，营造志愿服务氛围。组织志愿者提前进入工作岗位进行现场实战演练，了解情况，熟悉业务，提高技能，提升

服务水平。

4. 测试评估

通过对志愿者综合素质的测评来评估培训的效果，确保达到培训的预期目标，确保赛事的顺利运转。

在 2010 年 3—5 月、7—8 月分两个阶段对已录用的志愿者进行系统的、专业的培训。

三、志愿者管理

总体而言，广州亚运会对志愿者的管理，一是坚持严格，二是讲究方法，三是强调协调。

①志愿者管理工作遵循"谁使用，谁管理，谁负责"的方针，由志愿者工作部、各使用部门、各派出高校三方共同负责管理。

②志愿者工作部负责制订、实施《大型体育赛事志愿者管理细则》，协调志愿者管理工作，各部门、各竞委会负责对所使用的志愿者进行日常管理。

③建立联系协调制度，与各相关部门、竞委会畅通联络渠道，以确保志愿服务工作落实到位。

如果管理制度不健全，那么，即使经过严格培训的志愿者在实际工作中也可能不会发挥出应有的作用。因此，针对不同类型的志愿者，广州亚组委还建立了相应的管理制度。对于普通志愿者的管理，广州亚组委一方面与各高校建立起紧密的联系，另一方面加强与各街道社区的联系，因为它们是普通志愿者的主要来源地。在对普通志愿者进行严格培训的基础上，不定期地进行抽测，使他们不断提高一名赛事志愿者应具备的素质。对于专业志愿者的管理，广州亚组委在组织集中培训后再进行定期培训，并为他们创造尽可能多的实践机会，提升他们的服务能力。

四、志愿者考核与表彰

本着使用——管理——考核相结合的原则，志愿者的考核工作由广州亚组委志愿者工作部进行总体指导和全面协调，并由各单项竞委会和各赛区志愿者工作部门对所使用的志愿者组织具体考核工作。考核的主要内容包括服务

内容、服务时间、服务效果与服务评价等。

志愿者的表彰工作由广州亚组委志愿者工作部负责协调、组织和实施，在制订《亚运会志愿者考核和表彰办法》的基础上，根据志愿者上岗服务情况和考核结果，对考核合格的志愿者颁发志愿服务纪念证书，对考核优秀的志愿者予以表彰，并评选志愿服务工作优秀组织奖等。

五、广州亚运会部分志愿者工作流程

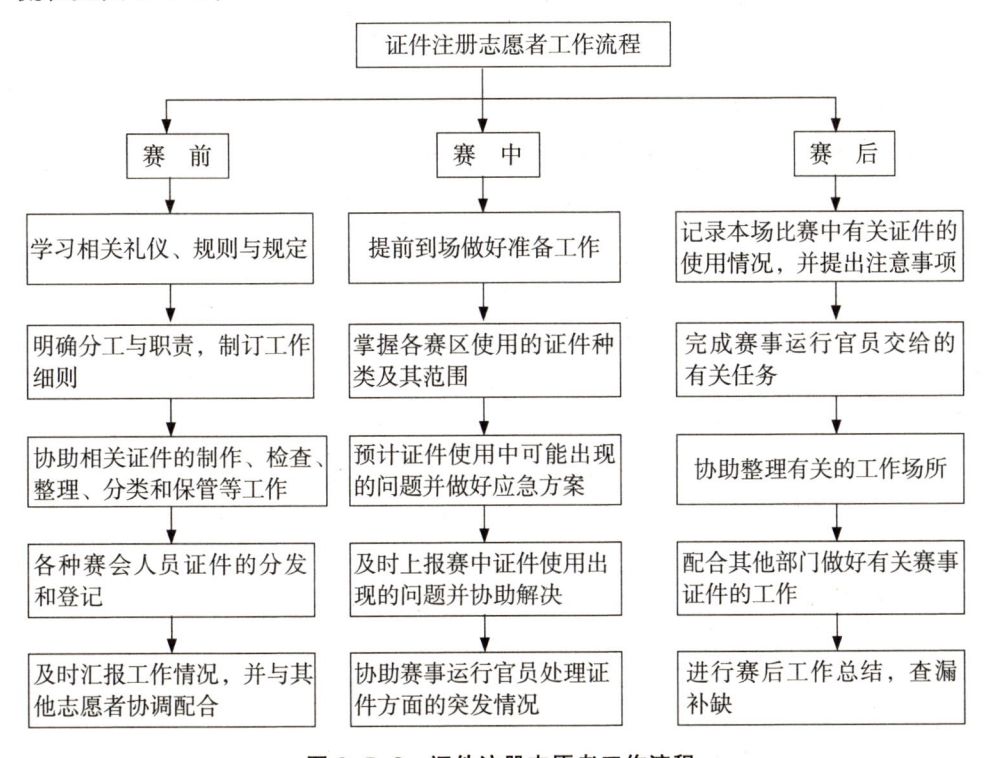

下面主要介绍证件注册志愿者工作流程和赛事运行志愿者工作流程。

（一）证件注册志愿者工作流程

证件注册志愿者的工作主要包括学习相关礼仪、规则和规定，制作、分发、保管、回收、上交各类赛事证件，提示相关注意事项，与其他志愿者协调配合，辅助整理工作场地以及进行赛后工作总结等。证件注册志愿者工作流程见图 9-5-3。

赛前	赛中	赛后
学习相关礼仪、规则与规定	提前到场做好准备工作	记录本场比赛中有关证件的使用情况，并提出注意事项
明确分工与职责，制订工作细则	掌握各赛区使用的证件种类及其范围	完成赛事运行官员交给的有关任务
协助相关证件的制作、检查、整理、分类和保管等工作	预计证件使用中可能出现的问题并做好应急方案	协助整理有关的工作场所
各种赛会人员证件的分发和登记	及时上报赛中证件使用出现的问题并协助解决	配合其他部门做好有关赛事证件的工作
及时汇报工作情况，并与其他志愿者协调配合	协助赛事运行官员处理证件方面的突发情况	进行赛后工作总结，查漏补缺

图 9-5-3 证件注册志愿者工作流程

（二）赛事运行志愿者工作流程

赛事运行志愿者的工作岗位众多，例如大型田径赛事的检录处、起点、跳跃和投掷项目比赛现场、竞赛秘书组、场地器材组等都需要志愿者参与服务工作。因此，赛事运行志愿者是一个整体的概念。其工作主要包括赛前学习相关礼仪、规则、规程与规定，明确分工与职责并制订工作细则，进行赛事实习等；赛中提前到场做好相关准备工作，协助赛事各项活动顺利开展，及时上报赛事现场的突发情况，协助赛事运行官员处理有关问题等；赛后协助引导运动员退场，完成赛事运行官员交给的各项工作，协助整理工作场地，进行赛后总结等。赛事运行志愿者工作流程见图9-5-4。

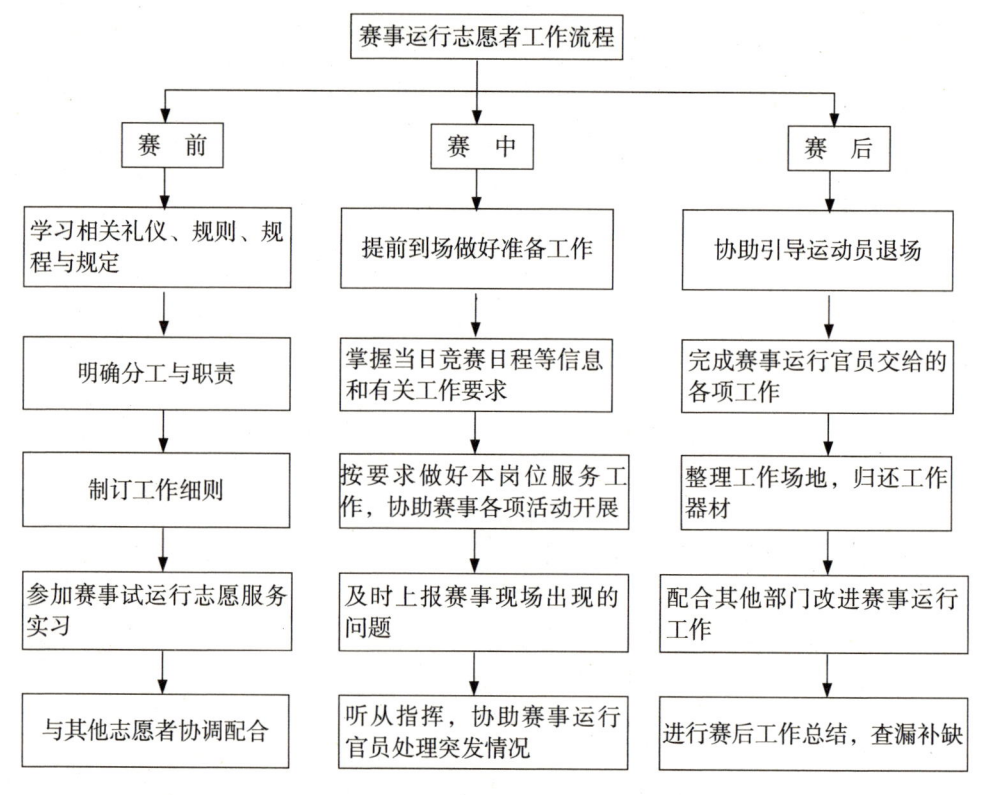

```
                    赛事运行志愿者工作流程
        ┌──────────────────┼──────────────────┐
       赛前                赛中                赛后
        │                   │                   │
┌───────────────┐  ┌───────────────┐  ┌───────────────┐
│学习相关礼仪、规│  │提前到场做好准备│  │协助引导运动员 │
│则、规程与规定 │  │工作           │  │退场           │
└───────┬───────┘  └───────┬───────┘  └───────┬───────┘
        │                   │                   │
┌───────────────┐  ┌───────────────┐  ┌───────────────┐
│明确分工与职责 │  │掌握当日竞赛日程│  │完成赛事运行官 │
│               │  │等信息和有关工作│  │员交给的各项工 │
│               │  │要求           │  │作             │
└───────┬───────┘  └───────┬───────┘  └───────┬───────┘
        │                   │                   │
┌───────────────┐  ┌───────────────┐  ┌───────────────┐
│制订工作细则   │  │按要求做好本岗位│  │整理工作场地， │
│               │  │服务工作，协助赛│  │归还工作器材   │
│               │  │事各项活动开展 │  │               │
└───────┬───────┘  └───────┬───────┘  └───────┬───────┘
        │                   │                   │
┌───────────────┐  ┌───────────────┐  ┌───────────────┐
│参加赛事试运行 │  │及时上报赛事现场│  │配合其他部门改 │
│志愿服务实习   │  │出现的问题     │  │进赛事运行工作 │
└───────┬───────┘  └───────┬───────┘  └───────┬───────┘
        │                   │                   │
┌───────────────┐  ┌───────────────┐  ┌───────────────┐
│与其他志愿者协 │  │听从指挥，协助赛│  │进行赛后工作总 │
│调配合         │  │事运行官员处理突│  │结，查漏补缺   │
│               │  │发情况         │  │               │
└───────────────┘  └───────────────┘  └───────────────┘
```

图9-5-4　赛事运行志愿者工作流程

案例三：江苏十运会志愿服务

十运会志愿者是由热爱社会公益事业，具有奉献精神，自愿为十运会提供无偿服务的社会各界人士组成。十运会志愿者的主要任务是在运动会筹备期间及比赛期间，开展与十运会有关的各类志愿服务活动，主要服务项目有礼仪接待服务、会务活动服务、导游导购服务、资料咨询服务、环境整治服务、驻会日常服务、竞赛联络服务、应急出击服务以及参加文明啦啦队等。

一、志愿者招募

志愿者工作部在各赛区设立招募点。各赛区设立团省委、团市委、十运会志愿者工作部三个招募点，主要通过新闻媒体发布消息，接受志愿者团体报名和个人报名。

报名时须携带个人身份证（或工作证、学生证）及专业等级证书，并填写《个人招募登记表》。《团体招募登记表》和《个人招募登记表》一式两份，一份由各招募机构存档管理，一份上报志愿者工作部。

各招募机构对应募的团体和个人的具体情况进行电脑化管理，并建立档案。个人按身份、学历、性别、年龄、服务项目等进行分类管理，团体按职业和行业进行分类管理。

二、志愿者培训

编印《十运会志愿者培训大纲》作为培训教材，培训内容主要包括十运会概况、十运会志愿服务工作基本情况、十运会志愿服务岗位的专项技能等。

志愿者工作部负责对由团市委、高校承担的志愿服务活动的组织者以及各招募机构的工作人员和专业性志愿服务骨干进行相关知识的一级培训，然后由各招募机构负责对全体志愿者进行相关知识的二级培训。

按照筹委会布置的工作进程和各阶段工作对志愿者的不同要求，分阶段实施基础知识培训和专业基础培训。志愿者经培训合格后方可上岗。

三、志愿者管理

江苏十运会志愿者管理的重点是必须持证上岗，坚持归口管理，强调岗位纪律。

（一）持证上岗

志愿者经过培训并合格，由培训部门发给合格证书，并按志愿者工作部颁发的《十运会志愿者上岗报到证》到所在服务部门报到。

（二）归口管理

①上岗服务期间，志愿者统一归各使用部门管理，志愿者工作部配合做好相关工作。

②上岗服务期内，志愿者的用餐、交通等有关保障由各使用部门负责解决。

③使用部门如需延长志愿者的服务期限，应事先与志愿者工作部联系，在征得志愿者工作部与志愿者本人同意后，方可延长志愿者的服务期限。

④未经志愿者工作部的派遣，各部门擅自使用的志愿者，对他们的管理及可能产生的问题，志愿者工作部概不负责。

（三）岗位纪律

①志愿者须自觉遵守筹委会（组委会）制定的有关规章制度，服从工作安排，认真完成交办的任务。

②上岗服务期间，志愿者必须身着有十运会志愿者标志的服装，仪表端庄，举止稳重，并佩戴由志愿者工作部统一制作的《十运会志愿者上岗证》，填写《十运会志愿服务时数统计表》。

③志愿者如有特殊情况，有不继续服务的权利，但必须向志愿者工作部提出离岗申请。

④志愿者如不符合要求或有违纪等现象，使用部门有权对其做出终止使用的决定，但必须与志愿者工作部联系。志愿者如有严重违纪或违法行为，

志愿者工作部将通报其所在单位。

四、志愿者评估与表彰

使用部门将从服务态度、服务时数、服务质量等方面对志愿者的工作进行评估和鉴定，并填写《十运会志愿服务考核表》。

志愿者工作部负责志愿者的表彰工作：通过新闻媒体宣传十运会志愿服务活动中的典型人物和典型事例；十运会结束后进行表彰，并授予"优秀十运会志愿者""十运会志愿服务先进集体""十运会文明啦啦队先进集体"等称号；对有突出表现的十运会志愿者将通报其所在单位等。

五、十运会部分志愿者工作流程

下面主要介绍场馆服务志愿者工作流程和宣传服务志愿者工作流程。

（一）场馆服务志愿者工作流程

场馆服务志愿者的工作岗位也很多，例如：场馆进口与出口的秩序维持、场馆座位引导、比赛中帮助观众解决相关事宜、场馆器材设备的准备与整理以及技术性支持等，都需要大量的志愿者参与服务工作。场馆服务志愿者的工作，包括比赛前明确分工与职责并制订各岗位的工作细则，协助准备比赛的器材和设备，保证赛场清洁卫生等；比赛期间引导嘉宾、官员、运动员、观众入场，对场馆管理提供辅助性支持，协助维持赛事秩序和观众安全，协助赛事运行官员处理赛场突发事件等；比赛结束后及时引导嘉宾、官员、运动员、观众退场，提示注意退场秩序和安全，协助整理赛场器材和设备，配合其他岗位志愿者做好相关工作等。场馆服务志愿者工作流程见图9-5-5。

```
                    ┌─────────────────────────┐
                    │   场馆服务志愿者工作流程   │
                    └─────────────────────────┘
                                 │
          ┌──────────────────────┼──────────────────────┐
          ▼                      ▼                      ▼
      ┌───────┐              ┌───────┐              ┌───────┐
      │ 赛 前 │              │ 赛 中 │              │ 赛 后 │
      └───────┘              └───────┘              └───────┘
```

赛前	赛中	赛后
学习相关礼仪、规则、规程和规定	引导嘉宾、官员、运动员、观众入场	引导嘉宾、官员、运动员、观众退场
明确分工与职责	引导各类人员就座，协助维持赛场秩序	提示退场秩序和安全注意事项
制订各岗位工作细则	掌握当日竞赛日程，提供相关技术性支持	协助整理相关岗位的器材设备
协助准备相关岗位所需的器材设备，保证赛场清洁卫生	解决各类人员提出的相关事宜，协助处理赛场突发事件	配合做好赛后相关工作
场馆服务实习和试运行	与其他志愿者相互协调配合，完成临时性工作	进行赛后工作总结，记录存档

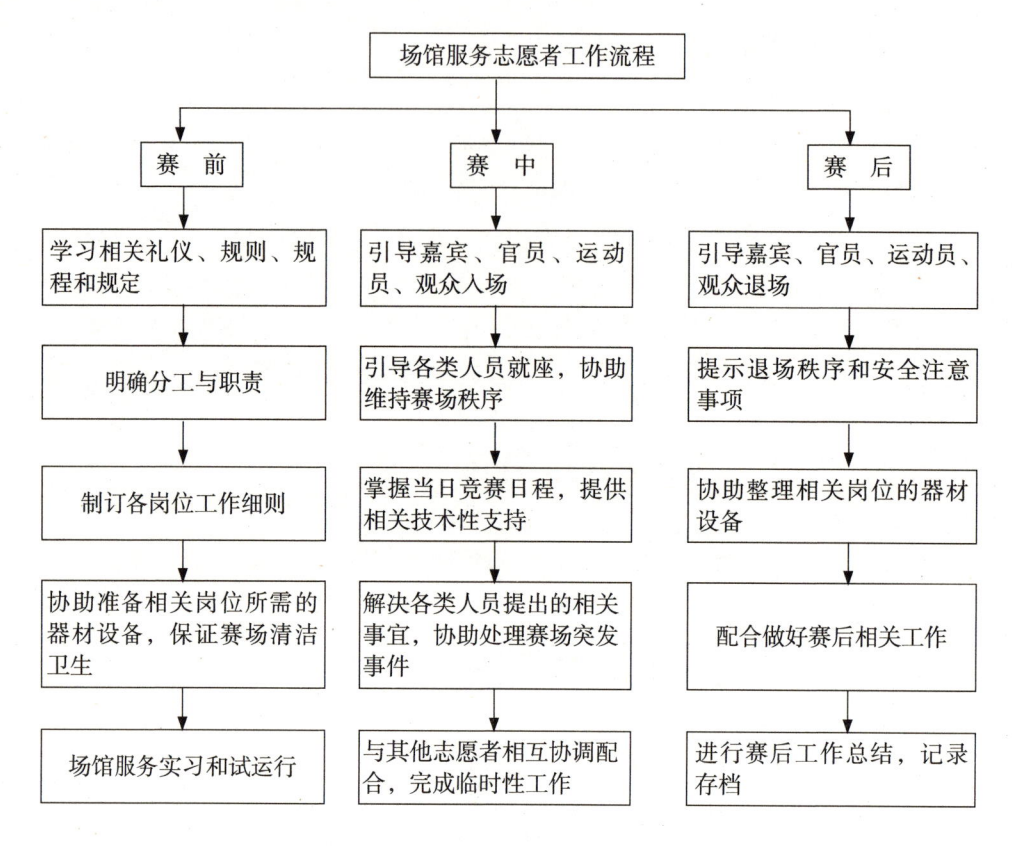

图 9-5-5　场馆服务志愿者工作流程

（二）宣传服务志愿者工作流程

宣传服务志愿者的工作主要是相关新闻报道以及整个体育赛事的宣传。具体包括协助新闻中心开展各项工作，安排新闻媒体人员的餐饮、住宿和出行；为新闻媒体人员观摩、采访比赛做好辅助性工作，协助赛事宣传、推广和及时通报赛事进展等工作；协助新闻媒体人员对获奖运动员和有关官员进行采访，整理新闻中心场所等。宣传服务志愿者工作流程见图 9-5-6。

```
                    ┌─────────────────────────┐
                    │  宣传服务志愿者工作流程  │
                    └─────────────────────────┘
                    ┌────────────┼────────────┐
                 赛 前          赛 中         赛 后
```

赛前	赛中	赛后
学习相关礼仪、规则和规定等	协助新闻媒体人员观摩、采访比赛	协助新闻媒体人员对获奖运动员和相关官员采访
明确分工与职责，制订工作细则	协助做好赛事宣传和推广工作	完成新闻中心交给的有关工作
与新闻媒体进行前期沟通	协助通报赛事进展情况	向新闻媒体致谢
安排新闻媒体人员的餐饮、住宿、出行等	协助新闻中心开展各项工作	协助整理新闻中心场所
参加宣传志愿服务的实习工作	完成赛中其他临时性工作	进行赛后工作总结，表彰奖励

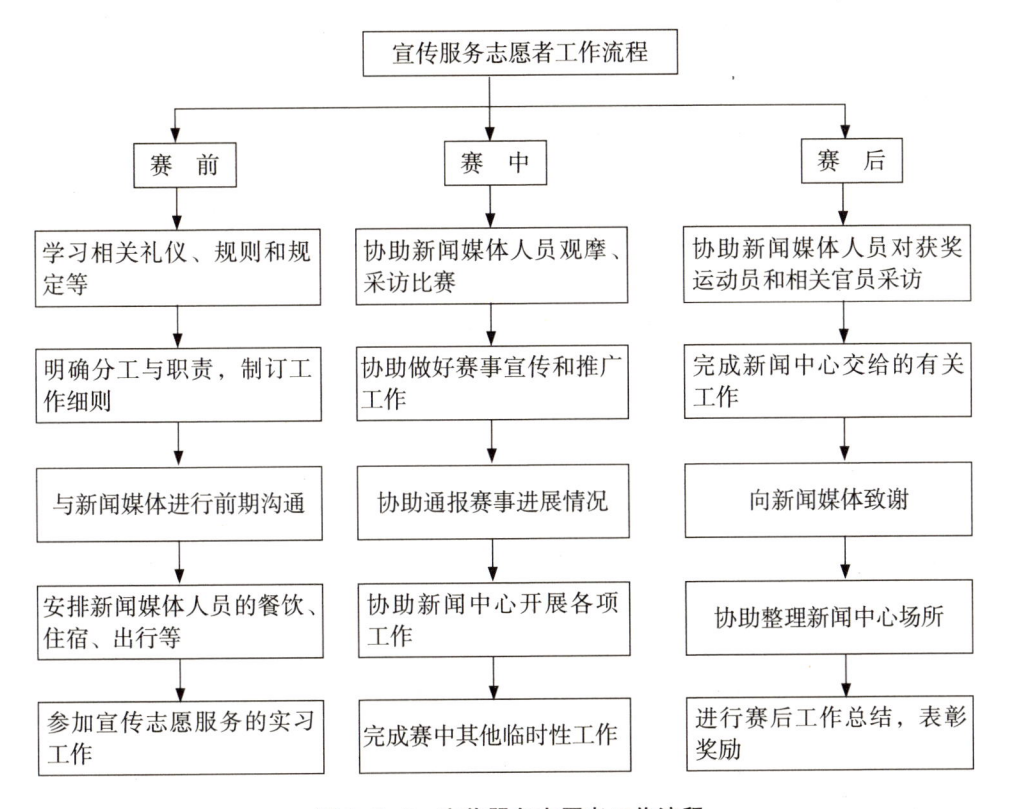

图 9-5-6　宣传服务志愿者工作流程

参考文献：

[1] 苗大培，魏来，林洁. 构建我国体育志愿者组织的理论探讨 [J]. 体育科学，2004，24（9）：4-8.

[2] 林向阳. 北京奥运志愿者培训主题教育网站的研究与设计 [J]. 中国体育科技，2005，41（4）：29-31.

[3] 周学荣，谭明义. 对发展我国群众体育志愿者队伍的思考 [J]. 中国体育科技，2003，39（9）：11-13.

[4] 张瑾. 奥运会志愿者与人力资源管理 [J]. 首都体育学院学报，2003，15（2）.

[5] 奥尔良·基克. 如何建立一支奥运会志愿者团队 [J]. 体育文化导刊，2003（6）.

[6] 陈东. 浅析美国志愿服务经验即借鉴价值 [J]. 广东青年干部学院学报, 2006 (5).

[7] 丛宁丽, 万勇. 析美国体育志愿者的培养 [J]. 成都体育学院学报, 2006, 32 (4).

[8] 江汛清. 与世界同行——全球下的志愿服务 [M]. 杭州: 浙江人民出版社, 2005: 65.

[9] 艾俊. 西方国家培养体育志愿者的概况及启示 [J]. 体育学刊, 2005 (12).

[10] 闰拓时, 张鸣真. 2008年北京奥运会"五环志愿者"价值展望 [J]. 首都体育学院学报, 2003, 15 (4): 1-4.

[11] 李学君. 奥林匹克青年志愿者价值的深层思考 [J]. 成都体育学院学报, 2003, 29 (5): 20-23.

[12] 姜中阳. 奥运会志愿者团队的形成战略 [J]. 解放军体育学院学报, 2005, 24 (1): 41-43.

[13] 宋玉芳. 奥运会志愿者的特征及其管理原则 [J]. 体育与科学, 2004, 25 (1): 20-23.

[14] 游松辉, 翁志强, 贺云飞. 北京奥运会志愿者多元培训方式的思考 [J]. 上海体育学院学报, 2006, 30 (6): 25-28.

[15] 张吾龙, 刘慧之. 2008年北京奥运会志愿者激励对策研究 [J]. 沈阳体育学院学报, 2007, 26 (5): 21-23.

第十章　体育展示

体育展示是围绕体育竞赛现场及其过程，采用语言播报、音频播放、视频放映等手段以及穿插表演项目、互动项目等内容，以传播赛事信息、营造赛场气氛、传递体育文化、引导观众欣赏比赛、普及相关专项运动知识、改善观众观赛感受等为目的的展示活动与行为。随着现代大型体育赛事的快速发展与日渐完善，体育展示活动日益受到重视，其功能与价值也不断得到显现。

第一节　体育展示概述

体育展示真正进入大型体育赛事临场组织工作的时间并不很长，对体育展示的研究也才刚刚起步。全面诠释体育展示的概念，准确理解体育展示的定义，清晰把握体育展示发展历程与发展现状，深刻认识体育展示的作用与价值等，不仅可以丰富体育展示理论研究的内容体系，而且对推动体育展示实践快速发展具有积极的意义。

一、体育展示的定义

国际奥委会（IOC）在有关技术手册中对体育展示的说明是：从字面上来看，体育展示是指向现场观众和电视观众展示体育的方式或者是通过现场的播报员、解说员、音乐、现场大屏幕、记分屏、各类表演（啦啦队、吉祥物和文艺表演）以及灯光组成的将赛场包装为类似于舞台的表现形式。

国际田联对体育展示的定义是：体育展示是通过现场的音频（现场播报、音乐、音效、实时音效）、视频（实时比赛视频、视频短片、视频特效、体育记分屏）、灯光（特效灯光）和表演（观众啦啦队、吉祥物表演、现场乐队）等体育展示手段，提高比赛的观赏性和引导现场观众观看比赛，使现场观众更好地欣赏（读懂）比赛，在比赛和观众之间形成良好的互动关系，为比赛

现场营造良好的气氛，为运动员创造成绩和电视转播提供更好的条件。该定义进一步解释了体育展示和现场观众之间的关系，更加强调比赛和观众的互动性。由此可见，国际田联对体育展示的定义更为贴切和实用。

目前举办的大型国际体育赛事，颁发的《田径竞赛规则2010—2011》就明确规定，体育展示已经成为竞赛的重要组成部分。例如：国际田联在大型田径比赛中设立比赛展示主管的职位，属于行政管理官员之一，并规定比赛展示主管要与竞赛主任共同制订比赛的展示计划，尽可能与组织代表和技术代表合作，确保展示计划的实施。综观现有的大型国际比赛，在竞赛组织的操作过程中，体育展示已经渗透到各个方面，从竞赛规程制定、竞赛日程安排到竞赛现场运行等环节都体现着体育展示工作的重要性。

竞赛展示和文化展示是体育展示的两个主要组成部分。竞赛展示是指按照国际单项体育联合会的规则和竞赛规程的规定，借助音频、视频、表演等体育展示手段，将竞赛信息及时、准确地传递给现场观众，引导观众欣赏比赛。文化展示则侧重于展示举办国（地区）、体育项目的文化以及赞助商广告等，加强观众与赛场的互动，包括比赛前、后及间隙时进行的观众互动活动。在国内的体育展示实践中，体育展示实际上包括了大型综合体育赛事的开、闭幕式以及各个单项赛事的现场展示和颁奖仪式。

总而言之，体育展示可以做到：

（一）展示运动魅力

通过音频、视频、现场互动等体育展示手段的运用，使运动的形象更为饱满，让观众能够更直观和细致地体会到运动的魅力。此外，还可以展示其他国家、地区的特色运动项目，如广州亚运会体育展示除展现比赛项目外，还宣传推广卡巴迪、板球、藤球等运动项目，让更多的人去了解参与这些项目。

（二）烘托赛场气氛

随着体育事业的发展，举办方不仅要考虑赛事本身的效果，同时要考虑赛场氛围的营造，体育展示可以有效地做到赛场气氛的烘托。

(三) 传递体育文化

通过展示体育比赛，可充分显示体育的文化气息，将竞技运动项目变得更具有生机和活力。

体育展示中的文化展示是展现大型体育赛事承办方办赛理念的最为重要的途径。通过与观众的互动，在比赛前、后及间隙时植入丰富多彩的文化娱乐活动，借助视频、音乐、表演等艺术表现形式可营造大型体育赛事的浓厚文化氛围，充分展示举办地的文化底蕴，弘扬本土文化气息。在广州亚运会上，体育展示团队总共为现场大屏幕制作了 2600 分钟、1300 条视频内容，还专门为各场馆公共记分牌制作了 6700 条视频内容，突出了广州本地的岭南文化、岭南风韵等文化特色。

(四) 发布赛事信息

体育展示能够在比赛现场及时更新比赛的赛况，无论是播报、视频还是音频，都能保持信息的通畅，让每一个人在第一时间了解到比赛的情况。

(五) 普及体育知识

每一场比赛都有其特定的目的、意义以及流程、规则等，通过体育展示活动，可将原本枯燥的体育知识活灵活现地传授给大家。

(六) 改善观众感受

观众在每场比赛中的观看感受是不一样的，体育展示活动可以引导观众的观赛感受，使其朝着积极、乐观的方向发展，烘托出比赛现场的气氛。

(七) 激励工作团队

无论是体育展示团队还是竞赛团队，通过体育展示活动能够最大限度地获得支持和激励，使整场比赛每个人都能保持昂扬的状态。

（八）推广商业运作

体育展示工作团队对于商业的权益相当敏感，通过与商业领域的沟通，可以避免主办比赛各方不必要的利益损失，节约资源。

二、体育展示的发展

从体育展示的发展过程来看，奥运会为体育展示发展提供了广阔的舞台和难得的机遇，国际单项体育协会尤其是国际田联的高度重视和采取的得力举措，助推国际田径比赛体育展示走在了其他竞赛项目的前头。我国较系统的体育展示活动开始于第 10 届全国运动会，虽然在北京奥运会、广州亚运会上体育展示获得了很大的成功，但是其发展仍然任重而道远。

（一）奥运会体育展示的发展

从 1996 年亚特兰大奥运会开始，"体育展示"这个概念正式进入了奥运会的组织工作，经过多次沿革，体育展示的简称已经统一为"SPP"（Sport Presentation）。澳大利亚人格里德·波曼先生是第一位在奥运会进行体育展示的专业人士，波曼带领其公司从 1995 年就开始从事体育展示活动。1996 在亚特兰大举办的奥运会，由于当时的奥组委并没有设立专门的职能部门负责这一工作，也没有编制相应的经费预算，因此，只能进行简单的体育展示活动。2000 年悉尼奥运会这一情况得到明显改观，组委会从人力和财力等方面都给予了大力支持，并从感官、视觉、听觉等方面对每个项目进行了全方位的包装，推动了体育展示在奥运会上的全面出击。

（二）国际田径竞赛体育展示的发展

体育展示在田径运动竞赛中的发展有着更悠久的历史。早在 20 世纪早期的田径比赛中，组委会就通过场地记分屏、现场播报和音频等体育展示手段向观众传递比赛信息，为观众观赛服务。

经过不断地发展和变革，2003 年巴黎世界田径锦标赛的体育展示工作已经达到相当成熟的程度，并且在比赛中发挥了巨大的作用。此后，在 2005 年、2007 年、2009 年和 2011 年连续四届世界田径锦标赛中，组委会都设立了专门的体育展示部门，从比赛前期筹备就参与工作，一直到比赛期间实施体育展示。体育展示在大型田径比赛中已经成为不可或缺的重要工作。

2004 年国际田联专门出台了国际田径比赛的体育展示指南，作为田径赛事体育展示的指导性规定，推动体育展示走在了国际体育竞赛展示的前列。

2008 年北京奥运会期间，由北京奥组委文化活动部负责体育展示包括颁奖仪式的全部工作，组织了 34 个体育展示场馆团队，包括经理、导演、播报员、文字编辑、视频导播、视频编辑、音响师、摄像师和助理等岗位，总计 702 名工作人员以及 900 多名中外志愿者，他们在奥运会所有项目的比赛中亮相，并完成北京奥运会 28 个大项和 38 个分项的体育展示工作。体育展示团队充分利用视频、音频、灯光等技术手段以及现场表演等方式，营造良好的赛场氛围。在音频方面，北京奥组委体育展示核心团队全力创建"音乐图书馆"，已搜索了涵盖 70 多个国家和地区、长达 200 多个小时的音乐素材。在现场表演方面，有多种类型的表演节目如啦啦操比赛、吉祥物表演、武术及技巧表演、中国文化和民俗表演、现场互动表演等。观众的观赛感受得到了极大改善，体育展示也成为了媒体报道的一个新亮点。

（三）国内竞赛体育展示的发展

体育展示在中国起步较晚，较系统的体育展示出现在 2005 年第 10 届全国运动会的田径比赛当中。当时比赛的体育展示团队由熟悉田径竞赛工作的专家担任指挥，并且吸纳了田径播报和音频、视频等方面的专业人员。在比赛中体育展示团队始终与其他竞赛团队密切配合，很好地展示了比赛过程，取得了良好的效果。

从此之后，中国田径竞赛的体育展示工作走上了蓬勃发展的道路，在 2006 年北京世界青年田径锦标赛、2007 年武汉全国城市运动会等大型田径比赛中，体育展示团队始终发挥着重要的作用。

2008 年北京奥运会，田径竞赛体育展示工作已经进入了较成熟的时期，体育展示团队是一个由竞赛组织、活动现场导演、体育播报、体育音频、体育赛事转播和体育表演等众多领域的专家、专业人员组成的 30 余人的专职团队，使体育展示工作取得了很大的成功，并且得到了国际奥委会、国际田联

和北京奥组委等多方面的肯定与好评。此后，2010年亚运会、2011年大运会以及一些重视体育展示的项目如亚洲田径大奖赛、乒乓球超级联赛、乒乓球公开赛、上海世界游泳锦标赛都出现了体育展示团队的身影。

（四）国内体育展示发展现状

目前，国内举办大型国际综合性赛事，如奥运会、亚运会和大运会等，由于考虑其国际影响，安排体育展示经费预算。2008年北京奥运会为中国培训了一批体育展示导演和体育展示经理，在奥运会之后这批有着奥运会体育展示经验的体育展示导演和体育展示经理，有的已成为了高校体育展示新学科的创建人，有的进入了国家体育总局单项运动管理中心，有的加入了为单项赛事服务的体育公司，但是大多数体育展示导演和体育展示经理都回到了原来的工作岗位，不再从事与体育展示有关的工作。而当大运会、亚运会等大型赛事举办的时候，他们中间的一些人又会被临时邀请参与到体育展示工作中来。

目前体育展示的理念尚未真正在中国普及，体育展示还不能够成为一个职业，专业人才无法依赖体育展示的工作而生存等。体育展示属于创意行业和创造性工作，需要多种团队的协作，更需要物质条件的全面保障，这无疑对赛事主办方提出了更高的要求。因此，面对中国每年众多的体育赛事，体育展示貌似有着巨大的市场，实际上并非如此，能够明确体育展示的价值并愿意划出预算进行体育展示的赛事可谓凤毛麟角。

体育展示团队如同一个摇滚乐队，每个乐手都有自己的声部和演奏经验，一个成功的乐队一定是专业乐手的组合，只有通过反复的排练磨合，演出时才能驾轻就熟。NBA的体育展示团队之所以被奥组委和体育展示导演奉若神明，就是因为他们是一个磨合了很久的专业乐团。

中国体育展示需要走的路还很长，相信不久的将来，体育展示会得到重视，体育展示能够成为体育赛事不可或缺的一部分，拥有政策的支持和充足的预算，中国也会有自己的体育展示明星导演、明星主播和明星DJ。

三、体育展示的作用

体育展示的实践已经证明，通过体育展示活动，可以对现场观众、参赛运动员、竞赛工作人员以及电视转播效果、赞助商的收益与回报等产生积极的影响和重要的作用。

(一) 体育展示对现场观众的作用

体育展示对观众所起到的作用是体育展示的重要核心，也是体育展示存在的根本价值。体育展示可以最大限度地向观众尤其是现场观众展示体育运动的魅力，运动员在赛场上的竞技表现和战术水平，甚至包括细微表情和情绪波动等，都可以通过体育展示的视频系统清晰地展现在观众眼前，音频系统的音乐和解说也在随时传递着比赛的资讯、文化和知识，让观众了解该运动项目，并学会欣赏这项运动。

虽然体育竞技呈现出的人类挑战极限的运动方式有些严酷，但是由此而产生的体育赛事却是值得欣赏的审美过程。体育展示可以完成将体育赛事的观众从普通观众向专业观众转化的过程。所谓专业体育赛事观众，是指了解体育运动文化与项目竞赛规则，适时鼓掌，自觉遵守各项赛场规定与要求的观众。实际上，在体育展示的范畴内，体育赛事的观众不仅是体育文化的受众，更是体育赛事的主角之一，由于观众的数量要明显超过运动员与工作人员，因此提高观众的观赛素质就是提高赛事品质的重要工作。

有体育展示的体育赛事更加注重观众的感受。目前国内单项赛事或是联赛的体育展示一般在开赛前一个小时就已开始，激情的音乐、绚丽的视频、适时的互动都传递着快乐观赛的理念，也潜移默化地传递着体育精神、体育知识以及赛事信息等。观众的情绪在赛前就可以预热到赛事高潮阶段的状态，进而增强观众强烈的参与感，促使赛场气氛不断达到更加热烈的程度。而良好的赛场气氛则能创造更井然的赛场秩序和更适宜的竞赛环境，大幅度提高体育赛事的吸引力，显著增加场馆的上座率。

体育展示过程始终传递着良性的体育文化，使得观众的情绪和欲望在赛场上得到有正确导向的、有系统组织的、有正常途径的满足与释放，可以有效地避免观众在无序的观赛过程中可能积聚的不良情绪与心理及其在赛后的延续与蔓延，最大限度地减少这些情绪和心理对社会产生的消极影响。

(二) 体育展示对运动员的作用

体育展示对运动员的参赛起着极其重要的作用。在体育比赛中，体育展

示团队常常运用播报、音频、视频和现场表演等手段，正确引导观众为运动员加油助威，在观众和运动员之间形成良好的互动关系，为运动员比赛创造热烈的现场气氛。例如：在田径比赛中，经常会出现现场观众有节奏地鼓掌为运动员加油助威的情景，而体育展示则通过现场的播报、音乐和音效更好地引导观众，使这种鼓励对运动员产生更好的效果。

同时，适时的现场播报和音乐也能为运动员现场参赛产生良好的影响。例如：在一次田径长距离跑的比赛中，一名因长期伤病而缺乏自信的老运动员始终处于落后位置。这时，戏剧性的一幕发生了，现场播报误将他的途中名次报成了第一，并且给予了积极而热烈的鼓励，现场的观众也纷纷为这位老运动员鼓掌喝彩。尽管是一次误报（在实际工作中要避免发生），但是却激发了这位老将的荣誉感，他似乎找到了以往的自信和力量，奋力追赶，一路超越，最终取得了较好的比赛名次。通过终点后这位老运动员在赛场上掩面而泣，久久不愿意离开赛场，这时现场再次响起音乐，播报也不断地表达着对这位老将的敬意，现场观众的掌声更加雷动。

在有些比赛中，体育展示团队还会设计一些特殊环节为运动员进行展示。例如：在一次国际田径邀请赛的撑竿跳高比赛中，组委会在赛前特意让运动员挑选了自己喜欢的音乐，并且在该运动员比赛时进行播放。同时，组委会还设计了运动员走过红地毯向观众展示的仪式，取得了很好的效果。

通过这些展示手段，运动员参赛自信力得到了不同程度的提高。有关调查表明，在田径比赛尤其是长距离跑和田赛项目比赛中，约40%的运动员会对比赛中的音乐和播报引起关注，从而有利于运动技术水平的发挥。

（三）体育展示对工作人员的作用

一场单项体育赛事，除了活跃在赛场上的运动员之外，为赛事付出心血与辛劳的"幕后英雄"非常之多，从裁判员到设备保障人员，从志愿者到保安保洁人员等，几十倍于运动员的工作人员都在默默无闻地工作。一个专业的体育展示团队应该拥有独立的音频、视频等设备，从而使激励工作人员成为体育展示的重要内容之一。在2004年雅典奥运会体育展示过程中，体育展示团队就随机对现场的工作人员尤其是志愿者和裁判员进行了激励式的展示。这项展示在2008年北京奥运会体育展示工作中得到了进一步的传承和发扬，北京奥运会对现场工作人员的展示既有前期的策划又有赛时的实施，形成了较为系统的一套包装策划方法。

2005年在江苏省举办的第10届全国运动会田径比赛中，体育展示团队就成功地策划了对现场裁判员和志愿者的系统展示，最具有代表性的就是在每场比赛开始前展示裁判员整齐划一、井然有序的入场仪式。该展示在现场取得了非常好的效果，既向观众展示了裁判员的风采，又适时烘托了现场的气氛。

（四）体育展示对电视转播的作用

电视转播不仅需要有良好的现场气氛，而且需要体育展示团队与竞赛团队紧密配合，全面掌控赛事进程和节奏。因此，电视转播团队在比赛现场需要与体育展示团队进行密切的合作。

目前，在大型体育赛事中，电视转播团队经常会在比赛开始前与体育展示团队共同制订工作程序，在赛时安排专门人员与体育展示团队对接，实时交换信息，对控制比赛进程和节奏进行沟通。

在比赛的关键阶段，体育展示团队与电视转播团队的配合显得更加重要。北京奥运会田径比赛的一段经历可以很好地解释这种关系。在一个晚上单元的比赛中，链球项目已经进入到决赛的最后一轮，3名领先运动员在前5轮的比赛成绩非常接近，运动员在最后一轮的表现很可能决定最后的金牌归属。但是根据竞赛日程的安排，一项径赛比赛的预赛即将进行，而且一名著名的运动员要在这场预赛中出场，观众对他的期望值同样非常高。两个精彩的赛点同时出现，从而产生了冲突。这时电视转播导演向体育展示导演提出了推迟径赛项目比赛时间的要求，体育展示导演在与奥组委现场指挥进行沟通后，同意推迟径赛项目的比赛。现场观众全部倾情投入到链球比赛之中，链球比赛最后一轮结束，3名运动员的名次果然发生了戏剧性的变化，其中还涉及到一名东道主运动员。通过奥组委现场指挥的调控，径赛项目比赛时间并没有延误。赛后，负责田径比赛转播的芬兰国家电视台导演对体育展示团队和竞赛团队的配合表示感谢，并称赞了中国竞赛组织团队的专业性水准。

（五）体育展示对主办方与赞助商的作用

当前举办体育赛事，主办地要投入大量的工作与社会资源，包括人力、物力和财力等。财力主要来自于政府的投入和赞助商的资助，当地政府和赞助商都需要物质及非物质的收益与回报。体育展示作为独立的渠道，完全有能力在比赛展示过程中为当地政府和赞助商提供传统体育赛事提供不了的广告回报。大多数体育展示都是针对现场观众的，有的比赛现场观众入座率高达100%，在特定场合、地点、位置进行的展示，可以巧妙地无偿借助电视直播的渠道进行广告传播。例如：在上海世界游泳锦标赛上，运动员出口是一个可以开、合的LED门，这是全场的焦点，即使是十分严格和细致的CCTV-5也没有办法完全避开LED门上出现的广告片段。另外，在体育展示实践中，现场球迷棒、互动道具、啦啦队服装、主持人服装、主持人口播、音频视频播放等众多手段都可以为举办地政府与赞助商提供相应的广告回报。

第二节　体育展示团队

为了优质地完成大型体育赛事体育展示工作，必须建立一个高效的体育展示团队，并根据需要设置相应的工作岗位，汇集具备一定专业素质的团队成员，明确岗位职责和工作要求，以保证体育展示工作顺利实施。

一、团队人员组建

体育展示是一项专业性极强的业务工作，又是一项复杂的系统工程，对体育展示工作人员的专业素质及技能要求较高。体育展示工作人员必须具备两种基本的素质：一是要全面了解掌握体育竞赛过程及其相关知识，在有些方面甚至要达到专家的水准；二是要具备广播电视领域的专业素质和艺术素质。每一项成功的体育展示活动都离不开一个优秀的团队，体育展示过程是团队协作的过程，只有通过团队的共同配合，才能更好地完成每一项体育展示任务。

体育展示团队通常由以下人员构成：体育展示经理、体育展示导演、体育展示经理助理、体育展示助理导演、视频导播、视频操作员、视频编辑、音响师、中英文播报员、评论员等。

二、团队成员职责

无论是大团队还是小团队，体育展示团队每一个成员的作用都至关重要，都是整个体育展示工作中不可或缺的一部分,只有每一个团队成员明确自己的工作职责,才能更好地发挥作用,保证体育展示工作顺利实施。

(一) 体育展示经理

其岗位职责是负责场馆运行阶段体育展示所有运营事务,领导体育展示团队完成体育展示工作;组织团队人员培训;负责向场馆竞赛主任和体育展示赛时运行核心团队汇报体育展示相关工作,配合导演完成相应的体育展示业务工作;负责与场馆内、外相关业务口的协调工作,使体育展示团队可以在赛时拥有良好的工作环境和条件。

(二) 体育展示导演

体育展示导演是整个体育展示工作的直接负责人,其主要职责包括:
①组织搜集相关信息和研究竞赛项目,组织学习体育展示业务等。
②拟定各种业务计划,如学习计划、演练计划、相关工作计划等。
③制订体育展示模板和流程单。
④赛前组织业务演练,向各职位部署准备工作,督促其按时完成任务;检查其执行情况,演练后集中分析问题,布置改进要求等。
⑤赛时现场指挥各业务职位进行体育展示工作,赛后及时组织总结与反馈。
⑥定期向体育展示经理汇报工作进展,并提出赛时业务职位人员建议。
⑦组织制订体育展示应急方案等。

(三) 体育展示经理助理

体育展示经理助理主要负责体育展示经理的协助工作,其主要职责包括:
①完成体育展示经理交给的具体工作任务。
②协调体育展示团队的内部合作。
③做好与场馆内、外相关部门的协调工作,与场馆各职能部门保持密切联系与沟通,负责接收比赛成绩、获奖运动员和颁奖嘉宾的名单,发放和接收其他部门的播报需求信息等。

（四）体育展示助理导演

体育展示助理导演主要是协助体育展示导演做好具体工作，其主要职责包括：

①协助体育展示导演完成其职责内的工作；赛时阶段当导演工作需要换班时，助理导演能够顶替导演完成现场指挥与操作。

②协助导演制作模板、流程单、脚本等。

③赛前演练及赛时阶段，负责模板、流程单、脚本的分发及保存等文本管理工作。

④同其他与体育展示工作直接相关的部门配合演练时，负责进行协调和沟通，并安排好其他部门参与演练的人员（如颁奖仪式志愿者、竞赛引导员等）。

⑤记录演练中各业务职位出现的问题，并向导演提出改进的建议。

⑥导演未到位或不在岗时，助理导演全面履行导演的职责（如赛前组织学习和研究、安排演练计划、布置各业务职位任务、制作流程单、指挥演练、赛时代替导演现场执行等）并及时向导演汇报各项工作的完成情况。

（五）视频导播

体育展示视频导播主要负责视频展示的具体工作，其主要职责包括：

①赛前为视频素材的创作提供创意、思路等。

②灵活熟练使用各种视频设备，掌握视频系统构架。

③配合视频编辑进行相关信息和素材的搜集整理。

④熟悉和掌握所有的视频素材，对模板的视频部分提出意见，协助视频编辑制作每日精彩集锦。

⑤赛时负责通过切换台，从各路不同的信号画面中，选择要切换大屏幕的画面；必要时调整现场摄像机位；对赛场的突发情况能够迅速反应，保证大屏幕输出的安全性。

（六）视频操作员

体育展示视频操作员主要负责比赛现场的摄像工作，其主要职责包括：

①赛前为视频素材的创作提供创意、思路等。

②灵活熟练使用各种视频设备，掌握视频系统构架。

③赛前配合视频编辑进行相关信息和素材的搜集、整理以及培训素材的制作；赛时协助视频编辑向播放设备上载视频素材，以及每日精彩集锦的制作。

④赛时配合视频导播完成视频切换，对赛场的突发情况能够迅速反应，运用各种视频应急设备保证大屏幕输出的安全性。

⑤赛时负责收录比赛时的公共信号等。

（七）视频编辑

体育展示视频编辑主要负责比赛过程中的视频制作处理工作，其主要职责包括：

①为视频素材的创作提供创意、思路等，并协助制作团队完成各个视频片的创作。

②进行相关视频信息和素材的搜集、整理以及培训素材的制作。

③对赛时收录的视频文件进行整理和分类。

④制作每日本项目比赛的精彩集锦。

（八）音响师

音响师是体育展示过程中所有音响设备的负责人，其主要职责包括：

①赛前结合比赛项目特点，挑选合适的体育展示音乐，并进行一定的音乐编辑，保证赛场音乐的精彩性和多样性。

②赛前将需要的音乐与国歌进行录入，确保音乐质量。

③负责与音频设备供应商联络，保证音频设备的正常使用。

④赛时在体育展示导演的指挥下，负责赛场播报、音乐等扩声工作。

⑤与转播商等技术部门配合，共同完成音频信号的设置和传送。

⑥赛后负责体育展示项目音乐的收集和整理。

（九）中英文播报员、评论员

播报员、评论员主要负责比赛相关信息的播报和评论，其主要职责包括：

①赛前学习、掌握本比赛项目的流程、规则和术语等信息，撰写场馆播报稿，并送交场馆各相关业务口审核确认。

②查找并熟悉本项目和相关运动员的历史信息。

③赛前依据场馆和比赛的不同，调整播报状态，熟悉播报稿件和评论信息的内容。

④赛前确认各国运动员姓名的正确发音。

⑤赛时在体育展示导演的指挥下，正确、及时地播报赛事信息，生动地进行即时评论。

三、团队成员的专业素质

一个优秀的体育展示团队，除了明确每个岗位的职责及其相互协作配合之外，对于团队成员的专业素质也具有很高的要求，而不同的团队成员应具备不同的专业素质。

对于体育展示经理、体育展示导演来说，必须拥有丰富的体育展示专业知识和工作经验，具有出色的协调控制力与想象力。对于体育展示团队而言，体育展示经理、导演是整个团队的灵魂和核心，正如拍摄电影中的导演和编剧一样，他们必须具备全面的专业素质和能力水平。

视频导播是整个视频工作的负责人，首先必须具备良好的视频知识基础，如视频格式、信号格式等；同时还要具备良好的电视艺术基础，如摄影画面的构图、画面转场技巧等。其次，要对摄像机、切换台、视频专业放录像设备等有一定的了解，具有相关的操作经验。最后，还应具有敏锐的观察能力和判断能力、迅速的反应能力和应变能力以及较强的沟通能力等。

视频操作员是现场视频设备的直接操控者。对于他们来说，首先要有良好的视频知识基础，如视频格式、信号格式、接口标准等。其次要熟悉视频系统的基本构架，有相关设备（如切换台、视频录放设备、摄像机等）的操作经验。最后还要具有敏锐的观察能力、快速的反应能力和应变能力以及较强的沟通能力等。

视频编辑是一项专业性很强的岗位。一般来说，必须具备以下能力：有良好的视频后期制作理论基础，熟悉视频包装、视频剪辑等相关知识；能够熟练使用专业视频剪辑软件，如 Adobe Premiere 等；要具备一定的艺术创意能力，具有丰富的想象力和创造力等。

音响师是体育展示中音响设备的直接负责人，必须具备以下素质：要具备扩声或录音的实际操作经验；至少要熟悉一种专业的音频处理软件，如 Adobe Audition 等；有良好的音频制作和处理的专业知识，熟悉音频处理等相关工作；熟知各种类型的音乐，尤其是大众流行音乐，并对音乐版权问题有全面的了解。

一场大型比赛的体育展示至少要安排两名播报员，其中一名是专业的播音员，另一名则是对比赛项目非常熟悉的专业人员。一般来说，对播报员的专业素质要求是：具备标准的普通话语音和上佳的英语表达能力；具有良好的中、英文文字功底，能够完成正常的播报脚本撰写工作；具备良好的语言表达能力、语言组织能力和沟通能力；语言表达富有激情和感染力，并具备良好的应急反应能力和独立判断能力；熟悉体育项目的规则和竞赛规程等。

第三节　体育展示工作

成功的体育展示活动，必须掌握科学的工作方法，提高各种展示技巧，遵循体育展示原则和基本工作程序。

一、主要工作内容

体育展示工作主要包括播报、音频、视频、表演、互动五个部分。

（一）体育展示播报

体育展示播报一般分为竞赛播报和现场主持人两种。

1. 竞赛播报

体育展示的核心工作是通过现场播报为观众提供多种竞赛信息，引导观众充分理解和欣赏比赛。竞赛播报对完成这一核心工作显得更为重要。竞赛播报既需要播音员有良好的专业播音水准，更需要播音员全面了解所展示的体育运动项目，熟知所播报的体育运动项目的历史、现状、规则、著名运动员信息等详尽资料，在不影响赛事正常进行的情况下尽可能多地传达体育知

识与体育文化，引导观众观赛。

2. 现场主持人

为烘托比赛现场的气氛，需要现场主持人抓住合适的时机通过合理、有效的播报引导现场观众观赛，使观众和运动员形成良好的互动，为比赛现场不断掀起高潮而服务。因此，现场主持人需要具备大型活动的现场播音主持经验，全面了解该项比赛的相关知识和信息，充分利用最合适的时机进行现场主持工作。

（二）音频

体育展示的音频主要来自音频播放设备的播放。音频展示由于其不可躲避性而被广泛认为传播效果大于视频展示。

音响师直接控制的音乐是烘托赛场气氛的利器，适当的音乐可以消除赛场的紧张与枯燥，体现赛事品味和传递主办地文化。在某些特定的比赛中，指定的标志音乐甚至可以起到引导运动员行为的作用。

目前国内体育展示团队使用的音乐大多没有支付过版权费用，一般是音响师直接从网络上下载并节选后用于现场播放，播放器以笔记本电脑为主。

（三）视频

体育展示的视频展示有别于电视直播，一般体育展示的视频展示是信号直接送往场馆内的大屏，有时也送往网络直播。一个完善的体育展示视频系统至少要有以下四路视频信号：

一是现场采集视频。通过体育展示团队的视频采集设备取得的视频信号，通常有2~3台固定的摄像机保持工作。

二是比分显示信号。来自于赛事的记分系统，多为VGA信号源，用以显示比分和排名、对阵等赛事即时信息。

三是数码图像信号。来自于体育展示团队视频电脑、DVD播放器等数码视频播出设备，用于播放宣传片、体育展示PPT与赞助商广告等。

四是电视直播信号。来自于电视台，大多只有视频信号，在赛事进程中不允许进行体育展示且允许播放直播画面的时间段内填补空缺。

以上四路信号由体育展示视频导演现场切换并根据需求剪辑后即时输出。

（四）表演

体育展示的表演，多见于比赛开场前、比赛间隙与场上暂停期，最常见的是 NBA 或者 CBA 的啦啦队与吉祥物表演。NBA 或者 CBA 的啦啦队与吉祥物表演具有体育展示表演的典型特征：短小精悍，热情风趣，符合比赛项目要求和特点。表演是体育展示的一个重要组成部分，是最容易煽动现场气氛和最直接表现主办地文化特点的体育展示元素。

2008 年奥运会体育展示现场表演环节采取"驻馆与流动相结合"的运行方式，在整体标准统一的基础上追求个性化内容。根据场馆需求，由文化活动部、专业演出机构和专家为每一个需要现场表演的竞赛项目，有针对性地选拔、招募、培训现场表演的志愿者，或配备专属演出团队，赛时直接纳入到场馆体育展示业务口的人员计划编制中，由体育展示团队指挥，驻馆完成演出任务。一些演员技艺精湛、文化内涵丰富、适合多个竞赛项目的表演团队，则采取流动表演方式，有计划地安排在多个场馆进行表演。

在深圳大运会的举重场馆，体育展示的表演区出现了充满民族风格的《佤族舞蹈》、具备浓厚地域风情的肇庆舞蹈《花席情》、展现大学生青春活力的《青春热舞》等内容，虽然都只有短短的几分钟，却既传达了文化的体验，又活跃了举重场馆的气氛。

（五）互动项目

现代体育赛事与传统体育赛事的最大区别就在于是否进行体育展示。体育展示更注重体育赛事观众的参与感，而体育展示中的互动活动则能激活长时间观看比赛的观众的疲惫情绪，使得观众始终能参与到比赛当中来。

体育展示中的互动环节一般有静默互动、场地互动和多向互动。

1. 静默互动

这种互动多应用于赛事进行之中、大屏正在直播电视信号之时。体育展示团队的摄像人员随机采集观众图像，由视频导演切换插播至现场大屏。这种互动无须播报，无声无息，所以称为静默互动。体育展示团队不时切换观众镜头至大屏的作用主要有：一是给观众强烈的存在感与参与感，遇到表现欲强的观众，现场气氛可以自发达到新的沸点；二是可以协助主办方规范观众的行为，尤其是一些观众的不文明行为在大屏曝光以后，现场观众往往会在哄笑声中纷纷自律起来，因为下一个出现在大屏上的人可能就是自己。

2. 场地互动

场地互动是指邀请个别观众进入比赛场地参与游戏、活动或者与运动员进行互动。由于此项互动需要进入场地，所以要求主持人到达互动的地点，并需要安保部门和视频工作人员的配合。场地互动一般需要道具，且时间较长，通常安排在赛前或者中场休息的时间进行。

3. 多向互动

多向互动，是指在少数观众—主持人—多数观众之间进行的互动。

多向互动的时间控制非常灵活，随时可以中止，观众和主持人也不需离开座位，所以可以在赛事暂停、争议仲裁等时段予以灵活运用。

二、工作方法与技巧

体育展示作为一种专业性工作，具有特有的工作方法与技巧。严格地说，从观众踏入体育场馆直至离开体育场馆的所见所闻都是赛场体育展示的内容。赛场上的体育展示包括视觉展示、听觉展示、综合展示等方面的内容（图10-3-1）。

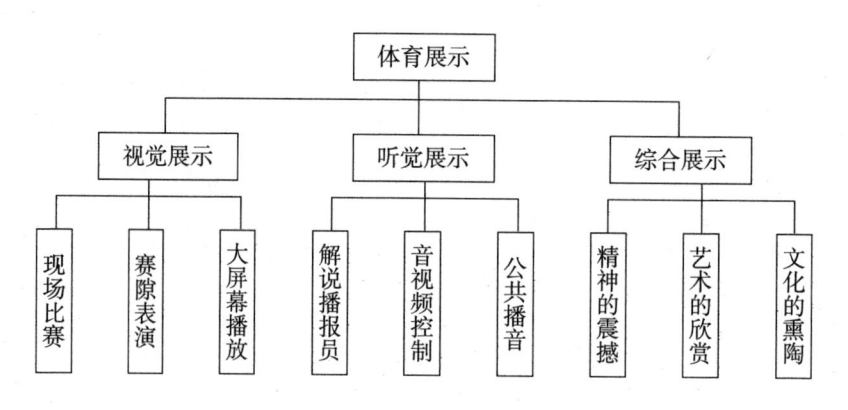

图 10-3-1 体育展示基本内容

(一) 视觉方面的展示技巧

制订各运动项目精确的竞赛安排计划；策划各运动项目的文化展示内容与形式以及颁奖仪式（程序、音乐、服装、鲜花等）；为各竞赛场馆准备图像显示资料，包括对东道主、奥运会和运动项目等的宣传内容，确定图像显示内容比重和播放时间的原则等。

在体育展示中不可缺少的设备是 LED 显示屏。全彩色视频大屏幕可以在比赛现场播放赛场（包括其他赛场）上的精彩场面、动作回放以及精彩的特写镜头，或者是用三维动画式来表现等。计时记分显示屏与比赛的计时记分系统相连接，可以播放运动员的比赛成绩和相关资料。操作计时记分屏幕，关键要实时、准确、清晰和可靠，并在此基础上尽量做到生动和具有更强的表现力（如动画等）。

(二) 听觉方面的展示技巧

确定各竞赛场馆背景音乐的内容和确切的播放时间等；制订各项目统一的播音比重（英语、法语、汉语等）；确定各项目比赛期间的播音内容和播出时间，包括介绍运动员、公布出场顺序、宣布比赛成绩等；确定公共广播的内容和播出时间，包括场馆和环境卫生的规定、观赛注意事项以及有关座位、比赛推迟、取消、紧急情况处理等信息。在娱乐性和知识性方面，播报员解说是最直接的效果体现。因此，播报员既要传达比赛中的有趣信息，妙趣横生地讲解，使观众感受到比赛的趣味性，又要介绍比赛的运动员和规则裁判法，使观众看懂比赛。尤其是一些普及程度不广的运动项目，在赛前要对比赛项目进行相应的介绍，说明比赛的规则和评判方法以及观赛的注意事项。播报员通常采用英语和举办国语言进行解说。

(三) 综合方面的展示技巧

音乐和体育比赛的关系尤为密切。有些竞技体育项目的规则还规定，比赛时必须有音乐伴奏，如体育舞蹈、花样滑冰、花样游泳、体操和艺术体操等项目。这些运动项目的比赛，是融音乐、运动和审美于一体的艺术表现，能带给人们赏心悦目、娱乐无穷之感。通过搜集大量的不同地域风情的音乐，并根据需要在不同时间播放，既能活跃赛场气氛，促进运动员发挥竞技水平，增加比赛的观赏性，更能体现出体育展示的工作价值、工作技巧和工作魅力。同时，利用表演、互动、颁奖仪式等方面的综合展示，让观众受到精神的震撼、艺术的欣赏和文化的熏陶。

三、工作的原则、组织和程序

体育展示的工作原则、工作组织和工作程序是实施体育展示工作、提升体育展示质量与水平十分重要的 3 个方面。

（一）体育展示应遵循的原则

1. 同步性原则

体育展示应贯穿于整个比赛过程，其各项工作都要与比赛的进程相同步，并根据赛前、赛中和赛后三个不同的阶段进行不同内容的体育展示。因此，无论是播报员的解说、音乐的播放，还是大屏幕画面的切换、赛场气氛的调节等，都需要紧紧围绕这三个阶段的特点，组织有关内容的展示。

2. 服务性原则

体育展示工作的服务对象主要是观看比赛的观众。许多观众可能是第一次观看比赛，或者对有些运动项目的比赛很少观看，所以需要帮助他们去看懂比赛。因此，体育展示工作要以服务于观众更好地观赛为出发点和着重点。此外，体育展示还有考虑为运动员、工作人员和其他团队人员服务的问题。

3. 针对性原则

体育展示应抓住比赛的重点，聚焦比赛的热点，对备受观众关注的运动员、比赛项目和有关背景知识要进行有针对性的展示，尤其是对比赛时间较短的运动项目（如田径的短跑项目等），更应该侧重对优秀选手及其参加国际大赛成绩等方面的介绍。

4. 法制性原则

体育展示工作必须遵守相应的法律法规条文、体育竞赛制度和该项目的竞赛规则。体育展示工作绝不能影响运动员的正常比赛，损害参赛运动员的利益，也不能妨碍裁判员的有序工作和影响观众观看比赛。体育展示工作还要注意电视公用信号、音乐版权等方面的问题。

5. 科学性原则

体育展示工作要讲究科学，遵循客观规律。违背客观规律的体育展示工作很可能会危害人身安全或者造成财力、物力、人力方面的重大损失。对音乐的选择要符合科学性原则，赛前运动员热身时应播放比较轻快的音乐，随着比赛的临近要播放节奏舒缓的音乐，既能调整运动员的情绪又能调动现场的气氛。对于一些不普及的比赛项目，要根据该项比赛的特点采用不同的方式进行展示。例如：国际象棋比赛，只需要在运动员入场时简单地介绍赛程，并把赛前运动员的积分在大屏幕上显示出来，一旦比赛开始就要保持安静，只有电视转播员通过话筒才能给观众进行解说。

（二）体育展示的组织

体育展示的组织机构是体育赛事组织机构的一个组成部分，是由赛事组委会认可的一个工作部门，通常由一个体育展示公司负责，也可以根据分工的不同由几个体育展示公司联合承担。例如：悉尼奥运会由一个公司来负责组织体育展示工作，而雅典奥运会体育展示则由几家公司联合完成，这要根据举办方的总体策划和比赛特点而定。体育展示的策划工作隶属于文化活动部门，主要有体育展示与颁奖仪式的音乐和视频内容制作研究、有关资料的调查和收集等。体育展示工作策划应体现举办国和举办城市的文化特色，根据当地的人文风情和风俗习惯，结合比赛场地、比赛项目、比赛时间等特点，融合赛场大屏幕、播报员解说、音乐、音响效果，从视觉、听觉全方位进行包装，从而达到最理想的效果。体育展示工作主要涉及到体育展示团队以及负责竞赛、文化活动、技术、BOB、颁奖仪式、场馆运行等方面工作的人员。

(三) 体育展示的基本工作程序

体育展示基本工作程序如图 10-3-2 所示：比赛前期的准备工作包括文化活动部制订规划、选定方案、招聘人员等，各方面的工作人员要搜集、翻译和整理大量的资料，熟悉比赛项目，制作宣传片，充分做好前期宣传工作，准备运动项目、运动员、教练员和裁判员的介绍材料，制订观众观看比赛的要求等；比赛时体育展示工作包括现场解说、现场大屏幕制作、赛场气氛调节、指导观赛、啦啦队组织等；赛后体育展示工作主要包括观众与运动员的互动和颁奖仪式等。

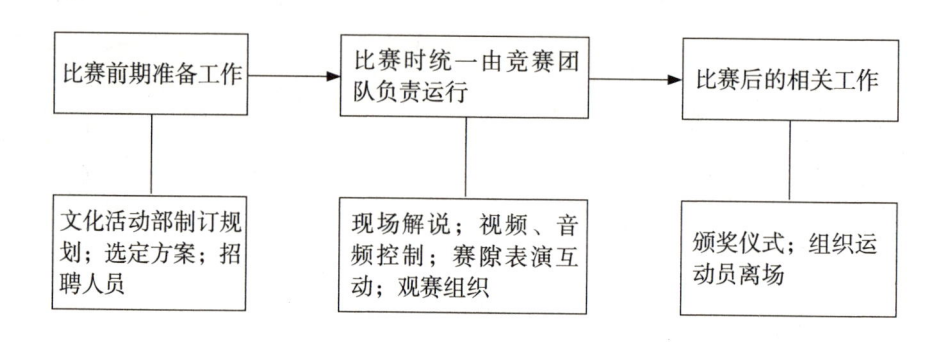

```
┌─────────────┐    ┌─────────────────┐    ┌─────────────┐
│ 比赛前期准备工作 │───▶│ 比赛时统一由竞赛团 │───▶│ 比赛后的相关工作 │
│             │    │ 队负责运行       │    │             │
└──────┬──────┘    └────────┬────────┘    └──────┬──────┘
       │                    │                    │
┌──────┴──────┐    ┌────────┴────────┐    ┌──────┴──────┐
│ 文化活动部制订规 │    │ 现场解说；视频、音 │    │ 颁奖仪式；组织运 │
│ 划；选定方案；招 │    │ 频控制；赛隙表演互 │    │ 动员离场       │
│ 聘人员         │    │ 动；观赛组织     │    │             │
└─────────────┘    └─────────────────┘    └─────────────┘
```

图 10-3-2　体育展示基本工作程序

四、体育展示案例分析

2004 年雅典奥运会体育展示

雅典奥运会体育展示，把视频、音频、现场表演等作为向来自世界各地的运动员、教练员和观众展现希腊文化、弘扬奥林匹克精神以及宣传和普及比赛项目的重要途径。通过完美的体育展示工作，成功地向全世界展示了希腊的灿烂文化，成为了举办国进行跨文化传播的无可争议的典范。这届奥运会的口号是"欢迎回家"，显示出希腊作为奥林匹克运动发祥地的尊贵地位。雅典奥组委通过体育展示工作的全面表现，向世界传达了这样一个信息：希腊拥有灿烂的文化和悠久的历史，希腊人把现代高科技的手段与古老的希腊文化完美地结合起来。这使全世界在同一时间认识和重温了希腊文化，希腊文化和世界各国的文化处在了一个和谐的交汇点上。雅典奥运会体育展示的目的是把每项体育比赛作为一场演出呈现出来。关于体育展示的方式，在雅典奥运会举办之初曾出现了两种不同的趋势：一种是强调演出的重要性，另外一种则把重点放在比赛本身。在雅典奥运会基本理念的指导下，雅典奥组委最终做出的决定认为：一个优秀的体育展示，必须把体育比赛作为基础，结合各种表演并且运用各种现代化的工具和设备来展示主办国文化，传播奥林匹克精神，以此来提高体育比赛的魅力。

（一）赛场体育展示团队

雅典奥运会体育展示最初属于竞赛部的一个分支机构，从2002年春天开始运转。但是由于体育展示工作的特殊性和雅典奥组委的高度重视，在2004年1月从竞赛部分离出来，并组成了体育展示与颁奖仪式部。雅典奥运会的体育展示团队共有476人，包括319名专业技术人员（239名希腊人、80名外国人）和157名志愿者（赛场体育展示团队145人、体育展示总部12人）。

赛场体育展示团队的专业技术人员，负责每个场馆内各项比赛的体育展示工作。每个赛场体育展示团队职员的数量，根据不同项目的比赛用时来确定。例如：在一些整体用时超过8小时的比赛中，工作人员需要增加两倍。另外，在不同的两项比赛（如网球和篮球）同时举行的情况下，会有两个体育展示团队进行展示活动。奥运会比赛通告被翻译成英语、法语和希腊语3种语言；在残奥会和测试赛中比赛通告只翻译成希腊语和英语，但在击剑比赛中比赛通告仍翻译成3种语言。

为了选择符合奥林匹克水准体育展示的专业技术人员，雅典奥运会采用了多种方法。首先，广泛征求一些国家和国际体育组织中具有丰富经验、转播过大型体育比赛的广播员的意见。然后，参考调查所获得的有价值的信息，对最终的决策提供帮助。因为希腊体育展示专业人员的数量有限，因此一些来自希腊电视台和广播台的播音员被招募。所有奥运会和残奥会体育展示团队中的带薪工作人员，最初都参加奥运会测试赛的体育展示工作。只有一个例外，就是音乐制作团队在2004年年初才加入到体育展示工作之中。到奥运会开幕前，在雅典奥组委总部成立了一个特殊的播音员训练营，来进行最终的培训和选拔。

雅典奥运会大部分的体育展示管理人员都是从希腊电视制作公司选拔的，

但在有些项目的比赛中（如棒球、垒球、皮划艇等），需要此前有过体育展示工作经验人员的支持，因此，雅典奥运会体育展示团队也雇佣了一批以前在奥运会体育展示团队工作过的人员。有几个比赛项目（如射箭、山地自行车、棒球、皮划艇）雅典奥组委体育展示团队没有进行现场评论，而是由每个项目对应的国家或国际单项协会提供的有经验的评论员进行评论。因为大部分观众是希腊人，所以雅典奥组委规定只采用希腊语对比赛进行评论，但是在某些比赛项目中仍缺乏熟悉项目知识的希腊语实况播音员，因此对这些项目先采用英语进行评论，然后把这些精彩的专业化评论翻译成希腊语由希腊播音员进行播报。

（二）技术设备

为了保证获得最佳的观看比赛的视角，便于进行体育展示工作，场馆内的体育展示团队被安排在比赛场地中或者是特定的操作室。技术设备的摆放位置取决于不同比赛项目的需要以及场馆内体育展示团队所处的位置。所采用的技术设备包括：评论信息系统（cis）和 INFO 2004（这两个系统为播音员和评论员提供运动员的各项数据及先前的比赛记录等）；有线和无线通信系统；音频和视频定位工具等。

（三）音乐图书馆

音乐是体育展示中一个不可缺少的构成要素。"世界的音乐"（Music of the World）被选为雅典奥运会的标志性音乐。同时，体育展示团队在"世界的音乐"这一理念的指导下，充分考虑到每个赛场上来自不同国家和地区的运动员、观众的文化差异性，选择不同国家、不同时期的各种类型的音乐构成了一个音乐图书馆，以确保多样化的音乐能满足运动员、观众以及比赛的需要。另外，一个创新性的元素被引进到雅典奥运会，即每个赛场的体育展示团队都安排了 DJ 音乐管理人员，他们的主要职责是根据每个赛场不同变化的情况来决定播放符合赛场氛围的音乐。相同的方法和原则被应用于本届奥运会最大的两个场馆：雅典奥运会主体育场和海林尼克（Helliniko）奥林匹克中心。

为了符合各项比赛的特点，音乐主题被分为长、中、短 3 种形式。音乐主题使用的数量根据各项比赛的持续时间来确定。20 种短的（如"叮当"声）和 32 种长的原创音乐形式被应用于本届奥运会。体育展示团队还负责现场演奏在骑术、花样游泳、艺术体操比赛中使用的 398 种音乐主题，以配合运动员完成比赛。专业的播音员、音频制作者和音乐制作者，共同负责在雅典奥运会主体育场和海林尼克奥林匹克中心进行比赛的音乐和现场广播。整个音乐图书馆在音乐管理者的支配下，平均每天运转 18 个小时。

（四）视频计划

雅典奥运会和残奥会的视频制作包括：开幕式视频、比赛精彩画面集锦、明星运动员以往的比赛数据、比赛精彩回放、奥林匹克运动发展的轨迹介绍、体育项目的信息和规则、数据资料等。

为配合比赛的进行，不同类型视频在不同的时间段被播放。赛前主要播出奥运宣传片、场馆介绍、比赛项目发展介绍等。赛时主要播放实况镜头回放，由于观众在比赛现场是与比赛同步的，观众只能坐在看台上观看比赛，又由于距离、视力和比赛的瞬时性特点等，对观众全面把握比赛信息造成了影响，实况镜头回放很好地弥补了这一点，使得观众能够全面欣赏运动员的精彩表现以及赛场随时变化的情况，提升了观众的体验程度。比如：在奥运会主体育场举行的田径比赛，硕大的比赛现场，观众不可能仔细观看到每一项比赛，而通过不同方位的现场大屏幕视频，就可以很清楚地欣赏到诸如跳远、撑竿跳高、110 米跨栏跑等项目比赛的精彩画面，既满足了观众观看比赛的需求，又增强了感官刺激。

雅典奥运会视频制作所使用的档案资料，主要来自于奥林匹克电视档案局（OTAB）和国际残奥会（IPC）。此外，也有一部分来自于国际奥委会的视频（如《颂扬人类》）和各单项体育协会的视频（如项目创办人介绍视频，火炬接力视频等）。一个专业的承包商负责从以上机构收集视频资料，并按照体育展示团队的审美标准制作所有赛场的视频。尽管视频制作时间有限，但是大量高品质的视频被制作出来（大约 600 个）。

（五）记分屏设计

雅典奥运会体育展示团队对记分屏进行了精心的设计。记分屏所显示的动画、文字和图表的内容由体育展示团队设计和决定，并由雅典奥组委的图像与识别部门来完成制作。动态和静态的展示内容被分为两种类型：一种是适用于所有比赛场馆的通用展示内容，包括吉祥物、欢迎词、环境保护主题、医疗信息、颁奖信息、观众服务信息等；另一种是各体育项目专有的展示内容，包括动态和静态的内容、各体育项目的主题等。例如在羽毛球比赛场馆的东、西观众席后上方，各有一块大型记分屏，位置合理，既不影响羽毛球比赛，又方便观众观看比赛的细节和信息沟通。每节开赛前显示欢迎、环保、项目介绍、观赛注意事项等图案和字样，赛间主要显示运动员姓名、比分等内容，有效地烘托了比赛的氛围。

　　由此可见，出色的体育展示工作并不是轻易就能够完成的，它不仅需要优秀体育团队的密切配合、先进技术设备的有效支持，还需要展示团队对于体育展示工作的严谨细致安排。同时，体育展示作为体育赛事中的一个创意部分，需要团队具有超常的想象力和创造力，能够有效地利用比赛和渲染比赛。一般来说，优秀的体育展示团队应做到以下几点：

　　①必须明确体育展示是手段，而非目的。体育展示要以比赛为核心，而各项体育展示手段能够有效地渲染赛场氛围，突出比赛内容。

　　②体育展示应充分运用多方面的表现形式，在突出比赛内容的同时，能够展现赛事举办地的文化特色。

　　③大型赛场上的体育展示要体现出竞技的碰撞、文化的融合，展现不同地区、民族的文化特色，既要体现传统性，也要体现进步性。

　　④要结合实际，以满足观众的需求为出发点，积极对体育展示内容进行创新，增加娱乐和文化的元素，通过完美的体育展示跨越语言障碍，在不同语言之间架起心灵和艺术的沟通桥梁，传播不同民族的文化和传统。

　　⑤体育展示要与国际接轨，借鉴和学习国外先进经验，努力使体育展示国际化。

五、场内体育展示工作要点

　　体育展示是一项综合性工作，在实施过程中需要多方面的协作配合。在场馆内举办的体育赛事，尤其需要在以下方面加强配合。

(一) 体育展示工作区

举办方应在场馆内主席台对面视线良好的区域设立体育展示工作区，一般以 9 米宽、约安排 6 个工作位置为宜，并配置稳固的桌椅以利架设体育展示器材，在工作区内至少要提供一路交流电源供体育展示团队自行分配。

(二) 音频

虽然专业的体育展示团队都拥有自己的音源及音频控制系统，但是最终的音频输出还是要依赖场馆原有的音响系统。场馆管理部门应提前调试好原有的音响系统，并提供一根配有 3.5 插头的音频输入电缆至体育展示工作区。

一般情况下，专业的体育展示团队会自带两个有线播音话筒，但场馆管理部门仍需准备两个无线话筒，以用于现场活动。

(三) 视频

视频是体育展示工作的重要组成部分，比赛场馆应至少有一面可以播放动态全彩色视频画面的大屏。如场馆建造时未配置全彩大屏，则应考虑临时租赁。场馆管理部门应自大屏的输入端提供一根 Q9 接口的视频电缆，该电缆必须为国标（75Ω 以下）标准。大屏控制室与体育展示区之间的视频电缆长度不得大于 100 米。

(四) 表演与互动

场馆管理部门应根据表演人数提供相应的表演团队更衣室，在电视转播电缆入口对面的内场提供无障碍表演区，或者搭建表演舞台。如果要安排场内互动活动，场内不得有座位，以免出现不可控制的混乱。

第四节 体育展示设备

具备相应的设备、设施等是顺利实施体育展示工作的必备条件和基本保

障。在运作体育展示活动时,需要提供有关的技术设备、场馆设施和其他必要的保障条件。

一、技术设备

体育展示工作要顺利进行,离不开一整套展示现场必备的技术设备。这些技术设备由体育展示公司负责提供和支持,包括摄像机、视频切换台、视频连接线、接口、高性能笔记本电脑等。

二、场馆设施

对于室内比赛来说,场馆的大小和设施对提高体育展示工作效果有着较大的影响。在举办比赛前体育展示公司应和组委会一起考察整个比赛的场馆设施,针对不同的场馆和设施来配置不同的体育展示设备。所有设备的配置应和组委会、场馆负责人同时协商决定,以确保体育展示活动顺利开展。

三、其他保障条件

在体育展示过程中,可能会出现一些不可控的因素,因此,体育展示团队应该对一些不可控因素做好预估、判断和应急方案。在现场,应保障整个体育展示过程的安全和顺利进行,避免不必要的意外情况发生。一旦出现意外情况,应及时与组委会和场馆负责人沟通协调,以确保体育展示活动的进行。

参考文献:

[1] 药宏亮. 北京奥运会体育展示运作规律的研究 [J]. 西安体育学院学报, 2009 (05).

[2] 周梅. 北京奥运会赛场体育展示的理论与实践研究 [D]. 北京:北京体育大学, 2009.

[3] 蒋虎. 奥运会组织工作中的新兴发展项目——体育展示. 新浪体育.

[4] 徐文海. 从北京奥运会看体育展示系统的发展——兼论体育展示与智能化系统的关系 [J]. 智能建筑与城市信息, 2008 (05).

[5] 赵苏妙,李征. 奥运会体育展示与北京奥运会体育展示对策的研究

[J]. 北京体育大学学报，2007.
[6] 张泰源. 奥运体育展示现场播报初探 [J]. 现代视听，2008（12）.
[8] 张君安. 浅谈奥运会体育展示 [J]. 科技信息，2009（10）：229.
[9] 张楠. 多哈亚运会赛场上的体育展示及其对北京的借鉴 [J]. 吉林体育学院学报，2007，23（5）：22-24.

第十一章 体育赛事的保障

随着社会的发展,当今体育赛事已经不仅仅是体育竞赛单一的工作,而是成为了一项系统工程。围绕竞赛本体的各项保障工作在赛事中的重要程度越来越高,保障工作面广量大,是体育赛事成功的重要基础。本章节主要介绍体育竞赛接待服务、安全保卫、观众服务、医疗卫生、反兴奋剂、供电供水、通信服务等方面的保障工作。通过简要介绍体育赛事的保障工作,让读者对比赛各个方面的工作有整体的认知,对赛事组织承办起到积极的指导作用。

第一节 体育赛事的接待服务

体育赛事的接待服务是通过计划、组织、执行、监控、评估等一系列工作流程将赛事运作管理机构、赛事接待对象及其他提供赛事接待服务的供应商紧密联系在一起,通过沟通、协调达到赛事接待服务的供需平衡,为赛事创造优质服务与优美环境。

体育赛事接待服务是赛事后勤保障系统的重要组成部分之一,贯穿于赛事保障工作的全过程,是体育赛事运作管理机构必须承担的核心职责之一。

体育赛事接待服务的特点:

①接待服务工作中存在许多量化指标,其优劣将会很清楚地显现出来。
②接待服务工作的直接对象是人。
③接待服务对象数量多,并且通常是同时到达和同时离开。
④因竞赛因素产生的不满情绪或者矛盾,也将使体育赛事接待工作承受不同于其他活动的压力。
⑤媒体对体育赛事的关注往往包含对体育赛事接待服务的关注。

一、住宿服务

住宿服务是体育赛事的基本保障工作。以下主要介绍住宿服务的内容、工作机制、工作流程。

(一) 住宿服务的主要内容

①确保各体育赛事的官员和客户可以以合理的费用住宿及享用其他相关服务（即提供充足、合适和价格受控的住宿服务）。

②与各住宿设施签订合约，确定各客户群房间和床位要求，并根据要求进行相应的分配。

③规范各客户群住宿的预订，登记入住和账单支付等程序。

④作为酒店商务承诺的内容，住宿设施要为赛事客户提供合约规定的优质服务。

(二) 工作机制

1. 制度化管理机制

制订住宿服务的各项规章制度和工作流程、工作进度表，所有工作严格按照要求逐步推进。

2. 分工合作机制

建立分工联系、定期整合的工作机制，成立住宿服务的专项小组，定期进行沟通交流，分工合作，全面整合，就重点难点问题进行讨论，确保各项工作有序完成。

3. 工作责任机制

制订各专项小组工作计划，并建立每周组长例会制度，及时向领导汇报工作进展，确保完成各阶段工作计划的完成。

4. 沟通协作机制

与各住宿客户主责部门建立有效的沟通协作机制，定期针对客户住宿需求进行对接，确保赛事手册中各客户群的需求得到满足。

（三）住宿服务的工作流程

1. 准备阶段

①按照体育赛事要求确定各客户的服务水平。
②确定需要提供住宿宾馆的客户类别，所负责客户群的主责部门及联系人。
③和各客户群主责部门联系，确定住宿客户的住宿需求，包括住宿人数、地理位置需求，酒店星级标准，特殊的餐饮需求，部分国家、种族的住宿禁忌等。
④收集酒店具体信息：地理位置、星级、可提供的房间数、房型、提供的服务等。
⑤结合各类客户群的数量、规格、抵离时间等住宿需求，围绕星级标准、客房类型、客房数量、地理位置联系接待宾馆。

2. 分配阶段

①对接待宾馆在服务设施、所提供的房间数、消防卫生等方面进行前期考察。对大型体育赛事接待工作的特殊要求编制接待宾馆的服务标准，包括所需的语言服务、宗教种族注意事项、餐厅（清真餐）等要求。
②制订与酒店签约的标准化合同，规定酒店提供的客房数、房型、价格、服务等。
③制定付款日期安排、客房退订政策。
④和各接待宾馆进行价格谈判，签订住宿标准化合同，最终确定接待宾馆。
⑤制订住宿分配计划，根据客户比赛项目、住宿时间、星级标准、住宿人数分配酒店和客房。

3. 预订阶段

①制订《住宿预订确认书》。
②将最终的住宿分配计划、付款日期安排、退订政策告知各客户，并向

客户发放《住宿预订确认书》。

③组织开展对宾馆相关人员关于此项赛事的培训工作。

④布置接待宾馆有关赛事的装饰物。

⑤回收客户签字确认的《住宿预订确认书》，确定住宿预订，并根据客户预订酒店情况实时更新赛时分配方案。

⑥对接待酒店联合有关部门再次进行客户入住前的全面考察，包括消防卫生、客房卫生、食品安全等。

4. 赛时阶段

①保证赛事客户按照规定程序入住各自住宿场所。

②在酒店前台设立住宿信息台帮助赛事客户解决住宿信息问题。

③对客户有额外住宿需求的，由客户自行和酒店结算。

二、交通服务

交通服务是指为参加体育竞赛的运动员提供参加比赛、训练的人员及行李、体育器械等的运输服务；为教练员、裁判员、体育官员等履行工作职责提供交通的服务。这些服务均有安全、准点的原则要求。在大型综合性赛事活动中，还包括对观看非本竞赛项目的运动员、教练员提供服务，甚至对观众提供交通服务。在多数综合性的国际化赛事中，除对上述人员提供竞赛交通服务外，还依托本地的公共交通部门作为出行方式的补充。另外，对外地人员，特别是来自海外的体育官员、技术人员、教练员、裁判员、运动员等提供国际、国内交通机票预订，协助抵离、中转等服务。在大型比赛项目、活动中，提供相关的交通服务保障。

规模较小的赛事一般将交通管理的职能归属于主办竞赛活动的东道主的组织或接待部门；大型综合性赛事交通服务由于涉及与城市交通管理部门及铁路、航空等部门的大量协调工作，常常在赛事运行组织机构中设立由当地政府交通管理部门参与的独立的交通部门，该部门在赛时成立交通指挥中心和调度运行及交通服务机构，全面负责综合型赛事的交通工作。

规模竞赛活动的交通服务包括：

①制定赛事交通服务标准及交通服务政策，如依据接待对象类别分配服务用车的车型、档次、运行时间等。

②人员抵达和离开时协助中转、票务工作，协同铁路、航空部门落实各类接待对象的中转服务工作。

③确定开、闭幕式及大型活动的交通组织方案。

④制订交通服务车辆筹集策略，组织开展赛事运作车辆征集工作。

⑤制订服务车辆或赛事班车运行路线。

⑥借调或招募驾驶员，制订《驾驶员工作服务手册》，开展驾驶员培训工作。

⑦招募赛事志愿者并进行相关服务技能的培训。

⑧构建交通服务运行计划组织框架、出台指挥中心，调度分中心程序。

⑨成立交通指挥中心，规范交通总指挥长、调度、车队、驾驶员等的工作流程，赛前对交通运行进行磨合或测试。

⑩制订赛事交通运行所需的配套物资及物资使用规范。

⑪制订交通管理组织方案，如赛事时交通管控、专用道，与机场、火车站、高速公路的交通部门协调赛事绿色通道、通行收费减免的事项。

⑫完成车证设计方案，制作车证，制订相关车辆通行权限。

⑬结合场馆、机场、火车站、官方饭店交通组织实施方案，提出交通标识需求，完成上述场所交通标识的设置、树立工作。

⑭完成交通服务指南编印，并在适当的处所、场馆、宾馆发放。

⑮在重要场馆、机场、火车站、官方饭店等场所设立交通咨询服务台，提供交通信息等帮助。

⑯与安保部门商定人员、交通运行、车辆的安全保障以及车辆通行场馆的制度。

⑰根据场馆实际情况，制订停车车位的分配规则，以及车辆在场馆的停车权限。

三、餐饮服务

提供优质餐饮服务的首要前提是了解各类接待对象的餐饮需求，即确定各类接待对象的用餐类别、用餐时间及饮食习惯。

用餐类别包括固定用餐和非固定用餐。固定用餐又分为宾馆接待用餐点和场馆固定用餐点。非固定用餐大都是因为特殊工作原因而需要接待部门向接待对象提供的餐饮服务方式，比如向竞赛裁判员、记者提供的场地用餐。此类用餐服务的关键是餐饮的及时供应及卫生标准。非固定用餐包括快餐、食品及饮品。

用餐时间也需要根据不同接待对象加以区别，比如向安排记者的餐饮时，需要注意记者的工作时间很长，只要新闻中心还没有关门，记者驻地就应继续提供饮食服务，而运动员用餐时间则应和竞赛安排结合起来。

饮食习惯则与接待对象的种族、民族、宗教、区域、个人喜好等等诸多因素相关，应事先对接待对象的饮食习惯进行征询，尤其要注意不同接待对象的饮食禁忌。

在全面了解接待对象的饮食需求的基础上，选择餐饮供应商。

餐饮供应商的选择方式需根据赛事的实际情况而定：

较小规模的赛事可采用询价、报价、洽谈、比较的方式来确定餐饮提供商，大规模的赛事则有必要采用公开招标的方式进行餐饮供应商的选择。

（一）工作目标

①确保为所有客户群提供符合要求的食品与饮料以及服务。
②确保所有运动员得到符合运动营养要求的食品与饮料服务。
③满足来自不同文化和宗教背景的客户群的饮食要求。
④确保食品与饮料的多样性，制订循环菜单，循环天数根据不同赛事要求制订。
⑤提供各地丰富多样的特色美食服务。

（二）工作范围

①根据赛事要求，负责提供食品与饮料以及服务，保证食品的安全。
②提供富有本地文化和特色食品与饮料以及部分其他地域美食，尽量满足不同地区的运动员及其他客户群的需要。
③提供给有特殊要求的客户（包括但不限于素食、清真餐）相应的食品与饮料及服务。
④对每种食品标有详细说明，包括其主要成分和营养含量。
⑤制订食品与饮料服务的计划，确定各类客户群的服务水平和服务内容。
⑥根据实际需要和过往的经验选择适当的食品与饮料服务供应商以满足客户群的要求。

⑦与相关政府部门合作，选择可以在赛事期间供应安全可靠充足的食品原材料的企业，并确保食品安全。

⑧与其他相关政府部门对所有的赞助商和食品原料供应商共同执行严格的食品安全监督检查，建立有效食品安全溯源系统。

⑨培训食品与饮料服务相关的各层次的管理人员、工作人员以及志愿者。

⑩控制食品与饮料价格，指定对不同客户群的优惠政策。

（三）餐饮服务运行三条主线

①餐饮服务商的运行，餐饮服务商是运动会餐饮服务运行的主体，各竞赛场馆餐饮服务主要是餐饮服务商运作。

②餐饮原材料的供应，餐饮备选供应企业、餐饮类赞助商、供应商是餐饮服务运行的供应链。

③食品安全的检测和监控，食品检测和监控是运动会餐饮服务运行的安全线。

（四）餐饮服务内容（需求）

1. 国际体育组织客户群

①在住宿宾馆的指定餐厅用早餐，房费中包含早餐。

②在竞赛与仪式场馆中心，所有能够进入贵宾区的国际体育组织人员在场馆内的休息区自助使用免费饮料与零食，在场馆售卖点购买付费餐食；售卖点将根据场馆每日活动时间长短提供餐食和零食。

2. 运动员和随队官员

①运动员餐厅（至少有清真餐区分区）提供早餐、午餐、晚餐、夜宵，分区域供应零食和以自助餐为主的餐食，并按照赛事的安排及村民的需求确定服务的提供时间；餐厅提供至少6天不同的循环菜单；运动员和随队官员可以在欢迎中心与运动员餐厅领取免费饮料。

②运动员和随队官员在竞赛与仪式场馆、训练场馆、文化教育场馆使用免费的饮料和零食；原则上此部分客户群回运动员住地就餐。

3. 组委会高层、来宾及客人

①此部分客户在住宿宾馆的指定餐厅用餐。

②在竞赛与仪式场馆中,所有能够进入贵宾区的组委会高层、来宾及客人可以在休息区内自助使用免费饮料与零食,在场馆售卖点购买付费餐食。

4. 媒体

①在体育竞赛或举行仪式场馆的媒体区为媒体提供免费饮料;在场馆售卖点提供付费零食与餐食。

②在媒体餐厅为媒体提供免费饮料,以及付费零食与餐食。

5. 运动会组委会

①工作人员与志愿者在当班工作时间可以在场馆获取免费的饮料和餐食服务。

②合同商、赞助商、合作伙伴、演出人员、安保人员等客户群,在场馆售卖点购买付费饮料、零食与餐食。

③技术官员:在住宿宾馆指定餐厅用早餐,房费包含早餐;工作时间在场馆内专用休息区自助使用免费饮料和零食;在场馆售卖点购买付费餐食。

6. 观众

在场馆售卖点购买饮料、零食与餐食,由使用者付费。

第二节 体育赛事的安全保卫和观众服务

体育赛事的安全保卫是指对体育赛事的比赛、重大活动现场、驻地及其他场所提供安检、交通疏导及消防应急等服务,保障赛事相关人员人身和赛事相关设施安全等工作的集合。安保既是体育赛事成功举办的根本保障,也是赛事成功的主要标志之一。

一、制订安全保卫总体计划和方案

为使体育赛事安全保卫各项工作高效运行、严谨有序,赛事的运作管理

机构应结合赛事的实际情况，借鉴其他赛事的成功经验，制订赛事安全保卫工作的总体计划及方案。

（一）确定赛事安全保卫的关键环节和重要区域

一般情况下，入场安检、消防安全为赛事安全保卫的关键环节；比赛场馆，运动员驻地，重大活动如开、闭幕式的举行现场为重要安全保卫区域。在制订赛事安全保卫总体计划的基础上，应该针对这些环节和区域分别制订详尽的安全保卫方案与处置各类突发事件的应急预案。

（二）对安全保卫的对象进行分类

主要指按照身份、级别等对赛事相关人员进行分类，制订不同的安全保卫策略。这是因为不同类别的人员背景不同、数量不同、行为方式不同，受到的风险及可能的威胁也不同，只有在区别各自的特点及需求后，才能制订及实施适宜的安全保卫策略。

（三）随着时间和情况变化调整方案

在场馆、驻地、现场、安检、消防、通信、防恐、证件等各类方案制订完成后，并不意味着这些方案是一成不变的，应该随着赛事安全保卫工作的逐步深入，赛事内外部环境的变化，尤其是社会安全形势的发展和变化，不断进行更新、补充和完善。

无论赛事的规模大小，始终要保证集中、统一、高效、畅通的指挥系统，并且要建立严格的安全保卫工作管理制度（工作制度、会议制度、公文处理制度、重要事项监督制度、保密制度、财务制度、印章管理制度等）。在建立了赛事安全保卫组织架构，配备了相关工作人员后，需制订并实施安全保卫培训计划。一方面是安全保卫基础知识培训，包括赛事知识、赛事礼仪等；一方面是针对安全保卫工作人员所承担的具体职能开展的专业培训，包括紧急救援、现场疏散、突发事件处置、场馆驻地安检规范等。

二、观众服务

体育竞赛现场观众服务指在大型体育赛事中，以无形的方式发生在观众与赛事组织方和运动员之间的在服务设施、服务环境、服务人员、竞赛质量等方面的接触活动以及赛事组织方和运动员内部运营所产生的用来满足观众观看比赛需求的一系列行为活动。

（一）观众服务主要目标

是以积极友好的方式为前往现场观看比赛的观众提供全方位的信息、帮助与服务，力求通过高效、优质的服务，为赛事的顺利进行提供有力的支持与保障，营造安全、祥和、欢快、热烈的赛场氛围，促使观众获得愉悦、有价值的赛会经历，最终促使观众形成对赛事和赛事举办地的良好印象与积极评价。

（二）大型体育赛事比赛现场观众服务质量体系

该体系分为三层，有竞赛服务、票务服务、硬件设施服务、应急服务、志愿者服务、辅助服务 6 个一级指标。有比赛的精彩程度、比赛现场视听效果服务、赛场内观众互动服务、比赛现场售票服务、检票服务、观众停车场服务、赛场内外人群分流与引导标志服务、信息咨询服务、失物招领服务、物品寄存服务、观赛座椅区服务、残疾人观众无障碍通道服务、观众包厢服务、观众医疗急救服务、安检协查服务、赛事志愿者服务、观众公共通讯设施服务、观众公共卫生服务、观众餐饮服务、赛事纪念商品销售服务 20 个二级指标。

观众服务的服务水平要根据赛事级别、观众对赛事的关注度和观众来源具体确定。大型综合型赛事的观众服务工作，可根据服务的项目和内容由一个或几个职能共同承担。

观众服务的在竞赛场馆的服务区域为一般流通区（场馆前院）和场馆运行区，具体包括：场馆安保线内指定区域、安检区、检票区、观众信息服务亭、失物招领处、座椅区、婴儿车与轮椅寄存处、观众露天活动区、场馆各

类公共服务设施排队区（餐饮、零售、信息亭、售票、展示、饮水点、卫生间等）等。

(三) 综合性体育竞赛的观众服务工作的组织实施中应把握的几个原则

1. 一致性原则

综合性体育竞赛的各比赛场馆服务水平的统一性是综合型赛事的重要特点。在赛时要确保各场馆观众服务运行的一致性，同时要将观众服务通用运行要求与本场馆实际情况结合起来。

2. 协调性原则

观众服务工作在计划与实施中需与场馆内外多个单位协商对接，负责观众服务的工作部门也是接口最多的业务部门之一。要保证赛前和赛时各类问题的及时解决，观众服务领域必须与场馆内外相关单位建立良好、紧密的合作关系，获取他们对运行方案的认可和支持。

3. 统筹性原则

要确保观众进入场馆观赛整个过程的愉悦性，观众服务工作团队要以统筹、整合的方式去开展赛前计划工作，从观众需求的角度思考问题，想观众之所想，急观众之所急，加强与其他业务口的工作沟通，确保其他业务口的服务计划能够满足观众需求。

4. 细节性原则

服务工作是由无数细节构成的，任何一个细节的疏忽都可能导致场馆运行上的问题或引来观众的抱怨；尤其在面对大量观众时，微小的疏忽可能因观众数量庞大而被放大，成为重大问题。因此，在计划组织的过程中，必须重视每一个细节，大到观众信息服务亭建设，小到每一块信息提示牌的摆放，都应认真落实。

（四）综合性体育竞赛的观众服务通用运行任务

1. 外围观众引导协调

①在场馆安保界限外指定地点部署工作人员，为观众提供引导与信息服务（个别场馆需要为有特殊需求的观众提供轮椅或电瓶车运送服务）。

②与安保界限内观众服务部门保持密切沟通，对步行人流进行监控与管理，确保场内外观众沿指定路线、匀速、有序地进入。

③进驻场馆后，场馆观众服务应与外围保障单位进行充分的联络与协调，确保赛时场馆内外服务水平的延续性。

2. 安检协查服务

①观众引导——引导观众前往较短队伍或专用通道排队，提高验票、安检速度。

②安检提示——提醒观众做好验票、安检准备，并在验票、安检前自行处理禁限带物品。

③队列前进控制——控制观众队列前进的速度，请观众在验票、安检门外列队等候，确保观众按顺序逐一通过安检区。

④发现并处理观众违反场馆规则的行为（如果观众不服从管理，请及时与安保人员联系并协助解决）。

3. 门票查验服务

①检票口管理——场馆开放前，根据指令开放检票口；比赛结束后，关闭除专用通道以外的全部检票口。

②软性验票——确保只有持有当日本场次门票的观众接受验票、安检。

③观众引导与排队管理——引导观众前往最短队列排队或由专用通道进入，并维护排队区秩序，避免拥堵与插队。

④验票与撕票——工作人员向观众致意欢迎，并且快速、准确、友善地进行门票检验（撕下票根，将票面交回观众留念）。

⑤协助处理票务问题——在遇到问题门票时由工作人员带到旁边处理，必要时寻求安保、票务部门支持。

4. 公共广播管理

管理位于观众安检口的公共广播；按计划播放事先录制好的CD；在需要时根据相关部门提供的书面材料进行现场播报。

5. 无障碍服务

发现老弱病残孕幼等有特殊服务需求的观众，由观众服务团队工作人员提供如下服务：轮椅服务、电瓶车服务、陪同前往指定地点（如在自己管辖区域范围内，可自行处理）。

注意：运行支持人员来到座席区为无障碍人士等有特殊需要的观众提供帮助，必须保持无障碍通道畅通。

6. 观众引导与秩序维护

在指定地点对观众的交叉情况、密集度及流向进行管理与监控，以减少观众拥堵和逗留的风险；为观众指引方向并提供所需信息与必要的提示，指引观众前往正确的地点（如场馆入口）；执行场馆观赛规则；发现并协助处理观众伤病、观众走失等各类突发事件；对观众队列进行软性管理（给予提示性建议），不主动干预，只有当观众过多、拥挤严重时才上前维持秩序；部分卫生间人群拥堵严重时引导观众前往排队较少的卫生间；根据赛事对观众退场的时间要求，对各供应商服务的时间提出建议；通过主动、热情的引导方式，营造赛会欢快、热烈的氛围。

7. 吉祥物表演

通过与观众合影、为观众表演节目等方式活跃氛围；在人员密集区缓解观众因排队过久引起的焦躁情绪；根据运行情况，调整步行人流。

8. 观众服务信息亭运行

①出版物发放：为观众免费提供各类印刷品和出版物。

②信息咨询：解答观众问题，为观众提供所需信息（特别注意对外国观众的服务，如不能顺利应对，应寻求帮助以保证服务质量）。

③观众的投诉接待与处理：当出现观众投诉事件不能在短时间现场解决时，可让投诉观众选择前往信息亭投诉（亭内要设专门休息区供投诉观众等待）。

观众服务团队分管主管前来听取投诉意见并对问题进行沟通解决，缓和投诉观众的情绪。应尽量让投诉观众避开公众视线以免影响其他观众。

④其他服务：可与失物招领合并使用，提供失物招领服务。

9. 观众意见与投诉接待

作为观众意见与投诉的服务接待点；听取观众意见及投诉，安抚观众情绪；对观众问题做好记录并及时上报，快速对观众的意见与投诉给予解决。

10. 场馆信息的收集、更新与咨询服务

规范观众服务领域现场服务人员回答观众问题的行为，以确保信息的准确性与服务的高品质；赛前收集与观众相关的各类信息，赛时收集场馆信息变动情况，按要求进行及时更新，以满足观众服务信息共享与查询的需求；积极汇集观众常见问题并补充答案，掌握各类问题和信息所涉及的部门与渠道，并及时向现场服务人员传达。

11. 婴儿车与轮椅寄存处

为观众寄存婴儿车与不符合场馆座席规格的轮椅或其他大件物品；退场时为观众提供寄存物品的领取服务。

12. 座席区服务与管理

现场服务人员向观众致意欢迎，检查持票观众进入本座席区的权限；引导观众就座或为其指明座位；为有特殊需要的观众提供协助；发现并协助票务经理处理票务问题；发现并处理违反场馆规则的行为，必要时请安保领域支持。

13. 观众入退场迎送

如需分流观众人群或吸引其观众注意力，可协调安排吉祥物表演或者通过场地公共广播系统等方式提示观众；观众服务领域工作人员迎送观众入退场，并提供所需信息与协助；婴儿车与轮椅寄存处在观众入退场期间继续提供服务。

14. 执行场馆观赛规则

观众服务领域工作人员要认真观察，密切关注观众是否携带了违反场馆

观赛规则的物品，或者是否发生违反场馆规则的行为；如果发现违反场馆观赛规则的物品与行为，工作人员要加以解决进行处理，同时做好解释工作；解决问题时，如有特殊问题可请相关部门协助。

15. 注册人员证件查验服务

工作人员向注册人员致意欢迎，并且快速、准确、友善地进行证件查验；在遇到问题证件时带到旁边处理，如有需要寻求主责部门、安保、注册部门的支持；确保持有效证件人员进入正确区域；观众服务不负责的准入控制点依据证件查验政策确定。

16. 工作人员的管理与激励

①管理人员岗前例会：主管以上岗位人员参加，总结前一天的场馆赛事问题，明确当天的工作任务与注意事项。

②工作人员签到：分管主管带领运行支持人员负责观众服务志愿者的签到，并发放观众服务志愿者的餐票和饮水券。

③岗前动员会：向全体工作人员介绍当天工作任务及注意事项，并根据本业务口"激励方案"对前一天表现突出的服务人员进行表扬，鼓舞工作人员士气；同时，根据签到情况对人员部署进行调整。

④工作人员签退：在每一班次运行结束后，各运行组在事先指定的区域集合，各运行助理做简单总结，各运行小组志愿者将运行物资（器材）交予助理，在签退表上签字后结束当天工作。

⑤管理人员岗后总结会：主管以上人员参加（助理视具体情况而定），就本班次工作情况进行汇报，团队负责人进行运行总结，并帮助下一班次运行主管及助理解决可能出现的相关问题。

17. 物资管理

①岗前物资的准备与发放：分管主管带领运行支持小组成员进行物资、器材与餐饮券的准备，将物资带到工作部署区或由助理在岗前动员会后去物资分发区领取（视场馆情况而定）。运行助理领取本组物资后，填表签字。

②物资的回收、维护与管理：在每天运行结束后，各运行助理将运行物资和器材在物资储藏与分发区进行归还，把签退表交予工作人员，并签字确认；工作人员检查并整理物资与器材，保证下一班次物资正常使用。

18. 现场准备与检查

助理向现场服务人员强调当日工作重点与注意事项，回答本组工作人员疑问，分发小组运行物资，并将小组成员分配到事先指定的工作岗位；全体工作人员进入场馆运行前的现场准备与检查；分管主管对所管辖区域进行检查，激励人员士气。

19. 运行支持工作

物资管理；协助员工与行政主管签到/签退；协助分管主管开展行政类工作；为现场服务人员提供所需要的临时性运行支持；配合员工与行政主管开展团队激励工作，营造良好文化氛围；提供无障碍支持服务。

20. 运行监控与特定类型事件报告

观众服务工作人员在工作期间，要注意观察工作区域的情况，一旦发现非常态的事故或问题，要及时上报。包括：影响观众安全的硬件问题；影响观众观赛的各类事件；违反场馆规则，可能造成恶劣影响的事件；其他对场馆运行有重要影响的事件。助理和主管视问题的性质与严重程度，根据相关程序进行处理和逐级上报。

第三节　医疗卫生和反兴奋剂工作

体育赛事的医疗卫生保障工作是在赛事的运作管理过程中，以提供安全、卫生赛事环境为目标，开展有关现场救治、急诊转运、卫生监督、疾病控制、医疗保健等方面工作的集合。体育竞赛活动中的反兴奋剂工作指在体育竞赛活动的规划、实施和管理的过程中，进行的包括检查分布计划、尿样收集处理、实验室分析、结果管理、听证以及申诉等事务。

一、体育赛事的医疗卫生保障

体育赛事医疗保障的工作目标往往是"医疗服务零投诉，急救转运零延误，食品安全零事件，传染病防控零扩散"，确保做到 4 个不发生和 4 个满意，

即不发生食物中毒事件、不发生传染病疫情流行、不发生伤病员的延误救治事件、不发生重要对象医疗保障工作不到位的事件，群众满意、参会人员满意、领导满意、国内外来宾满意。

医疗卫生保障工作是赛事顺利举办的重要保证。大型赛事常专设医疗卫生保障部门，部门内按职能可分为医疗救护处、卫生监督处、疾病防控处、医疗保健处、综合协调处、后勤保障处等。主要任务有各比赛场馆、训练场馆、开闭幕式场馆及宾馆的医疗救护、急诊转运及公共卫生保障工作。良好的开端是成功的一半，其中，开、闭幕式的医疗工作在大型赛事中的重要性举足轻重。因为开、闭幕式来宾多、演职人员多，又有国家元首、国际体育组织嘉宾出席、观众数量大，要投入大量的医疗保障人员。场馆医疗保障中包括运动员医疗室、比赛场内医疗点、观众医疗室、观众医疗点和救护车急诊转运，开、闭幕式场馆在开、闭幕式时还要增加贵宾医疗室，以确保重要对象的医疗保障到位。接待宾馆既要设立医疗室，又要加强筛选。卫生行政部门要加强与赛事组织部门的沟通，及时跟进赛事接待宾馆的筛查，对卫生制度不完善、卫生状况较差、卫生设施不到位的接待宾馆要责令改正，必要时要建议组委会取消接待宾馆的资格。

在大型赛事中由于比赛训练场馆多且集中，要求投入的医疗资源较多，又不能影响城市医疗卫生工作的正常开展。在赛前要经过多轮的应急演练，包括医疗救护、生活饮用水污染事件、传染病疫情流行、食物中毒事件及开、闭幕式医疗保障演练。在赛前要指定定点医院，包括官方医院和急诊转运医院，要确保场馆医疗站与急诊转运医院的良好对接。赛前确定场馆医疗经理，开展医疗卫生专业人员的遴选，进行系统的专业培训。如承办的是大型国际赛事，还要进行系统的外语培训。另外，采取场馆医疗保障工作由某一家医疗机构承包方式，既能加强工作协调和指挥，又能就医疗责任落实到位。在赛前要制订一系列的专项工作机制，内容包括：一是赛事专用诊疗区域、专职诊疗团队、专项服务流程、专用服务标志、专用医疗文书、专项服务模式和专项药品管理的"7个专项"赛事医疗运行体系；二是诊疗规范的国际标准；三是抢救工作的专项流程；四是信息报告的专项体系。通过专项工作机制的建立，才能完成赛事的医疗保障任务，并实现参与保障医院日常诊疗工作的全面进步。在赛前，对各场馆和宾馆要制订卫生监督、疾病控制等详细的工作方案，对从业人员开展卫生知识培训，进行公共卫生检查和场馆病媒生物防制。

体育赛事医疗卫生保障工作的目标主要有6点：

①当运动员或其他客户发生医疗情况时，场馆医疗站提供及时、有效的现场医疗保障。

②当运动员或其他客户发生医疗情况，场馆医疗站现场医疗保障不能处理或需要进一步的处理时，通过院前急救系统提供快速、安全的转运服务。

③在赛事指定官方医院及各其他定点医疗机构为运动员和其他客户提供方便、优质的专科诊治与住院服务。

④通过食品卫生监督、公共场所卫生监督、生活饮用水卫生监督检查工作，为赛事提供安全、卫生的饮食、饮水和良好住宿环境。

⑤通过对环境卫生的综合整治，杜绝或减少疾病传染源，预防疾病传染。

⑥为赛事部分重要接待对象提供医疗保健服务。

二、体育赛事活动中的反兴奋剂工作

体育竞赛活动中的反兴奋剂工作指在体育竞赛活动的规划、实施和管理的过程中，进行的包括检查分布计划、尿样收集处理、实验室分析、结果管理、听证以及申诉等事务。组委会可以成立专职部门处理反兴奋剂事务。

1. 接受兴奋剂检查须提供信息的内容

①运动员姓名、性别、年龄、籍贯、代表单位、所从事的运动项目、运动成绩、训练生活常住地。

②运动员的教练员姓名、性别、年龄、籍贯、执教时间和执教成绩。

③运动员年度国际、国内参赛情况。包括比赛的名称、时间、地点、预计参赛人数、集训地点和时间段。

④运动员动态信息。运动员行踪信息是年度注册检查库中的运动员需提供的信息，并不是接受检查的运动员当场要提供的信息。包括训练地点的变化情况，运动员身体状况的变化情况，比赛时间、地点变化情况，离开常住地的去向（地点、驻地信息、联系电话、联系人、离开和返回时间）。

2. 兴奋剂检查的程序

兴奋剂检查一般分为赛内和赛外两种方式的检查。通常是通过运动员的尿样检测来确定有无违禁药物痕迹。近几年，在一些国际重大比赛中也使用过血样检测方法。

(1) 被检查范围

一般赛会的被检查对象多是在优胜者中进行。如奥运会、世锦赛、亚运会、亚锦赛或我国全运会等重大综合性比赛,往往金银铜牌得主乃至前六名均有可能被随时抽检或赛后立即抽检。而赛外检查则检查范围较大,一般国际国内比赛中较优秀的运动员都有可能被列入受检者。

(2) 检查人员的工作程序和义务

实施兴奋剂检查必须是有两名检查人员共同参加,以便于相互监督和制约,从而有效地防止人为因素的干扰或作用。兴奋剂检查人员在实施检查时必须出示检查证件,持授权书依照规定程序采集运动员体内物质以保障受检查运动员的合法权益。

(3) 运动员接受兴奋剂检查的程序和义务

赛会期间当运动员被告知要接受兴奋剂检查后,首先要在一份通知单上确认,然后必须在比赛结束后持本人身份证(印有照片的)在兴奋剂检查人员的陪同指导下尽快到兴奋剂检查站报到,该起始时间同时在通知单上记录。需要强调的是运动员必须在兴奋剂检查记录单上如实申报自己最近7天内服用过的药物,包括维生素、中药及各种补剂。

第四节 体育赛事的其他保障工作

本节介绍体育赛事的其他保障工作,包括供电供水和通信服务保障等。

一、供电供水保障

体育赛事的供电、供水保障工作是指赛事运作管理机构组织和协调供电、供水单位,对比赛场馆、人员驻地、办公场所及赛事相关重大活动场所的供电、供水设备进行更新、改造和维护,并对供电、供水运作进行调度和调试,保障赛事期间的用电、用水安全及供电、供水的充足稳定,以保证赛事的顺利进行。体育赛事供电、供水保障工作的两大目标是保证赛事的水电供应和用电、用水安全。

1. **体育赛事供电、供水保障工作的组织**

大型赛事常专设供电、供水保障部门，部门内按职能可分为供电、供水调度中心，供电、供水设备保障处，现场保障处等。由于供电、供水保障工作技术性强，要求配置的工作人员必须熟悉和掌握供电、供水设备运行及维护等知识。

对供电、供水保障工作人员要进行培训，使之熟悉赛事的水力、电力系统，提高对供电、供水运行过程中突发事故的处理能力。

2. **体育赛事供电保障工作的主要要求**

（1）*供配电系统设置原则*

①应采用供电可靠性和连续性高的供电系统作为主体育场的主供电源，并设置不同形式的备用电源以满足不同的特殊用电要求，保证在体育场内举行的各项赛事活动的正常举行。

②场内用户变电站设置应满足场馆整体供电方案规划要求。

③应符合国家现行有关标准、规范的规定。

④系统设计达到安全可靠、技术先进、经济合理、维护管理方便之要求。

⑤采用的技术标准和装备水平与场馆的地位、规模、功能要求以及建筑环境设计相适应，并应考虑到设备、材料的供应可能性，以及施工安装和维护管理水平。

⑥鼓励在资金合理使用的前提下，采用清洁能源和绿色环保型节能用电设备，适应可持续发展的要求。

（2）*供配电系统容量*

根据场馆的规模及使用功能，来确定场馆的用电负荷。容量计算包括设备容量计算和变压器容量计算。

（3）*供配电系统设计要求*

①供配电系统的设计，要求系统接线简洁、层次清晰，有利于提高供配电系统的可靠性和经济性。

②供配电系统的设计，有利于系统在日常状态及比赛期间的综合经济运行和维护。

③供电系统应满足场地照明系统、智能化系统、计时记分及成绩处理系统等对供电的要求。

④负荷等级：根据现行国家规范和标准，确定场馆各部分用电负荷的用电等级，并依此进行供电系统的设计，以满足各级负荷对电源及供电系统的配置要求。

⑤用户变电站标称电压为：中压 10kV，频率为 50Hz；低压 380V/220V，频率为 50Hz，三相四线制。

⑥特殊大型用电设备可直接采用中压 10kV 供电。

⑦电压波动和电压降问题：应满足末端用电负荷对电压偏差的要求。

⑧对电网谐波干扰问题：应满足国家有关标准和规范的要求。

⑨设备选型原则：

- 符合国家规范和标准。
- 获得产品相关认证和检测许可。
- 符合环境指标要求。
- 具有智能化控制。

⑩安全保护方式：

- 中压系统：小电阻接地系统。
- 低压系统：中性点接地系统，采用 TN—s、TN—c—s、TT 系统。

(4) 备用电源系统

①根据各个系统对供电电源的要求，并根据相关规范要求，配置与之相适应的备用电源供电系统。应设置备用电源的场所和设备：

- 比赛场地照明。
- 主席台、贵宾室、接待室照明。
- 广场照明。
- 计时记分系统、计算机系统。
- 通信机房、广播机房、电台和电视转播、新闻摄影电源。
- 应急照明系统。
- 消防用电设备。
- 中央监控管理系统。

②为不同系统所配置的备用电源，应满足备用电源的形式、容量、投切时间（允许中断供电时间）、电压及维修的要求，还应考虑赛事期间的各类用电系统对用电可靠性的特殊要求，配置与之相适应的备用电源系统。

③备用电源形式的建议：

- 市电。

- 发电机组。
- 蓄电池组或 UPS。

3. 体育赛事供水保障工作的主要内容

(1) **水源安全保障到位**

赛事期间，做好主办地各水源地的防护工作，确保不发生一例危害水源安全事件。

(2) **供水安全保障稳定正常**

赛事期间，做好供水系统改造和城市水系骨干河道维护管理，改善城市水环境，确保用水安全。供水水量充足、水质安全达标。配备供水抢修队伍和工程抢修车 24 小时值班备勤，及时修复漏水自来水管线。

(3) **水环境安全保障**

主办地污水处理厂及时高效处理污水。对排水管网设施进行巡查和检测，重点地区及开、闭幕式当天 24 小时全天候巡查。加强河道巡视、水质监测和水华预警，每天对重点地区水域进行水质监测，及时与市环保局交换水质数据，监测结果需满足赛事水质要求。

(4) **饮用水的卫生管理**

①所有的比赛场馆、官方接待饭店及相关接待单位为饮用水管理的第一责任人。

②所有的比赛场馆、官方接待饭店及相关接待单位，必须设立专人负责饮用水供水设施的管理，建立健全卫生管理制度，并保证切实执行。管水人员应取得有效的健康合格证明后，方可从事饮用水供水设施的管理工作。

③供水设施（包括水箱及其他储水设施和管线）应在运动员、教练员、官员及观众进驻前，进行全面清洗消毒，确保供水水质符合《生活饮用水卫生标准》（GB5749-2006）。

④所有的比赛场馆、官方接待饭店及相关接待单位必须建立饮用水污染事件应急处理预案，在发生饮用水污染事件时，能及时采取控制措施，确保供水卫生安全，并提供临时供水。

(5) **迎汛安全保障情况**

汛期比赛时，需针对重点部位架设应急排水设备，专人昼夜盯守。各道路责任单位共出动巡查和排水人员，主办地河湖提前降低水位，保证赛区交通干线和场馆周边道路的正常运行。

二、通信服务保障工作

体育赛事的通讯保障工作是指赛事运作管理机构组织和协调通信行政管理部门与通信服务商，为赛事比赛场馆、驻地及周边地区提供通信服务，保持赛事相关人员内外部沟通的渠道顺畅，保证赛事的顺利举行。

体育赛事通信服务保障工作的主要内容包括：

1. 固定通信服务

①语音服务，包括本地电话、国内/国际长途电话业务等。语音信箱服务，统一号段，虚拟网及总机服务。以及赛事组委会确定的将来可能需要的其他特性。

②固定通信终端，提供各种固定通信服务的终端设备。

③传真服务，包括国际和国内传真。

④电话会议服务，包括业务平台、线路、终端等。

⑤视频会议服务，根据客户和赛事组委会要求提供不同速率的国内及国际视频会议服务。

⑥其他业务，例如智能网业务、彩铃业务，以及赛事组委会将来可能需要的其他业务等。

2. 综合布线和基础设施

①综合布线，含赛事组委会要求的所有布线，包括公用和赛事/组委会专用的临时布线等。

②外部设施，包括线路管道、场馆间布线等。

③传输网络，例如光纤、无线链路及复用设备等。

④传输设备，采用最新且稳定可靠的技术。

⑤数据网络设备，含组委会要求的防火墙、路由器、局域网交换机等。

⑥接入网络，采用经过验证的先进技术。

⑦其他如不间断电源和配电系统、图像大屏及投影系统、扩声系统、视频监控系统等可以根据需要进行配置。

3. 数据专线服务

数据电路或光纤，提供各种速率的数据电路或光纤专线服务。

4. 宽带和窄带接入服务

①FTTx、xDSL、LAN、普通拨号等有线接入服务，提供各种速率的有线网络服务（包括 VLAN 服务等）。

②无线局域网（WLAN）等无线接入服务，提供互联网和专网数据接入等服务。

5. 视音频传送服务

视频和音频信号的汇集与国内、国际传送，满足转播商及各媒体视音频信号传输需求。

6. 移动通信服务

①统一号段，虚拟网及总机服务和组委会确定的将来可能需要的其他特性。

②基础业务，如本地、国内和国际短信、彩信收发（单点和群发）、彩铃等。

③基于新一代移动通信网络的增值业务，例如：可视电话、Video Sharing、视频会议、多媒体彩铃、视频留言、在线视频等。

④移动数据业务接入服务，使用移动通信终端或电脑通过移动网络实现无线数据服务。

⑤其他业务，例如智能网业务，以及组委会将来可能需要的其他业务等。

7. 集群通信和头戴系统

①数字集群通信服务，为赛事组织、协调和指挥提供专用无线电通信服务(含调度台、调度软件及终端等)。

②头戴系统，为赛事组织、协调和指挥提供清晰、可靠与高质量的专用头戴系统通话保障服务。

③普通手持步话机，针对小型场馆、场所、小团队等，为赛事小范围组织、协调和指挥提供普通手持步话机服务。

8. IDC 计算能力租用服务

线路、设备、机房管理，利用 IDC 提供计算能力租用服务，提供满足组委会要求的线路、设备、IDC 机房环境和机房管理人员，为赛事准备与赛事阶段的所有数据存储与运算业务提供支持。

9. 党政专用通信服务

根据组委会要求提供党政专用通信服务，保证通信的保密和安全。

10. 应急通信服务

对网络（线路）、设备、终端，提供在原有通信系统遭到严重破坏或发生紧急情况时，为保障通信联络，可以采用的特殊机动通信设备，以保证通信的持续和畅通。

11. 客户服务中心服务

采用成熟可靠的外包呼叫中心平台作为呼叫中心的承载平台和话务帮助台，针对赛事，开放普通座席、外语座席和技术支援座席，为赛事提供良好服务支撑，根据组委会需要配置工作人员及相应设施参与客户服务中心的服务。

12. 公共电话服务

为所有客户提供固定公共电话服务。

13. 其他服务

如计费、通信网络管理、组委会其他部门所需通信服务、技术运行和服务保障、信息安全和风险管理、安保专网服务等等。

第十二章　体育赛事的市场开发

体育竞赛的市场开发，是指如何在体育竞赛市场中应用营销的战略、策略和技术来推销体育产品与提供服务。本节尝试从赛事市场开发工作实务的角度，围绕市场开发的总体情况、赛事资源及市场开发重点、市场开发步骤、市场开发重点任务、保障措施等方面来剖析赛事的市场开发工作。

第一节　体育赛事市场开发概况

体育赛事的市场开发伴随着各类赛事的举办应运而生，本节主要介绍奥运会、全运会、世界杯足球赛和单项赛事等几个方面的总体情况。

一、奥运会市场开发

奥运会是国际奥林匹克委员会主办的包含多种体育运动项目的国际性运动会。现代奥运会是全球影响最大的国际体育盛会，其市场开发经过多年的发展已经形成了一套成熟的体系。

（一）探索阶段（1896年雅典奥运会至1980年莫斯科奥运会）

奥运会的市场开发工作伴随着奥运会的举办过程始终。在这个阶段，各地组委会开始进行奥运会市场开发的探索，形成了一些各具特色的开发内容，但是没有形成完整、系统的市场开发体系。1896年第1届现代奥运会就有私人和公司的赞助，资金来源有：会员费、门票、顾拜旦和其他捐助者的捐赠。柯达公司从第1届就开始赞助奥运会，一直到最近一次。市场开发在第2、3届奥运会上体现的更为明显，为配合当时的巴黎和伦敦世博会，奥运会会期延长到5个月左右，与世博会同时举办和过长的会期削弱了奥运会本身的影

响。1908 年的奥运会吸取了前两次的教训，缩短了会期，但市场开发工作也没有很大起色。相对来说，比较规范的赞助开始于 1912 年的斯德哥尔摩奥运会，瑞典公司买断了奥运会的独家摄影和纪念物发售权。1920 年安特卫普奥运会商业广告（户外）开始盛行，负面影响也很大。1924 年巴黎奥运会室内广告第一次也是最后一次出现，因为国际奥委会从此禁止比赛场地内广告。1932 年的洛杉矶奥运会是第 1 届严格意义上按照市场开发运作的奥运会，并且首次出现盈利。1936 年的柏林奥运会由于纳粹的影响而成为一届争议最大的奥运会，但是从市场开发的角度看本届奥运会首次出现电视转播，虽然当时是免费的，并且观众也仅限于柏林的很少市民，但电视转播权已经是现代奥运会举办资金的最大来源。1948 年的伦敦奥运会组委会说服英国广播公司（BBC）花费 3000 美元取得电视转播权，这是首开收费电视转播权的先例。1952 年的赫尔辛基奥运会市场开发开始从国际营销运作，来自 11 个国家和地区的公司赞助了资金与实物，包括运动员食品和获胜运动员的鲜花。同时，首次发行奥运会纪念币，其发行收入占 1972 年德国慕尼黑奥运会组委会收入的 52.8%。1964 年东京奥运会上国际奥委会开创了特许授权，"Olympic" 商标授予一家烟草公司，取得了第一笔 100 万美元特许权使用费收入。Seiko-Epson 公司将其全新的石英技术用于比赛计时。1968 年墨西哥奥运会开始使用彩电直播，电视转播收入大增。国际奥委会开始考虑在 1972 年奥运会与东道国、国际体育联合会（ISF）、东道国组委会（NOC）分成，1972 年慕尼黑运动会开始由专业代理机构来开展营销，到 1976 年蒙特利尔运动会有 628 家赞助商提供了 700 万美元。1980 年的莫斯科奥运会是市场开发最不成功的一次。由于苏联禁止商业广告，此次奥运会没有一家本国赞助商，只有少数几家国际品牌赞助。

（二）成熟阶段（1984 洛杉矶奥运会至今）

真正意义上的奥运会市场开发，开始于 1984 年洛杉矶奥运会，从这届奥运会开始，市场开发形成了较为完整、系统的市场开发体系。奥林匹克赞助权是赞助商通过以现金或实物赞助奥林匹克知识产权人，从而取得使用相关奥林匹克知识产权进行市场营销的权利，这种权利最常见的使用方式是将赞助商的形象与奥林匹克运动相联系。赞助商按类别可划分为以下几种：冠名赞助商，主赞助商，支持赞助商或联合赞助商（此类赞助商级别低于前两种），产品提供赞助商（为赛事提供实物赞助的企业，实物包括产品及服务），个人捐助者。有时，赞助商的级别难以统一划定，此时赛事组织方会根据具体赞助金额或实物的多少决定给予赞助商何种利益。吉祥物标志开发也是大型运动会无形资产开发的重要组成部分。奥运会最高级别的赞助——TOP（The Olympic Partner 奥林匹克合作伙伴）的赞助情况见表12-1-1。这样高级别的赞助活动对赞助商有严格的要求，因此赞助经费也相当高，选择该类别赞助活动的企业一般都是有意进军国际市场的企业。

表 12-1-1 奥林匹克赞助计划情况

周期	赞助金底限/万美元	赞助商/家	赞助期限	赞助权利金总额/亿美元
第1期	400	9	1985–1988年	1.015亿美元
第2期	1000	12	1989–1992年	约1.75亿美元
第3期	4000	10	1993–1996年	约4亿美元
第4期	5500	11	1997–2000年	约5.5亿美元
第5期	5500	10	2001–2004年	约5亿美元
第6期	6500	9	2005–2008年	约7.4亿美元

除去体育电视转播权和体育赞助的收益，门票收入也是体育赛事承办者市场开发的重要收入来源。特别是大型体育赛事，其门票收入对于赛事组织者更加重要。近5届夏季奥运会门票收入情况见表12-1-2。表中可以看出，无论门票售出的数量还是组委会的收入均有较大幅度的增加，组委会从中获利颇丰。

表 12-1-2 近5届奥运会门票出售情况

奥运会	门票数量/万张	售出数量/万张	售出率/%	组委会收入/亿美元
1984年洛杉矶	670	570	82.6	1.56
1988年汉城	440	330	75.0	0.36
1992年巴塞罗那	390	302.1	77.5	0.79
1996年亚特兰大	1100	831.8	75.6	4.25
2000年悉尼	760	670	88.2	5.51

在对体育赛事市场开发的过程中也不能忽视体育竞赛表演衍生市场的开发。体育竞赛表演衍生市场开发的内容主要为零售服务特许销售经营，它由赛事组织者发放给商家，是准许其在产品上使用赛事标识的一种经营方式。

目前，行业内对衍生市场的开发越来越重视，特别是大型综合性体育赛事的衍生市场。2008年北京举办奥运会期间，获得经营权的商家需将其产品10%~15%的营销额上缴国家奥委会和奥运会组委会。这一类营销主要是纪念品领域，如钥匙链、装饰品、汗衫、遮阳帽等。从近几届奥运会的特许经营情况看，这类收入是相当可观的（表12-1-3），因此，对大型综合体育比赛衍生市场的开发应引起高度重视。对小型体育赛事而言，衍生市场的开发有助于扩大其规模。

表 12-1-3 奥运会特许经营收入状况

夏季奥运会			冬季奥运会		
奥运会	商家数量	组委会收入/亿美元	奥运会	商家数量	组委会收入/亿美元
1988年汉城	62	0.188	1994年利勒哈默尔	36	0.24
1992年巴塞罗那	61	0.172	1998年长野	190	0.14
1996年亚特兰大	125	0.910	2002年盐湖城	70	0.25
2000年悉尼	100	0.520			

图12-1-1是奥运会1997—2000年周期中各项收入的结构图，其中电视转播收入占总收入的45%，奥运会电视转播权的销售价格更是逐届递增（图12-1-2），1980年转播权的销售额仅为1.01亿美元，2008年上涨17倍，达到17.147亿美元。

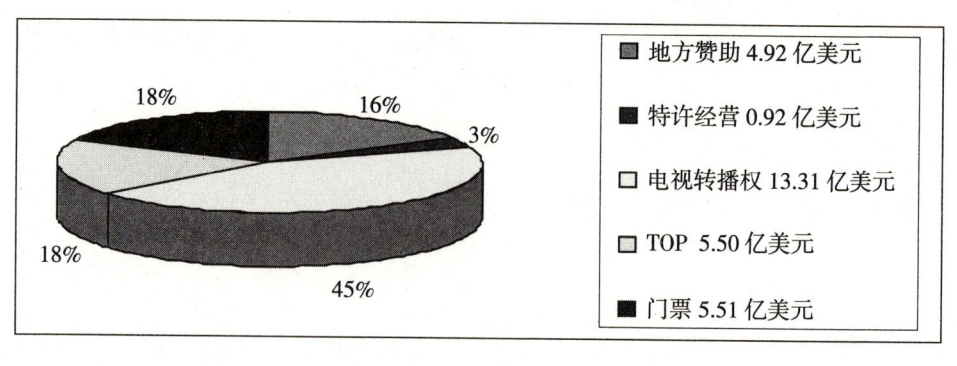

图 12-1-1 1997—2000年周期中奥运会各项收入的结构

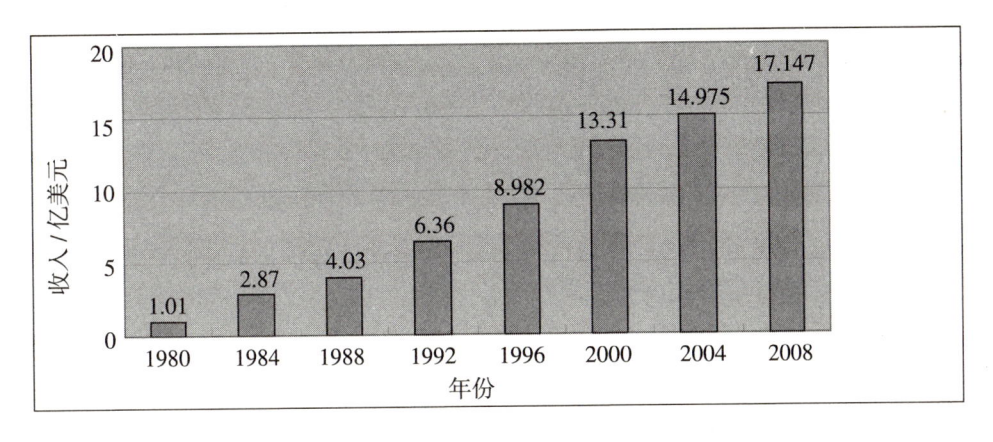

图 12-1-2　1980—2008 年 8 届奥运会电视转播权收入

二、全运会市场开发

全运会是中国国内水平最高、规模最大的综合性运动会。随着改革开放，全运会的市场开发经历了从无到有、从小到大的过程。目前全运会的品牌影响力不断扩大，市场开发态势良好，开发体系日益成熟。

（一）基本形成阶段（第 6、7、8 届）

1997 年在上海举办的第 8 届全运会通过市场开发收入达到了 65457.2 万元人民币，其中广告收入 9520.5 万元，专利收入 433 万元，新闻单位广告收入 6736 万元（表 12-1-4），有效地弥补了中央拨款的不足，实现了全运会结余资金 37736.7 万元人民币。第 8 届全运会在集资方面相对前几届制定了更详细的规定，形成了比较系统的市场开发文件，在电视转播权的开发上也做出了比较大的突破。

表 12-1-4 第 8 届全运会资金收入情况

来源	金额（万元）	比例（%）	排序
中央拨款	8000	10.98	3
广告收入	9520.5	12.96	2
专利收入	433	0.59	10
大型活动收入	1185.7	1.61	8
赞助实物折价收入	1708	2.33	7
运动会集资、门票	3042.1	4.14	5
奖券收入	6000	8.17	4
捐赠收入	508.9	0.69	9
政策性集资	41042.9	55.87	1
其他收入	2016.1	2.74	6
合计：		73457.2	

注：政策性收入包括大桥、隧道、印花税、汽车牌照、新闻广告单位收入、高价广告、机场建设税和其他收入。

资金来源：第 8 届全运会审计报告。

（二）逐步成熟阶段（第 9、10、11 届）

在广东举行的第 9 届全运会上，市场开发主要以无形资产为主，重点开发赛事资源，如冠名权、广告权、电视转播权和报道权等，首次在全运会市场开发中提出等级赞助商的概念，采取设立主赞助商与特约赞助商（服务）的等级称号的方式进行市场开发，实现了市场开发机构、市场开发方法和市场开发结构三个方面的转变，并且首次将电视转播权作为一种商品进行开发和交易，市场开发收入达到 0.41 亿元人民币，具体收入组成见表 12-1-5。但在开发过程中也存在着运作不规范、资源开发分类不清晰等现象，如第 9 届全运会有中国电信的广告，也有中国联通的广告；既有可口可乐又有乐百氏。甚至在九运会的一些小分会场，也出现了某某产品是该会场指定产品的标志。

表 12-1-5　第 9 届全运会收入组成

来源	金额（万元）	比例（%）	排序
中央补助	0.8	17.3	3
财政安排	2.37	51.3	1
体育彩票	1.05	22.7	2
集资	2	8.7	4
合计：		6.22	

资料来源：第 9 届全运会审计报告

在江苏南京举行的第 10 届全运会上，市场开发实现了新的突破，构建了更为完整的资源体系和清晰的市场开发专门机构，市场开发收入也达到了合计 6 亿元人民币，占整体收入的 23.9%，共开发了 12 家合作伙伴、8 家赞助商和 10 余家独家/指定供应商，具体收入组成见表 12-1-6。另外，在市场开发方面，组委会开始借鉴奥运会"少而精"的原则，有计划、有步骤地培育和服务重点客户，以突出赞助企业在行业中的尊贵地位，注重赞助商权益的维护；在电视转播权的开发上创新采用合作伙伴的形式与媒体进行合作。该届运动会与第 9 届相比，在市场开发的资源分类规范性、维权等方面都有了较大的提高，进一步推动了全运会的市场开发。

表 12-1-6　第 10 届全运会收入组成

来源	金额（万元）	比例（%）	排序
中央补助	1.43	9.7	3
财政安排	8.72	59.0	1
体育彩票	1.11	7.5	4
集资	6	23.9	2
合计：		17.26	

资料来源：国家体育总局档案馆

按照"政府支持，市场运作、社会赞助"的筹资思路，第 11 届全运会市场开发部制订了市场开发总体方案和 36 大类资源开发计划，成立了山东十一运市场开发公司，全面开展赞助招商、特许经营、社会捐赠、电视转播权等工作。针对国内大事多、自然灾害多、经济发展不确定因素多等情况，组委会努力克服种种困难，积极主动地推进市场开发，取得令人满意的市场开发效果。

1. 赞助招商

根据赞助金额，十一运会将赞助招商分为合作伙伴、特别支持单位、赞助商和供应商（独家供应商）4个等级。短短两年时间，70多家国内知名企业签订了供应商以上级别的合作协议，其中合作伙伴18家、赞助商6家、独家供应商8家、供应商27家、特别支持单位2家，包括资金、物资和服务合同签约额超过了6亿多元。

2. 特许经营

招募了60余家特许经营企业，共开发近100个类别的500余种特许产品，在品种和类别上为历届全运会之最；在销售方面，同特星公司联合组成特许产品运营中心，借助特星公司在全国星罗棋布的运营网络建立300余家销售网点，其中在山东17个地市建立特许商品销售网点100余家，广泛分布在商场、车站、机场、宾馆、旅游景点、全运会场馆等人口密集地区，最大限度的方便群众。

3. 社会捐赠

与各类媒体积极合作，进行广泛的社会宣传，策划多种有意义的活动，吸引更多的市民慷慨解囊。举办声势浩大的捐赠晚会，邀请国家、省市领导及媒体、企业、各界名流参与，掀起为全运会捐赠的潮流（社会捐赠的MBA学位论文作者：李洪波十一届全运会体育赛事营销案例研究财物累计超过了8000万元），体现了社会各界"关注全运、支持全运"的一片挚爱之心。

4. 电视转播权

经过积极接触和洽谈，在电视转播权方面也斩获颇丰，除了与中央电视台结成战略联盟、向国际上最大的体育电视网ESPN出售海外电视转播权外，还和各省卫视进行各种形式的合作，转播费用达到近千万。经过两年多的精心努力，市场开发成果成绩斐然，赞助总额累计超过7亿多，远超过组委会设定的4个亿的赞助招商计划，也全面超越了九运会和十运会，为顺利办赛提供了有力的资金保障。

三、足球世界杯市场开发

4年一次的世界杯足球赛,如今已成为全世界范围的一次超级狂欢事件,超过几亿的巨大球迷群体,轮番上阵的赛事直播,高密度高强度的媒体曝光,使它的影响力席卷了全世界。"精彩世界杯,品牌梦工厂",普通的一句话,足见其在全球品牌企业心中的无穷魔力。世界杯是足球的赛场,也是企业的决赛场。

1. 电视转播权销售

世界杯足球赛经历一个世纪的市场开发和推广,已从单一的门票销售逐步发展为赛事门票销售、转播权出售、赞助商开发、赛地冠名权出售、延伸产品销售、赛事广告开发出售等。1954年瑞士世界杯开辟了电视转播世界杯足球赛的先河,1998年的法国世界杯足球赛全球收视率达到了334亿,在2006年德国世界杯上就电视转播权签署了207份转播协议,据不完全统计,仅电视转播权,国际足联就获得了12.2亿美元的收益。

2. 赛事广告开发

随着世界杯足球赛运营的成功与深入,世界杯赛事过程中的广告媒介越来越多。经过共18届世界杯赛事的举办,赛事广告的开发也越来越在细节上打造体育赛事的盈利链条,在吸引众多赞助商的同时,也增加了赛事的收入。世界杯赛事广告业逐渐从赛事兴起阶段单一的场地广告发展为专利广告、活动广告、印刷品广告、延伸产品广告、场地广告、赛场虚拟广告、地毯广告、全场广告等。

3. 赛事门票销售

世界杯足球赛门票的销售是世界杯赛事营销的重要环节,门票收入不容小觑。门票的销售不单是赛事本身经济上的获益,更是所有赞助商、广告商衡量赛事价值的标尺。国际足球联合会成立了一个非营利性的组织,主要负责世界杯期间的门票分配和销售工作。随着世界杯足球赛在全球近一个世纪的成功推广,门票销售也显得越来越人性化,开始从粗放单一的定价模式衍变为全球化以及人性化背景下的不同阶段、不同价位的灵活多变的销售模式。

比如：2006年第18届德国世界杯的门票采用实名制，完善的分级制度保证了门票良好的销售结果，使得此次世界杯门票共创造了10亿美元的利润。

4. 延伸产品开发与销售

世界杯延伸产品是与世界杯赛事相关的产品，包括吉祥物、纪念品、邮票、纪念章以及印有世界杯赛事标志的衣、帽、鞋、袜、围巾、汗巾、助威棒等，延伸产品的开发有助于拉动世界杯经济利润的大幅上升。

5. 世界杯赞助营销策略

国际足联的新世界杯赞助营销计划的内容包括寻求官方合作伙伴、官方供应商以及国际足联世界杯的授权认证，谋求最为合理有效完整的赞助途径。国际足联20世纪70年代开始执行创新计划，经历了模仿其他比赛的组织过程，以及20世纪80年代到20世纪90年代的大幅扩张。国际足联原来在这方面的合作伙伴是瑞士体育营销公司，主要负责构建以及协调愿意出资赞助或者提供协助服务的跨国公司赞助商。到2006年，德国世界杯赞助商分为"国际"和"国内"两种，"国际"赞助商有权通过世界杯赛事来独家宣传和销售企业的系列产品。国际足联在选择赞助商的时候，从每种商品中选择一家企业作为合伙人，总共有15家企业与它签订了合同，赞助金额为6000万欧元。国内赞助商与德国世界杯组委会独自签订赞助合同，只能获得当届世界杯的赞助权，还要向国际足联缴纳超过3000万欧元的赞助费。

第二节　体育赛事市场开发资源

资源是市场开发的基础和核心。本节着重介绍了市场开发资源的概况、目录和针对不同赛事类型资源开发的重点内容。

一、市场开发资源总体概述

体育赛事市场开发工作的第一步就是"摸清家底"，即对赛事所具有的市场资源进行全面、详细的调查、统计、归纳、整理和分类。这些资源有些是有形的，有些是无形的。对体育赛事市场开发资源的统筹和规划是实现赛事市场开发目标的基础，因此必须对赛事市场开发资源进行全面的把握和了解，对赛事进行合理的市场定位，并基于此对重点资源项目进行整合营销和开发。从市场经济角度讲，体育赛事的市场开发过程是一个商品交换的过程。在体育赛事的市场开发过程中，观众、企业及其他社会组织是购买体育赛事产品的消费者，赛事的组织者则是商品的生产者。而举办体育赛事是组织运动员进行高水平竞技体育表演，为观众提供审美享受服务的商品生产过程。由于体育赛事能够为社会提供一种具有观赏价值的服务产品，能够聚集大量观众观赏，具有形成大规模公众场合的功能，所以体育赛事拥有巨大的无形资产，具有极高的商业媒介价值。因此，体育赛事市场化的实质就是体育赛事组织者采用各种手段，对赛事的体育服务产品和无形资产进行开发与营销活动，实现体育竞赛表演业的商业价值的过程。

体育赛事开发资源具有以下基本特征：

1. 观赏价值与市场价值相互影响

观赏价值是基础，决定了体育赛事的市场价值能否实现和实现程度的高低；而体育赛事的观赏价值又是由市场决定的，赛事的市场化促使赛事经营管理者尽可能提供高质量的"产品"，以满足市场的需求。

2. 体育赛事具有过程不可复制的唯一性

作为服务形态的产品，体育赛事的生产与消费具有不可重复，甚至是一次性消费的特点。

3. 体育赛事具有极强的实效性

体育赛事服务产品具有生产与消费同时性、即逝性的特点。体育赛事的无形资产如竞赛冠名权、广告发布权等一般也都有特定的时限。

4. 产品价格的不确定性

体育赛事的主要产品是服务产品和无形资产，其"价格"往往受时间、地点、规模等种种因素的影响，具有较大的不确定性。

基于市场开发资源的产生过程、体育赛事产品、体育赛事资源消费者以及资源的基本特征分析，可以看出，所谓体育赛事的市场开发资源，其实就是与体育赛事相关的、具有经济价值、可开发利用的所有有形或无形资产的总称。要想搞清楚一个赛事到底有什么资源可以用于市场开发，就必须分析赛事的所有要素和举办过程，从中找出一些共性规律，当然，奥运会的赞助计划给我们提供了一种路径思考，但也不是所有赛事都可以按照一种模式去开发，还必须去深入分析赛事项目的类型，量体裁衣，否则市场也不会接受赛事组织者提出的合作条件，也就无所谓市场开发成果而言。

二、市场开发资源详细目录

根据体育竞赛组织方的提供与企业的市场需求，根据多年来体育赛事的市场开发运作实践，将体育赛事市场开发资源分为三大类，当然，这个分类并不追求学术性，只是长期工作中的一些总结思考，我们认为这种分类更容易让赛事承办者来把握市场开发工作。

（一）无形资产资源类

①组委会荣誉称号：对承办体育赛事分赛场的相关组委会授予荣誉称号，比如合作伙伴、赞助商、供应商等等。

②组委会名誉职务：授予企业荣誉称号，授予企业领导名誉职位，召开新闻发布会安排领导会见等。

③特殊标志使用：企业可以根据相关规定在产品和宣传中使用赛事会徽、吉祥物、主题歌；授予企业产品赛事指定产品的称号，享有行业或产品类别排他权。

④冠名权：企业可选择单项赛事冠名，在比赛场馆显要位置设置广告，获赠单项比赛门票等。

（二）产品、服务需求类

①门票：门票是赛事承办者允许观众进入比赛现场观看比赛的权利证明，门票销售的最大数量以赛场的座位数为限，主要包括预留门票和市场运作门票，大型体育赛事主要由开幕式门票、闭幕式门票和单项赛事门票三部分组成门票销售渠道的建立是整个门票销售环节中重要的一环。目前赛事门票销售的方式可分为由市场开发机构直接进行门票销售，或者全权委托专业票务

管理公司代理门票销售，或者两种方式相结合。

②特许商品：委托相关企业或自主开发如纪念币、纪念邮票的发行，工艺美术品的制作，还有带有赛事标志的帽子、T恤衫、玩具及体育用品等各类商品的设计和销售等。

③组委会和赛事举办所需的物品与服务赞助招商在赛事举办过程中需要的诸如饮料、服装、交通工具、酒店服务等，授予相关单位"指定产品""指定服务"等，比如授予银行、保险机构、宾馆（酒店）、商场等单位的专营权。

（三）广告活动载体类

①电视转播权：电视报道，通过市场细分一般分为三部分，即新闻报道权、赛事集锦权和实况转播权。电视机构播出3分钟以上的赛事画面，就要购买新闻报道权；集中播出15分钟以上的集锦画面，就要购买赛事集锦权；对赛事进行转播，就要购买电视转播权。电视报道权按电视媒体的性质，可分为有线电视转播权、无线电视转播权和卫星电视转播权三类。

②媒体广告：主要包括公共广告位广告、开闭幕式及比赛期间场馆广告、门票广告、证件广告、宣传册广告、电视广告、网络广告、平面媒体广告等。

③赛场内外广告牌：企业可选择单项赛事冠名，在比赛场馆显要位置设置广告。比赛期间，企业可以选择在机场、车站、广场、主要道口和大会驻地等区域设置产品展示或宣传广告。

④赛事相关主题活动：企业可优先选择（有偿）参与赛事相关的各类比赛项目、大型文体表演、火炬接力、群体展示等主题活动，主要包括邀请企业领导参加开、闭幕式，出席赛事论坛等大型主题活动，获赠门票，组委会提供有关交通、食宿等。

三、不同类型赛事资源开发重点内容

分析体育赛事市场开发的一般实践，我们从市场开发的角度将赛事分三类，综合性赛事、单一项目赛事和群体性赛事活动。

（一）综合性赛事

综合性体育赛事是体育项目设置较多、参与的运动员和裁判员以及工作人员数量较多、规模比较大的、组织工作较为复杂的体育比赛活动，此类赛事应是高级形式的运动会性质的体育赛事。在相当一段时间内这项赛事对于举办地来说是一次性的，如奥运会、全运会、省运会等，在一定周期内不会连续在某地重复举行。

大型综合性体育赛事的市场开发是为了弘扬与传承赛会的品牌，将赛会的资源进行整合营销，为举办赛会获得声誉、资金、设备、技术和服务等资源的活动。由于性质、规模及影响范围的差异，大型综合性体育赛事市场开发与单项赛事不同，有以下特点：

1. 市场开发活动以竞赛为核心，突出赛事的观赏价值

大型综合性体育赛事资源价值的形成与竞赛活动本身有着直接或间接的关联，市场开发的效果与赛事的级别、品牌、社会形象、参赛单位构成、运动员的现场表现、受众群体等有着高度密切的关系。因此，赛事市场开发的程度如何，从根本上取决于赛事的可观赏性即观赏价值。一般说来，观赏性越强的赛事，其所拥有的资源价值总量、市场开发潜力以及交易成功率会越大。

2. 市场开发的资源以无形资产为主

大型综合性体育赛事既非生产企业，又非流通企业，它以提供体验性消费为主要特征，其可开发资源一般都是无形资产，而且赛事的有形资产也多与无形资产紧密结合，依存于无形资产或因赛事的举办而价值倍增。因此，赛事无形资产价值的实现与提升，既需要以无形资产共有属性为基础，遵循无形资产运作规律，也需要从赛事自身特点出发，研究其无形资产价值创造、积累、提升的方式和方法。

3. 市场开发活动关联面广，资金来源多元化

市场开发是实现赛事无形资产价值的过程，是使赛事成为企业宣传、促销的载体。通过名称、会徽、吉祥物使用许可，通过冠名权、专用产品使用许可权等无形资产的资源与企业的需求及市场目标包括媒体目标之间实现货

币交换。赛事的主办者、组织者得到资金、物质、服务的回报，企业得到知名度、美誉度和产品促销的回报。这种相互间的资源重新培植需要组织者与政府、企业、电视机构、中介组织、社会团体及个人的共同参与和鼎力协作，需要商业、交通、通讯、旅游等相关行业的支持与合作，从而多渠道筹集资金。

4. 筹备周期长

为了更好地展示举办城市的魅力和实力，在举办大型赛事之前几年政府及相关的组织部门都要进行基础设施、运动场馆、环境保护等方面的建设和改造。尤其是市场开发工作，通常都是最早启动的筹备工作之一，如武汉市人民政府从 2002 年 4 月提交第 6 届全国城市运动会申办报告开始，就进入了前期筹备阶段，到 2007 年 10 月正式举办历时 5 年，而资源开发则是与场馆建设、竞赛组织同时启动的重点工作。

（二）单一项目赛事

单一项目赛事，简称单项赛事，通常是由世界单项体育组织管辖的，有时间、有规律的举办的，具有一定知名度，对主办城市或社区产生重大影响并形成较好经济、社会效益的单一运动项目比赛。

相对于综合性体育赛事，单项体育赛事的持续时间较短且比赛项目、使用场馆相对较少，对于赛事的主办地、场馆等的报道宣传也不是在赛前较长一段时间就开始进行的，赛事的宣传周期较综合性赛事也较短，但形式、时间也相对集中。单项体育赛事一般也是周期性举办，只是赛事活动中的运动项目只有一项，比较单一，尤其是大型的单项体育赛事，其在单项运动中的高竞技水平一般会吸引该项运动的世界顶级运动员参与，使该赛事拥有高竞技水平和强刺激性。这种特点导致了赛事水平相对较高，参赛方和媒体的关注程度比较深，一般有其特定的参与者及观众。

单项体育赛事通常具有规范的运作模式：大部分单项体育赛事，经过单项组织的多年努力，通过赛事运作和专业化的管理，形成了较为科学合理的运作管理模式，因此大多数都符合各单项体育协会要求的规范运作标准。单项体育赛事的竞赛组织管理工作有其特殊的要求和特点，竞赛组织方面既要遵守国际单项体育赛事竞赛规则标准，又要考虑到自身赛事的运作特点。

单项体育赛事在市场营销和推广方面有较为完善的运行机制，不管在全

球任何地方举办此项赛事，在市场营销和推广方面都要采用单项体育赛事组织者制订的专门市场营销与推广计划，这样就可以用其统一市场营销和推广模式为赛事发展服务，进一步规范和促进了赛事的推广与运营。

单项体育赛事产品、分销渠道或地点、价格和促销是赛事运作销售组合的要素。

1. 高质量竞赛和明星运动员的参与

体育赛事的核心是竞赛，单项体育赛事尤为突出。拥有高质量的竞赛才能够具备成为赛事的基础，竞赛质量也是单项体育赛事的运作核心要素。高质量的竞赛对观众和媒体以及运动员的吸引力是巨大的，观众愿意欣赏质量高且竞争激烈的比赛，不仅是在现场观看，同时在媒体上观看也可以享受到激烈比赛所带来的乐趣。高质量的竞赛所具备的重要因素是明星运动员的加盟和发挥，当一项赛事没有明星运动员参与的话，很难培育成为在国内乃至全球范围内有影响的单项体育赛事。对其发展和影响力而言，明星运动员带动的不仅是竞赛本身，而且在赛事推广方面起到了举足轻重的作用。NBA通过代言人制度的推出，极大地促进了赛事发展和壮大，在发展的50年后，成功占领全球化赛事市场。高质量的竞赛和明星运动员的参与是单项体育赛事成功与否的关键因素。

2. 高媒体曝光率

媒体曝光是宣传的主要方式，媒体曝光可以分为平面媒体曝光、电视媒体曝光、网络媒体曝光、新媒体曝光四种形式。单项体育赛事在宣传和推广借助媒体曝光可以达到事半功倍的多赢效果，一是提升单项体育赛事的知名度，二是扩大单项体育赛事的公众影响，三是在促进单项体育赛事发展的同时对举办地或举办地区有着宣传影响和推动作用，四是对单项体育赛事相关附加产品和附加产业带来影响。单项赛事的媒体曝光要根据赛事特点进行针对性的宣传报道，媒体曝光要抓住赛事亮点和赛事理念等核心信息进行相关宣传。根据赛事的竞赛特点以及受众人群选择不同的媒体进行相应的宣传和报道，可以更有效地宣传和推广赛事，并且借助追踪报道和新闻等多种形式进行媒体多次曝光，增加公众对单项体育赛事的认知程度。良好的公众形象是体育赛事树立的重要因素之一，体育有着健康向上的寓意，在单项体育赛事培养和运作中要特别注意树立赛事良好的公众形象，有助于赛事的发展。在赛事组织初期就应当树立意识和公众形象概念。在制度上要根据其对公众影响程度进行相应的制度限定，用规范的运作来避免其不良的事件发生，避免赛事在媒体曝光方面的负面影响。

媒体曝光和公众的形象两者的关系密不可分的，媒体在新闻报道方面会从不同视角进行事件的阐述，公众形象的好坏直接影响媒体曝光的质量，引导公众对其观点的改变。单项体育赛事要在媒体曝光和公众形象方面采用双管齐下、并重发展的原则进行宣传和推广。

3. 赞助商权益最大化

单项体育赛事的运作和开发需要经济的强有力支持，赞助商是单项体育赛事运作过程中必不可少的元素，并且在促进赛事发展方面起到重要的支撑作用。在单项品牌体育赛事建设初期要考虑到赞助商权益以及为赞助商服务等方面的问题，更多地从赞助商权益方面进行分析并根据单项品牌体育赛事的运作情况和竞赛特点进行整合开发，为赞助商提供展示推销自己产品的平台，使其赞助商权益得到最大释放，并通过相互合作在效益方面得到双赢，最终成为长期的合作伙伴。

(三) 群体性赛事活动

群众性体育赛事既是体育赛事的一个子集，同时又是群众体育的一种表现形式，它是两者的融合。群众性体育赛事以自身所固有的群众体育特点区别于竞技性体育赛事，它以娱乐性较强、竞技性适中的运动项目为主要内容。群体性赛事活动是借助公共体育场馆或其他场所的体育设施，在一定的竞赛规则、传统习俗和多种因素的制约下所开展的具有项目管理特征、组织文化背景和市场潜力的群众体育竞赛活动。它重点强调的是以一般群众为主要参与对象，不以追求个人或团队比赛成绩的高低为主要目的，而以满足普通群众的体育需求，增进其身心健康为主要目的。群众性体育赛事是伴随着我国群众体育的发展应运而生的，各行业、社团间、社团内部以及家庭为单位的比赛需求日趋增多，这些需求为群众性体育赛事的发展提供了原动力。群众性体育赛事作为群众体育的重要表现形式，形式多样、组织灵活、内容丰富，吸引普通群众的关注。相对于竞技性体育赛事而言，其特点为：竞赛活动的娱乐性、竞赛主体的参与性、竞赛方法的服务性、竞赛规则的制约性。

群众性赛事最突出的特点就是参与者驱动。群众体育赛事虽然要体现群众的主动参与和主体性，但这种主动是在政府及有关部门组织的活动环境里的主动。组织者不仅要负责活动的创意、活动的具体实施，而且活动还是一种常规的群众体育工作方式。在这样的条件下，组织者坚持自己的办赛理念，组织系统化的赛事内容，采用形式多样的竞赛形式是群众性赛事市场开发至关重要的方面。

群众性赛事不光涉及组织者如何策划、组织以及实施赛事活动，也包括群众如何参与活动，更在于赛事的可持续发展，即在保证连续性的基础上有所创新。与此同时，群众性赛事的开展还受到很多的制约因素，如政治环境的要求、经济因素的制约、竞赛市场的冲击、群众体育的发展等。因此，群众性赛事的市场开发就依赖于组织者对于当前的社会环境以及群众的体育需求有相当的了解。从这个角度上来讲，赛事组织者或许正是各种矛盾体现的焦点。

市场经济的发展要求群体性赛事走向市场化发展的道路，尝试市场运作模式。即群众性赛事的市场化运作可尝试遵循市场规律、注入"成本与利润""投入与产出"的理念，由专门的服务或策划公司承办，政府行为只起着协调、支持的作用。在市场经济理念的渗透下，城市群众性赛事的举办可以不断改变传统的方式——依靠政府大量的财政投入，取而代之的是采用了"投资—回报"机制，同时吸引企业、企业集团及媒体参与，形成"以活动养活动"的良性循环模式。

1. 群体性赛事市场开发注意事项

群众体育竞赛是以增强群众体质、推动群众体育活动广泛开展、丰富群众业余文化生活为主要目的，因此，群众体育竞赛的组织必须有利于广大群众参加和观看，注重群众性。只有吸引和组织尽可能多的群众参加，才能更好地达到群众体育竞赛的目的。在市场开发过程中，应注意：

①群众体育竞赛应以小型竞赛为主。群众体育虽然也需要一些高层次、大规模的竞赛活动，提高运动技术水平，以推动群众体育活动形成高潮，但是群众体育竞赛侧重于普及，主要应以基层开展的小型竞赛活动为主，并注重把竞赛活动与平时锻炼有机结合，以竞赛促锻炼。

②群众体育竞赛活动应根据参赛者的特点尽可能安排在空闲时间或节假日，这样既方便群众参加，也有利于群众欣赏比赛，例如以学校师生为对象的比赛宜安排在寒暑假，而农民运动会宜安排在农闲季节。

③群众体育竞赛的方式应机动灵活，简便易行，并且还可以借用高水平

竞技体育的竞赛方法，但不必拘泥于竞技体育竞赛规则、裁判法等，可以采用机动灵活的竞赛方式以适应群众参加。

2. 群众体育竞赛中常采用的方法

①加大竞赛的容量：为了检查体育活动的群众性，可以开展一些容量较大的竞赛活动，如各种越野活动、登山、会操、团体操表演等。

②降低正规竞技比赛的难度：群众体育的比赛可在场地、器材、人员、裁判、服装等方面适当降低要求和难度，以适应群众参加。

③简化比赛程序：为了方便群众参加比赛，可在报名、比赛、发奖等环节上简化手续，以节约时间、人力和资金。

第三节 体育赛事市场开发主要步骤

通过分解市场开发步骤中的各个环节，逐一介绍了机构设置、资源整合、目标确定、宣传推广、组织招商、维权回报、评估总结等重要工作。使读者了解完整的体育赛事市场开发的全过程。

一、机构组建与部门设置

组委会作为赛事的运作管理机构，一般应根据赛事规模和市场开发总体目标内设立专门的市场开发部门，如单项赛事一般会在组委会内部设立市场开发部，而大型综合性体育赛事则需设置直接受组委会领导的市场开发公司，直接负责赛事的资源整合、赞助招商、维权回报等事宜。

不管是组建市场开发部门或市场开发公司，该组织内部还需按照职能和业务进行部门划分与设置。以第10届全国运动会的市场开发公司——十运资源开发有限公司的组织结构为例（图12-3-1），公司内设6部1室。其中办公室、财务部是按照职能设立的部室，主要负责为业务部门提供服务和后勤保障；而招商一部（主要负责自主招商）、招商二部（主要负责代理招商）、特许经营部、社会捐赠部、维权回报部是按照市场开发业务的不同类型和实际需要而设立的部门，相互协作、互为补充，紧密围绕市场开发的总体目标在各自的业务范围内开展工作。

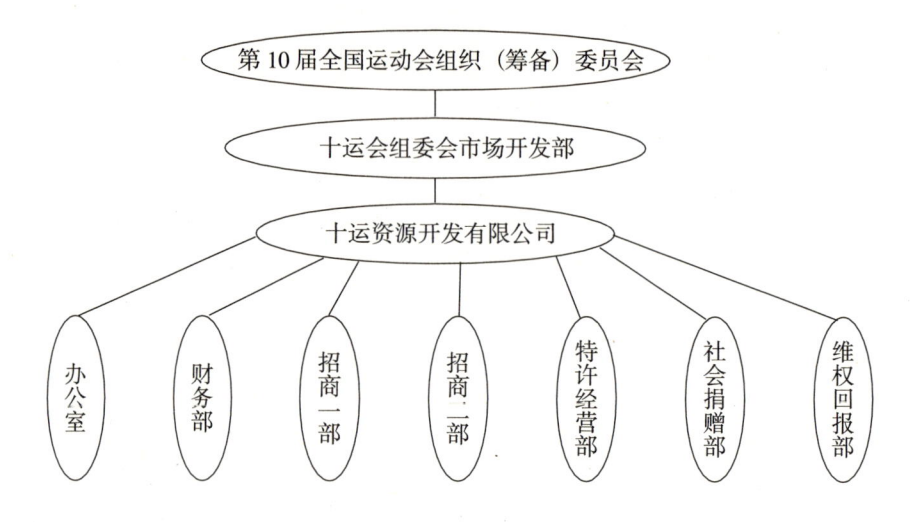

```
            ┌─────────────────────────────────┐
            │ 第10届全国运动会组织（筹备）委员会 │
            └─────────────────────────────────┘
                           │
                ┌────────────────────┐
                │ 十运会组委会市场开发部 │
                └────────────────────┘
                           │
                ┌────────────────────┐
                │  十运资源开发有限公司 │
                └────────────────────┘
```

图 12-3-1　十运资源开发有限公司组织结构

（下设：办公室、财务部、招商一部、招商二部、特许经营部、社会捐赠部、维权回报部）

机构组建时还应高度重视市场开发队伍的专业化建设，不仅要从体育系统内部吸收熟悉赛事规律、具有广泛人际关系的中坚力量，还需向外部吸纳部分懂业务、懂策划的专业人才，充实到中层管理岗位和骨干队伍当中。此外，还可以邀请一些体育产业运营公司、媒体运营机构，经济、法律和体育产业专家提供咨询与顾问服务，为赛事的市场开发提供专业指导、出谋划策。

二、整合资源明确定位

资源的整合与统筹是体育赛事市场开发的基础性工作，即对赛事所具备的与市场开发有关的资源进行详尽、全面、系统的调查与统计，并按照资源类别进行归纳和分类整理。大型运动会具有丰富的资源，但不经整合必将因零散而贬值。由于赛事的资源分布于赛事的各个环节，因此资源整合工作牵涉部门较多，需要市场开发部门牵头承担，由组委会统筹各部门协作配合进行。例如：场馆的广告资源统计要根据各场馆的实际情况，并结合赛事的组织需要，在场馆人员和单项赛事竞委会的认可与协作下方可顺利进行；大型活动的相关资源配置要与大型活动部门甚至是安全保卫部门充分沟通协调，经过各方合作梳理并确认，将资源落实到位。

比如在十运会市场开发中，通过经济手段对电视媒体、平面媒体、网络媒体资源进行打包整合，对赛场广告的设置、销售专区的划定、场外广告的

安排等进行梳理和规划定位等，做到提供给赞助企业的回报是经过资源整合以后一系列可供选择的"套餐"服务。有效的资源整合最大限度地提升了竞赛品牌价值，提高了对赞助企业回报的吸引力，更可避免出现由于事先对资源的确定性沟通协调不充分，在履行赞助回报条款时，发生不必要的误解与纠纷。

赛事资源的价值是赛事市场价值的直接体现，而估算赛事的市场价值是对赛事进行市场定位的前提。市场调研的对象主要包括同类项目和目标市场两方面。同类项目是以往国内举办的同类赛事以及举办地区同级别的比赛或活动，对其比赛规模、招商情况、市场反响、举办地地域特征、社会经济发展现状等基本状况进行综合归纳和分析，同时选取部分目标客户即赞助企业通过拜访、问卷等形式，了解企业宣传需求和对赛事的认可情况。对以上采集到的信息进行综合分析和评价，进一步明确本次比赛的市场环境和优势劣势。

通过资源整合"摸清家底"后，已基本掌握赛事的资源实力，结合市场调研和分析，可对赛事市场价值作出全面评估，进而对赛事作出合理的市场定位，为下一步制订招商计划和赞助体系奠定基础。

三、确定目标制订方案

科学、合理地制订市场开发的目标和计划是有序推进赛事招商工作，按期完成市场开发任务的必要前提。市场开发的目标即期望实现的体育赛事市场开发总体收入及构成，包括现金、物资及服务的具体目标和构成比例。在对比赛市场价值进行了全面估算的基础上，根据赛事组织需要和已有的资金来源，测算市场开发预期收入的总体规模，包括除现金外，需要通过资源配置和交换从市场中获取的物资、服务的范围和类别。随着大型运动会科技含量和综合需求的不断提升，所需实物和服务的量会越来越大，市场开发的空间也越来越大。在赛事运作中需要通讯服务、运动服装、饮用水、比赛器材、保险等产品和服务，而获得这些产品和服务，一方面比获得资金的难度要低，另一方面赞助商可以通过提供产品和服务得以展示其性能与质量。在制订赞助招商目标时，就应将这些领域的市场开发计划列入其中。

制订方案包括制订市场开发总体计划及各项开发工作的具体方案。市场开发总体计划一般包括：确定市场开发的目标对象和范围；制订销售预期目标；制订销售策略与销售方式；各项开发项目的工作要求；市场开发的费用

预算等。各项开发工作的具体方案主要有体育赞助销售方案、特许经营权销售方案、门票销售方案、电视转播权销售方案等。在开发形式上，根据开发的具体目标和对象，基本可以分为赞助招商、特许经营、社会捐赠、门票销售、电视转播权及其他商业资源开发等工作类别，应当根据各开发形式分别制订具体招商方案，并依据招商情况确定各个时期不同的营销重点。以赞助招商方案为例，主要内容应包含赛事介绍（包括赛事亮点分析）、赞助招商体系即赞助商层次、赞助内容、赛事回报条款等基本要素。

对于大型体育赛事，因涉及部门、场馆较多，市场开发环节多、任务繁重、参与人员广，为保证赛事市场开发工作繁而不乱、有章可循、有法可依，体育赛事运作机构还应制定出台赛事市场开发的总体规则及相关规定，并由主管单位签发，确保规则的权威性和稳定性。比如十运会组委会颁布出台了《中华人民共和国第10届运动会资源开发管理办法》《十运会名称、会徽、吉祥物等特殊标志保护及使用管理规定》等规则，为十运会市场开发的有序、成功实施提供了制度性保障。

四、加强宣传营造声势

强有力的社会宣传和良好的社会氛围是资源开发工作顺利开展的推进器与加速器。从赛事的组织角度来看宣传工作必不可少，但如果仅仅为赛事组织而进行宣传却远远不够，宣传工作必须与市场开发工作融为一体，通过宣传，能够有效提高赛事的社会认可度和影响力，市场价值得以进一步提升，市场开发工作就能事半功倍，因此宣传的策划与实施本身就是市场开发工作的重要组成部分。

一般赛事的市场开发要先于赛事的整个宣传组织工作而启动，为避免由于时间错位带来的不利因素，可从满足资源开发招商需要的角度，制订前期宣传工作方案，通过引入媒体合作伙伴，刊登专栏宣传广告，引导体育、经济领域的记者全面介入资源开发等方式，在市场开发的不同时期采用不同的宣传方式，全方位包装、宣传赛事的整体形象。

比如在前期重要时间节点通过举办火炬传递、一周年倒计时、大型庆典等重大活动，制造吸引眼球的宣传效应；与报社、电视台建立合作伙伴关系，在报刊上开辟专栏，不定期报道赛事组织工作的新闻消息，安排报花每天进行赛事倒计时宣传，制作比赛的整体形象宣传片在电视媒体或城市广场大屏

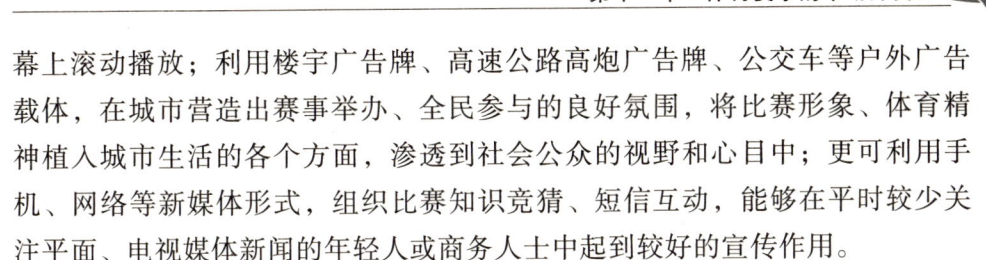

幕上滚动播放；利用楼宇广告牌、高速公路高炮广告牌、公交车等户外广告载体，在城市营造出赛事举办、全民参与的良好氛围，将比赛形象、体育精神植入城市生活的各个方面，渗透到社会公众的视野和心目中；更可利用手机、网络等新媒体形式，组织比赛知识竞猜、短信互动，能够在平时较少关注平面、电视媒体新闻的年轻人或商务人士中起到较好的宣传作用。

五、组织招商落实方案

以制订好的各项规定和方案为依据，有计划、有步骤地展开市场开发实施工作，该阶段是市场开发工作的主体部分，也是整个市场开发工作中耗时最长、耗资最大、人力投入最多的阶段。如果说前期各项工作是为市场开发的大厦夯实地基、搭建框架，那组织招商的实施过程就是大厦拔地而起、砌砖填瓦、修建封顶，该阶段的工作业绩直接决定了赛事市场开发的整体效果，因此是市场开发过程中最重要、最关键的环节。该阶段工作应注意以下要点：

1. 内部协同作战，相互配合

市场开发过程的顺利进行离不开市场开发全体部门和人员乃至整个组委会各部门的协同推动与密切合作，需要借助各种力量、充分调动资源予以支持和配合。以十运会为例，各业务部门按照"逐级开发"的原则，在各自职责范围内开展工作，并且鼓励利用共同资源，挖掘其他资源，在业务指标和资源利用上展开竞争。同时，各部门目标一致，顾全大局，根据业务进展情况和市场变化，适时就专项资源开发任务相互支持，团结协作。这种既分工又合作的机构设置，适应了十运会资源开发不断变化的市场需求。

2. 对外合作双赢，互惠互利

在承办大型赛事的过程中，赛事组织者和赞助商是相互需求、相互依存的有机整体，赞助商在为赛事活动作出贡献的同时，也可以借助赛事营销提高企业声誉、提升品牌形象、获取经济效益，实现互惠双赢。在市场开发过程中，应始终强调承办方与赞助商的精诚合作，坚决反对将企业的赞助行为演化成为简单的买卖关系，并且通过切实维护赞助企业的权益，保证赞助企业得到实惠，从而吸引更多的企业加盟赛事，投资体育事业。可以适时根据目标客户的特定需求，包括采取合理利用政府资源等策略，为目标客户量身

打造极具个性化和人性化的回报方案，切实维护目标客户的实际利益，真正从营造"双赢"的着力点出发，使赞助企业通过比赛创造并提升品牌价值，实现与目标群体的全面接触和深度沟通，从而促进体育产业的长远发展。

由于赛事的市场开发工作是有计划、有组织的市场行为，因此在配套机制建设上，也应注重激励机制的重要作用，充分调动员工的积极性和能动性，尤其是一线市场人员，将回报与业绩紧密挂钩。同时还要从规范招商行为、维护员工的切身利益出发，强调廉政，加强监管，严密杜绝一切有可能的经济腐败行为。

六、落实回报维权工作

在开展市场推广和招商工作的同时，就要展开为赞助单位提供细致、周到、准确的回报维权工作。可以说回报维权工作的成效直接关系到赛事组织机构的信誉，赛事能否做出品牌和口碑，市场开发成果能否得到保障以及能否营造一个安定有序的工作环境。这就需要在市场开发工作中树立并遵循"维权与开发并重""回报维权是市场开发的生命线""维权也是生产力"的指导思想。

回报维权工作复杂而细致，虽然不是赞助招商工作的第一战场，但对于招商工作的顺利进行、对赛事的成功举办发挥着至关重要的作用。因此要从组织构架上突出维权工作地位，吸纳工商、法律人员参与其中，加强维权力量，通过建立完善的维权责任机制，切实维护比赛和赞助企业的合法权益。

首先，在回报赞助企业的过程中，一方面应当按合同约定严格兑现对赞助企业的承诺，另一方面时刻为赞助企业着想，遇有合适的回报机会，尽可能向赞助企业提供超值回报，使赞助企业实现赞助效益的最大化。

其次，要高度重视赛事知识产权的保护，加大对侵权行为的监控与查处力度。在开展无形资产保护的过程中，可以借助工商、法律、媒体等部门的力量，建立日常的维权监控机制，尤其对赞助企业享有排他权益的行业进行重点保护和排查，确保赞助企业合法权益的顺利兑现。

第三，要牢固树立维权意识，实施市场开发的全过程维权。各营销部门作为维权工作的第一责任人，在进行商务谈判、签订合同的过程中，就要高度重视维权工作，严格遵循排他权的要求，杜绝不切实际的承诺。

第四，在合同的执行过程中，要全面梳理赞助合同回报条款，并联合各比赛场馆和组委会相关部门共同实施回报维权工作，将落实的回报权益实现效

果通过图片及文字方式予以留存归档，赛后向赞助企业提供相关成套资料，切实做好对赞助企业的权益维护和服务工作。

七、评估效果总结工作

市场开发效果评估包括两方面内容：一是对赛事市场开发成果的总结和评价，即市场开发主体对市场开发的总体业绩、市场开发工作各环节、市场开发部门及人员工作表现等方面进行的全面总结和整体评价；二是赞助比赛的企业对赞助效果的评价和衡量，如赞助活动是否取得了预期效果，企业的市场认可度和美誉度是否显著提高，企业的媒体曝光率是否达到既定数量，这些评价指标都将成为企业未来是否继续投资同类体育赛事的决策依据。

市场开发的总结工作主要包括：

1. 建档保存市场开发工作资料

在市场开发工作过程中形成的一切成果及资料，包括各种文件、方案、合同、规章、图片、报纸、杂志、视频、光盘等，都要分类归档保存，有些资料具有保密价值，但更多的是为举办下届或者其他赛事提供宝贵的经验资料和借鉴参考作用。

2. 完成市场开发工作总结报告

进行市场开发工作的各部门，都要分别撰写本部门承担工作的部门总结，再整合为整个市场开发单位的全面系统的工作总结报告。报告中既要总结成功经验，更要分析教训、找出问题，并提出改进建议，作为其他赛事或活动的经验借鉴和参考依据。

3. 表彰并激励突出贡献人员

在市场开发工作结束后，要着重表彰并奖励在工作中表现突出的工作人员，通过树立先进、表彰优秀，在对工作人员的辛勤工作给予感谢和鼓励的同时，也是在市场开发部门中树立了标杆和榜样，为今后增强团队战斗力、再创市场开发优秀业绩起到积极的催化作用。

第四节　体育赛事市场开发重点任务

体育赛事市场开发过程中将面临各种各样的挑战，也会有不同层次的目标，如何突出重点非常关键。本节主要介绍体育赛事市场开发的重点任务。

一、整合资源包装产品

体育赛事是一个多棱体，从不同的视角，可以看到不同的景观。体育赛事本身具有许多有价值的资源，通过开发与经营可以产生经济效益，那么如何将赛事资源价值最大化，如何创造最大的经济效益，则需要以整体的视角统揽全局。

赛事资源若不经整合必将因其零散而贬值，体育赛事市场开发工作的第一步就是"梳理资源、统筹开发"，也就是要先"知己"，即对赛事所具有的市场资源进行全面、系统的调查、统计、归纳、整理和分类。整合资源的过程并非是一个简单易行的过程，工作量大、涉及面广、细节要求高、协调沟通多。首先，要对赛事涉及涵盖的所有资源进行梳理，细分出哪些可以开发商业价值，哪些不具有商业开发的可能。比如：赛事场馆广告资源的数量、要求，电视转播权开发的可能，大型赛事会徽的征集、吉祥物的设计、特许产品的开发、重大节庆活动等等，要预先梳理、确定可供开发的资源。

第二步是在资源梳理的基础上进行"产品设计、整合包装"。现代体育赛事市场开发往往采用多种资源整合开发的方式，包括各种有形资源之间的整合、各项无形资产之间的整合、无形资源与无形资产之间的整合等等，要根据体育赛事的特点，创新挖掘赛事的核心价值，对赛事的亮点、卖点进行提炼、加工，设计包装成市场能够接受并认可的赛事产品。这一过程是对赛事进行创意再加工的过程，不仅要对赛事和活动有全面的了解，还要能够激发创意、提升赛事价值，制订具有可操作性的赛事营销方案。

在我国的体育赛事市场开发实践中，精彩、可行的产品设计是"敲门砖"，是迈向成功的第一步。

二、赞助招商计划

整合资源、挖掘卖点、提升价值其最终目的均是使资源产生效益,那么在把赛事产品推向市场,通过与企业之间的市场交换行为缔结合作关系的环节中,选择一种合适的营销方法尤为重要。体育赛事市场开发过程中主要的营销方式如下:

(一)自主运营

从近年国内大型体育赛事市场开发的成功经验来看,自主运营能够高度发挥行业优势强、机动灵活性大、成本低、效益好的优势,着力开拓市场,努力提高开发效益。在实际操作中,通过市场调查和分析,对于那些有赞助大型体育赛事传统,而且有可能成为高级别赞助商的行业或产品类别,如石化、通讯行业和饮料、汽车、服装产品类别等可进行自主开发,尽量把自主招商的蛋糕做大。而对于其他行业或产品类别则通过授权代理的方式进行运作。

(二)代理招商

采用这种方式能够充分借助外力,利用专业代理公司的力量进行招商,但要注意搞好行业和区域细分,探索行业代理和区域代理相结合的代理模式,建立健全代理商网络,扩大代理招商的覆盖面。

在选择营销方式时要综合考量赛事的品牌价值,也可采取自主招商与代理招商有机结合的方式,利用自主的力量主导资源开发,同时在相关领域发挥代理公司的专业优势,优势互补、合作共赢,这也是当前比较切合实际的赛事资源开发的营销模式。

三、特许经营

特许经营是赛事产品实体化、扩大赛事影响力的有效手段。特许经营工作需要明确宗旨、目标和产品品类划分。

（一）特许经营计划宗旨

国际特许经营协会（International Franchise Association，简称 IFA）给特许经营下了如下定义："特许经营是特许人与受许人之间的一种契约关系。根据契约，特许人向受许人提供一种独特的商业经营特许权，并给予人员训练、建立组织结构、经营管理商品采购等方面的指导与帮助，受许人向特许人支付相应的费用。"特许商品经营计划旨在推广赛事理念和赛事品牌，为广大企业和公众提供接触赛事、参与赛事的机会，弘扬体育精神，激发参与热情。各项赛事特许经营计划要立足于弘扬、推广赛事品牌，同时融入地方人文特色，塑造出独特的赛事品牌，开发设计新颖、品种丰富、品质优秀的赛事特许商品，通过特许商品开发，营造良好的店面形象和营销氛围，广泛传播赛事精神，为宣传和推广赛事的整体形象做出贡献。

（二）特许经营工作目标

一是宣传推广赛事品牌，塑造赛事形象。二是为国内外优秀企业参与赛事搭建平台。特许经营涉及商品种类众多，市场覆盖面较广，可吸引国内优秀企业参与赛事特许商品开发与销售。三是为赛事筹集资金。特许经营计划是各项赛事市场开发计划的重要组成部分，通过实施特许经营计划，可为赛事举办筹集一定的资金。

（三）特许产品品类划分

赛事组织者可授权特许生产商生产带有赛事知识产权景观元素的如下类别特许商品：

①日用产品类——家纺产品、日化产品、餐厨产品、塑胶制品。
②箱包皮具类——箱包用品、皮制品。
③小家电类——日用小家电、厨房/餐饮小家电。
④手机电脑类——手机及配套产品、座式电脑、笔记本电脑及外延系列。
⑤数码产品类——相机、摄像机及配置，数码产品及配件，汽车电子产品。
⑥文化用品类——文件存储用品、书写用品、教学用品、桌面用品。

⑦体育用品类——户外运动及休闲用品、健身器材及配件、按摩保健类产品、球类运动用品。

⑧娱乐玩具类——益智玩具、电子玩具、塑胶玩具、模型玩具、童车及配件。

⑨工艺品类——徽章、金属工艺品、水晶工艺品、玻璃工艺品、陶瓷工艺品、塑料/树脂工艺品、天然编织、刺绣、民间/收藏工艺品、铜类、镀金类制品。

⑩贵金属类——纯金、纯银、铂金、钯金、铜类、镀金类制品等贵金属收藏纪念品、饰品。

⑪珠宝玉石类——玉材、玛瑙、石材、翡翠、珊瑚、珍珠、宝石为材料制作的纪念品和饰品。

⑫服装饰品类——各式服装、非贵金属饰品。

⑬其他类。

四、电视转播权开发

电视转播是体育赛事的重要宣传载体。通过电视转播可以扩大赛事影响力。电视转播也是市场开发的有效手段，可以实现赛事和赞助企业品牌价值。不容忽视的是赛事的电视转播权自身也是一类重要资源。可以通过电视转播权开发，体现赛事的无形资产价值。

（一）电视转播权开发的定义

竞技体育比赛的电视转播权，是指竞技体育比赛主办单位有权决定是否给予某一电视机构对比赛进行电视报道的权利，以及对于被授权进行电视报道的单位提出相应经济要求的权利。按照国际惯例，电视报道权是比赛谁主办就归谁，如足球世界杯的电视报道权就归国际足联。从资产特性看，电视转播权是属于所有者的体育无形资产。适合实行电视转播权有偿转让的赛会有大规模综合性运动会、热门项目的职业化或半职业化联赛、各项目的商业性比赛以及各种以获取经济收益为目的的体育比赛和体育表演。

（二）体育电视转播权的分类

对于电视报道权的开发，主要体现在对电视报道权的出售上。在国际上，

按报道的性质分,电视报道权一般分为三个部分,即新闻报道权、赛事集锦权和赛事实况转播权。电视机构凡是播出 3 分钟以上的赛事画面,就要购买新闻报道权;集中播出 15 分钟以上的集锦画面,就要购买赛事集锦权;而要对整个比赛进行转播,那么就需要购买赛事的实况转播权了。时至今日,电视报道权按电视媒体的性质进一步获得细分,可分为有线转播权、无线报道权和卫视报道权三类。按报道的允许接受地域可分为世界性报道权、全国性报道权和地方性报道权三类。

对体育产业经营者来说,体育比赛是他们组织的,他们当然拥有比赛的原始电视转播收益权,但是这个权益如果不通过一定的转让实现,那么其中的价值就不能得到实现,就一直在沉睡之中。在电视产业资本运营的范畴里,体育电视转播权属于无形资产运营的内容,它是和电视频道的品牌、标识等等处于同等地位的概念。与传统社会里物质资本作为资本的主要形态相比,知识经济时代的资本灵魂就是以知识资本为核心的无形资本,无形资本是这个时代的主要资本形态。它不仅自身能创造巨大的价值,而且能赋予参与其中的物化资本以活的灵魂,实现资本增值。电视产业部门的主要活动内容就是知识产品的生产、销售和服务,所以知识产权是无形资本中的重要内容。掌握重要的有影响力的体育比赛电视转播资源,是电视产业机构提升其无形资产的一个重要内容。因此,设法获得重要比赛的电视转播权,是电视产业部门进行其经营活动的极其重要的步骤。这个要求与体育产业经营者实现电视转播转让收益的诉求是一致的,于是两者的结合是必然的、必须的。

(三) 电视转播权转让形式

传媒与体育实质上是一种共生关系,如今人们越来越关注体育,体育已经成为人们的一种生活方式,成为大众文化的一个重要组成部分。同时在这个不断分化的市场上,一方面涌现了越来越多的媒体,媒体之间的竞争变得愈加激烈,另一方面,越来越多的赛事出现。在所谓的"注意力经济"下,为了争夺这些有限的"眼球",传媒与体育已经形成了一种共生共荣的关系。

媒体是体育赞助中一个重要的合作伙伴。通过它们对体育赛事的大量报道,烘托体育运动的氛围,进行公正的舆论监督;通过体育频道、体育新闻等方式,对大众的生活和情感产生影响,也成为体育产品的推广窗口,使体育组织寻求赞助成为可能。同时,它们又通过自身高效、高频、高速的网络特点，与社会各阶层人士进行直接、广泛的接触和交往，使运动竞赛的画面及与之相关的产品连接观众、广告商、赞助商，扩大宣传效益，在帮助体育组织实现最大市场效益的同时也为自身获得可观的经济收益。

电视转播权的出售主体一般是赛事组织者，在很多情况下，组织者还要将转播权出售收益分给赛事的参与者。但是组织参与形式的不同，电视转播权的出卖方式也不一样。国际通行的电视转播权转让形式有以下几种：

1. 与电视台合作经营模式

典型代表是阿根廷足协，通过成立赛事公司，并与电视台合作，面向全国实施统一营销。这一方式通常在经济不发达国家，开发销售初期采用。其优点是有电视媒体作后盾，保证了事业发展和获得经济利润双收益。

2. 直接销售给电视机构模式

典型代表是奥运会，各届奥运会均是采取举办权与转播权分离的方式，将转播权直接销售给电视机构。国际奥委会认为，转播权是一个重要的媒体资源，举办奥运会是国际奥委会的事业，国际奥委会是转播权的唯一拥有者，奥运会的广播电视转播权只能属于国际奥委会，其相关收入应全部交给国际奥委会。1984年奥运会前，奥运筹备资金95%来自转播权，之后大约为50%，比例虽然下降，但金额却越来越惊人。现在举办奥运会，稳住了转播费，就可获得50%的资金来源，正是凭借电视转播权的收入，国际奥委会从破产边缘一跃成为极富机构。时至今日，奥运会依靠电视赚钱已经不是单纯出卖转播权，但电视转播权确是奥运会不可或缺的重要收入来源。

采用这种转让方式的赛事一般是影响力较大，具有许多固定的大型合作企业的赛事。

3. 中介机构缴纳保证金代理销售模式

典型代表是国际足联。1988年，国际足联和国际电视联盟签署了一纸价值2.3亿美元的合同，将1990年、1994年和1998年世界杯足球赛的电视转播权一揽子转让。这份天价合同在给国际足联带来丰厚资金的同时，还使世界杯的影响在电视的推动下达到前所未有的高度。采用这种销售方式时要慎重选择中介机构，中介机构的专业化水平、运作能力对赛事的影响十分重要。

4. 体育组织联合销售模式

典型代表是美国职业男子篮球联盟（NBA），这一方式可享受反垄断豁免，集中体育队伍，统一销售，规模经营，可保证不同水平运动队的共同利益，但在收益分配不均时，容易在不同水平的队伍间产生矛盾。采用这一销售方式需要体育组织内部具备充分的信任、团结，而高额的回报、合理的分配是这一方式赖以存在的必要条件。

5. 电视台联合经营模式

典型代表是欧洲电视联盟。欧盟统一购买各种体育赛事在欧洲的电视转播权，这是欧洲一体化的产物。这种方式保证了赛事的广泛传播，但容易形成垄断，不利于提升价格。

五、门票销售

门票经营开发是赛事市场开发重要组成部分，以奥运会为例，尽管随着电视转播收入和赞助招商计划收入日渐攀高，门票收入占奥运会总收入比例呈下降的趋势，但门票收入仍然对奥运市场开发有举足轻重的影响。例如：2000年悉尼奥运会760万张门票售出了670多万张，门票销售收入是5.51亿美元，92.4%销售出的门票的赛事在悉尼举办，远远超过了1996年亚特兰大创下的82.3%的纪录。包括整个澳大利亚各州间在体育场进行的足球比赛，2000年悉尼全部门票88%售出。雅典奥运会共售出了358万张门票，比1992年巴塞罗那奥运会和1996年亚特兰大奥运会的门票销量都高，雅典奥运会的门票销售收入达到了2.025亿欧元（约2.6亿美元），高出预期1.83亿欧元。

在体育赛事门票经营开发工作中，门票收入和观众上座率是衡量门票市场质量的两大要素。观众需求是门票经营的动力源泉，门票需求是赛事门票经营开发的关键，它决定着赛事门票可实现销售收入的多少。体育赛事门票经营开发的首要原则就是采取各种措施提升激发赛事需求，只有切实做好这一工作，赛事门票经营开发才能成为有源之水、有本之木。比赛场馆是赛事门票经营的载体，是门票经营开发的基础，必须根据实际情况选择合适的比赛场馆。比赛场馆容量不是越大越好，过大的场馆若无法保证上座率，反而会让人们对赛事的吸引力产生怀疑，不利于赛事品牌的打造。门票价格策略

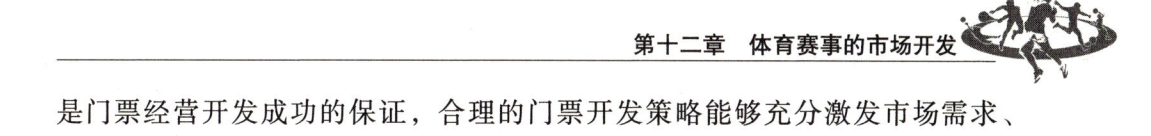

是门票经营开发成功的保证，合理的门票开发策略能够充分激发市场需求、发挥赛场容量的效能，是成功开发赛事门票市场的必要条件。

六、社会捐赠

一项成功的赛事运作，既需要承办单位的精心组织，更需要全社会的鼎力支持。社会捐赠工作在这方面具有很大优势，开展得好，不仅能够扩大赛事的宣传影响，还能够为赛事筹措到足够的办赛经费；若开展得不好，则可能带来许多负面影响。因而，捐赠工作一定要审慎，要制订详细的捐赠计划，明确不同捐赠级别的回报条件，规范运作，合法募捐。

社会捐赠工作从地域上可分为海外捐赠、国内捐赠、省内捐赠；从形式上可分为活动捐赠和定向捐赠等。海外捐赠，主要是面向海外、港、澳爱国人士；活动捐赠，主要是结合赛事开展一些大型活动，采用冠名等方式吸引社会捐赠；定向捐赠，主要是发动机关、部队、事业单位、团体等进行有组织的捐赠。

七、主题活动

体育赞助营销作为一种重要的营销手段，逐渐被越来越多的企业所认识，但体育赞助本身并不能产生很大的传播效果，孤立的体育赞助活动仅仅是获得一些品牌曝光率，缺乏与赞助活动配套的营销策略进行组合宣传，企业很难达到体育赞助的效果。在体育赞助行业内，有这么一句话，"买赞助就像买跑车，必须有足够的维护费用"。即体育赞助的有效实施离不开其他营销手段的配合。企业要想充分利用体育赞助的"光晕效应"，就必须在相应的体育赞助周期内利用体育赞助以外的其他营销手段，加大宣传力度，把赞助的权益发挥到顶点。企业这种体育赞助之外的投入被称作体育赞助的"活化策略"。

反之亦然，赛事组织者若想吸引更多的企业加盟赛事，成为赛事的合作伙伴，必须延伸赛事产业链，活化赛事价值，创造一些主题活动，为企业营销宣传提供可施展的平台。历届奥运会的口号揭晓、会歌、会徽发布等等活动就是赛事创造主题活动的典型代表。各项赛事组织者要根据自身赛事特点，整合、创意一些主题活动，丰富赛事资源，增加赛事含金量，以达到吸引企业赞助、扩大市场开发收益的目的。

第五节 体育赛事市场开发保障措施

体育赛事市场开发要想顺利开展并且取得预期效果，必须有完善的体制机制、专业运作、新闻宣传、行为规范等方面的保障措施。本节主要介绍各方面的具体措施。

一、完善运作体制机制

体制机制是各项工作的基础和保障。做好无形资产保护、市场开发体系、争取优惠和开发空间、有序进行授权开发等方面的体制机制建设，对体育赛事市场开发至关重要。

（一）严格保护无形资产

体育赛事的无形资产是指存在于体育竞赛表演活动中受特定主体控制的，不具有实物形态，能持续为所有者和经营者带来经济效益的资产。包括冠名权、冠杯权、广告发布权和广播电视转播权，竞赛表演活动的名称、会徽、吉祥物等标志的特许使用权和经营权。

体育赛事可开发资源中无形资产占很大的比重，并且赛事的电视转播、广告、门票等有形资产也多与无形资产紧密结合，无形资产还是联结体育赛事各利益相关主体的一个重要纽带。因此，无形资产开发是体育赛事市场开发中至关重要的内容。而对无形资产的保护是开发的重要基础。

保护无形资产的首要任务是要摸清无形资产的产权归属问题。拥有自主产权的赛事相对比较容易理清这一问题，而不拥有赛事的所有权，情况较为复杂。诸如奥运会、世界杯这样有世界影响力的赛事，赛事的无形资产一般都是奥委会、国际足联之类的体育组织所有，体育组织本身也会在赛事周期内进行各种开发活动；赛事承办方，通常为赛事组委会，重点任务是要尽量争取较大的开发空间，并且要对利益分配进行明确。而中国的全运会、城运会以及各单项赛事则有自身的特色，原则上赛事的各项无形资产归属于国家体育总局或单项体育组织，但实际的所有权通常归属于举办地政府及赛事组

委会，作为赛事的承办方，在进行市场开发过程中就要十分严谨地与上游的赛事所有方以及下游的赞助商等相关组织明确各项无形资产的产权归属问题。

在实际工作中，法律注册和宣传无疑是一种非常重要的明确产权划分，保证权利人的正当权益规范行政部门的行为。在体育竞赛市场开发过程中应从赛事申办开始就着手进行法律注册。避免行政部门或者赛事无形资产权利人利用权力干预使用权所有者对奥运会无形资产进行的合法开发和利用，最大限度地保证赛事无形资产得到充分开发，保护无形资产使用权所有人的利益不受侵犯。积极对社会公众进行宣传教育，把赛事市场开发计划和无形资产保护的相关规定传达给公众，以确保消费者能恰当地理解赛事无形资产侵权的范畴，确保所有非赛事的合作伙伴都知道隐性营销的后果。

（二）完善市场开发体系

赛事承办者要以赛事资源作为基础，通过系统梳理可开发资源、资源整合、策划包装等一系列有力举措，形成符合赛事特点、迎合市场需求、具有较强操作性和可行性的市场开发体系，千万不能还未进行赛事市场开发规划计划的情况下，就与部分企业建立合作关系，这样容易给市场开发体系造成被动和混乱。要以公共关系营销的理念，搭建赛事市场开发平台，做大体育竞赛市场的蛋糕。提高对赞助招商的认识，学习国外经验，考虑赞助商的利益最大化问题，深层次开展赞助回报，创新回报方式。引入客户服务理念，提高专业化的服务水平，满足赞助商的多层次需求。重视赞助效果评估工作，跟踪了解赞助企业的品牌形象，定期提供有关资料，采取论坛、讲座等手段，助推赞助企业的宣传平台，良性互动，形成与赞助商建立长期稳定的合作关系。制订赞助招商具体策略，考虑同一项目中各级别资源的互补性，尽量使赞助商的赞助项目分布在资源的不同层次。体育赞助寻求的是高关注度和参与度，一个项目，高端资源毕竟引人关注，但是对广大的受众而言，缺少参与和接触的途径；草根活动又缺少关注点。因此，赞助商必须保证对运动项目的高参与度，同时占有核心高端资源与基础性资源，既树立高度，又保持面的广度，这样才会形成多样的赞助模式，才会在消费者心里建立起品牌与赛事的价值联系以及与消费者的情感关联。

（三）争取优惠和开发空间

赛事市场开发的资源和效果，既取决于赛事本身拥有的可开发资源数量的多少和价值的高低，也取决于从上级部门、同级政府部门及相关单位争取到的政策优惠和开发空间。

要以税收优惠政策为重要争取对象，创造赞助机会。体育产品是一种准公共产品，具有公共产品的某些特征。应积极争取政府对体育竞赛的市场开发实行税收方面的优惠政策，让渡必要的政府资源，促进资源开发成果的最大化。积极争取机会，把企业体育赞助界定为正常营销行为和广告行为同等待遇，准许打入成本和税前开支，并给予一定程度上的税收减免等优惠政策；对体育组织通过体育赞助所得的收入给予免税。

要以搭建市场平台为目的，提升市场开发的软实力。在进行体育赛事市场开发时，对市场应有一个准确的定位，那就是立足于举办地市场，深入挖掘体育产业资源优势，同时注意突显体育竞赛作为公共事件的独特意义与资源平台，全方位开展营销活动。加强与政府、企业、媒体、场馆、举办地社区等各利益相关体的公共关系建设，结合赛事举办地的地方文化，开发特色的赛事文化，逐渐加强体育赛事市场开发的软实力。

要注重赛事组委会不同部门之间的协调，避免不同部门之间的工作差异性，市场开发部门要主动与其他部门对接，明确赛事举办过程中本身所需要的产品和服务目录，并优先在这类产品和服务的市场开发上下功夫。

要以延伸体育竞赛产业链为宗旨，扩大竞赛相关市场开发空间。加强各部门的协调互动，开展各种与体育竞赛主题有关的文艺活动、群体活动，一方面宣传体育赛事，提高大众的关注水平，充分利用社会力量吸引更多的赞助商；另一方面延长体育竞赛活动的系列，创造更多的市场诉求点，扩大开发空间。

（四）有序进行授权开发

由于赛事筹备过程中牵扯到众多的利益主体，市场开发工作必然会牵扯到众多的利益分配问题，而利益分配问题如果解决不好，将直接影响市场开发工作的推进力度和开发效果。比如承办的某国际单项赛事中，利益主体就包括国际联合会、赛事组委会、场馆、政府、分赛区组委会等等。因此，要按赛事市场开发体系，合理确定各级主体的开发权限和利益分配格局，争取在各方利益诉求之中寻找到市场开发的平衡点。比如十运会市场开发工作由组委会资源开发部统筹管理和负责，但是在实际开发过程中，通过资源开发部授权的形式，让场馆、分赛区组委会、项目组委会可以在不侵犯组委会现有赞助招商体系的前提下，给予一定行业和类别的开发权，并将资源开发所得以回报维权保证金的形式给相关主体一定的利益分配，极大地调动了各方共同参与十运会市场开发的积极性。因此，各地在承办比赛的过程中，特别是在市场开发的过程中，一定要高度重视多方利益，并拿出切实可行的方案，调动起各方办赛与市场开发的积极性。

二、提高专业运作水平

在完善的体制机制后，体育赛事市场开发的效果如何就要看团队专业运作水平的高低。提高专业运作水平需要做好组建专业运作团队、把握商业谈判技巧、灵活开展招商工作等方面的工作。

（一）组建专业运作团队

体育赛事市场开发工作具有较强的专业性和较高的要求，因此必须注重专业化运作团队的打造。一是明确体育竞赛市场运作专业团队的人才类型。培养具有扎实的赛事营销专业知识的市场研究人才；培养既懂竞赛市场研究和开发，又具备生产经营才能和竞赛市场营销知识的高级管理人才；培养既精通国内外知识产权保护、竞赛制度、竞赛管理规范，又掌握竞赛市场研究开发动态的专门人才；培养既具有广泛的赛事运作基础理论知识，又有较强的信息消化吸收能力及熟练运用计算机的竞赛科技信息人才。二是注重不同类型人才的合理配备。强化团队管理人才的配备，在整个专业团队中应有一个精通市场开发的管理人才，同时在团队管理方面具有丰富的经验；注重团队人员知识结构的配备，着重加强具有体育、经济、管理、法律等专业背景和知识结构的人才的配备。三是以赛代练，在赛事运作过程中培养人才，形成精英队伍。转变思想，大胆尝试，将各部门、拥有各种专业背景的人才放置于具体的体育竞赛市场开发工作环节中去锻炼成长，丰富人员知识结构，丰富竞赛市场开发经验，提高运作团队整体专业化程度，培育团队文化。四是借助外力，利用专业公司的人才优势。

（二）把握商业谈判技巧

在赛事市场开发过程中，与目标单位谈些什么？怎么谈？俗话说，知己知彼，百战不殆。在谈判前后，要对己方提出的入围价码和回报条款逐一梳理，并通过多种渠道、多种形式分析目标单位的利益诉求和关注点，在市场开发体系的前提下，灵活掌握开发个案。同时，在谈判小组中，要注重配备富有经验的律师，这些律师必须熟知与体育赛事相关的许多不同领域，并能够胜任以下工作：运动员合同的谈判、财务与税务、赛场特许与经营合同、寻求赞助、国内及国际电视转播权、观众诉讼、保险，以及与接待相关的事务，如接待招标书、销售商合同等，在上述的各个方面中，协议各方所需进行谈判的次数以及所需签订和执行的合同数量，主要取决于赛事组织者早期的管理决策、对有关赛事控制、规模及目标的理念，以及潜在的法律，商业趋势；如果赛事的主管及其他管理人员仅仅为了单一推广赛事，一次性获利，控制赛事的所有方面，那么他们就无须签订任何销售和转包协议，同时，如果举办委员会有志于为运动员、赞助商、观众、电视转播方，甚至整个社会组织一次成功的赛事，并且所有事务都不超出预算，则应将赛事分包给一些专家，只有这样才能够保证赛事成功。另外，在谈判小组中，还应网罗各类熟悉不同方面业务的专家。除非组委会运作团队对即将谈判的体育赛事又博又专，否则聘请在此领域具有专长的一位专家或一个公司当是明智之举。对于赞助商来说，专家可以将更大的谈判力度带到谈判桌前，至少适用于第一次谈判，并帮助组织展示赞助活动。如前所述，如果公司对错综复杂的体育事务不甚熟悉，那么在履行自己的体育赛事合同时往往会发现自己承担了过多的义务，对于赛事组织者来说，为开创性的赛事，为缺乏足够劳动力的赛事，或者为在多个城市举行的、历时持久的赛事寻找外部的代理商是尤为重要的，在工作规定中一开始就要非常清楚地明确角色责任、报告以及后续行为。一些公司可以提供多样性的服务，包括战略方案、赛事管理、赞助营销、公众策略、接待、少数民族营销、商品权谈判、运动员审批、促销活动、体育设施咨询、赞助的定量分析以及推广的产品。

（三）灵活开展招商工作

根据主办方的办赛需求，设计相匹配的办赛主题，划定赞助商和市场开发空间。我国目前的实际情况下，主办方通常为政府和组委会，完善城市基础设施，扩大城市影响力，提高城市知名度，拉动城市旅游、文化、餐饮、住宿等一系列相关产业，提高居民体育热情等诉求是赛事承办方在市场开发过程中进行平衡考量的。

根据意向企业的利益诉求，灵活开展市场开发工作。在赞助招商的实践过程中，为避免资源浪费，当行业内的多个企业均有意向赞助赛事时，通过市场细分来细化赞助行为就成为一种战略选择。如十运会为了更好地扩大招商成果，提升资源开发的整体效益，对招商行业进行细分，变行业排他为产品类别排他，最大限度地发挥资源效益，收到了意想不到的效果。在汽车行业，通过恰当的市场细分，最终收获了两家合作伙伴（长安福特成为十运会小轿车的合作伙伴，南汽集团成为十运会轻型客车、卡车、救护用车和警务用车的合作伙伴）、两家赞助商（江苏牡丹汽车集团成为十运会大客车的赞助商，江苏悦达起亚公司成为十运会商务车的赞助商），总赞助金额达到了4600万元，大大超过了3000万元的预期目标。按照行业特点组成若干项目小组与企业进行广泛接洽、重点跟进，适当发挥中介代理机构的作用，打通企业利益诉求的通路。

根据赛事运行的主要环节，重点开发办赛需要的产品和服务。既要充分挖掘赛事所潜在的各类资源，同时也要多渠道筹集办赛资金。将赛会的资源进行整合营销，为举办竞赛获得资金、设备、技术和服务等资源的支持。协调竞赛管理各部门的工作，分门别类地为有意向的服务商提供相应的赞助项目，使赛事的市场开发形成统一整体。

根据企业的个性化情况，调整回报方案。在制订回报方案时，首先应对目标企业进行调研分析，对行业类别、公司规模、技术实力、目标市场、主要产品、营销策略，同行业竞争者的产品种类、数量、成本、价格和利润水平、经营策略、发展趋势等进行深入分析，了解企业特点与需求，正确评估可供使用的资源价值，挖掘项目和产品类型之间、项目形象特征和企业的形象追求之间、双方目标市场之间、双方层次和规模之间以及双方风格之间的契合点。

三、加大新闻宣传力度

体育赛事市场价值，很大程度上取决于传媒的介入程度，但是对于赛事宣传工作来说，总有一个与市场开发工作需要格格不入的现实状况，那就是赛事宣传严重滞后，开赛前几天和赛事期间，媒体报道铺天盖地，赛前相当长的时间，基本不会有太多的宣传报道，这与顺利开展赛事市场开发工作就产生了时间错位。因此，作为赛事市场开发部门，要主动对接组委会的宣传部门，加大赛前宣传力度，特别是对赛事影响、辐射人群、商机等事关市场开发效果的内容进行重点宣传。同时，要在赛前多策划与赛事举办或与市场开发具有直接关系的主题活动，扩大赛事影响。要注重拓展宣传渠道，积极争取城市机场、车站、码头、火车站、街道、楼宇、公交地铁视频等等多种广告载体对于赛事的宣传，营造赛事的良好氛围，在宣传过程中，要注重对终端消费者产生视觉的冲击，在地段好的地方加大面积及位置好的门招制作，达到户外广告宣传的作用，制作小型条幅、横幅，在适当可挂的市悬挂，在经销商门头悬挂；制作墙贴，楼层广告墙贴，公益广告墙贴，海报若干份，尤其是楼层贴。处理好与赞助企业之间的关系，做好有利于企业在市场内进行运营的各种宣传活动。市场开发部门要特别注重借势宣传、行业宣传和一对一宣传等多种形式，通过广泛地宣传发动，扩大赛事影响，营造有利于市场开发的舆论环境。

四、规范市场开发行为

市场开发行为的规范，是取得良好市场开发效果的重要保证，也是与观众和赞助商良好合作的重要前提。这里主要关系到以下几个方面：一个是工作人员的言行，要特别注重培训工作，加强对中介代理结构的管理约束；另一个是合同管理与风险控制；再一个是市场监管。要通过订立责权利明确的合同，重点明确收款与发货协议。统一合同管理办法，明确合同签署部门。如环太湖自行车赛的市场开发管理办法中，凡涉及环太湖赛资源开发的合同，必须由市场推广部归口管理，使用统一文本格式。战略合作伙伴、赞助商、独家供应商合同，统一由竞赛公司签订，分组委会和代理单位不得与相关单位直接签订赞助合同。一般供应商合同由各分组委会直接签订，收入全部归

分组委会，合同需向市场推广部备案。由于权利的不同，赞助商必须考虑各种可能的伏击营销，尽可能地堵住漏洞。伏击营销，又称寄生营销，是指不具专营权的公司把自己伪装成正式赞助商时所采用的一种策略。专营权是很难控制的，但假如没有合同约束，那就肯定不可能。作为一项基本原则，赞助商需要取得的是与特定行业类别（如运动服、软饮料）相关的专营权。因此，需要对产品的类别作出细致、明确的界定。确切描述产品类别，给特定竞争对手及竞争产品名称。

第六节　体育赛事市场开发的思考

无论是国际赛事还是国内赛事的市场开发，总体上看，基本都要经历三个阶段，第一阶段是以政府财政投入为主要的融资渠道办比赛的阶段，在这个阶段几乎不存在市场开发；第二阶段是政府主导、市场开发相结合的阶段，在这个阶段，赛事基本都是由政府主导来主办或承办，办赛经费由政府投入和市场开发两个方面共同解决；第三阶段是市场开发为主的阶段，也就是基本上都是纯市场化办赛，所有办赛经费都通过市场开发来解决。

既然体育赛事必须要走市场运作的道路，作为赛事主办方，必须进一步提高对赛事规律的认识和把握，特别是要清楚赛事市场开发的核心要素、主要功能、利益主体诉求，突破传统办赛的思维局限，切实转变办赛方式，本节主要从赛事主办之前、筹备过程之中和赛事结束之后三个时间段，尝试对体育赛事市场运作的主要理念和思维方式做一些探讨和剖析。

一、赛事举办前统筹规划办赛与市场开发有机统一

在筹办一项体育赛事前，就要未雨绸缪，将市场开发作为重点工作考虑。在策划和筹办过程中要切实做到竞赛组织与市场开发有机结合。通过深入理解品牌赛事的一般特征和体育赛事的综合功能，切实转变办赛理念。

（一）品牌赛事的一般特征

通过对国内外各类赛事的分析，我们发现，知名品牌赛事一般都具有如

下特征：一是竞技水平高，比如奥运会、足球世界杯、NBA、欧洲足球联赛等，知名球队、运动员聚集，这个方面不用太多事例去解释；二是群众参与程度广，比如在足球世界杯期间，全球各地足球迷蜂拥而至到举办地，均在狂欢呐喊，真正变成了球迷的盛会；三是产业开发程度高，国际各类比赛，基本都是市场运作，赞助企业蜂拥而至，赞助费用除了能承办比赛之外，组委会还能实现较大盈余；四是综合效益好，体育赛事的举办，除了能够带动体育事业的发展，还能极大促进城市建设与宣传、餐饮、旅游、酒店、交通等方面消费；五是展示能力强，赛事期间，除了场馆内外之外，承办地机场、车站、道路等各地均可见赛事广告的身影，更重要的是体育传媒的广泛参与，将赛事影响扩大到全世界，比如2011年上海游泳世锦赛，全球有40亿观众通过电视收看比赛，近30万观众亲临现场观赛，充分实现了比赛的多元价值；六是品牌移植能力强，比如大家耳熟能详的可口可乐、阿迪达斯、三星等品牌，无不通过对奥运会的赞助来提升品牌价值，实现企业品牌与奥运品牌的联动共赢，比如意甲联赛的AC米兰和国际米兰，墨尔本的澳大利亚网球公开赛等，无不是将赛事品牌与城市品牌实现了无缝嫁接。

（二）体育赛事的综合功能

通过对知名赛事一般特征的分析，我们发现，凡是知名比赛，大部分都能发挥其综合功能，主要体现在：一是集聚资源，赛事举办期间，大量的运动员、教练员、媒体记者、体育官员、大量观众、赞助商云集，这恰恰是其他各类活动与体育赛事相比而不能比拟的独特优势；二是带动发展，体育赛事可以拉动旅游、传媒、文化、交通等行业的发展，比如2011年扬州鉴真国际马拉松半程赛，虽然比赛时间只有一个多小时，但是拉动消费近5000万元；三是制造需求，需求主要包括比赛组织本身的需求和现场观众以及观看电视、网络直播的观众；四是培育市场，通过赛事的举办，高水平运动员的带动，可以更好地培育体育市场，带动体育及相关消费；五是积淀文化，通过赛事的举办，可以实现城市品牌与赛事文化、项目传统的有机结合，培育赛事和项目文化，比如世界斯诺克无锡精英赛的举办，加上丁俊晖这个台球顶级选手的推动，在无锡及周边形成了良好的斯诺克文化和传统，当地台球馆生意火爆，培育了更多的台球爱好者。

（三）切实转变办赛理念

通过对品牌赛事一般特征和赛事功能的分析，我们可以发现，市场开发程度是赛事多元功能高低的重要指标，也将直接影响赛事综合效益的发挥，所有高水平的比赛、影响力大的比赛，最终都离不开市场开发的高水平作为支撑，市场开发程度将影响媒体的介入力度和观众的参与程度，市场开发价值又取决于媒体和观众。按照传统的办赛理念，一般都会觉得把赛事组织好，把场地安排好，宾馆安排好，车辆安排好，比赛正常进行完成就是万事大吉，但是对照高水平品牌赛事的一般特征和综合功能，才能发现仅仅把比赛办好，还远远不能达到高水平品牌的要求，远不能发挥赛事的综合功能。因此，作为赛事承办者，必须切实转变办赛理念，立足于打造高水平、长期的、具有较大品牌影响的赛事，高点定位，清晰定位，必须在赛事申办之初，就要统筹考虑到底申办什么级别的比赛、什么项目的比赛，到底是申办比赛还是创建自主知识产权的品牌赛事，赛事在当地能否生根落地，是否能够吸引媒体、观众关注，是否有利于群众参与，是否有利于更好地宣传城市形象，赛事市场开发价值的高低，等等。这些问题归结起来就是一条，主要就是通过办赛和市场开发的有机统一，做到明确内涵、扩大外延、扩大影响、提升效益。

二、赛事筹备切实提高市场开发水平

在体育赛事筹备过程中，要切实提高市场开发水平，把握市场价值的决定因素，统筹市场开发的核心要素，协调各类主体的利益诉求。

（一）把握市场价值的决定因素

从经济学角度看，任何交易都是商品交换的过程，商品价值由商品的使用价值决定，商品价格由价值决定，受供需关系决定，交易离不开双方对商品价值和价格的认可。体育赛事的市场开发也是商品交换的过程，要想做好体育赛事的市场开发，首先要搞清楚体育赛事到底制造了什么商品，商品的价值体现在哪儿，商品的购买者是谁？经过简单分析不难看出，体育赛事制造出来的商品，就是通过承办者组织运动员进行体育竞赛表演，为观众提供

欣赏服务或参与服务，同时由于赛事能够聚集观众集合观赏，在赛事举办过程中还会衍生出多种广告载体，这个过程就能够让体育赛事显现商品属性及其价值，这也决定了体育赛事的消费者只能是观众、传媒和赞助商。开发形式主要包括赞助、门票、电视转播以及延伸无形资产开发等等，当然，不同类型的体育赛事开发内容和形式会有较大区别，也需要根据赛事特点灵活把握。通过对体育赛事商品制造过程以及消费者的分析，可以总结出体育赛事市场价值的决定因素主要包括：一是观赏性，这主要取决于竞技水平的高低、运动员名气大小、队伍的知名度，比如同样一场篮球赛，如果是两支NBA球队和两支非洲篮球俱乐部对抗赛，观赏性的优劣不言自明；二是参与性，这主要取决于观众的喜好程度和赛制活动的编排，观众参与程度不仅影响传媒的介入意向，也直接影响赞助商评估的广告价值；三是展示性，这既取决于竞技水平，也取决于观众参与程度，同时也会受到赛事延伸活动、宣传等因素的影响；另外，组织水平的高低也会对价值产生一定影响。

（二）统筹市场开发的核心要素

明确体育赛事市场价值的决定因素是做好市场开发工作的基础性工作，在找准赛事价值的核心所在后，必须在赛事核心要素的统筹规划方面下工夫，通过一系列巧妙的策划包装，提升体育赛事的市场开发价值。从赛事组织和筹备来看，体育赛事的要素不外乎组织者、赛场、参赛者和传媒等，而赛制的设计就是要由组织者围绕参赛者、赛场和传媒等进行有序安排。针对体育赛事市场价值的三个决定因素，我们觉得组织者应该将着力点放到如下几个方面：一是立足提高观赏性，尽量提高赛事奖金额度，争取国际国内单项联合会支持提高赛事级别，吸引尽可能多的知名度高的队伍和运动员参赛；二是立足提高参与性，在赛事筹备过程中和赛事举办前后，多举办观众容易参与的活动，让观众看得到、贴得近、进得来；三是立足提高展示性，吸引更多的媒体参与报道，扩大影响，同时在承办地的主要场所和场馆内外增加展示空间，营造赛事氛围；四是立足提高组织水平，尽量选用专业公司或团队进行市场开发的策划和运作；五是立足于供需关系影响，在比赛设计过程中要尽量打造独特的产品，展现其优势。总之，要通过合理编排赛制，提升体育赛事市场价值，畅通有利于体育赛事市场开发消费者进入的渠道，将体育赛事的潜在价值和无形资产优势转变为市场开发的现实成果。

（三）协调各类主体的利益诉求

在比赛举办过程中，会涉及到众多的利益主体，比如政府、组织者、传媒、观众、场馆、赞助商等等，不同利益主体对体育赛事往往有完全不同的利益诉求。作为组织者，要想提高市场开发水平，必须清楚地知道各个主体的利益诉求，并且协调好、满足好大家的不同利益诉求，这个问题将直接影响市场开发的成效。从一般意义上来看，对于办体育赛事，政府的主要目的在于城市宣传，这也就是马拉松、自行车等赛事盛行的主要原因，因为这两项运动对宣传城市有其他赛事无可比拟的优势。对于传媒，一方面有采集新闻的目的，另一方面，高水平赛事对于提高收视率也有很大帮助。对于场馆，举办比赛既可以提高场馆的经营效益，还可以实现品牌捆绑，比如欧洲几大足球联赛的球队、NBA 球队的主场，基本都实现了与知名球队的品牌移植。对于观众，主要就是有观赏高水平赛事、追星等休闲娱乐的目的，当然能够亲自参与赛事或者与知名运动员近距离接触更好。对于赞助商，主要就是通过赛事期间的广告宣传和媒体宣传，宣传产品或服务，提升知名度和影响力。组织者明确了各类主体的利益诉求，并通过合理的利益分配，能够形成工作合力，并且能够顺利地完成办赛和市场开发工作，真正实现体育赛事的综合效益。

三、赛事结束注重培育赛事和项目文化

在体育赛事结束后，市场开发工作并没有结束，还应从社会层面思考如何推广普及项目，推动赛事筹备日常化，注重培育赛事与项目文化。

（一）推动赛事筹备的日常化

从以往的赛事筹备进程来看，筹备人员往往都是兼职，筹备工作基本都是前松后紧，在开赛的几个月找不到工作抓手，临近开赛的时间各项工作纷沓而至，赛事办完后筹备班子各回原单位，赛事也悄无声息。如果来年继续举办类似赛事，筹备情况又是前一年度的简单循环和反复。但是体育赛事的市场开发工作与赛事其他方面筹备工作还有较大区别，因为市场开发工作基

本都是在开赛前都已经完成，而其他很多筹备工作都是赛前松、开赛忙，这个时间节点上的错位必然要求赛事运作班子的专业化和筹备工作的常态化，需要提前设计赛事的各个环节，策划赛事的各种活动，并与有关赞助单位、传媒保持密切沟通，因此，赛事筹备的日常化是做好市场开发工作的重要前提，市场开发班子的专业化是做好市场开发工作的重要保证。作为赛事承办者，必须在这方面有所思考，统筹考虑，必要时可考虑借助外力，寻求专业赛事运作公司或策划公司对赛事进行策划包装，部分代理赛事筹备的日常功能。

（二）注重培育赛事与项目文化

从表面上和短期来看，体育赛事的市场开发工作，其对象主要是赛事本身所拥有的相关资源，从本质和长期看，赛事市场开发成果在更大程度还受到赛事文化和项目文化的深刻影响，因为决定赛事市场开发价值的几个因素观赏性、参与性、展示性等都与赛事文化、项目文化休戚相关。因此，作为赛事承办者，必须增强培育赛事文化与项目文化的意识，将传统做法中的单纯办赛向延长赛事链条转变，真正将赛事与当地历史文化传统相结合，主动去投当地群众的体育喜好，让赛事能够在当地落地生根，实现赛事品牌与文化、城市等品牌的嫁接，提升赛事的长远生命力。

案例一：斯坦科维奇洲际篮球冠军杯赛

2006年8月11—15日，斯坦科维奇洲际篮球冠军杯赛在江苏南京和昆山两地成功举办，作为一项高水平的国际赛事，是那一年除世锦赛之外最高水平的男篮比赛，也是当时江苏承办的最高水平的篮球比赛。

这是一项社会效益和经济效益双丰收的国际体育赛事，从三个方面来分析，第一，赛事级别高，参赛队货真价实。该项赛事参赛球队的阵容均为参加男篮世锦赛的主力阵容，姚明、诺维斯基等巨星的号召力强大，这样的赛事在江苏承办，社会影响力非常好。第二，票房运作成功，不靠政府补助和赞助，是一次成功的以票养赛。第三，规范化国际化程度进一步加大。本次斯坦科维奇洲际篮球冠军杯赛较之第1届运作手段较为成熟，市场开发、竞赛组织、安全保障、后勤服务各方面要求也进一步提高。成功承办这样一届高水平国际赛事，展现了江苏高水平的办赛能力。

勇于舍弃，用票房说话

2006年斯坦科维奇洲际篮球冠军杯赛，是江苏承办的一项具有重要意义的国际赛事。拿到承办权只是开了个好头，在赛事筹备阶段，市场开发工作成了一道难题。由于比赛隶属国际篮联，国际篮联对斯坦科维奇洲际篮球冠军杯赛广告资源定价过高，在广告商、赞助商的选择上有很大的限制，可发展空间相对较小。而且，2005年，十运会刚刚在江苏举办；2006年7月，世界杯刚刚结束，此时想要开发斯坦科维奇洲际篮球冠军杯赛的广告市场难度相当大。经过分析，组委会放弃了赛事的广告权利，而把票房作为商业收入的主体。

组委会认为，与广告相比，比赛的票房更值得期待。权衡利弊之后，广告权利被主动放弃，以换取承办费用的减少。同时以退为进，将票房作为主要收入来源，以期用票房来承担比赛经费。事实证明，这一举措使组委会得以抛掉了广告这一负担，集中精力开发门票资源，为比赛成功举办奠定了基础。

据测算，斯坦科维奇洲际篮球冠军杯赛的运作成本是1600万元人民币，广告与门票的运作成本各为62.5%和37.5%。所以门票必须做到600万元才能实现收支平衡。尽管有4天9场球可以操作，但分析了南京观众的观赛习惯后发现南京观众的饱和消费量为3天6场球。最后一天3场球是在观众的消费量已达饱和后举行。为了解决这一问题，组委会和国际篮联协商，将决赛安排在昆山举行。通过将比赛分两地举行，避免了资源浪费，让资源得以充分开发，同时也为组委会分担了经营风险。以共担风险、共享利益为原则，最终确定了斯坦科维奇洲际篮球冠军杯赛的运作格局：国际篮联负责广告招商；组委会负责门票销售，其中南京和昆山各承担70%和30%的费用。这一战略性的思维为最后的成功奠定了坚实的基础。

事实上，"以票养赛"就是一项比赛得以成功的基础。斯坦科维奇洲际篮球冠军杯赛的运作模式决定了门票销售是整个比赛能否实现赢利的基础和关键。为了做好门票销售工作，组委会在CBA全明星赛经验的基础上，集思广益，广泛征集各方面对门票定价、销售渠道、销售方式等意见和建议，最终确定门票销售的原则为，不设赠券，低价亲民，直接发售。

为了保护门票市场，培养购票观赛习惯的需要，该项赛事真正实现了零赠券；票价上，低价亲民是讲求良好社会效益，扩大比赛影响的要求，直接发售是保护市场，杜绝低价倾销行为的手段。同时，在发售时间上避开了世界杯，从7月中旬开始销售门票。在销售方式上，借助电脑联网实行了全国销售，并采用了中演公司和邮政 11185 两家代理商与组委会售票点一起销售的模式。在票价制定上，借鉴了 CBA 明星赛的成功经验，两场联售，最低票价 90 元人民币，最高票价限制在 1000 元人民币以内。大部分门票为 180~380 元人民币的中低价票，切实保证了大部分球迷的利益。

2006 年斯坦科维奇洲际篮球冠军杯赛票房的运作成功，是江苏省首次真正实现不靠赞助和政府补助，单纯以门票养活比赛，这在当年绝对是个创举。

立体宣传，得媒体者得天下

宣传是扩大赛事影响，促进门票销售的重要保证。组委会根据赛事特点，整体策划、整体包装、渐进有序地将比赛宣传推向高潮。在媒体宣传方面，联合了中央电视台及《扬子晚报》《现代快报》等数十家中央、省、市主流新闻媒体对比赛进行立体化宣传。通过播发专稿、宣传片等手段一步步让斯坦科维奇洲际篮球冠军杯赛被受众认可、了解、熟悉。

据统计，各媒体共播发斯坦科维奇洲际篮球冠军杯赛宣传稿件/片 400 余条（不含网络媒体）。同时，组委会还联合中国网通举办了《中国网通·我爱篮球》系列主题活动。通过篮球沙龙、有奖征文、摄影大赛、签名售卡等形式多样、内容生动的社会活动，将斯坦科维奇洲际篮球冠军杯赛宣传引向深入。《中国网通·我爱篮球》系列活动之一篮球沙龙共采访国际篮联竞赛部主任卡特莱巴、中国篮协副主席王渡、中国男篮领队宫鲁鸣、江苏男篮主教练胡卫东等 8 位嘉宾，在线观看人数 5 万人次。媒体播发有奖征文、摄影作品、竞答 50 余篇。除此以外，我们还通过网络、户外广告、宣传册、车载广告等形式进行了有效的宣传。

有效的新闻宣传确保了门票销售的成功，扩大了赛事的社会知晓度。比赛期间，根据最新的国际比赛要求，组委会在摄影记者区布设了网线和电源，极大地提高了摄影记者传输图片的效率。本次比赛有 110 家国内媒体、8 家海外媒体共 211 名记者到场采访。内场管理、新闻发布会、记者班车等安排有序，秩序井然。组委会按照国际比赛惯例，精心为国内外新闻媒体提供完善的软硬件设施和服务，亦受到了一致好评。

万事俱备，服务细致到毛孔

体育比赛的组织工作必须以竞赛为中心，这是体育竞赛组织工作的规律。为了做好比赛竞赛工作，组委会超前筹备，从细节出发落实各项竞赛组织工作。

由于国际篮联主赞助商迟迟未能落实，最后留给场地布置的时间只有不到一个星期。组委会面临了一个大难题：时间短、任务重。在比赛前的几天时间里，工作人员日夜坚守赛场，顶酷暑、战高温，高效率、高质量地完成了场地布置、功能房布置等任务。在奥体中心的大力支持下，根据运动队需要安排训练。训练期间制冰、送水、更换休息室等保障工作均丝丝入扣。比赛期间，及时处理突发问题，做好技术支持、场地维护、成绩传输等工作。细致严谨的竞赛组织工作确保了比赛的顺利进行，获得了运动队和裁判员的一致好评。

参加斯坦科维奇洲际篮球冠军杯赛的球队明星云集，包括了姚明、诺维斯基、帕克等众多 NBA 球星。对组委会来说，接待、安保、医疗、卫生等保障工作也是十分重要。由于来宾人数、到访日期等变化频繁，组委会及时和负责接待的古南都饭店积极协调，及时调整用房计划，没有浪费一间住房。同时，根据来宾意见及时调整菜单，延长用餐时间，比赛期间每天开餐时间达 18 个小时，晚餐开到凌晨 1 点，完美地诠释了"宾至如归"这一概念。

安保方面，南京和昆山两地的公安局也给予组委会大力支持，在酒店专门安排安保力量，确保运动队和来宾不受干扰。在赛场组织了 400 名警力现场执勤，并加派了便衣和警犬巡逻，及时处理突发事件，全面保障赛场安全。比赛期间公安抓获了一些假票贩子，收缴假票若干，制止少数串证、卖证行为，震慑了不法分子，严肃了工作纪律。5 天的比赛没有发生一起治安案件，无财物车辆被抢、被盗事件发生。

另外，与省人民医院合作，派出精干医生和救护车。比赛期间，巴西队球员头部受伤，救护车迅速将其送往医院，通过绿色通道很快做完检查，受到了运动队的好评。

同时，这次赛事和以往一样采用志愿者为大赛提供志愿服务。来自南京大学外国语学院的 44 名志愿者承担了运动队陪同、媒体服务、竞赛组织、宾馆接待等 8 个岗位的工作。他们在比赛中认真负责、热情大方，为比赛成功举办做出了贡献。

案例二：第 10 届全国运动会

在江苏省委、省政府制订的"政府支持、市场运作、社会赞助"筹资方针的指引下，在组委会的领导下，成立了十运资源开发有限公司。围绕组委会提出的"三超一创"（即筹资数额，资源开发的广度和深度，回报、维权工作的满意程

度超历史，开创全运会资源开发的新局面）的总体要求，对十运会赛事市场进行整体开发、深度开发、全方位开发，努力提高十运会办赛的市场化程度。

经过两年多的市场运作，十运会资源开发交出了一份满意的成绩单，总金额近 6 亿元的赞助合同、98%以上的实际到账率，创下了当时我国全运会资源开发的新纪录，不仅为顺利办赛提供了有力的资金、物资、技术和服务保障，同时也为今后大型赛事的市场化运作积累了经验，为体育产业化和综合性体育赛事的市场开发打下了扎实的根基。

十运会市场开发成果回顾

赞助招商取得历史性突破：在十运会整体开发计划中，赞助招商是主体工程，也是十运会市场开发的主旋律。在历时两年多的时间里，共计实现赞助招商金额约 3.7 亿元，占签约总金额的 60%。开发了包括中国石化、中国电信、中国移动、中央电视台、江苏东恒、特步（中国）、可口可乐、江苏双沟、长安福特、隆力奇、南汽集团、中华网在内的 12 家"合作伙伴"，江苏牡丹汽车集团、广东大哥大集团、中国人保财险公司、江苏悦达起亚汽车公司、中国卫通 5 家"赞助商"，青岛英派斯集团、南京卫岗奶业公司、奥康集团等 10 余家"供应商"，为十运会资源开发总体目标的实现奠定了坚实的基础。

特许经营开展有声有色：在参照奥运会和历届全运会特许经营运作模式的基础上，十运会特许经营创新运作方式，先后通过公开拍卖、公开招标、定向邀标和个案销售等形式，选定了 6 家指定服务单位、12 家指定产品企业、4 家标志产品企业，共计 22 家特许经营企业；开发了包括 40 余种普通金属纪念品、近 20 种吉祥物毛绒玩具和树脂玩具、20 余种云锦产品、18 类邮品及多款水晶玻璃、雨花石工艺品、手表和打火机等纪念品，实现了 1100 余万元的签约收入，不仅为十运会资源开发营造了极佳的宣传氛围，而且也为特许经营企业提供了一个充分地展示机会。各类十运会纪念品的开发，由于品种多样、款式新颖、制作精良，得到了社会各界的一致好评。

社会捐赠成效显著：社会捐赠工作的政策性很强，依据《中华人民共和国第 10 届运动会社会捐赠管理办法》，最终实现社会捐赠总额 2300 余万元，给予十运会热心支持的企业达到 250 多家。期间，为争取海外捐赠，开发团队先后 4 次奔赴香港，向香港各界广泛宣传江苏、宣传十运会。曾宪梓先生、张永珍女士、荣智健先生及江苏旅港政协常委、江苏同乡会等商界朋友纷纷慷慨解囊，先后向十运会捐款近 500 万元。

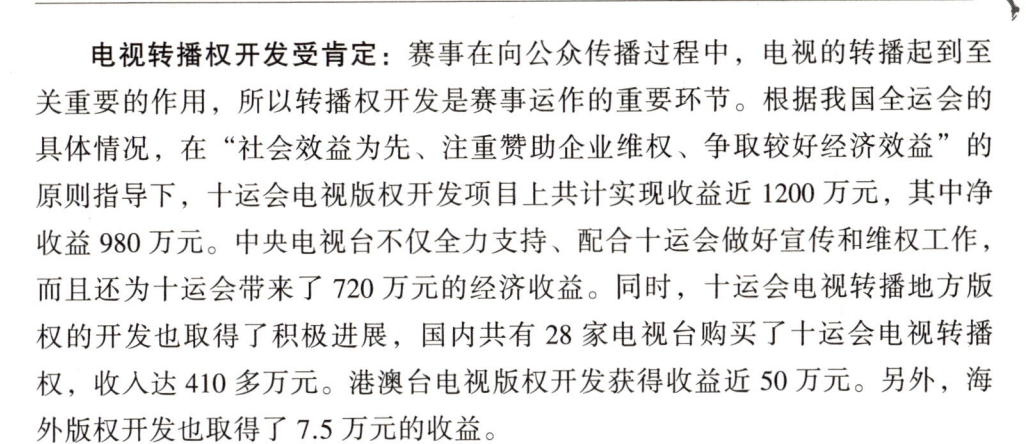

电视转播权开发受肯定：赛事在向公众传播过程中，电视的转播起到至关重要的作用，所以转播权开发是赛事运作的重要环节。根据我国全运会的具体情况，在"社会效益为先、注重赞助企业维权、争取较好经济效益"的原则指导下，十运会电视版权开发项目上共计实现收益近1200万元，其中净收益980万元。中央电视台不仅全力支持、配合十运会做好宣传和维权工作，而且还为十运会带来了720万元的经济收益。同时，十运会电视转播地方版权的开发也取得了积极进展，国内共有28家电视台购买了十运会电视转播权，收入达410多万元。港澳台电视版权开发获得收益近50万元。另外，海外版权开发也取得了7.5万元的收益。

票务运营受益可观：根据组委会制订的《中华人民共和国第10届运动会票务管理办法》，借助江苏省邮政局全省联网的11185客户服务中心、183网站、11185短信平台等先进工具和完善的电脑售票系统及高科技防伪验票系统的优势，实现了全国联网订票和售票，最终实现十运会门票销售收入3900多万元。

深度挖掘收获更多惊喜：为促进十运会赛事市场开发效益的最大化，资源开发公司对十运会相关的市场进行深度挖掘，适时增加可开发资源，从中获得了2000余万元的经济效益。其中包括在全省范围内推广、发行十运会纪念（有奖）明信片，取得了520万元的销售业绩；《同一首歌·走进十运》大型演唱会首次登陆南京即反响热烈，来自企业的赞助和票房收入合计高达1800万元。

赛区资源开发收效显著：在鼓励各赛区、各单项竞委会在遵循"统筹规划、统分结合、有序放开、力求效益最大化"的前提下，自主开发剩余资源。到十运会结束时止，各赛区不仅确保了十运会赛事市场的平稳有序，还为十运会办赛筹集资金1800多万元。

回报、维权工作高效有序：立足于"回报、维权是资源开发的生命线"这一高度，资源开发公司加大维权力度，保障十运会和赞助企业的合法权益。兑现对赞助企业有关票务、颁奖安排和贵宾接待的承诺；为维护十运会和赞助企业的合法权益，对社会上未经授权擅自使用十运会无形资产的事件进行了严密监控，对与赞助企业排他权益相冲突的少数侵权事件进行了妥善处理，有效规范了十运会赛事市场，为赞助合同的顺利执行发挥了积极作用。

归纳总结——收获中找寻经验与规律

并非赛事本身影响力够大、关注度够高，赛事市场开发就一定能取得成功,奥运会、亚运会、世界杯应该说足够热门,但也并不是每届赛事到了"结算"时都能有让主办方满意的结果。不少人只是看到美满的大结局,觉得有好平台搭桥,高收益高回报自然水到渠成,从而忽略了过程,更不会从中寻找经验和规律。所以,当我们为十运会取得喜人的综合效益欢欣鼓舞时,也应当学会多问几个为什么?多寻找几个因果联系。这样才能在经验或教训的基础上,酝酿下一次的再突破、新进步。

上文中概括总结了十运会市场开发工作中取得的成绩。之所以有如此多的成果展现,原因是多方面的。之前也提到了,健全的组织运行架构、一支能打硬仗的队伍,是十运会资源开发全程良性运行的重要保证。在市场开发过程中,不守成规、突破传统、敢于尝试、大胆创新等工作理念和态度,付诸于扎实有效的具体工作中,就形成了这些成功经验。每个成绩取得的过程、经验的获得,这里不做一一剖析。就以市场开发成果最为显著,带来效益最直接的赞助招商为例,它诠释了江苏体育人在十运市场开放过程中的突破勇气和精神。

创新改革抓牢赞助商的心

虽说作为我国层次最高、项目最全、规模最大、参加人数最多的体育盛会,全运会一直备受人们关注,加上十运会是我国第一次采用申办方式确定承办单位的大型综合性运动会,又是北京奥运会前对全国竞技体育水平和办赛能力的一次大检阅、大练兵、大演习,因此,其意义就更加重大,关注度超出以往,其蕴含的商机当然也就更多。

但要知道,企业赞助的前提必然是得到想要回报和收益,商机几何,企业心里都有数。所以要将企业看重的潜在商机转化为给企业带来实实在在、看得见、摸得着的赞助效益,关键就看赛事主办者有没有能力通过策划和运作进行大胆改革与创新,确保赞助双方共同得益,实现双赢。

往届全运会营销都是赞助和场地广告同时并举。场地广告由于既不受数量和行业排他性的限制,价格又相对便宜,如果处理妥当,有些情况下其效果也未必就比赞助差多少,因而受到很多商家的青睐。但场地广告与作为赞助回报的赞助广告混合一起,破坏了赞助的排他性,影响了赞助威力的发挥,所以全运会市场开发的总体收益也难以大幅度增加。正因如此,组委会资源开发部做出大胆尝试,取消了场地广告招商,集中精力开发赞助,将所有场地广告纳入赞助回报范畴,由各层次的赞助商来分享。同时,又下大力气提

高行业排他性的力度,严格规定每行业只吸收一名赞助商,而且由这名赞助商独享全国行业排他权。这样就可确保赞助商在全运会周期较长时间内,尤其是在十运会战火点燃时"尊享特权",可以在气势上压倒同类企业,进而大大提高企业在公众心目中的地位和公信力。

另外,单项赛事冠名是十运会赞助改革的一大亮点。在十运会总共三四十个赛事中,赞助商可以无偿选择一个赛事用企业的名称来冠名,从而把赞助回报推向了极致。例如:赞助商之一的"特步"选择了竞争激烈、观赏性强、明星多的全运羽毛球比赛,精彩绝伦的比赛中无处不闪烁着"特步"元素,大大提升了企业的知名度。另外,与往届全运会较有限的赞助历时有区别,十运会赞助提前两年开始启动,企业一旦签约,马上就可行使用自己的回报特权,从而大大延长了赞助商的回报时间。在这两年多的时间里,赞助商除了可以尽情享受各种协议回报外,还可以优先选择赞助各项主题活动,并赋予其更多的广告、促销、沟通权限,在较长的时间里,在较宽裕施展空间下,发挥企业的创意,为宣传品牌提供更多更佳的平台。上述这些改革和创新正是十运会赞助之所以被市场看好而走红的根本原因,也是十运会赞助招商取得历史性突破的关键所在。

提出思考——实践基础提炼出的八对关系

十运会的成功举办,赛事市场开发工作功不可没,收获的不仅是一串串漂亮的数据,更是在经验归纳总结的基础上,收获市场开放工作的重新认识、全新理解和定位。

目前,我国体育赞助市场还不成熟,赛事经济尚不发达,尤其是大型综合性运动会的市场开发才刚刚起步。虽然江苏的经济发展水平居全国前列,但却偏离于全国广告市场的重心京、沪、粤等地,体育市场、体育产业的发展也存在一定的滞后性,在这种背景下进行十运会的资源开发工作无疑面临着诸多矛盾和严峻挑战。结合十运会资源开发实践的基础上,为促进体育产业和赛事经济的后续发展,十运组委会资源开发部总结出今后工作中应注意处理好的八对关系。

(一) **正确处理资源统与分的关系**

从全运会运作体制上看,资源开发部是经组委会授权统筹管理、经营全运会资源的唯一职能部门。资源开发所有收入归组委会是资源集中整合开发的必然结果,但各单项竞委会以及各个省辖市赛区、承办集体项目小组赛的

分赛区、比赛场馆是全运会资源的载体，资源载体的多元化和开发收入的单一化之间产生很大的矛盾。从全面提升全运会品牌价值、实现资源开发效益最大化、严格维护赞助企业排他权益的角度考虑，最好采用资源垄断的方法，不允许各地开发资源。但从调动各承办单位工作积极性、弥补各赛区办赛经费的不足、全面做好赞助企业权益回报工作的角度考虑，则需要放开部分资源的开发权限。在这种状况下，资源统分的度应该如何把握，资源开发部与单项竞委会、各赛区和比赛场馆应该建立什么样的工作、利益关系，需要很好地研究和总结。

（二）正确处理自主招商和代理招商的关系

在赞助招商的初期阶段，我部采用自主招商和代理招商相结合，以代理招商为主的营销方式，并且构建了行业代理与区域代理结合运作的代理模式，旨在一方面更好地发挥广告中介机构的客户资源优势，扩大资源开发的点与面，形成"三头六臂大闹天宫"的招商局面；另一方面也可以集中精力搞好重要目标行业、目标企业的自主招商工作。但实际运作效果并不理想，合作伙伴中只有3家是代理商开发，赞助商中有两家是代理商开发，这个比例远远小于当初的预期设想。2005年我们及时调整思路，坚持自主招商和代理招商并重，各业务部门在受保护的行业之外，都可以利用代理和自主招商的模式开展业务，最终取得了不错的效果。因此，如何培育和发展体育产业的中介市场，精选优选并管理好代理商，处理好自主招商和代理招商的关系，也将是体育产业界的一个重要课题。

（三）正确处理资源的有序开发和市场前期预热的关系

强有力的社会宣传和良好的社会氛围是资源开发工作顺利开展的推进器和加速器。按照全运会组织工作的惯例，资源开发在运动会开幕前2~3年就已经启动，但新闻宣传工作的全面启动则相对较晚（往往要等到比赛当年），前期宣传的重点仅限于一些与十运会有关的重大活动和倒计时一周年等重要时间节点，缺乏延续性和连贯性。这种时间错位给资源开发工作带来了很大的难度。为了避免这种错位带来的负面影响，我们从满足资源开发招商需要的角度，制订了前期宣传工作方案，通过引入媒体合作伙伴，刊登专栏宣传广告，引导体育、经济领域的记者全面介入资源开发等方式，为前期开发市场预热升温。但由于缺乏整体策划和全面包装，实际效果并不理想。对资源开发如何进行全面包装和推广，特别是如何加强与新闻宣传的联动配合，还有待深入探讨。

（四）正确处理市场运作和政府推动的关系

当前，我国市场经济体制已基本建立，市场机制成为资源配置的主要方式，这一现象在体育产业领域也开始显现，通过市场运作体育赛事已逐步成为人们的一种共识。但十运会资源开发的实践证明，充分进行市场运作，并不完全排除政府扶持，政府在遵守国家法规和市场规律的前提下依然可以发挥强有力地推动作用，只是推动的方式已经从纯粹的行政摊派逐步演变成政府资源的置换等。比如中国石化、长安福特、东风悦达起亚等企业的招商就包含了政府资源的置换。因此，从当前我国的国情出发，我们仍然要对政府参与赛事运作的作用、形式和内容进行深入研究，处理好市场运作和政府推动的关系，促进资源开发成果的最大化。

（五）正确处理预算计划与实际运用的关系

大型运动会需要制订一个科学合理的支出计划并严格执行，便于过程监控，实现预期目标。但大型运动会因其情况复杂，系统庞大，计划往往跟不上实际需求的变化。在十运会筹办过程中，组委会某些方面的财务预算就远低于实际需求甚至完全没有预算，比如服装装备与竞赛器材的需求量、移动通信服务、通讯指挥系统、保险系统等等。后来通过资源开发所获得的这部分实物与服务赞助，不仅为十运会的顺利举行提供了诸多便利，也有效解决了预算不足的矛盾。值得我们思考的问题是，如何根据实际情况对原定预算计划做出科学、合理的动态调整，如何对用于满足实际需求的实物与服务赞助的价值进行规范评估、合理认定，从而调动资源开发工作的积极性，都应该有一个明确的定位。

（六）正确处理现金赞助与实物、服务赞助的关系

大型体育赛事需要投入大量的现金，主办者对现金赞助持欢迎态度，这本是无可厚非的。十运会通过资源开发获得了大量的实物与服务赞助，大大减少了组委会用于购买所需实物与服务的资金投入。从承办十运会的整体角度考虑，资金投入数量的减少就是资源开发效益的增加。一方面随着大型运动会科技含量和综合需求的不断提升，所需实物和服务的量会越来越大，资源开发的空间也越来越大；另一方面以实物或服务的方式赞助体育赛事也是当前不少企业的首选，因此，通过资源开发获取赛事所需的各类实物和服务，减少资金的直接投入，就成为一种双赢的选择。但事实上，全运会资源远没有实现像奥运会那样的统一，由于资源主体的多元化导致部分资源的整合十分困难。如何从一开始就全面提高资源开发的意识，高度整合运动会所涉及

的各种资源，比如场馆建设方面的资源；如何在项目实施过程中，协调好各种利益主体之间的关系，对所需实物与服务，尽量通过赞助解决，是当前国内运动会亟需解决的问题。

（七）正确处理主办单位与承办单位的关系

全运会由国家体育总局主办，各省（市）人民政府承办，组委会是运动会的组织和领导机构，主办单位、承办单位和组委会应该是利益统一体。资源开发部名义上是组委会的下属机构，但主要由承办单位组建，由于主办单位迟迟不能介入资源开发工作，在招商过程中资源开发部先期承诺给赞助企业的部分权益回报，在主办单位介入后，可能造成政策的脱节和工作的被动。主办单位、承办单位和组委会之间的联动配合也将是一个值得探讨的问题。

（八）正确处理短期开发和长远发展的关系

由于全运会举办地不断变化，各地接手进行全运会市场开发都面临着一切从头开始的窘境，市场开发队伍的专业化水平得不到持续提高，客户市场不能保持相对稳定。另外，全运会的知识产权特别是会徽也在不断变更，缺乏持续增值的功能，加上承办单位的某些短期行为，致使全运会的品牌价值难以得到全面提升，不利于全运会市场开发的长远发展。建议在借鉴奥运模式基础上，设计全运会固定的会徽元素，打造全运会品牌并不断提升其品牌价值和内涵；出台有关资源开发的政策法规，实现全运会市场开发的法制化和规范化；组建专业化运营机构和队伍，提升开发的专业化水平，获取更大的开发效益，为全运会的健康发展和体育产业的持续壮大发挥更加积极地推动作用。

参考文献

蔡俊五. 以赞助商的赞助效益为中心——谈十运会赞助营销的成功之道[J]. 广告大观（综合版），2005（10）：84.

后 记

在 2013 年南京亚青会和 2014 年南京青奥会各项筹办工作有条不紊进行之际，经过近三年的紧张编写，《体育竞赛指南》一书即将付梓出版。参与本书编写的作者均长期从事体育竞赛理论研究和实践运行工作，其中有不少人直接参与了亚青会、青奥会以及 2005 年第 10 届全运会的申办和筹办等工作。大家以高度的责任感和使命感在工作之余挤出时间伏案写作，精益求精，数易其稿，终于完成了编写任务。

体育竞赛是体育工作的杠杆。近年来，江苏承办全国以上高水平体育赛事的数量一直位居全国前列，南京也成为中国继北京之后第二个承办奥林匹克盛会的城市。竞赛理论来源于竞赛工作实践，又对竞赛工作实践具有很好地指导作用。理论和实践是紧密结合、相辅相成、相互促进的关系。编写《体育竞赛指南》是江苏体育竞赛工作者多年来的心结与夙愿，其初衷是进一步指导和推动江苏体育竞赛工作健康有序、可持续发展，同时期望对进一步完善我国体育竞赛理论体系研究起到引玉之砖的作用。

《体育竞赛指南》获得了江苏省体育局 2011 年度体育科研局管课题的立项资助。该书既有理论归纳，又有案例分析，力求做到深入浅出、语言精炼、内容全面，既可作为广大体育竞赛工作人员的培训教材或工作指导用书，也可作为高等学校相关专业师生教学参考用书。

全书共十二章，写作分工如下：第一章由周旭、朱晓军、张东宇、宋军撰写；第二章由王爱丰、陶于、王凯撰写；第三章由王进、王彬彬撰写；第四章由徐建荣、雍明、邰崇禧撰写；第五章由周旭、邹国忠、谭燕秋、张佐红撰写；第六章由沈信生、成裕阳撰写；第七章由林峰、阿英嘎、高欣、韩钰、赵迪撰写；第八章由黄光玮、陈湘宁、成裕阳撰写；第九章由邰崇禧、雍明、刘昌亚撰写；第十章由成裕阳、黄光玮、储志东撰写；第十一章由林峰、吴戈、李静静、胡婷婷、陈加国、薛松撰写；第十二章由顾雷峰、潘时华、徐光辉、衡恒、赵静娴撰写。

《体育竞赛指南》一书的编写工作得到了国家体育总局的重视与支持，杨树

安副局长和孙远富副司长在百忙之中审阅初稿并提出明确而具体的指导意见，在此表示衷心的感谢！

在本书编写过程中，我们参考了大量的文献资料，吸取了国内外许多专家学者的研究成果，谨向本书已列出或未列出的参考文献的作者表示感谢！同时，本书得到了人民体育出版社的大力支持以及编审人员的热情帮助和指导，在此一并致谢！

囿于编者的学识水平、科研能力以及时间所限等，本书难免有疏漏和错误之处，恳请广大同行、专家和读者批评指正。

《体育竞赛指南》编写组

2014 年 5 月